青岛市社科规划重点项目

# 青岛市经济社会发展蓝皮书:2021

青岛市社会科学院
青岛市城市发展研究中心　编

中国海洋大学出版社
·青岛·

**图书在版编目(CIP)数据**

青岛市经济社会发展蓝皮书.2021/青岛市社会科学院,青岛市城市发展研究中心编.—青岛:中国海洋大学出版社,2020.11

ISBN 978-7-5670-2661-2

Ⅰ.①青… Ⅱ.①青…②青… Ⅲ.①区域经济发展—经济分析—青岛市—2020②区域经济发展—经济预测—青岛市—2021③社会发展—社会分析—青岛市—2020④社会预测—青岛市—2021 Ⅳ.①F127.523

中国版本图书馆 CIP 数据核字(2020)第 230757 号

| | | | | | |
|---|---|---|---|---|---|
| **出版发行** | 中国海洋大学出版社 | | | | |
| **社 址** | 青岛市香港东路 23 号 | | **邮政编码** | 266071 | |
| **出 版 人** | 杨立敏 | | | | |
| **网 址** | http://pub.ouc.edu.cn | | | | |
| **电子信箱** | coupljz@126.com | | | | |
| **订购电话** | 0532—82032573(传真) | | | | |
| **责任编辑** | 李建筑 | | **电 话** | 0532—85902505 | |
| **印 制** | 青岛国彩印刷股份有限公司 | | | | |
| **版 次** | 2020 年 12 月第 1 版 | | | | |
| **印 次** | 2020 年 12 月第 1 次印刷 | | | | |
| **成品尺寸** | 164 mm×240 mm | | | | |
| **印 张** | 25.25 | | | | |
| **字 数** | 459 千 | | | | |
| **印 数** | 1～1000 | | | | |
| **定 价** | 58.00 元 | | | | |

发现印装质量问题,请致电 0532—58700168,由印刷厂负责调换。

# 编辑委员会

# 前　言

　　2020 年是极不平凡的一年，抗疫历程，中国制度优势极大彰显，中华民族精神再度淬炼；2020 年也是全面建成小康社会和"十三五"规划的收官之年，站在实现"两个一百年"奋斗目标的历史交汇点上，中国的发展前景举世瞩目。刚刚召开的党的十九届五中全会审议通过了《中共中央关于制定国民经济和社会发展第十四个五年规划和二〇三五年远景目标的建议》，为未来 5 年和 15 年中国发展擘画蓝图，这将引领我们乘势而上、奋力前行，以更加昂扬的姿态，踏上建设社会主义现代化国家新征程。2020 年，青岛市深入推进"十五个攻势"，规划布局打造世界互联网工业之都，开工建设胶州湾第二条隧道，这将对青岛实现高质量发展、打造山东面向世界开放发展的桥头堡、打造长江以北地区国家纵深开放的新的重要战略支点意义非凡。2020 年 8 月 7 日，"胶东经济圈一体化发展智库联盟"正式成立，这对胶东五市的新型智库建设具有里程碑式的重要意义。作为青岛市社科规划重点课题的《青岛市经济社会发展蓝皮书》已走过 20 个春秋，它是青岛市社会科学院、青岛市城市发展研究中心汇集青岛市社会各界专家学者的集体智慧而奉献给读者的精品力作；它选择青岛市经济社会发展进程中的重点、热点和难点问题，以科学、翔实的经济社会发展数据为分析预测基础，遵循理论与实践相联系、宏观研究与微观研究相结合的原则，真实、全面地分析了青岛市年度经济社会发展的形势，客观地预测下一年度青岛市经济社会的发展走势；它已成为每年青岛市"两会"人大代表、政协委员书写提案的必读书目，已成为青岛市社科界服务党委和政府决策的重要平台和联系社会公众的桥梁纽带，已成为青岛城市经济社会发展的历史见证。

　　2020 年，青岛市高举中国特色社会主义伟大旗帜，以马克思列宁主义、毛泽东思想、邓小平理论、"三个代表"重要思想、科学发展观、习近平新时代中国特色社会主义思想为指导，深入学习贯彻党的十九大、十九届二中、三中、四中、五中全会精神，深入学习贯彻习近平总书记视察山东、视察青岛时的重要讲话精神,立足青岛市经济社会发展实际,统筹推进"五位一体"总体布局、协调推进"四个全面"战略布局,坚定不移贯彻新发展理念,加快建设开放、现代、活力、时尚的国际大都市,青岛市经济社会各项事业取得令人瞩目的成就。

《青岛市经济社会发展蓝皮书:2021》是青岛市社会科学院、青岛市城市发展研究中心组织编写的第20本蓝皮书。"蓝皮书"以习近平新时代中国特色社会主义思想为统领,契合"建设开放、现代、活力、时尚的国际大都市"的总体要求,强调实事求是地反映2020年青岛市经济社会发展中取得的成果和存在的问题,在客观公正地分析研究的基础上,对2021年青岛市经济社会发展的趋势进行了较为科学的预测,并提出了具有较强可行性的对策建议。

2021年"蓝皮书"在框架体系上既继续保留以往的风格,又进一步完善创新,并形成新的特色。在体例上分为"经济篇""社会篇""区(市)篇""'攻势'篇"4个篇章,分报告由34个专题组成。"经济篇""社会篇""区(市)篇""'攻势'篇"既相互联系,又各具特色,共同构筑起2021年"蓝皮书"的整体框架,突出和保持青岛市"蓝皮书"多层次、宽领域、更全面地反映经济社会发展形势的鲜明特色。

"经济篇"共设8个分报告,从经济全视角审视了青岛2020年经济发展情况并作了深入、客观的分析,对2021年经济发展趋势进行科学预测和展望。该篇以2020~2021年青岛市经济形势分析与预测为重点,对青岛市消费市场、科技创新、港航经济、金融业、氢能产业、工业化、新冠肺炎对经济影响、上合示范区建设中创新税收管理等方面设立分报告进行专门分析及预测,以此作为对青岛市经济形势分析与预测的有力支撑,并尽可能全面反映出青岛经济高质量发展中呈现出的特点。

"社会篇"共设9个分报告,以2020~2021年青岛市社会形势分析与预测为重点,透过社会发展不同领域的具体情况,高起点、宽领域、多视角地展示出青岛市社会和谐发展的形势。如对青岛市农业农村法治建设、就业、旅游业、社会保障事业、老年人权益保障、文化发展改革、农村电子商务、深化医疗改革等方面进行的分析预测和研究。

"区(市)篇"共设10个分报告,对青岛市各区(市)经济社会发展的现状作了细致分析,比较理性地预测了其走势,并在此基础上重点突出了各区(市)的特色。如李沧区社区卫生事业发展形势、西海岸新区影视产业发展形势、崂山区楼宇经济发展情况、城阳区乡村产业发展形势、即墨区新旧动能转换重大工程推进情况、市南区城区品质提升、市北区老商圈迭代升级、胶东临空经济示范区发展、平度市城乡社区治理发展、"莱西会议"召开30周年等方面进行的分析预测和研究。通过此篇,充分展现2020年青岛市城乡一体化协调发展的良好局面。

"'攻势'篇"共设7个分报告,对青岛市推进"十五个攻势"情况进行了深入的分析与预测,体现了青岛努力推动各项事业走在前列,奋力前行的坚定步伐。如壮大民营经济发展攻势、交通运输和交通强市、高效青岛建设攻势、乡村振兴、人工智能、基层社区治理现代化、地铁站域公共空间一体化开发等方面进行的分析预测与研究。通过此篇,展现了青岛为深入贯彻落实习近平总书记"办好一次会,搞活一座城"、建设现代化国际大都市的重要指示和省委要求青岛打造山东面向世界开放发展桥头堡良好的推进势头。

近年来,青岛市各级领导机关和有关部门,都十分注重对城市经济和社会发展状况的综合分析和科学预测工作,并取得了相应的丰硕成果,为城市发展宏观决策提供了参考。这对于率先走在前列,实现蓝色跨越,加快建设开放、现代、活力、时尚的国际大都市的青岛来说,在决策的科学化方面发挥了重要的作用。正因为如此,"蓝皮书"的编写得到各方面领导的高度重视,也可以说是在他们的直接关怀和指导下完成的。中共青岛市委常委、宣传部部长孙立杰在百忙中对本书的编写作了重要指示;市委宣传部副部长、二级巡视员刘青林对本书的编写提出了许多有价值的意见和具体的要求;青岛市社科规划办将"蓝皮书"列入青岛市社科规划重点课题;本书在编写过程中,还得到了各级党委、政府、有关部门和社会各界人士的大力支持。在此,我们谨表示衷心的感谢。

本书的编辑、校对工作由赵明辉研究员、于淑娥研究员、姜红编审完成;由市社科联副主席、社科院副院长李本雄审稿、统稿;由中共青岛市委宣传部副部长、二级巡视员刘青林审稿、统稿并最后定稿。王发栋同志负责本书的组织协调等工作。

需要强调的是,按照"蓝皮书"通常定稿时间为本年度11月末的惯例,作者对形势分析所采用的数字大部分截止到2020年的第三季度末,并在此基础上预测出全年的数字,2020年全年的实际数字仍以青岛市统计局正式公布的数据为准;本书各篇文章的观点,仅代表作者本人,既不代表编者,也不代表作者所属的机构;同时,由于编写水平及时间所限,错误之处肯定存在,敬请广大读者不吝赐教。

编者

二〇二〇年十一月

# 目　次

## 经济篇

## 社会篇

## 区(市)篇

## "攻势"篇

# CONTENTS

## Economy Part

# Society Part

# Districts Part

## "Offensive" Part

# 2021

# 经济篇

# 2020～2021年青岛市经济形势分析与预测

冷　静

2020年是全面建成小康社会和"十三五"规划的收官之年,是实现第一个百年奋斗目标的决胜之年,也是脱贫攻坚战的达标之年。面对新冠疫情带来的严峻考验和复杂多变的国内外环境,在以习近平同志为核心的党中央坚强领导下,全市上下统筹推进疫情防控和经济社会发展工作,坚决贯彻落实各项决策部署,复工复产、复商复市加快推进,主要经济指标企稳回升,"六稳""六保"扎实推进,经济运行向正常秩序加快回归,社会稳定的态势进一步巩固。

## 一、2020 年 1～9 月青岛市经济形势分析

2020年以来,全市经济发展呈现明显的"先抑后扬"态势。第一季度受新冠肺炎疫情冲击影响,全市主要指标增速明显回落,经济开局遭遇"倒春寒";但4月份以来,随着统筹推进疫情防控和经济社会发展一系列政策措施落细落实,经济运行逐步好转,投资保持增长,消费总体回暖,就业基本平稳。总体看,全市工业、商贸流通、投资等运行情况稳步向好,民生福祉得到较好保障,生产生活秩序步入正轨,发展大局总体保持稳定。预计全年经济发展主要目标将基本完成,确保"十三五"收好官。

### (一)大力推进减税降费措施落地,坚决稳住全市经济"基本盘"

1. 陆续出台各类减税政策,企业负担进一步减轻

疫情期间,青岛在全国15个副省级城市中率先成立市级层面减税降费工作领导小组,建立"政府层面统筹抓、分管领导亲自抓、成员单位靠上抓"的工作机制。在落实减税降费工作部署上,率先提出"顶格优惠＋叠加享受"的原则,凡是中央明确要求的,均按照允许上浮的最高标准减免相关税费,不折不扣落实到位;凡是地方可以"自由裁量"的,纳税人在享受"顶格优惠"的同时,还可以叠加享受地方普惠性税收减

免政策及其他税收优惠。青岛市用活用好市级税收政策权限,在省内率先出台精准、有力度、阶段性、分类普惠的城镇土地使用税、房产税困难减免税政策。3月5日,青岛市出台《关于明确疫情期间城镇土地使用税、房产税困难减免税政策的通知》;3月25日,出台《关于明确疫情防控期间城镇土地使用税、房产税困难减免税政策的补充通知》,对增值税小规模纳税人和受疫情影响较大的交通运输、餐饮、住宿、旅游、展览、电影放映六大类困难行业免征城镇土地使用税、房产税,其他纳税人减按70%征收城镇土地使用税、房产税,第一季度为全市纳税人减税7.5亿元。6月19日,青岛市出台《关于延续实施城镇土地使用税、房产税减免政策的通知》,将受疫情影响较大的六类行业纳税人和小规模纳税人免征城镇土地使用税、房产税的执行期限延长至年底,预计再为全市纳税人减税6.5亿元。7月1日,青岛市出台《关于出租人为服务业小微企业和个体工商户减免租金有关城镇土地使用税房产税政策的通知》,进一步帮扶服务业小微企业和个体工商户缓解房租租金压力,精准支持服务业小微企业和个体工商户纾困发展。1~9月,累计为全市6.5万户市场主体减免城镇土地使用税、房产税11.5亿元。其中,4.5万家小微企业享受免征,为稳住青岛市经济社会发展"基本盘"发挥了重要作用。

2. 加大降费措施实施力度,企业发展向好态势逐步显现

疫情期间,除了实施援企稳岗返还政策,主动对接企业,帮其降低用工成本、稳定就业岗位外,全市从2020年2月起,阶段性减免企业社保费,并按照国家、省规定将执行期限延长至年底,进一步减轻企业社保缴费压力、降低人力资源成本。截至9月底,已为全市22.7万家企业减免养老保险、工伤保险和失业保险费单位缴费111.4亿元,预计全年可为企业减免社保费约145亿元。此外,为减轻企业和低收入参保人员缴费负担,青岛市企业和灵活就业人员社保缴费基数下限,继续按照2018年度省全口径平均工资的60%,即3269元/月的标准执行,可不上调。同时,确有困难的灵活就业人员可自愿暂缓缴纳基本养老保险费,2019年12月至2020年12月未缴费的,可于2021年底前补缴,缴费年限将累计计算。与此同时,为减轻疫情给企业带来的压力,缓解成本高用工难的难题,全市实行降低医保缴费费率和缓缴中小企业医疗保险费工作,进一步减轻企业税费负担。2020年以来,全市连续三次降低企业医保缴费费率,根据三次降费测算,上半年已减少用人单位医保缴费约19.5亿元,预计全年总体减负将达到39.1亿元。全市自3月1日起,对因受疫情影响,面临暂时性生产经营困难,确实无力足额缴纳职工基本医疗保险费的中小企业实施医保费缓缴。缓缴期间免收滞纳金,职工正常享受医保待遇。截至9月底,全市审核通过缓缴中小

企业131家,涉及1.2万人,已缓缴医保费1626万元。

3.积极完善创业扶持政策,企业活力进一步增强

疫情期间,青岛市全面完善创业扶持政策,对符合条件的创业型个体户、小微企业实施1万元至3万元的一次性创业补贴,并对带动就业的创业企业,按照每个岗位2000元的标准给予一次性创业岗位开发补贴,全面助力灵活就业。截至9月底,青岛市累计发放创业扶持资金6.73亿元,同比增长155%;政策性扶持创业4.12万人,同比增长95.7%。出台了新一轮创业担保贷款政策,符合条件的创业者可申请最高60万元的创业担保贷款,创办小微企业并符合条件的,可申请最高300万元的小微企业创业担保贷款。截至9月底,青岛已发放创业担保贷款3.1亿元,贷款贴息588.84万元。为鼓励吸纳就业,青岛对全市各类用人单位招用就业困难人员、就业困难高校毕业生以及小微企业招用离校2年内未就业高校毕业生,签订1年及以上期限劳动合同、办理就业登记、按规定缴纳职工社会保险的,可申领社会保险补贴和岗位补贴。1至9月份,全市共发放补贴2.43亿元,惠及企业18250家。

**(二)全面实施创新驱动战略,创新青岛建设取得新成就**

1.科技型企业培育工作进展顺利,知识产权工作成效显著

截至2020年7月底,青岛市有五批企业通过国家科技型中小企业备案,总数达2855家,已经超过了上年全年的备案数量。科技人才对科技创新的支撑作用愈加突出。"建投数据科技(山东)有限公司"等20家企业被评为2020年度青岛市大数据高成长型企业。上半年,青岛高端创新人才的发展朝气蓬勃:9人入选科技部创新人才推进计划,19人进入泰山产业领军人才候选名单,26人向泰山学者青年专家计划发起了冲击。海尔集团、青岛农业大学成功入选国家引才引智示范基地。2020年1～6月,全市发明专利申请量、授权量分别为12213件、3876件,均居全省第1位,同比增长率分别为17.6和－2.3%,分别占全省总量的31.79%、35.57%。截至6月底,全市有效发明专利拥有量35199件,居全省第1位,同比增长19.8%,占全省总量的32.28%;万人有效发明专利拥有量37.47件(全省10.85件),居全省第1位。1～6月,全市PCT国际专利申请量1033件,居全省第1位,占全省总量的72.6%。1～8月份,全市主导或参与提出国际标准提案147项,主持或参与制修订国家标准1300余项、行业标准1500余项。19家企事业单位分别承担专业标准化技术委员会(分)技术委员会秘书处26个。青岛市推荐的海信集团有限公司"基于技术创新与NPS驱动的质效双升管理模式实践经验"等4个项目入围2020年全国质量标杆名单,占全国工业企业入围量的10%,居全国同类城市首位。

**2. 海洋科技指数处于领先水平,创新影响力逐步增强**

8月,第二十二届中国科协年会世界海洋科技论坛在线发布海洋科技指数。海洋科技指数分为国内、国外两个维度。国内指标体系包含4个一级指标、7个二级指标、26个三级指标。国外指标体系包含4个一级指标、11个二级指标。在国内海洋科技指数中,青岛得分为93.65,位于国内之首,其后依次是上海(93.21)、天津(91.42)、深圳(88.83)。一级指标中,海洋科技发展基础水平前三名为青岛、上海和大连;海洋科技投入水平指数中,天津以83.15位于榜首,上海以0.01的差距位于第二;海洋科技产出水平和海洋技术成果行政服务水平方面,青岛均处于榜首位置。在国外海洋科技指数中,青岛、上海、深圳分别位于第2名、第3名和第15名。一级指标中,经济基础水平指数,纽约处于榜首,上海位于第9名;高校人才基础指数,东京高居榜首,上海、青岛、深圳分别排在第2、第9和第15名;涉海人才水平指数,青岛、上海和深圳分别排在第1、第2和第10名;海洋科技研究水平指数,洛杉矶高居榜首,青岛位于第2名。《自然资源科技创新指数试评估报告2019—2020》显示,青岛在自然资源科技创新和海洋创新两方面处于全国创新领先地位。

**3. 商标注册取得新进展,品牌经济平稳推进**

2020年以来,青岛深入实施《关于推进商标战略实施助力经济转型升级的实施意见》,坚持把实施品牌战略作为促进经济转型升级、提质增效的重要举措,加快推动从"做产品"向"创品牌"转变,实现了商标品牌量的扩张和质的提升,企业注册、运营和保护商标品牌的能动性得以有效激发。截至2020年8月底,全市国内有效注册商标总量达到27.16万件,拥有中国驰名商标151件,地理标志证明商标26件,马德里国际注册商标4804件;共有34家企业列入山东省制造业高端品牌培育企业名单,14家企业列入山东省服务业高端品牌培育企业名单。在世界品牌实验室(World Brand Lab)公布的2020年《中国500最具价值品牌》排行榜中,青岛市有16个品牌入围,海尔以品牌价值4286.52亿元居第3位,与上年持平,排行入选青岛企业的首位。其他依次是:青岛啤酒1792.85亿元(第22位)、海信579.16亿元(第93位)、双星轮胎576.98亿元(第96位)、卡奥斯COSMOPlat 557.67亿元(第110位)、赛轮508.72亿元(第124位)、崂山啤酒402.18亿元(第175位)、澳柯玛401.37亿元(第176位)、崂山矿泉水353.75亿元(第182位)、日日顺241.39亿元(第275位)、青岛港205.63亿元(第312位)、青岛啤酒博物馆201.75亿元(第316位)、青岛银行156.96亿元(第371位)、半岛都市报119.39亿元(第385位)、海创汇100.56亿元(第408位)、哈德门95.53亿元(第432位)。

### 4. 软件产业发展水平逐步提升,竞争力进一步增强

青岛软业已形成了"东园西谷北城"的产业集聚,集聚了工业软件、人工智能、大数据、云计算、区块链等软件和信息技术服务企业1800余家,青岛软件和信息技术服务示范基地获评全国4个五星级软件示范基地之一,4个园区获批省级软件产业园区。与此同时,青岛有63个软件产品获得中国、省、市优秀软件产品,5家企业入选中国软件和信息技术服务综合竞争力百强,67家企业获得软件能力成熟度模型集成评估,33家企业获得信息技术服务标准评估。全市软件产业从业人员达到26.9万人,拥有软件高层次专家学者137人。1～8月,青岛软件企业达到1833家,在15个副省级城市中列第7位;软件业务收入1488.18亿元,同比增长6.2%,在副省级城市中列第8位。其中,软件产品收入502.5亿元,同比增长6.7%;信息技术服务收入517.43亿元,同比增长9.3%;信息安全收入33.41亿元,同比增长2.6%;嵌入式系统软件收入434.85亿元,同比增长2.5%,在15个副省级城市中的排名依次为第8、10、4、2位。软件企业利润总额114.85亿元,在副省级城市中列第7位。

### (三)制造业保持持续回暖态势,新旧动能接续转换进展顺利

#### 1. 工业生产复苏加快,智能制造产品增速明显

2020年上半年,规模以上工业增加值下降1.1%,降幅比第一季度收窄7.7个百分点。35个大类行业中,15个行业增加值实现增长,比第一季度增加8个行业,行业增长面为42.9%。装备制造业和战略性新兴制造业恢复加快,上半年装备制造业和战略性新兴制造业增加值分别增长1.6%和1.4%,分别比第一季度提升12.3个和7.9个百分点。部分新产品产量增势强劲,上半年工业机器人、城市轨道车辆、传感器、智能电视产品产量分别增长45.2%、38.7%、24.5%、22.1%。工业企业经营压力有较大程度的缓解,上半年,全市规模以上工业企业利润下降9.4%,降幅比第一季度收窄40.2个百分点。进入8月份,工业生产持续向好,逾七成行业增速环比提升。1～8月份,规模以上工业增加值增长3.5%,比1～7月份提升1.8个百分点,累计连续2个月实现正增长。从行业看,35个大类行业中,17个行业增加值实现增长,行业增长面为48.6%;25个行业增速较1～7月份有所提升,其中,木材加工和制品业、有色金属矿采选业、计算机通信和其他电子设备制造业、汽车制造业等4个行业提升幅度较大,分别较1～7月份提升7.2个、5.6个、4.1个和4.1个百分点。1～8月份,规模以上战略性新兴制造业累计增加值增长3.1%,较上半年提升1.7个百分点,占规模以上工业的比重为28%,拉动规模以上工业增长0.9个百分点,贡献率达到25%。

分产业,8个产业中,节能环保、新能源、新一代信息技术、生物、新材料等5个产业实现正增长;智能制造产品保持快速增长,工业机器人增长59.0%,城市轨道车辆增长46.1%,智能电视增长27.6%。

**2. 制造业投资逐步回暖,技改类项目增长迅速**

1~8月份,青岛市制造业投资增长9.7%,高于工业投资增速3.4个百分点。制造业投资在工业投资中的占比为94.1%,占比较上月提升0.4个百分点,比2019年全年提升3.2个百分点,说明制造业投资对工业投资的支撑作用进一步增强。从制造业包含的31个行业看,金属制品业、通用设备制造业、专用设备制造业、化学原料和化学制品制造业这四大行业项目个数最多,投资量最大,是当前全市制造业中投资最集中的领域。1~8月份,四大行业共有在建项目562个,占制造业项目总数的35.8%,合计完成投资增长32.3%,占制造业投资总量的44.1%,占比同比提升7.5个百分点。其中,金属制品业投资增长3.3%,占制造业总量的10.3%;通用设备制造业投资增长46.5%,占制造业总量的13.6%;专用设备制造业投资增长62.6%,占制造业总量的10.4%;化学原料和化学制品制造业投资增长28.0%,占制造业总量的9.9%。从投资建设性质看,1~8月份青岛市制造业投资中,技改类项目共有906个,比上年同期增加202个,技改项目占制造业项目总数的57.9%。在青岛海湾化学有限公司24万吨每年高端聚碳酸酯用双酚A项目、青岛陆港国际开发建设有限公司高端装备基地及配套项目、青岛万信工业科技有限公司高端装备制造项目(二期)等一批制造业技改大项目的有力支撑下,制造业技改投资增长10.9%,增速高于全市制造业增速1.2个百分点,占全市制造业投资总量的51.1%,占比同比提升0.6个百分点。

**3. 民间投资增速明显加快,各区(市)呈现良性竞争局面**

1~8月份,全市三次产业民间投资占全市投资的比重为58.1%,对全市投资增长的贡献率为50.7%。第一产业民间投资增长172.3%,低于全市第一产业投资增速16.7个百分点,占全市民间投资的1.9%,占比同比提升1.1个百分点。第二产业民间投资增长10.2%,高于全市第二产业投资增速4个百分点,占全市民间投资的28.3%,占比同比回落2个百分点。第三产业民间投资增长19.6%,高于全市第三产业投资增速16.1个百分点,占全市民间投资的69.9%,占比同比提升1个百分点。从项目个数看,上半年全市民间投资在建项目3379个,占全市投资项目总数的62.1%。从各区(市)民间投资项目个数看,排名前三的区(市)分别为黄岛区、胶州市、即墨区。其中,黄岛区民间投资项目872个,占该区项目总数的53.1%;胶州市民间投资项目605个,占该市项目总数的86.2%;即墨区民间投资项目484个,占该区项目总数的 70.7%。从投资体量看,排名前三的区(市)分别为黄岛区、胶州市、即墨区,合计占全市民间投资总量的 71.4%。其中,黄岛区民间投资增长 22.6%,占该区投资总量的 54.2%;胶州市民间投资增长 25.8%,占该市投资总量的 80.4%;即墨区民间投资增长 6.4%,占该区投资总量的 67.9%。1～8 月份,全市有 68.2% 的民间投资集中在制造业和房地产业两个行业,而采矿业、电力热力燃气及水的生产和供应业、建筑业、住宿和餐饮业、金融业、居民服务修理和其他服务业、公共管理社会保障和社会组织等七大行业民间投资仅占全市民间投资的 1.7%,占比明显过低。

4. 市场主体总量取得突破,市场活力逐步恢复

1～8 月份,全市新登记市场主体 233616 户(日均增加 957 户),同比增加 11.98%。从主体构成看,企业 95128 家(日均增加 390 家),同比增加 20.56%,占比 40.72%;个体工商户 137665 户(日均增加 564 户),同比增加 6.66%,占比 58.93%;农民专业合作社 823 户(日均增加 3 户),同比增长 27.8%,占比 0.35%。从区(市)分布看,新登记市场主体数量最多为黄岛 57930 户、最少为市直 233 户,同比增幅最高为保税区 469.98%、最低为市直 −49.02%;新登记企业数量最多为黄岛 26818 家、最少为市直 233 家,同比增幅最高为保税 469.98%、最低为市直 −49.02%。截至 2020 年 8 月底,全市实有市场主体 1714205 户,同比增长 14.73%。从主体构成看,企业 629139 家,同比增长 17.63%,占比 36.7%;个体工商户 1070468 户,同比增长 13.22%,占比 62.45%;农民专业合作社 14580 户,同比增长 5.90%,占比 0.85%。从区(市)分布看,市场主体总量最多的为黄岛 337076 户、最少为市直 11356 户,同比增幅最高为保税区 45.92%,最少为市直 −1.54%。其中,企业数量最多为黄岛 127346 家、最少为高新区 10150 家,同比增幅最高为保税区 45.92%、最低为市直 −1.54%。

表 1  2020 年 1～8 月市场主体行业分布情况

| 行业 | 1～8 月新登记市场主体 | | 8 月末实有市场主体 | |
|---|---|---|---|---|
| | 户数(户) | 注册资本(亿元) | 户数(户) | 注册资本(亿元) |
| 总计 | 233616 | 8611.75 | 1714205 | 62855.03 |
| 农林牧渔业 | 7004 | 154.41 | 65592 | 1165.54 |
| 采矿业 | 32 | 6.11 | 259 | 157.87 |
| 制造业 | 12775 | 358.35 | 150119 | 6096.32 |

（续表）

| 行业 | 1～8月新登记市场主体 | | 8月末实有市场主体 | |
|------|------|------|------|------|
| | 户数（户） | 注册资本（亿元） | 户数（户） | 注册资本（亿元） |
| 电力燃气及水的生产供应业 | 373 | 38.19 | 1710 | 505.82 |
| 建筑业 | 15506 | 79501 | 80076 | 5771.89 |
| 批发和零售业 | 117252 | 1584.62 | 843689 | 9860.58 |
| 交通运输、仓储和邮政业 | 4608 | 163.72 | 35504 | 1914.23 |
| 住宿和餐饮业 | 15577 | 110.31 | 125739 | 517.64 |
| 信息传输、软件和信息技术服务业 | 8523 | 521.39 | 42286 | 2106.60 |
| 金融业 | 1572 | 843.61 | 12400 | 11217.34 |
| 房地产业 | 2561 | 549.91 | 20435 | 4583.85 |
| 租赁和商务服务业 | 17435 | 1858.19 | 110875 | 11176.37 |
| 科学研究和技术服务业 | 5581 | 1258.16 | 33143 | 4871.20 |
| 水利、环境和公共设施管理业 | 406 | 503.07 | 3192 | 384.66 |
| 居民服务、修理和其他服务业 | 18327 | 144.03 | 159206 | 1357.20 |
| 教育 | 1779 | 30.17 | 6541 | 133.34 |
| 卫生和社会工作 | 751 | 24.26 | 5853 | 146.94 |
| 文化、体育和娱乐业 | 3301 | 114.80 | 16829 | 858.40 |
| 其他 | 253 | 6.21 | 741 | 27.45 |

5. 海洋经济呈现加速发展态势，海洋开发能力明显提升

2020年以来，全市海洋产业投资平稳增长。截至9月底，海洋及相关产业门类中的20个行业在青岛都有布局，且产值过1000亿元的行业有6个，过100亿元的有8个，尤其在海洋设备制造、海洋交通运输、海水淡化等方面居于全国领先水平。上半年，全市新签约海洋领域项目46个，涉及海洋渔业和水产品加工、海洋设备制造、海洋交通运输等12个领域，计划总投资额819.27亿元，以项目招商的形式补强了产业链条。与此同时，青岛市组建海洋生物制品产业联盟、船舶和海工产业联盟、海洋电子信息产业联盟，聚联200多家成员单位，把"小而散"的海洋新兴产业"抱成团"，推动企业与企业、企业与政府、企业与科研机构之间"产学研用"深度融合一体化发展。依托产业联盟征集形成的

23家涉海单位原值1.73亿元以上的325项共享资源,构筑起产业链上下游协同发展的产业生态圈,并有效促进上下游关联产业集群发展。1～8月份,涉及海洋产业投资项目1053个,同比增加248个,海洋产业投资同比增长7.7%,比1～7月份回落13.9个百分点。海洋产业投资占全市投资的比重为25.8%,同比提升0.7个百分点,比1～7月份提升1.2个百分点,对全市投资增长的贡献率为10.6%。9月份,《东亚海洋城市文旅发展指数报告(2020)》正式发布。该指数以中日韩和东盟9个国家的28个沿海(或岛屿)旅游目的地为评价范围,基于文旅活力、文旅资源、文旅生活、设施政策四个维度量化,排名结果从具体16个指标测评得出。结果显示,2019年东亚海洋城市文旅发展指数排名前十位依次是东京、新加坡、大阪、曼谷、上海、釜山、广州、厦门、青岛和巴厘。

**(四)全面推进国家服务业综合改革试点,服务业新动能加快形成**

1. 规模以上服务业运行平稳,新兴服务业态增长迅速

上半年青岛服务业增加值达3434.23亿元,增速顺利转正。其中,自3月触底后,4月、5月连续两个月稳步回升。5月当月营业收入同比增长10.4%,基本恢复至上年同期水平。更为可喜的是,以新技术、新产业、新业态、新模式为代表的现代服务业,增势强劲。1～5月份全市规模以上互联网信息服务、互联网平台、数字内容服务营业收入同比分别增长26.9%、22.3%、105.4%。在线上娱乐、线上教育、线上医疗、线上生鲜等"线上消费"的带动下,上半年全市电商平台对个人的服务交易额同比增长107.1%,快递业务量同比增长20%,电信业务总量同比增长14.2%。7月份,规模以上服务业企业实现营业收入增长3.0%,连续4个月当月收入保持正增长。1～7月份,规模以上服务业企业实现营业收入1193.8亿元,增长2.2%,比1～6月份提升0.2个百分点。35个大类行业中,17个行业实现增长,交通运输、仓储和邮政业呈现较快增势,继续领跑行业增长,1～7月份,行业营业收入增长8.9%,比1～6月份提升0.7个百分点,高于规模以上服务业企业营业收入增速6.7个百分点。上半年青岛流亭机场旅客吞吐量538万人次,同比下降56个百分点,在全国机场中排第21名;1～8月份,旅客吞吐量891万人次,排名升至第17位。上半年青岛港实现货物吞吐量2.96亿吨,较上年同期增长5.3%;实现集装箱吞吐量1034万标准箱,较上年同期增长0.3%。1～8月,青岛港实现货物吞吐量4.01亿吨,较上年同期增长5.4%;实现集装箱吞吐量1413万标准箱,较上年同期增长1.6%。

**表2 青岛港与国内部分港口2020年1～8月规模以上货物、集装箱吞吐量情况**

| 港口 | 货物吞吐量 | | 外贸货物吞吐量 | | 集装箱吞吐量 | |
|---|---|---|---|---|---|---|
| | 数值（亿吨） | 全国排序 | 数值（亿吨） | 全国排序 | 数值（万标准箱） | 全国排序 |
| 宁波-舟山港 | 7.85 | 1 | 3.55 | 1 | 1863 | 2 |
| 唐山港 | 4.46 | 2 | 1.97 | 5 | 170 | 18 |
| 上海港 | 4.16 | 3 | 2.51 | 3 | 2780 | 1 |
| 广州港 | 4.05 | 4 | 0.92 | 12 | 1493 | 4 |
| 青岛港 | 4.01 | 5 | 2.98 | 2 | 1413 | 5 |
| 苏州港 | 3.54 | 6 | 1.04 | 9 | 390 | 9 |
| 天津港 | 3.38 | 7 | 1.91 | 6 | 1201 | 6 |
| 大连港 | 2.25 | 10 | 1.14 | 8 | 397 | 8 |
| 深圳港 | 1.65 | 16 | 1.17 | 7 | 1610 | 3 |

**2. 服务业投资增速放缓，房地产复苏步伐加快**

上半年，第三产业在建项目3232个，占总数的67.1%，完成投资超过2400亿元，同比增长1.7%，扭转2020年以来的下降局面，占全市投资比重为77.8%，对全市投资增长的贡献率为34.8%；1～8月份，第三产业在建项目3583个，占总数的65.7%，完成投资近3300亿元，同比增长3.5%，比1～7月份回落1.5个百分点，占全市投资比重为77.7%，比1～7月份回落0.7个百分点，对全市投资增长的贡献率为56.2%。上半年，全市房地产（包括房地产开发、旧村改造）在建项目1488个，同比增加176个，完成投资增长3.3%，比第一季度提升7.4个百分点，比1～5月份回落2.5个百分点，占全市投资比重为35.3%，比1～5月回落0.4个百分点，房地产业对全市投资增长的贡献率为29.3%。其中，房地产开发投资项目1361个，同比增加142个，完成投资同比增长7.6%，比1～5月提升1个百分点，占全市投资比重为30.2%，比1～5月提升0.5个百分点；1～8月份，全市房地产（包括房地产开发、旧村改造）在建项目1523个，同比增加115个，完成投资增长1%，比1～7月份回落3.4个百分点，占全市投资比重为33.9%，比1～7月份回落0.7个百分点，房地产业对全市投资增长的贡献率为7.3%。其中，房地产开发投资项目1398个，同比增加108个，完成投资同比增长9.5%，比上月提升1.3个百分点，占全市投资比重为29.6%，比上月提升0.9个百分点。

**3. 工业互联网平台加速崛起，高端服务业资源加速集聚**

服务于制造的生产性服务业是青岛现代服务业发展的重阵。2020

年以来,随着青岛打造世界工业互联网之都,丰厚的制造业产业存量向工业互联网的转型,驱动着海尔卡奥斯平台,以及众多行业垂直领域、人工智能企业加速崛起。在最新一期的中国独角兽榜单中,海尔卡奥斯工业互联网平台凭超10亿美元估值成为2020年工业互联网领域唯一上榜企业。上半年,卡奥斯已接入山东省4.8万家工业企业,其中规模以上企业1.7万家。依托港口等特有的资源禀赋,围绕航运、贸易、金融中心建设,一大批高端服务业资源加速汇聚。4月初,青岛国际邮轮母港区启动建设,邮轮旅游、金融贸易、智慧创新、商务文化四大产业成为发展重点,首批总投资超213.5亿元的14个大项目成功签约落地。而在"2020青岛·全球创投风投网络大会"上,30个项目"云签约",落户基金意向规模达到559亿元。6月28日,首批51名干部抵达上海,到上海现代服务业企业、中介组织等开展现代服务业专业实训。在7月8日举行的青岛—上海现代服务业发展交流与合作对接会上,青岛在资本金融、航运贸易、高科技服务、文化旅游、商务服务等领域与上海开始了深度的合作,2个战略合作项目、21个投资项目签约,涵盖文化创意、新经济新基建、金融及股权投资、新零售、互联网工业总部、商贸物流等领域,计划投资总额356亿元。其中,有区域性总部——中南高科城际轨道交通智谷项目要打造全国领先的轨交创新技术研发中心;有高科技服务——优刻得科技股份有限公司把工业互联网板块放在了青岛,推动工业互联网在更广范围、更深程度、更高水平上融合创新;有金融创新——山蓝资本将在青岛设立医疗大健康产业基金,以此撬动集康养、总部及创新研发中心、科研教学于一体的国际化医疗健康产业集群。

4. 消费市场活力持续回升,新型消费业态呈现新趋向

随着疫情防控向好态势持续巩固和各项促消费政策的落地生效,居民增加外出购物和就餐活动,市场销售明显好转。上半年,全市完成社会消费品零售总额2145亿元,同比下降9.2%,比第一季度提升5.1个百分点。分季度看,市场销售季度增速明显回升。第二季度社会消费品零售总额同比下降4.0%,降幅比第一季度收窄10.3个百分点;从市场规模看,第二季度实现社会消费品零售总额1138.6亿元,总量比第一季度增加132.2亿元。上半年,限额以上商品零售额同比下降7.0%,降幅分别比1～5月份、1～4月份收窄2.7个和5.1个百分点。上半年,从消费形态看,商品零售额同比下降5.9%,降幅比第一季度收窄6.4个百分点。从商品类别看,上半年限额以上单位粮油食品类和饮料类商品零售额同比分别增长18.8%和85.1%,分别比上年同期提高2.7个和47.6个百分点。消费升级类商品增速加快,6月份限额以上单位化妆品类、体育娱乐用品类、家用电器和音像器材类商品零售额

增速分别比 5 月份提高 9.0 个、8.3 个和 7.0 个百分点。上半年,青岛市限额以上商品网上零售额同比增长 15.7%,增速比第一季度提高 7.8 个百分点,占社会消费品零售总额比重为 9.7%,比第一季度提高 1.4 个百分点。1～8 月份,全市限额以上批发业销售额增长 14.7%,限额以上零售业销售额降幅比 1～7 月份收窄 1.4 个百分点,同比下降 3.0%。1～8 月份限额以上住宿业营业额下降 37.9%,降幅比 1～7 月份收窄 3.2 个百分点;限额以上餐饮业营业额下降 14.6%,降幅比 1～7 月份收窄 3.1 个百分点。

5. 金融业实现新发展,金融中心建设迈上新台阶

2020 年以来,青岛金融业努力克服疫情影响,上半年全市实现金融业增加值 417.3 亿元,同比增长 7.8%,高于 GDP 增速 7.7 个百分点,增速居国民经济十大行业首位。截至 6 月末,青岛成为全省首个贷款和存款余额双双突破 2 万亿元的城市;与此同时,青岛企业在境内主板、中小板、科创板、创业板、精选层及境外市场均有斩获,多层次资本市场建设创造出历史最好水平。中国人民银行发布《中国区域金融运行报告(2020)》指出:青岛财富管理金融综合改革试验区在财富管理机构引进、产品创新等方面取得显著进展,"财富青岛"影响力稳步提升。截至 8 月底,全市金融机构总数达到 274 家,其中外资金融机构 35 家(含 17 家外资银行、17 家外资保险公司及 1 家外商独资专业财富管理公司),青岛外资银行数量居全国第 6 位。17 家外资银行中,韩国 5 家、中国香港 4 家、日本 3 家,英国、德国、新加坡、澳大利亚、中国台湾各 1 家;驻青外资银行资产总额 419 亿元,占辖区市场份额 1.48%,外资银行存贷比为 119.6%,实现净利润 2.46 亿元。9 月 25 日,由中国(深圳)综合开发研究院与英国智库 Z/Yen 集团共同编制的第 28 期"全球金融中心指数报告(GFCI 28)"在中国深圳和韩国首尔同时发布。在全球金融中心综合排名中,青岛居第 47 位,列上海、北京、深圳、广州、成都之后,领先于南京、西安、天津、杭州、大连和武汉。在"有望进一步提升影响力的 15 个金融中心"专项排名中,青岛居印度古吉拉特邦国际金融科技城、德国斯图加特金融城之后的第 3 位,列我国内地城市的首位。

表3 "全球金融中心指数(GFCI)"中国内地城市排名

| 金融中心 | 全球排名 | 得分 |
| --- | --- | --- |
| 上海 | 3 | 748 |
| 北京 | 7 | 741 |
| 深圳 | 9 | 732 |

（续表）

| 金融中心 | 全球排名 | 得分 |
|---|---|---|
| 广州 | 21 | 710 |
| 成都 | 43 | 659 |
| 青岛 | 47 | 654 |
| 南京 | 89 | 550 |
| 西安 | 105 | 506 |
| 天津 | 108 | 477 |
| 杭州 | 109 | 463 |
| 大连 | 110 | 455 |
| 武汉 | 111 | 420 |

### （五）全面实施国际城市战略，全方位开放新格局进一步确立

1. 外贸进出口保持增长态势，跨境电商发展迅速

2020年前三季度，青岛市外贸进出口总值4578.3亿元人民币，比上年同期增长6.4％。其中，出口额2721.5亿元，增长11.8％；进口额1856.8亿元，下降0.6％。受新冠肺炎疫情影响，外贸进出口第一季度下降0.4％；随着国内疫情防控形势好转，第二季度止跌转增，增幅达3.9％；第三季度以来在国内经济持续恢复影响下，进出口全面反弹，大幅增长15.2％，其中，9月份当月进出口值、出口值均创历史新高。前三季度，一般贸易进出口3135.8亿元，增长18.3％，占全市进出口总值的68.5％，占比提升6.9个百分点。同期，加工贸易进出口824.2亿元，下降5.4％，占全市进出口总值的18％；保税物流进出口557.9亿元，下降23.2％，占全市进出口总值的12.2％。民营企业进出口2952.3亿元，增长16.9％，占全市进出口总值的64.5％，占比提升5.8个百分点。同期，外商投资企业进出口1081.2亿元，下降8.2％，占全市进出口总值的23.6％；国有企业进出口529.8亿元，下降9％，占全市进出口总值的11.6％。通过海关跨境电商管理平台进出口17.8亿元，增长341.7％。其中，跨境直购出口7.2亿元，增长197.8％；网购保税进口10.1亿元，增长599％；9月份开始启动的跨境电商B2B出口实现出口值1673.9万元。

2. 外贸进出口结构发生显著变化，"一带一路"国家增长速度加快

2020年前三季度，青岛市机电产品出口1266.3亿元，增长15.6％，

占全市出口总值的 46.5％。其中,集装箱、通用机械设备、液晶电视机出口分别增长 22.2％、14.4％、43.8％。同期,劳动密集型产品出口 618.4 亿元,增长 14.2％,占全市出口总值的 22.7％,其中纺织服装出口增长 10.4％。主要大宗商品进口 886.9 亿元,下降 12.2％,占全市进口总值的 47.8％。其中,原油进口 222.8 亿元,下降 26.5％,进口价格下跌 30.7％,进口量增加 6.2％;铁矿砂进口 232.8 亿元,增长 26.2％;橡胶进口 98.3 亿元,下降 9％;初级形状的塑料进口 57 亿元,下降 2.3％。同期,农产品进口 432 亿元,增长 10.5％,占全市进口总值的 23.3％。东盟为青岛市最大贸易市场,青岛对东盟进出口 628.4 亿元,增长 25.8％,占全市进出口总值的 13.7％,其中,出口增长 26.9％,进口增长 24.4％;欧盟(不含英国)为第二大贸易市场,进出口 607.9 亿元,增长 11.1％,占全市进出口总值的 13.3％;美国为第三大贸易市场,进出口 530.5 亿元,增长 3.5％。此外,青岛市对日本、澳大利亚、俄罗斯进出口分别增长 2.8％、4.9％、0.5％;对韩国、巴西进出口分别下降 1.5％、8.6％。同期,对"一带一路"沿线国家进出口额 1273.9 亿元,增长 17.8％,高于全市整体增幅 11.4 个百分点,占全市进出口总值的 27.8％。

3. 直接利用外资保持稳定态势,国际化平台集聚速度加快

1～6 月份,全市新设立外资企业 408 家,实际利用外资 29.4 亿美元,同比增长 0.31％,总量位列全省第一,占全省 46％,占全国 4.3％。新引进总投资过 1 亿美元大项目 33 个、过 1000 万美元项目 132 个,新增世界 500 强投资项目 9 个。新增有实绩的贸易主体 596 家。上半年,印发实施《青岛市"国际客厅"建设总体方案》,推进国际客厅建设,助推经贸交流。截止到 7 月底,5 个"国际客厅"的建设工作基本完成,除上合组织"国际客厅"因疫情影响暂未开厅外,德国、韩国、日本、以色列国际客厅都已正式开厅运营。此外,青岛还建设了人工智能国际客厅、"一带一路"央企"国际客厅"等特色"国际客厅"。青岛人才惠客厅已完成规划设计方案。通过国际化平台开展招商对接,举办 2020 年青岛全球创投风投大会、儒商大会暨青年企业家创新发展国际峰会青岛分会、青岛—上海现代服务业发展交流与合作对接会等招商推介活动,签约 69 个项目,计划总投资 1065 亿元。截至 7 月底,全市实有外资企业 13546 家,外资企业占各类市场主体总数的 0.8％。1～8 月份,全市新设立外商投资企业 558 家,实际使用外资金额 35.67 亿美元,同比下降 3.32％。

表4　2020年1～8月山东省各地市外商直接投资情况

| 地市 | 实际使用外资 | | 企业 | |
|---|---|---|---|---|
| | 金额（亿美元） | 同比（％） | 数量（家） | 同比（％） |
| 总计 | 90.18 | 18.18 | 1679 | 11.56 |
| 青岛市 | 35.67 | −3.32 | 558 | −12.13 |
| 烟台市 | 11.07 | 30.74 | 254 | 25.74 |
| 济南市 | 7.78 | −30.46 | 98 | −38.36 |
| 威海市 | 6.49 | 0.61 | 216 | 18.68 |
| 潍坊市 | 5.68 | 72.68 | 125 | 115.52 |
| 济宁市 | 5.21 | 341.82 | 76 | 162.07 |
| 临沂市 | 3.93 | 809.73 | 77 | 37.50 |
| 东营市 | 2.77 | 722.09 | 38 | 192.31 |
| 日照市 | 2.60 | 317.45 | 21 | −8.70 |
| 淄博市 | 2.39 | 34.68 | 49 | −9.26 |
| 滨州市 | 2.08 | 66.92 | 16 | 60.00 |
| 枣庄市 | 1.65 | 382.92 | 68 | 466.67 |
| 德州市 | 1.12 | 51.77 | 17 | −19.05 |
| 泰安市 | 0.68 | −72.63 | 26 | 8.33 |
| 聊城市 | 0.64 | 94.39 | 25 | 150.00 |
| 菏泽市 | 0.44 | −18.98 | 15 | −6.25 |

4. 对外投资增长迅速，对外承包劳务发展势头良好

第一季度，青岛对"一带一路"沿线国家（地区）协议投资额2.9亿美元；新承揽工程承包项目9个，合同额9.7亿美元，增长40.3％。上半年，青岛市围绕深度融入"一带一路"建设，聚焦新旧动能转换重大工程，创新对外投资方式，对外投资合作实现平稳健康发展。1～8月份，全市对外投资额达到45.23亿元，占全省比重为10.9％。1～5月份，全市备案对外投资项目25个，中方协议投资额3.51亿美元，中方实际投资额3.53亿美元。全市对外承包工程业务新承揽项目34个，新签合同额12.96亿美元，完成营业额10.37亿美元。全市对外劳务合作业务派出各类劳务人员3499人，5月末在外各类劳务人员23239人。前三季度，全市对外承包工程业务新签合同额18.54亿美元，完成营业额17.13亿美元。全市对外劳务合作业务派出各类劳务人员6934人。

表5    2020 年 1～8 月山东省各地市实际境外投资情况

| 地市 | 境外投资额 | | |
|---|---|---|---|
| | 金额(亿元) | 同比增长(%) | 占比(%) |
| 全省 | 413.24 | 50.7 | 100.0 |
| 烟台市 | 92.30 | 97.7 | 22.3 |
| 济南市 | 69.09 | 59.5 | 16.7 |
| 济宁市 | 61.26 | 70.6 | 14.8 |
| 青岛市 | 45.23 | −45.6 | 10.9 |
| 淄博市 | 32.24 | 124.4 | 7.8 |
| 威海市 | 26.10 | 180.6 | 6.3 |
| 潍坊市 | 24.40 | 63.6 | 5.9 |
| 滨州市 | 19.33 | 103.4 | 4.7 |
| 聊城市 | 11.45 | 956.9 | 2.8 |
| 东营市 | 9.74 | 329.5 | 2.4 |
| 日照市 | 7.00 | 174.3 | 1.7 |
| 德州市 | 6.67 | 19.1 | 1.6 |
| 泰安市 | 3.72 | 184.1 | 0.9 |
| 菏泽市 | 3.59 | 69.6 | 0.9 |
| 临沂市 | 1.00 | −50.8 | 0.2 |
| 枣庄市 | 0.09 | −23.2 | 0.0 |

表6    2020 年 1～9 月份山东省各地市对外承包劳务情况

| 地市 | 新签合同额 | | 完成营业额 | | 派出人数 | |
|---|---|---|---|---|---|---|
| | 金额(亿美元) | 同比增(%) | 金额(亿美元) | 同比增(%) | 人次 | 同比增(%) |
| 合计 | 57.84 | −45.1 | 618074 | −25.8 | 14721 | −66.2 |
| 济南 | 29.25 | −44.4 | 30.77 | 0.1 | 2498 | −46.6 |
| 青岛 | 18.54 | −37.2 | 17.13 | −44.7 | 6934 | −48.3 |
| 烟台 | 3.79 | 89.9 | 3.40 | −0.4 | 952 | −77.6 |
| 淄博 | 2.34 | −43.1 | 3.33 | −26.7 | 39 | −95.6 |
| 威海 | 2.22 | −63.8 | 2.90 | −53.3 | 1741 | −76.5 |
| 泰安 | 1.02 | −59.4 | 1.07 | −30.9 | 471 | −72.8 |

（续表）

| 地市 | 新签合同额 | | 完成营业额 | | 派出人数 | |
|---|---|---|---|---|---|---|
| | 金额（亿美元） | 同比增（%） | 金额（亿美元） | 同比增（%） | 人次 | 同比增（%） |
| 德州 | 0.29 | −50.2 | 1.01 | 43.9 | 69 | −84.9 |
| 临沂 | 0.15 | 5.3 | 0.60 | −66.1 | 43 | −86.4 |
| 枣庄 | 0.08 | / | 0.07 | −52.6 | 9 | −93.6 |
| 菏泽 | 0.07 | / | 0.01 | / | 0 | / |
| 济宁 | 0.05 | −97.4 | 0.40 | −61.4 | 213 | −96.2 |
| 东营 | 0.03 | −99.4 | 0.60 | −38.4 | 15 | −83.3 |
| 聊城 | 0 | / | 0.003 | −97.9 | 147 | 38.7 |
| 潍坊 | 0 | −100.0 | 0 | −100.0 | 777 | −76.1 |
| 日照 | 0 | / | 0 | / | 694 | −7.1 |

5. 自贸区建设进展顺利,各项改革取得积极成效

青岛自贸片区挂牌运行以来,以制度创新为核心,以可复制可推广为基本要求,以打造国际化、市场化、法治化营商环境为重点,聚焦贸易转型升级、高质量发展海洋经济等优势领域,扎实推进106项试点任务,大力开展首创性、差异性、集成性探索,较好发挥了改革开放"试验田"作用。上半年,青岛自贸片区利用外资2.36亿美元,同比增长86.8%;新增纳税企业3388家,增长28.5%,信息传输、软件和信息技术服务业等新增纳税人增幅均超过50%,新增纳税企业实现销售收入80亿元,发展活力不断释放。自贸试验区青岛片区完成试点任务50项,形成全国首创保税原油混兑调和模式等12个制度创新成果,累计新增市场主体突破1.5万家。1～7月份,青岛片区新增外商投资企业73家,实际到账外资2.64亿美元,同比增长79.6%;跨境电商实现进出口15.8亿元、同比增长4倍,冷链进口11万标准箱、同比增长52%。青岛片区积极开展全国首笔中国—新加坡货币互换项下新元融资业务,中欧国际交易所在中国设立的首个资本市场服务基地落户,山东自贸试验区首家合格境外有限合伙人(QFLP)落户,截至7月底,青岛片区新引进金融项目共计134个。青岛日本"国际客厅"投入启用,已签约落户企业机构24家,挂牌入驻18家。加强与日韩海关间AEO互认,现有AEO认证企业31家。中日(青岛)地方发展合作示范区批复落地,围绕"一心一港一城"打造"中日韩消费专区"。

**（六）胶东经济圈一体化战略全面推进，城乡融合发展格局进一步形成**

1. 胶东经济圈一体化工作全面展开，互联网创新平台逐步搭建

自 2020 年初，山东省政府印发《关于加快胶东经济圈一体化发展的指导意见》提出加快胶东经济圈一体化发展后，青、烟、威、潍、日五市携手并进有了明晰的"作战图"。5 月 7 日，胶东经济圈一体化发展工作推进会议召开，正式吹响了一体化高质量发展的"冲锋号"。作为推进全省发展的一步"先手棋"，协同发展的目标有力锚定：打造成中国经济新的增长极、中国长江以北地区更高水平对外开放的新支点、黄河流域生态保护和高质量发展的龙头、中国北方的创新高地、山东对外开放的桥头堡。在接下来的四个月里，创新创业、文化旅游等 12 个发展联盟相继成立，金融服务、行政审批、法治一体化等 16 个合作协议签署完成——从基础设施到产业协同，再到公共服务；从区（市）部门到商会协会，再到市场主体，纷纷乘势而起。尤其在 7 月份以来，五市联动频次明显提速，"以都市圈的视野审视未来"正成为各行各业普遍共识。5 月份以来，烟台市与卡奥斯达成战略合作，重点围绕智能制造、智慧供应链等展开深度合作；莱州市政府携手卡奥斯打造石材工业互联网平台；威海市牵手卡奥斯共建渔具行业工业互联网平台。此外，青岛还搭建起"互联网＋"协同制造平台的酷特智能、打造了全球轮胎行业首个全流程工业 4.0 工厂的双星等多个工业互联网创新平台，均开始为胶东经济圈的一体化发展赋能。

2. 特色农业实现集聚发展，县域经济实力稳步提升

2020 年以来，青岛市获批全国第一个国家深远海绿色养殖试验区，莱西入选第三批山东省特色农产品优势区。夏粮总产达 133.42 万吨，平均单产 407.79 千克/亩，为 10 年来第二高产年份。耕地地力保护补贴由 126 元/亩提高至 138 元/亩，为全省最高。前三季度，生猪产能稳步回升，存栏 130.6 万头，能繁母猪存栏 13.7 万头。胶州市在全省首创生猪价格指数险。遴选培育新一代"青岛金花"农业企业 12 家，新希望六和上榜中国民企 500 强，是青岛唯一一家入选的农业类民营企业。胶东五市签署农业一体化发展战略协议，共建优势特色农业产业集群，推动农产品加工一体化发展。出台青岛市农业废弃物管理暂行办法，化肥减量增效等关键技术实现突破，16 项农业科研成果获省科技奖。"国际种都"核心区引进现代种企 12 家，新增投资 1.57 亿元。创新线上农产品销售，上半年全市实现农产品网络销售额 45.9 亿元，较上年同期增长 63.9%。2020 年以来，青岛市重点打造农业"国际客厅"核心区，前三季度完成投资 48 亿，实现交易额 81 亿元。中国农民丰收节山东主场在青开幕，亚洲农业与食品产业博览会、第三届中国

(山东)农业创富大会等成功举办,有效推动农业扩大对外开放,1～7月农产品出口221.9亿元。2020年7月,赛迪顾问县域经济研究中心编制并发布了《2020中国县域经济百强研究》,山东省有15个县(市)上榜,低于江苏省的25席和浙江省的18席,列全国第三位。青岛的胶州市排第12位,与上年持平,平度市排第47位,莱西市排第75位。

3. 农业投资增长速度明显加快,突破平度莱西攻势取得良好成效

1～8月份,第一产业投资继续保持高增长态势,在建项目178个,占总数的3.3%,完成投资已超过上年全年水平,在上年低基数基础上增长189%,占全市投资比重为1.3%,对全市投资增长的贡献率为17.6%。在乡村振兴攻势方面,投资继续快速增长。1～8月份,涉及乡村振兴的投资项目987个,比上月增加67个,同比增加235个,投资增长27.2%。乡村振兴投资占全市投资的比重为15.8%,比上月提升0.1个百分点,同比提升2.8个百分点,对全市投资增长的贡献率为19.4%。在突破平度、莱西攻势方面,两市投资增速继续位居全市前两名。1～8月份,平度、莱西两市继续保持领头地位,共有在建项目932个,比上月增加38个,同比增加258个,完成投资增长34.8%,对全市投资的贡献率为38.5%。平度市共有在建项目531个,同比增加137个,完成投资增长20.8%,占全市投资总量的4.1%,对全市投资增长的贡献率为15%。莱西市共有在建项目365个,同比增加116个,完成投资增长59.8%,占全市投资总量的3%,对全市投资增长的贡献率为23.5%。

4. 美丽乡村建设进展顺利,农村改革接续发力

2020年以来,西海岸新区、莱西市入选省部共建的乡村振兴齐鲁样板示范县,胶州市和平度市入选省级农村改革试验区,莱西市"一统领三融合"乡村治理经验入选全国首批乡村振兴典型案例。前三季度,青岛市深入推进农村人居环境突出问题整治清零行动,组织开展市级验收工作,确保高质量完成三年行动任务。全市1670个行政村实现农村通户道路硬化、占年度任务的85%;2513个行政村完成生活污水治理、治理率达到46.8%;建成农村改厕服务站100个,完成年度计划的100%;5057个村庄(社区)开展垃圾分类、覆盖率93%,生活垃圾无害化处理率达到100%;本年度560户农村危房改造全部完工;开展农网升级改造,完成新建改造10千伏线路342.85千米、配电变压器310台。1～9月份,按照生态美、生活美、生产美、服务美、人文美"五美融合"标准,实施片区化规划、标准化建设、景区化提升,100个美丽乡村示范村全部开工、完工73个,完成投资9.36亿元;10个美丽乡村示范镇、28个美丽乡村示范片有序推进。第二批美丽村居建设省级试点设计方案及试点工作方案备案工作有序开展。全市美丽庭院示范户创建

率达到 25.18％，美丽庭院示范户村庄覆盖率已达到 100％。产权制度改革基本完成，全市 98.42％的村庄完成了农村集体产权制度改革。开展"一巩固三强化"攻坚行动，共清查闲置资产 2 亿元、闲置资源 3.9 万亩，盘活利用了资产 2700 万元、土地资源 4000 余亩。创新"政邮"合作，发布线上小额贷款、扩大授信服务范围、提供普惠金融服务惠农十条措施，深化金融助农服务。

5. 城市建设取得新突破，基础保障能力逐步提高

上半年全市建筑业完成产值 1102 亿元，同比增长 5％，比全省增幅高 5.1 个百分点；建筑业实现税收 48.6 亿元，同比增长 1.5％。1～8月份，基础设施投资增速放缓，在建项目 1115 个，同比增加 450 个，完成投资增长 11.2％，占全市投资比重为 18.5％，比上月回落 1.1 个百分点，对全市投资增长的贡献率为 39.3％。2020 年以来，交通基础设施投资受"铁公机"等大项目趋于尾声且缺少新开工大项目支撑的影响，投资一直处于下降态势。7 月份，在公路交通等项目个数持续增加且工程进度进一步加快的有力带动下，实现年初以来的首次转正。1～8月份，交通基础设施投资继续稳健发力，涉及交通基础设施投资项目 987 个，比上月增加 42 个，同比增加 433 个。交通基础设施投资增长 11.2％，受 8 月当月降雨较多影响道路施工影响，增速比上月回落 0.2 个百分点。交通基础设施投资占全市投资的比重为 17.3％，同比提升 1 个百分点，比上月提升 0.5 个百分点，对全市投资增长的贡献率为 10.0％。紧紧抓住完善住房保障体系国家级试点重大机遇，上半年实施住房保障 4000 余户，已确定建设主体的人才住房房源 3.9 万套，成功入选第二批中央财政支持住房租赁市场发展试点城市。以承担全国城镇老旧小区改造试点任务为契机，上半年开工改造老旧小区项目 80个，建筑面积 84.3 万平方米。启动棚户区改造 1.85 万套（户）。开工建设天然气管网 140 千米、节能保暖改造 145.4 万平方米、城市供热配套面积 200 万平方米、二星级以上绿色建筑 124 万平方米、装配式建筑 333 万平方米，完成储气能力建设 5942.8 万立方米、工业余热和新能源供暖 320 万平方米，为既有住宅加装电梯 51 部，让老百姓居住更舒适、生活更方便。

# 二、2021 年青岛市经济发展预测

2021 年是"十四五"规划的开局之年，经济高质量发展的特征将更加突出，同时受新冠肺炎疫情的影响，外部环境将会发生深刻变化。面对经济运行中存在的突出矛盾和问题，青岛"以开放促进创新、以创新倒逼改革"的总基调不会变，全市将会继续保持足够的战略定力，坚持

新发展理念,坚持以供给侧结构性改革为主线,坚持以改革开放为动力,推动高质量发展,全面做好"六稳"工作,统筹推进稳增长、促改革、调结构、惠民生、防风险、保稳定,推动经济始终运行在合理区间,确保"十四五"规划开好局、起好步。

**(一)继续实施减税降费政策,全面提升民营企业和中小企业发展活力**

2021年,青岛将全面实施"一业一证"改革,线上线下并行办理,实现"一证准营"。持续深化"一窗受理""一次办好"改革,大幅压减政府审查、技术审查等环节时间。推进环评制度改革,落实环境影响登记表备案制,压缩项目环评审批时限。支持中小微企业集约用地、集聚发展,鼓励中小微企业退城进园,在全市工业园区规划中预留工业中小企业的用地用房。平稳调整最低工资标准,落实国家降低养老、工伤、失业保险缴费费率等政策,实施用人单位吸纳就业社会保险补贴、稳岗返还、高校毕业生小微企业就业补贴政策,支持中小企业充分吸纳就业。支持夜经济等特色经营方式加快发展。严格落实国家各项减税降费政策,清理电价附加收费,降低制造业商业成本,落实国家延长阶段性降低工商业用电价格政策。深化收费公路制度改革,落实国家及省降低过路过桥费用相关政策。加快创投风投基金集聚发展,发挥好青岛新旧动能转换引导基金、科创母基金等引导作用,重点支持高新技术产业和战略性新兴产业领域的民营企业和中小企业发展。拓展个体工商户和小微企业抵押物登记范围,对办理抵押的动产,做到应登尽登、应抵尽抵。建立动态化首贷培植企业信息库,筛选首贷培植对象,逐步提高首贷获得率,增强企业金融服务获得感。在重大规划、重大项目、重大工程、重大活动中积极吸引民营企业参与。

**(二)继续实施创新驱动战略,全面推进东部沿海重要创新中心建设**

2021年,青岛将注重发挥政府的战略导向、综合协调和服务功能,营造勇于创新、鼓励成功、宽容失败的良好氛围。整合科技资源,优化结构布局,建立科技创新资源合理流动的体制机制,促进创新资源高效配置和综合集成。与此同时,进一步突破制度障碍,创造良好的创新环境,为科技创新提供制度保障。给予科研单位和科研人员更多自主权,建立科学的创新评价机制,建立多元化人才评价体系,注重品德、能力和业绩的综合评价,完善创新人才薪酬、岗位升迁和社保关系转移接续等政策,使科技人才的积极性主动性充分发挥出来,使科技人才的创新创造活力充分激发出来。强化企业创新的主体地位,构建以企业为主体、市场为导向、产学研相结合的技术创新体系,发挥企业在技术创新中的主体作用,使企业成为创新要素集成、科技成果转化的生力军。支持龙头企业整合科研院所、高等院校力量,建立创新联合体。高校、研发机构、中介机构以及政府部门、金融机构等应与企业一起分工协作,合力开展创新活动。促进孵化器、服务平台以及交易中介等业态发展,切实打通科技成果转化服务链条,大力提升服务水平。完善知识产权运用和协同保护体系,加大对知识产权的保护力度,为技术创新及成果转化提供良好的法律政策环境。完善科技成果转移转化的相关制度,活跃技术交易,优化激励机制,共享创新资源,持续提高成果转化效率。

**(三)继续推进服务业高端化专业化转型,全面推进区域性服务中心建设**

2021年,青岛将遵循国际化、高端化、集群化、专业化发展方向,大力构建功能完备、结构优化、质量一流、发展均衡、服务高效的现代服务体系,巩固提升金融创新、国际物流枢纽和创意设计服务功能,积极增强信息资源交流和科技、产业创新能力。一是发挥市场在资源配置中的决定性作用,创新政府对服务业发展的引导作用,顺应新形势新要求,维护市场规则秩序,促进市场公平竞争,强化企业市场主体地位,激发企业创新活力,营造市场主体良性互动、要素资源高效利用的服务业发展环境。二是以改革创新释放产业发展活力,进一步放宽服务行业的市场准入,鼓励引导服务业企业开展服务流程、服务产品、服务方式的创新。发挥服务业与前沿科技渗透融合的优势,促进服务业与制造业、服务业内部的有机融合,拓展服务业发展新领域。三是巩固服务业优势领域,培育特色服务产业,着力提升服务业发展能级,推动服务产业链和价值链向高端攀升。重点发展体现国家战略和国际大都市服务功能的高端服务行业,提升青岛标准在服务业领域的话语权和影响力,抢占产业发展的战略制高点。四是注重产业链配套协作与专业分工,创新集聚发展模式,促进产业互促、资源共享,增强集群效应。强化服务输出能力,提升辐射带动作用,积极参与区域和国际分工协作,打造基础设施互联互通、要素自由流动、资源充分共享、市场深度融合、互利互补共赢的服务业发展新格局。五是强化服务业对城市功能支撑,促进形成产业、城市与人三者之间的良性互动。注重人民群众日益增长的多元化、多层次的服务需求,扩大供给总量,优化供给结构,促进新消费需求及时转化为新供给,以服务业发展提升城市宜居宜业水平。

**(四)继续实施海洋强市战略,全面推进全球海洋中心城市建设**

2021年,青岛将加大海洋科技投入力度,加强海洋产业高新技术研发,支持开展多种形式应用研究和试验发展活动。瞄准海洋科技前沿,推进高端船舶、海洋油气开采装备、海水淡化工程装备、深海工程材料、海洋生物医药等关键技术研究,形成一批具有自主知识产权和技术领先的海洋技术创新突破和成果,加快带动相关上下游产业链企业的集聚和发展。加强海洋管理和公共服务领域应用技术研究,聚焦海洋防灾减灾、海洋生态环境保护、海洋资源优化配置、海洋信息化等领域,开展海洋灾害预警报、海上突发事故应急处置、海洋环境容量、海洋生态红线、生态系统修复、海域空间资源利用、海洋环境立体监测、海洋大数据分析等关键技术研究。巩固提升船舶工业、海洋交通运输业等传统优势产业,大力发展海洋工程装备、海洋生物医药等海洋战略性新兴产业,研制深海潜水器、海洋生物疫苗、海水淡化设备及海洋新材料等。积极培育和完善船舶融资租赁、航运保险、海事仲裁、航运咨询、航运信息服务等航运服务、海洋金融服务、科技服务、信息服务、检验检测服务等海洋现代服务业,积极推动国内外大型银行在青岛设立航运金融部以及国际结算、资金运作等功能性机构。做大做强海洋旅游业,加快邮轮经济发展,组建本土邮轮公司,打造邮轮产业链,进一步提升邮轮产业的国际地位和竞争力。加快推进海洋渔业转型升级,控制近海捕捞强度,延伸远洋渔业产业链。抓住中国(山东)自由贸易试验区青岛片区服务业和先进制造业等领域扩大开放机遇,推动船舶和海工设备设计、制造、维修,国际船舶代理、外轮理货等海洋制造业和服务业领域扩大开放,打造具有国际竞争力的开放型海洋经济体系。积极争取海洋相关国际组织及其办事机构、跨国公司和企业总部落户,支持本地及国内企业以青岛为平台开展境外海洋投资兼并和产业输出。

**(五)继续加快制造业转型升级,全面推进世界工业互联网之都建设**

2021年,青岛将依托工业互联网公共服务平台,精准梳理产业、技术、人才、资金等需求,建立工业互联网改造升级项目库,分行业、分领域建立"工业赋能"动态场景清单;面向5G、人工智能等新兴技术在未来城市发展中的应用场景,围绕智能交通、智慧医养、数字文娱、在线教育、智慧物流、智慧社区等领域,建立"未来城市"场景清单,率先将政府机关、事业单位、国有企业等相关项目纳入清单管理。积极推进场景清单"全市通用、全球共享"模式,列入场景清单的项目优先享受工业互联网相关扶持政策。运用股权、债权等方式,对海尔卡奥斯等设立在本市的跨行业跨领域工业互联网平台给予重点支持,推动规模以上企业将研发设计、生产制造、运营管理等核心业务向平台转移,全力打造具有全球引领力的工业互联网平台。支持中小企业在设计、制造、管理等关键环节,部署推进数字化普及、网络化协同、智能化提升等方面改造升级。发挥中电信5G基金、中航智能制造基金、海创千峰母基金等400

亿元基金群的优势,重点投向工业互联网示范项目、工业互联网平台、解决方案服务商等,促进资本、技术和项目在本市加快集聚。开展工业互联网共性技术攻关,支持工业互联网领域科技成果与产业、企业需求有效对接,参照支持新兴技术领域实验室、工程中心、技术中心扶持政策,建设工业互联网、5G、人工智能等领域综合创新载体。通过股权投资形式,支持综合创新载体有效融合,共建工业互联网科教融合示范园区。出台人才定向支持政策,加快工业互联网人才集聚。支持驻青高校布局人工智能、工业互联网等新兴、交叉学科,建设工业互联网学院、研究院;鼓励龙头企业围绕工业互联网、5G、人工智能等重点领域建设一批人才实训基地,精准解决场景清单中的人才需求。

**（六）继续实施国际城市战略,全面构建国内国际双循环发展新格局**

2021年,青岛将鼓励发展线上、线下融合消费新模式,促进传统销售和服务由线下试水线上,进而实现转型升级;加快拓展时尚消费、定制消费、信息消费、智能消费等新兴消费领域,增加健康、养老、医疗、文化、教育以及安全等领域消费的有效供给,激发全社会消费活力。实施产业基础再造和产业链提升工程,构建以青岛市为中心的区域性产业供应链生产组织网络,提高产业配套发展能力。巩固传统产业链优势,提前布局战略性新兴产业、新基建,推进大数据、互联网、人工智能、区块链等新技术与重大基础设施的深度融合。围绕重点产业链、龙头企业、平台公司、重大投资项目、若干超级工程,筑牢产业根基。用政府采购等更市场化的措施,引导龙头企业盯紧重要链条和关键环节的研发,向全球产业链高端环节攀升,提高知识产权掌控度。紧紧抓住"一带一路"、京津冀协同发展、环渤海经济圈、黄河流域生态保护和高质量发展等重大战略机遇,充分利用两个市场、两种资源,深度融入全球产业链和价值链,在更大范围、更广领域和更高层次上参与全球资源配置,加快投资双向互动,加快外贸优化升级,加快各类开放平台提质增效,以开放促改革、促发展、促创新,全面拓展开放发展新空间,积极构建全方位开放新格局。增强自由贸易试验区功能,优化口岸服务环境,着力打造效率最高、服务最优、成本最合理的"三最口岸"。重点通过完善国际贸易"单一窗口"功能、发展过境贸易,有条件的货物分类监管、异地委托监管、企业备案制等举措,简化管理、便利通关、降低费用。完善发展保障机制,建立与贸易发展相匹配的知识产权保护和促进体系,完善健全风险预警和防控机制,建立与开放市场环境相匹配的产业安全预警体系。持续推进青岛—中国上海合作组织地方经贸合作示范区高质量发展。

### (七)继续实施乡村振兴战略,全面推进胶东经济圈一体化发展

2021年,青岛将以构建新型城乡关系为导向,坚持新型工业化、信息化、城镇化与农业现代化"四化同步"发展,有序推进农业供给侧结构性改革和农村改革,逐步实现城乡居民基本权益平等化、城乡公共服务均等化、城乡居民收入均衡化、城乡要素配置合理化、城乡产业发展融合化,努力形成"共谋、共建、共富、共享"的新格局。重点突破打造乡村振兴齐鲁样板、乡村产业高质量发展、村庄布局优化、农村人居环境整治、深化农村改革,创建西海岸新区和莱西市两个省部共建齐鲁样板示范县和10个乡村振兴示范区,建设30个市级以上田园综合体、5个市级以上现代农业产业园、10个市级以上产业强镇。实施党组织帮带、城乡基础设施一体化、工会助农、青春建功、巾帼引领、教育支持、千企帮千村、人才返乡入乡、规模经营、文明乡风等行动,动员全社会力量参与乡村振兴。以产业转型升级需求为导向,聚焦海洋经济、电子信息、集成电路、高端装备制造、汽车、智能家电等产业集群发展和产业链关键环节创新,在胶东经济圈形成一批具有较强国际竞争力的跨国公司和产业集群。积极利用建设上合组织示范区、山东自贸区青岛片区契机,在胶东半岛打造功能互补、协调联动的产业共同体。支持胶东半岛依托重点港湾,协同发展以先进制造业、海洋新兴产业、高端服务业为重点的湾区经济,打造泛胶州湾黄海经济带和泛莱州湾渤海经济带。着力打造胶东经济圈科创走廊,推进青岛国家科技成果转移转化示范区建设,强化青岛、威海、烟台、潍坊跨境电子商务综合试验区的商务转化能力,努力在经济圈内部构建一条从创新孵化到产品生产再到商务推广的完整链条。以创新链和产业链的深度融合、科技和产业的联动发展为目标,瞄准世界科技前沿领域和顶级水平,在胶东经济圈形成以产业分工为基础、梯度有序的创新体系,引领胶东半岛经济增长从要素驱动向创新驱动转变。

(作者单位:青岛市社会科学院)

# 2020～2021年青岛市消费市场发展形势分析与预测

赵明辉

2020年是全面建成小康社会和"十三五"规划收官之年,也是青岛以更高水平开放引领高质量发展的攻坚之年。青岛市以习近平新时代中国特色社会主义思想为指导,全面贯彻党的十九大和十九届二中、三中、四中、五中全会精神,把握青岛承担的国家责任、面临的重大机遇,立足自身禀赋优势,发挥青岛在国内大循环、国内国际双循环中独特的枢纽作用,以开放促进创新、以创新倒逼改革,深度融入"双循环"新发展格局,统筹推进疫情防控和全市经济社会健康发展。在常态化疫情防控前提下,为稳定市场、促进消费,出台多项政策措施,内需不断扩大,居民消费潜力激发释放,消费新兴业态加快发展,消费市场运行态势良好。

## 一、2020年青岛市消费市场发展形势分析

2020年,面对突如其来的新冠肺炎疫情,青岛市认真贯彻落实习近平总书记关于统筹推进疫情防控和经济社会发展、促进消费回补和潜力释放的重要讲话精神,进一步强化政策措施、完善体制机制,促进消费回补和潜力释放。新冠肺炎疫情使青岛市消费市场受到一定影响,但其影响是短期和有限的,在国家、省、市的多项政策措施促进下,青岛消费市场活力正在恢复,居民消费需求正在逐步释放。从前三季度看,青岛市消费市场稳定发展的基本条件没有改变,结构优化转型升级的良好态势仍将持续,消费供给方式创新发展,消费结构持续优化升级,消费对经济发展的基础性作用持续显现。

### (一)顶层设计,多措并举,激发消费潜力,复商复市持续推进

2020年年初,受新冠肺炎疫情影响,青岛市消费品市场出现短期下滑。为有效贯彻落实国家关于稳定市场、促进消费的方针政策,扎实

做好"六稳"工作、全面落实"六保"任务,青岛市出台多项促消费政策措施,坚持在常态化疫情防控中加快推进生产生活秩序全面恢复。为贯彻国家、省关于促进消费的决策部署,落实国家发展改革委等23部委《关于促进消费扩容提质加快形成强大国内市场的实施意见》要求,有效应对新冠肺炎疫情影响,进一步激发全市消费潜力,促进消费增长,2020年4月11日,青岛市政府发布《青岛市2020年激发消费潜力促进消费增长行动计划》。通过实施商贸流通创新发展行动、服务消费提质扩容行动、实物消费提档升级行动、农村消费挖潜提升行动、消费环境优化保障行动等五大行动计划,推动消费供给体系、需求结构、时尚特质、发展环境全面提升,激发消费潜力,壮大消费市场,促进全市经济持续快速高质量发展。

2020年5月16日,青岛市政府工作报告指出,尽快促进消费回升。从供求两端深挖潜力,坚持实体店建设和加快消费模式与业态创新并重,建设辐射周边、面向全国、放眼全球的重要消费中心。青岛市精心举办了"百日万店消费季""青岛市2020年汽车惠民消费季""文化和旅游惠民消费季""2020青岛八八购物节"等一系列促消费活动,聚人心,汇商气,加快恢复和提振消费市场,确保社会消费品零售总额实现稳定增长。

**(二)消费市场逐渐恢复,运行态势持续向好**

随着疫情防控形势持续向好,部分消费得到回补,消费市场活力逐步回升,消费市场逐渐恢复。据市统计局企业生产经营情况调查结果显示,截至3月底,1710家限额以上批发业企业复工率98.6%,698家限额以上零售业企业复工率98%,230家限额以上住宿业企业复工率为85.7%,216家限额以上餐饮业企业复工率88%,分别比2月底大幅提升21个、15.5个、35.7个和45.7个百分点。2020年第一季度,全市完成社会消费品零售总额1006.4亿元,同比下降14.3%;其中限额以上商品零售额同比下降13.9%,降幅比1～2月份收窄0.8个百分点。3月当月,限额以上单位商品零售额同比下降12.5%,降幅比2月收窄20.5个百分点。

消费市场逐步改善。上半年,社会消费品零售总额下降9.2%,降幅比第一季度收窄5.1个百分点。基本生活用品类较快增长,限额以上批发和零售业法人企业粮油食品类、饮料类商品销售额分别增长38.5%和42.4%;消费升级类商品销售势头良好,限额以上能效等级为Ⅰ级和Ⅱ级、智能家用电器和音像器材类商品销售额分别增长59.3%和96.9%,可穿戴智能设备销售额增长57.7%。

批发市场稳步复苏,消费潜力持续释放。8月份,全市限额以上批发业销售额增长 28.7%，比 7 月份提升 5.5 个百分点。1～8 月份，全市限额以上批发业销售额增长 14.7%。8 月份，限额以上零售业销售额增长 4.8%，连续 4 个月当月增速实现正增长；1～8 月份限额以上零售业销售额降幅比 1～7 月份收窄 1.4 个百分点，同比下降 3.0%。住宿业加快向正回归，8 月份，限额以上住宿业营业额下降 22.2%，降幅比 7 月收窄 13.9 个百分点；1～8 月份限额以上住宿业营业额下降 37.9%，降幅比 1～7 月份收窄 3.2 个百分点。餐饮需求进一步释放，8 月份限额以上餐饮业企业营业额增速首次由负转正，增长 1.7%；1～8 月份限额以上餐饮业营业额下降 14.6%，降幅比 1～7 月份收窄 3.1 个百分点。

跨境电商进出口倍增。2020 年前三季度，青岛市通过海关跨境电商管理平台进出口 17.8 亿元，增长 341.7%。其中，跨境直购出口 7.2 亿元，增长 197.8%；网购保税进口 10.1 亿元，增长 599%；9 月份开始启动的跨境电商 B2B 出口实现出口值 1673.9 万元。

**(三)城乡消费市场同步提升,实体零售业态增长较快**

从企业经营地看，城乡消费市场同步好转。2020 年 1～3 月份，城镇消费品零售总额下降 15%，其中限额以上城镇商品零售额同比下降 17.5%，降幅较 1～2 月份收窄 0.5 个百分点；乡村消费品零售总额下降 11.1%，降幅比城镇市场低 3.9 个百分点。2020 年上半年，城镇消费品零售额 1766.9 亿元，同比下降 10.0%；乡村消费品零售额 378.1 亿元，同比下降 5.2%，降幅比城镇市场低 4.8 个百分点。分季度看，第二季度城镇消费品零售额降幅比第一季度收窄 15.2 个百分点，乡村消费品零售额降幅收窄 13.8 个百分点。

从零售业态看，随着生活秩序有序恢复，居民外出购物增多，实体店零售业务稳步回升，传统零售业态和社区零售店增长较快。第一季度，在限额以上有店铺零售中，与基本生活密切相关的超市和购物中心等商品零售额分别增长 5.2% 和 14%，增速分别比限额以上商品零售额高 19.1 个和 27.9 个百分点；与社区消费密切相关的食杂店和便利店商品零售额分别增长 0.8% 和 27.8%，增速分别比限额以上商品零售额高 14.7 个和 41.7 个百分点。2020 年上半年，限额以上单位有店铺零售完成商品零售额降幅比第一季度收窄 4.1 个百分点；其中，限额以上单位便利店和购物中心商品零售额同比分别增长 12.9% 和 12.0%，增速均超过两位数；大型超市、专业店和专卖店商品零售额同比分别下降 1.7%、17.8% 和 15.1%，降幅分别比第一季度收窄 2.0 个、3.1 个和 11.1 个百分点。

### (四)多数商品销售好转,重要商品零售恢复较快

2020年3月,在统计的18个限额以上商品零售类别中,有16类商品销售比2月好转,其中4类实现正增长。其中,基本生活类商品销售增长较快。3月当月,限额以上粮油食品类、烟酒类和饮料类商品零售额分别增长22.9%、5.1%和166.1%,分别比2月提高19.7个、61.7个和92.8个百分点。出行类商品销售降幅收窄。3月当月,限额以上汽车类商品零售额下降13.6%,降幅比2月收窄49.5个百分点;石油类商品零售额下降28.7%,降幅比2月收窄19.2个百分点。居住类商品销售好转。3月当月,限额以上家用电器和音像器材类、家具类和建筑及装潢材料类商品零售额分别下降18.3%、67.8%和29.2%,降幅分别比2月收窄14.2个、18个和35个百分点。消费升级类商品销售回升。3月当月,限额以上文化办公用品类商品零售额增长120.4%,增速比2月加快55.2个百分点;化妆品类和金银珠宝类商品零售额分别下降27.4%和43.5%,降幅分别比2月收窄34.7个和34.3个百分点。

商品零售持续好转。2020年上半年,从消费形态看,商品零售额同比下降5.9%,降幅比第一季度收窄6.4个百分点。从商品类别看,上半年限额以上单位粮油食品类和饮料类商品零售额同比分别增长18.8%和85.1%,分别比上年同期提高2.7个和47.6个百分点。消费升级类商品增速加快,6月份限额以上单位化妆品类、体育娱乐用品类、家用电器和音像器材类商品零售额增速分别比5月份提高9.0个、8.3个和7.0个百分点。

### (五)"宅经济""无接触"等新型消费方式快速发展,商品网上零售增速加快

2020年,青岛市加快网络消费载体建设,加强与综合性电商平台合作,大力培育自营式电商,推广灵活多样的小程序,积极引进、培育一批垂直电商平台,集中培育一批电商企业。推进"线上＋线下""商品＋服务""零售＋体验"等融合式跨界业态发展,支持具备条件的企业发展线上线下联动的新型营销模式。"宅经济""无接触"消费带动新型消费方式快速发展。2020年1～3月份,青岛市限额以上商品网上零售额增长7.9%,增速比1～2月份加快0.4个百分点,占社会消费品零售总额比重为8.3%,比上年同期提高1.9个百分点。上半年,青岛市限额以上商品网上零售额同比增长15.7%,增速比第一季度提高7.8个百分点,占社会消费品零售总额比重为9.7%,比第一季度提高1.4个百分点。

### （六）规划建设高端商业载体，时尚消费平台建设迅速提升

2020 年以来，青岛市不断强化国际消费中心城市的创建活动，加大消费载体建设力度，整合提升浮山湾国际时尚高端商圈，规划建设"智慧商店""智慧街区""智慧商圈"。加快发展消费升级新业态，着力打造智慧街区，促进商旅文融合发展，把浮山湾国际时尚高端商圈、步行街等打造成展示城市形象的新名片，建设强大国内市场、扩大内需的新载体。

加快台东商业步行街改造提升，争创国家级步行街试点。2020 年是全国步行街改造提升"深化年"，青岛市全面部署开展步行街改造提升"深化年"活动，突出"示范带动、政策支撑、平台推动"，推进"确认一批示范步行街、新增一批试点步行街、推动一批省级步行街、出台一个政策文件、搭建一个工作平台"五项重点任务，构建步行街持续健康发展长效机制，推进台东等步行街的改造提升，推动老旧商圈改造。

鼓励建设线上线下融合的新消费体验馆，首家线上"上合特色商品馆"开馆。为推动上合国家经贸合作，抢抓"一带一路"沿线国家发展新商机，国内首家线上"上合特色商品馆"于 6 月 12 日在青岛上合示范区正式开馆。该商品馆是上合示范区与京东联手打造的跨境电商平台，精选上合组织国家特色商品，实现"一站式"销售，依托京东集团物流、支付、流量、技术等全链条服务，为入驻企业、从业者提供全方位的电商服务，以跨境电商为桥梁增进与上合组织国家贸易互联、商品互通，进一步丰富国内消费者网购需求。开馆活动吸引了近百家国内外知名跨境电商企业及关联企业代表参加，线上直播间观看总人数达到 132 万，成交 14576 单，实现销售额 115 万余元。目前，已有俄罗斯出口中心等 20 余家国内外企业计划入驻上合特色商品馆。

时尚消费平台建设进一步提升。2020 东方时尚季·中国（青岛）国际时装周、青岛国际影视设计周、2020 青岛国际青年艺术节等时尚节会的成功举办，进一步集聚起时尚消费市场和时尚城市发展的新动能，提升了青岛国际时尚消费城市的影响力，全面展示了城市时尚气质，推动国际时尚城建设迈上新台阶。

### （七）住宿餐饮市场需求持续释放，文旅消费、夜间消费快步发展

2020 年，青岛市针对市民、游客等不同群体，围绕购物、餐饮、休闲健身等基本需求以及众多的新兴需求，通过引进市场主体和新增营业场所等多种方式，深入挖掘日间经济潜力，培育一批大众喜闻乐见的夜间消费场所，支持住宿餐饮业渡过难关。上半年，全市限额以上餐饮业营业额同比下降 19.8％，比第一季度收窄 10.3 个百分点，餐饮收入连

续 3 个月好转。特别是快餐服务、餐饮配送及外卖送餐服务等行业经营恢复水平较高,上半年,限额以上餐饮业企业外卖送餐服务收入同比增长 36.3%。从客房收入看,上半年限额以上住宿业企业客房收入降幅比第一季度收窄 0.9 个百分点。

2020 年,青岛市不断丰富文化旅游产品,举办文旅消费促进活动,发放惠民消费券,开展"百家景区、千家企业、万间客房"集中优惠活动。积极打造夜经济消费街区。培育奥帆中心街区等 23 处夜间购物街区、登州路啤酒街等 21 处餐饮休闲街区、延安一路等 10 条以上"酒吧一条街",打造出地标性夜生活集聚区;发展深夜营业专区、24 小时便利店、夜间配送餐、"深夜食堂",提高了青岛夜间消费的便利度和活跃度;夜经济文旅消费不断扩大,滨海灯光秀等多角度场景化环境进一步提升,广泛开展"青岛夜色美"街头文艺活动。

### (八)节日消费市场旺盛,旅游消费市场迅速激活

促销活动丰富多彩。"十一"黄金周期间,青岛市在积极做好疫情防控前提下,积极组织开展丰富多彩的促消费活动,消费需求加快释放,市场人气持续攀升。青岛市商务局按照全国"消费促进月"和"山东消费年"活动部署,积极联合有关部门,精心组织全市大型商超、综合体等商家开展"中秋国庆节日购"活动,为岛城市民和游客推出了近 200场各类促销活动。据监测,10 月 1～7 日青岛市消费市场整体运行平稳,青岛市十大重点商贸监测企业(集团)共实现销售额 10.3 亿元,较节前周均销售额增长 1 倍。

节日热销商品保持平稳增长。在节日消费和换季促销等综合因素影响下,"十一"黄金周期间青岛消费市场烟酒饮料、服装鞋帽类商品销售保持平稳增长,分别增长 8.5%、3.3%。化妆品、家电类商品整体销售较节前略有增长,同比下降 1.5%、15.9%。如利群集团推出"礼赞华诞""礼遇中秋""秋季滋补节"等活动促销,带动烟酒饮料类热销,销售额增长 21%。利客来集团推出"十分给力,一促即发""双节同庆、惠动全城""金秋双节钜惠"等系列优惠活动,带动服装鞋帽类商品销售增长 16%。

旅游消费市场恢复性增长较快。10 月 8 日,青岛市文化和旅游局发布假日旅游信息,2020 年国庆中秋假日期间,青岛共接待游客 447.58 万人次,实现游客消费 46.45 亿元。国庆中秋假期 8 天,青岛监测星级饭店 67 家,平均入住率为 39.07%,营业总收入 4331.00 万元;监测 A 级景区 93 家,累计接待游客 282.73 万人次,达到 2019 年同期的近七成。

# 二、2021 年青岛市消费市场发展趋势展望

在全球疫情仍在扩散、外部风险挑战仍在持续的背景下，为更好地发挥消费的基础性作用，进一步融入国内大循环为主体、国内国际双循环相互促进的新发展格局，2020 年第四季度及 2021 年，青岛市将坚持新发展理念，以高质量发展为主题，以深化供给侧结构性改革为主线，统筹推进疫情防控和经济社会发展，坚持消费升级与产业提质一体谋划，供给创新与需求创造一体推进，市场优势与时尚特质一体发掘，实施商贸流通和消费市场创新发展，推动消费供给体系、需求结构、时尚特质、发展环境全面提升，消费活力不断激发和释放，新型消费会表现更加强劲，国际消费中心城市创建步伐进一步推进。全市消费市场发展趋势稳定向好，2020 年，全市社会消费品零售总额力争增长 8%，最终消费率力争达到 40%；2021 年全市社会消费品零售总额将增长 8%左右。

## （一）人们消费意愿将进一步提升，消费潜力将不断释放，消费市场前景依然广阔

2020 年以来，受新冠肺炎疫情影响，我国消费市场承受了前所未有的冲击、面临着前所未有的考验，包括商品流通、旅游、住宿餐饮、文化娱乐等在内的商贸流通服务业发展遭遇重重困难。但刚刚过去的"双节黄金周"，人头攒动的景区、近乎满员的航班和高铁、大幅增长的购物和线上消费，充分显示出消费回暖的趋势和我国经济复苏步履坚实的清晰信号。2021 年，在以国内大循环为主体、国内国际双循环相互促进的新发展格局下，消费的拉动作用将进一步凸显。在疫情得到有效控制的形势下，人们对未来收入预期、经济景气度的信心普遍增强，消费的意愿将进一步提升，消费市场还有更多潜力等待激活、释放，消费市场前景依然广阔。2021 年，青岛市将从满足人民日益增长的美好生活需要出发，抓住数字经济快速发展的新机遇，加快新型基础设施建设，积极丰富 5G 技术应用场景，把在疫情防控中催生的新型消费、升级消费培育壮大起来，使实物消费和服务消费得到回补，促进产业和消费"双升级"，为经济发展积蓄新动能。

## （二）新的消费习惯和消费需求趋势将带来新的商业布局和调整

此次新冠肺炎疫情使人们对健康卫生更加重视，消费习惯和消费需求将发生变化，大健康产业以及与健康相关的消费业态将得到创新发展，开放式运动带动户外运动用品的体验消费；赋予健康知识、健身

体验消费将得到青睐；街区式开放型的购物中心更受消费者喜欢，如屋顶花园、屋顶跑道、屋顶菜园、屋顶娱乐设施及开放式屋顶电影等将成为消费者的重要体验场所。这些消费趋势将促使青岛消费市场在新一轮的调整中，更加重视新的商业业态布局，更加关注居民健康生活消费需求，引导企业扩大绿色食品、药品、卫生用品、健身器材等产品和服务的供给；重塑和改造购物中心的空间环境；商业实体企业更多地转向以满足民生健康家庭生活，居民生活必需品的社区型购物中心。

**（三）以新业态、新模式为引领，新型消费将快速发展，消费市场新动能将加快成长**

2021年，青岛市将认真贯彻国务院办公厅2020年9月印发得的《关于以新业态新模式引领新型消费加快发展的意见》，以新业态、新模式为引领，加快推动新型消费扩容提质，努力实现新型消费加快发展，推动形成以国内大循环为主体、国内国际双循环相互促进的新发展格局。青岛新型消费发展的体制机制和政策体系将更加完善，培育形成一批新型消费领先企业，实物商品网上零售额占社会消费品零售总额比重显著提高，"互联网＋服务"等消费新业态新模式得到普及并趋向成熟，"商品＋服务""零售＋体验"等融合式跨界新业态将加快发展，消费新业态、新模式将更加丰富多彩。

线上线下消费有机融合将进一步推进。2021年，青岛市将进一步培育壮大各类消费新业态、新模式，深入实施"互联网＋商贸流通"行动，推动无人零售、智慧购物、数字营销、智慧商圈等创新发展。推进电子商务与快递物流协同发展，推动吃住行游购娱等生活服务业在线化，建立线上服务、线下体验与现代物流紧密结合的新模式。推广"网订店取""网订店送"等新模式，完善社区智能快件箱等末端服务设施。深入开展电子商务进农村综合示范建设，完善"工业品下乡、农产品进城"双向流通渠道。推动线上线下融合消费双向提速，支持互联网平台企业向线下延伸拓展，引导实体企业更多开发数字化产品和服务。

推进实施直播电商发展行动。根据2020年5月青岛市商务局关于印发《青岛市直播电商发展行动方案（2020—2022年）》的通知要求，2021年青岛市将充分发挥家电、服装、美妆、食品及农产品等贸易和制造业优势，鼓励引导行业商协会等社会组织推动全市电商直播的发展，培育一批直播机构、MCN机构，孵化一批网红品牌，培养一批网红带货达人，营造浓厚的直播电商发展氛围，推动实体经济高质量快速发展，实现新旧动能转换。2021年，推进实施直播电商"五个一"工程。即构建一批直播电商产业集聚区、扶持一批具有示范带动作用的头部直播机构、培育10家有影响力的MCN机构、孵化100个网红品牌、培训 1000 名带货达人,将青岛打造成中国北方直播电商领先城市。

培育文旅新业态,文旅消费市场复苏振兴将加快推动。在 2020 年开展"文化惠民消费季"和旅游惠民活动的基础上,2021 年,青岛市将加大对文旅新业态的扶持力度,着力培育康养旅游基地、房车露营地、乡村旅游、红色旅游、邮轮旅游、数字文旅等文旅新业态,推动文化旅游业的复苏振兴。

### (四)商贸流通业创新发展力度加大

积极培育零售业龙头企业。2021 年,青岛市将大力支持商贸企业跨区域兼并、重组、整合资源,鼓励商贸流通企业开展连锁化、品牌化经营,向多行业、多业态拓展,逐步扩大经营规模。

推动传统零售企业经营业态转型升级。引导实体商贸企业转变经营理念,调整和优化商品品类,丰富娱乐、影院、健身、美容美体、儿童游乐、健康美食等体验式业态,推动向"商品+服务"转型。推动传统餐饮住宿企业转型升级,积极培育"绿色饭店""智慧餐厅""无人餐厅""乡村民宿"等新的业态模式,促进文旅与食宿融合,推行智能订单、刷脸支付、用完就走,提升消费体验。推动盒马鲜生、苏宁易购实施新零售计划,改造提升传统商贸企业业态。引导城市有实力、有信誉企业到农村开设分店,健全以集中采购、统一配送为核心的新型营销体系。

促进便利店品牌化连锁化发展。落实《关于进一步推动便利店品牌化连锁化发展工作方案》,加快推进首店和品牌便利连锁店发展,用 2～3 年的时间,培育 3 家品牌连锁企业集团,引进 2～3 家国内外知名连锁企业。全市便利连锁店门店达到 1500 家以上,实现中心城区主要社区、商业区基本覆盖的目标,使便利店成为城市便利消费的主要载体、社区便民服务的重要平台。

加快社区标准化农贸市场、生鲜超市、蔬菜直销店和"智慧微市场"建设,推动以农贸市场为中心,建设集生鲜购物、美容美发、家电维修、洗衣修鞋、家政托幼、人像摄影、代办邮件、生活缴费、药品零售等社区基本生活服务于一体的综合邻里服务中心,满足居民日常消费需求。

### (五)时尚消费不断升级,时尚消费引领力将进一步提升

2021 年,青岛市在国际时尚城建设中,将积极引导培育文化、教育、旅游、娱乐、体育等时尚消费热点;拓宽时尚消费领域,促进科技与时尚产业融合发展,实现青岛科技时尚消费产业领域新突破。创新夜市发展模式,促进夜市时尚消费繁荣发展。充分利用青岛上合示范区、山东自贸区青岛片区的政策优势和平台及口岸优势,借鉴上海进博会经验,加强青岛进口商品消费中心建设,扩大国外高端时尚产品的进

口和消费。

打造国际时尚消费城市新地标,时尚消费生态圈建设力度将不断加大。2021 年,青岛市继续引进大型高端商业综合体,以香港中路、万象城等为重点,打造高档时尚消费核心区,引进一批国际品牌代理商,鼓励更多的国际品牌代理商就其产品在青岛召开新品发布会,积极引进更多的奢侈品代理商进驻青岛,将一些顶级的国际时尚品牌入驻的商业中心打造成为城市时尚消费空间的新地标。积极培育满足个性化定制时尚消费的旗舰店、品牌店、直营店、概念店、体验店等新业态;增强国际时尚酒店、餐饮、影视、娱乐、休闲、饮品等服务业态的配套组合,提升现有购物场所的时尚消费品位和时尚消费定位,推动原来以零售为主的单一商业功能向品牌集聚的复合时尚消费功能转变,培育具备国内外影响力的时尚消费生态圈。高标准培育有国际影响力的时尚消费节庆品牌,助力青岛打造时尚消费新品的全球首发地,建设时尚消费新高地。

**(六)消费载体、平台建设将进一步加强,国际消费中心城市影响力将不断扩大**

2021 年,青岛市将加快推进实体消费载体建设与城市规划建设的动态发展同步,不断优化商业服务设施规划布局,加快建设改造提升一批大型商场、商业街、农贸市场、连锁超市、便利店以及其他生活性服务业和公共服务业设施。将进一步发挥步行街改造提升溢出效应,推动老旧商圈改造,加快发展消费升级新业态,着力打造智慧街区,促进商旅文融合发展,把步行街打造成展示国际消费中心城市形象的新名片,建设扩大内需的新载体。

加快网络消费载体建设。加强与综合性电商平台合作,大力培育自营式电商,推广灵活多样的小程序,积极引进、培育一批垂直电商平台,集中培育一批电商企业。善待快递小哥,畅通电商物流,大力发展电商配套产业。

2021 年,青岛市将加快布局发展口岸免税店,发展跨境电商零售进口、保税展示销售、进口商品直销、市场采购出口等新业态。积极引进衣食住行游、购文教医娱等各类服务企业总部、区域总部和生产类企业采购、销售公司。

消费节会平台建设将持续提升。2021 年,青岛市将继续举办系列促消费活动,办好"青岛城市购物节"、"一带一路"国家商品和特色餐饮展,并与青岛国际啤酒节、青岛国际帆船周、青岛国际海洋节、青岛国际友城进口商品展、青岛国际时装周等活动有机融合,加大"青岛购物"品牌推广力度,将"青岛购物"打造成为具有国际知名度、吸引力和影响力的城市品牌,提升青岛国际消费中心城市影响力。

### (七)新型消费发展环境将进一步优化

新型消费支撑条件更加充分。2020年以来,围绕打造世界工业互联网之都这一目标,青岛新基建建设提速。截至2020年9月底,青岛已经建成5G基站超过1.2万个,实现了重点城区5G网络连续覆盖。未来3年内,青岛将建成5G基站3万个,实现5G全覆盖。这在为工业互联网发展提供强大技术要素支撑的同时,也将为消费互联网、为新型消费提供有力支撑。

新型消费发展环境更加优化。2021年,青岛市将加大新型消费政策支持力度,加强相关法规制度建设,强化消费信用体系建设,建立健全重要产品质量追溯体系和消费者维权机制。开展放心消费创建活动,打造"放心消费在青岛"消费服务品牌,提升消费服务水平及消费者综合满意度。深化包容审慎和协同监管,完善跨部门协同监管机制。健全并完善服务标准体系,推进新型消费标准化建设。简化优化证照办理,进一步优化零售新业态、新模式营商环境。

（作者单位:青岛市社会科学院）

# 2020～2021年青岛市科技引领发展形势分析与预测

吴 净

　　2020年,在新冠肺炎疫情带来全球性产业链重构,以人工智能、工业互联网为代表的新一轮产业变革加速演进,以及国内城市竞争更加激烈的大背景下,青岛市坚定信心、增强底气,深入推进"科技引领城建设""高端制造业＋人工智能"等攻势,加快开放城市场景和产业链,不断优化创新创业生态,激发全社会创新活力和创造潜能,努力在危机中育新机、于变局中开新局,积极打造新技术新产业重要策源地,以及长江以北地区创新创业高地,加快推进国家东部沿海重要的创新中心建设,加速驶向以科技创新为支撑引领的高质量发展新赛道。

## 一、2020年青岛市科技引领发展形势分析

### (一)科技型企业群体不断壮大

　　企业是科技创新的主体,是科技发挥对经济社会发展引领作用的生力军。2020年以来,青岛市加快培育科技型中小微企业,不断壮大高新技术企业,加速推进高新技术企业上市,科技型企业梯次培育体系逐步完善,为全市科技创新增添了韧劲。截至7月底,青岛市共有5批企业通过国家科技型中小企业备案,总数达2855家,超过了2019年全年的备案数量。为缓冲疫情影响,帮助科技型中小企业解决生产经营困难,截至7月底,青岛市共为61家科技企业孵化器减免房租等费用4980万元,惠及企业2292家。还积极推行数字化、智能化企业服务创新,将研发费加计扣除及疫情防控税收优惠等政策通过网络直播等方式服务于企业。2020年全年,青岛市高新技术企业认定奖励和研发投入奖励预算达到7.6亿元,惠及科技型企业共计2900余家,为疫情期间全市高新技术企业快速实现复工复产,发挥中坚力量提供重要支持。在建立高企上市服务联盟、积极对接上交所和深交所、优先倾斜布局技

术创新中心等系列举措帮扶下,截至 7 月底,青岛市共有 16 家企业入围山东省首批科创板上市拟培育科技型企业,居山东省首位;共有 3 家高新技术企业上市或过会。

### (二)科技助力产业创新不断加速

2020 年以来,青岛市深挖科教资源科技创新供给能力,组建了高新技术产业发展运行监测及评估中心,制订了科教产融合园区建设方案,为产业园区组团发展、高效互通提供了更高层次的指引,促进了产业链、资金链、人才链、技术链"四链合一",以新产业、新业态和新模式为代表的新动能逆势增长,推动了全市产业升级蓬勃发展。从工业产品产量看,截至 6 月底,全市工业机器人、城市轨道车辆、传感器、智能电视等产品表现比较突出,产量分别增长 45.2%、38.7%、24.5% 和 22.1%。从制造业发展看,装备制造业和战略性新兴制造业增长速度明显加快。截至 6 月底,青岛市规模以上装备制造业累计增加值增长 1.6%,拉动规模以上工业增长 0.8 个百分点,对规模以上工业增加值增长的贡献率达到 75.2%。规模以上新一代信息技术、高端装备制造、新材料、生物、新能源汽车、新能源、节能环保等战略性新兴制造业累计增加值增长 1.4%,其中节能环保产业和新能源产业增长较快,分别增长 17.3% 和 3.9%。从服务业发展看,与互联网相关的产业表现比较活跃,电子商务、在线学习等得到较快发展。截至 6 月底,互联网和相关服务业营业收入增长 21.8%,限额以上零售业法人企业网络销售额增长 19.2%。

### (三)孵化载体提质增效持续推进

2020 年以来,为推动科技成果转移转化,青岛市围绕全市产业需求与重点攻关项目,加强与驻青高校合作交流,建立了"局校会商"制度,不断提升高校服务地方发展能力。协同胶东五市高校院所、知名企业、孵化器、创投风投、技术转移、行业协会等创新平台和要素,推进成立了半岛科创联盟,积极打造胶东半岛区域创新共同体。着力推进孵化载体服务模式创新,全市孵化平台发展质量得到新提升,科技创新与市场的对接愈加顺畅。截至 7 月底,创业黑马建设的独角兽加速基地引进注册企业共计 60 家,其中准独角兽区域总部企业 1 家、高成长企业 18 家。华夏基石建设的上市公司北方总部基地和中小企业成长孵化加速器成功引进了 7 家上市公司或头部企业,其中 4 家已注册落地。春光里创投生态综合体即将投入使用,共有 8 家意向企业预约入驻。同时,作为全国首批也是山东省内唯一的国家技术人才培养基地,青岛市依托驻青高校以及国际知名技术转移机构(斯坦福研究院),突出"海洋＋"和"科技成果评价"两大特色,加快开展专业化、系统化的技术经纪人培训。截至 7 月底,全市已累计培训 839 名技术经纪人、276 名科技评估师、高级技术经理人 10 名。

### (四)科技与金融深度融合不断增强

金融支持是科技创新发展强有力的助推器。2020 年以来,青岛市修订了新旧动能转换引导基金管理办法,进一步简化设立流程、放宽准入门槛、降低返投比例要求。政府出资比例调至 50%、返投比例由 2 倍降低为 1.1 倍、首年投资市内收益全部让渡等新举措力度之大全国罕见,备受各类风险投资、私募股权投资关注,撬动了更多社会资本和民间资本投向创新创业,更好地发挥了政府引导基金的杠杆作用。截至 6 月底,青岛市股权融资案例在 30 起以上,融资额接近 35 亿元,重点投向智能家居、教育、节能环保、工业互联网等新兴产业。截至 7 月底,青岛市科创母基金深入对接并储备子基金 130 余只、总规模超过 600 亿元,储备直投项目 30 余个、总规模超过 200 亿元。科技金融产品不断丰富,金融与企业对接持续深化。截至 6 月底,全市商业银行为 1264 家科技型企业发放贷款共计 338 亿元,投保贷联动业务为 36 家次企业提供贷款共计 1.8 亿元。线上路演加快开展,截至 7 月底,为全市科技型中小企业共吸引 60 多家投资机构的关注。

### (五)各类投资更加彰显科技含量

2020 年以来,青岛市牢牢抓住国家新基建和新一代信息技术发展的风口,加快发展 5G 商用、人工智能、工业互联网、物联网等新型基础设施,推动城市全面发展的 15 个攻势已成为聚合高端项目、驱动投资增长的主阵地。尤其是在高端装备和高端制造、新一代信息技术、新能源新材料、健康及生物医药、文化创意、创新孵化等领域,投资力度持续加大。同时,青岛市举全市之力加快建设世界工业互联网之都,打造工业互联网、新能源汽车、工业机器人和传感器等全产业生态,深入推进新旧动能转换。截至 6 月底,青岛市基础设施投资中,新型基础设施项目投资共计 632 亿元,涵盖了 5G 通信基站、大数据中心等多个领域。科技引领城建设攻势投资增长 75.9%,战略性新兴产业投资增长 43.3%,高新技术产业投资增长 45.4%。全市在建项目 4816 个,同比增加 1377 个,增长 40%;其中,新开工项目 1553 个,同比增加 327 个,增长 26.7%。

### (六)人才对科技创新的支撑作用愈加突出

2020 年以来,受新冠肺炎疫情影响,各地人才岗位需求普遍减少、人才流动放缓,为招才引智带来了巨大挑战。为应对疫情影响,青岛市深化市场化、专业化、平台化、生态化思维,以企业为主体、市场为抓手、产业为纽带,启用人才"招聘 e 站"云平台,举办"战'疫'有情、'青'有独钟"等系列活动,积极转变工作方法,把人才的评价权交给企业,人才资助由"政府评选、企业培养"转向"企业点菜、政府买单",由"锦上添花"转向"雪中送炭"。截至 6 月底,青岛市开展高校毕业生网络招聘季、国内重点高校"招才引智名校行"硕博线上专场招聘、重点产业线上招聘会等云招聘 180 余场,发布岗位需求 6 万余个,揽收简历 26 万余份。全市新引进培育各类人才共 9.25 万人,为青岛市科技创新以及重点领域的发展提供了强有力的人才支持。对于外国人才来青工作,青岛市实施工作许可"不见面审批"措施,全程网上办理;截至 6 月底,发放电子许可共计 3444 份,为全市吸引全球人才打通了快车道。另外,海尔集团、青岛农业大学成功入选国家引才引智示范基地,在引进国外智力成果转化、应用和推广等方面发挥了示范和引导作用。

### (七)大众创业持续蓬勃发展

2020 年以来,青岛市持续在全社会营造更加尊重、关心、爱护、支持企业家的浓厚氛围,不断优化市场化、法治化营商环境,积极打造良好创业生态,在做好常态化疫情防控下稳住市场主体基石的同时,激励更多的市场主体持续创新创业,为经济全面复苏与发展增添动力。截至 6 月底,青岛市拥有民营市场主体 162.84 万户,同比增长 15.38%,其中新登记民营市场主体 16.16 万户,同比增长 7.02%。全市民营市场主体新吸纳就业 30.66 万人,同比增长 4.11%。每万人拥有民营市场主体 1714 户,仅次于深圳(2478 户/万人)和西安(2195 户/万人),创业密度居副省级城市第 3 位,较 2019 年底上升 1 个位次。

## 二、2021 年青岛市科技引领发展趋势预测

当今世界,以数字化、网络化、智能化为特征的信息化浪潮蓬勃发展,5G、工业互联网、人工智能、大数据等新一代信息技术与制造业加速融合,新技术、新应用、新模式不断涌现,以人工智能为核心驱动力的智能经济表现出对其所在行业颠覆和重构的巨大潜能,正成为拉动全球经济重新向上的重要引擎。换言之,国家产业竞争优势正在越来越依赖于科技创新,产业数字化转型发展和新兴产业发展将成为改变世界经济格局的重要力量。以科技创新支撑引领经济社会发展,既是世界主要发达国家维护领先地位的重要途径,也是后发国家争取平等经济权利、实现跨越式发展的重要选择。同时,我们还应该看到,当今世

界也正面临百年未有之大变局,大国战略竞争日趋激烈,社会、科技、环境等领域的全球性挑战不断涌现,全球科技治理体系正面临系统性重构,数字化转型的加速推进在有效提升经济发展质量和效率的同时,也可能带来数字鸿沟、信息安全等社会问题,对国家乃至全球治理能力提出新挑战。

从我国发展来看,信息技术的加快创新和普及应用已经成为培育经济发展新动能、推动经济提档升级、构筑竞争新优势的重要手段。尤其是 2020 年新冠肺炎疫情期间,云计算、大数据、人工智能为代表的新技术快速发展并转化应用,数字经济、智能制造、生命健康等新产业形成了更多增长点,智能施工、远程办公、在线教育、无人配送等新模式有效地化解了现实生活中的诸多难点与堵点,这些增长点为经济的全面复苏与高质量发展提供了重要支撑。我国将继续把创新摆在国家发展全局的核心位置,充分发挥科技创新在全面创新中的引领作用,不断推动科技实力和综合国力的稳步提升。正如习近平总书记所强调的:一个国家只是经济体量大,还不能代表强。国家富强靠什么?靠自主创新,靠技术,靠人才,科技是国家强盛之基。

对于青岛而言,伴随着人工智能、大数据等新技术逐渐成为牵动全面深化改革的重要参数,2021 年,青岛市将坚定不移贯彻创新发展理念,深入实施创新驱动发展战略,勇于担当,奋力攻坚,全力打好科技引领城建设攻势,着力从科技创新供给侧改革发力,加快提升技术创新能力,积极发展高新技术产业,进一步优化创新资源供给端与需求端匹配水平,打造长江以北地区国家科技创新的重要支点,让科技创新成为城市发展最强劲的内生动力,不断创造出新的经济增长点,持续巩固以技术和创新为核心的新经济模式,迎来全市经济社会发展的新天地。

**(一)科技企业将逐渐成长为助力城市综合实力提升的中坚力量**

科技企业代表先进生产力,科技企业发展壮大将加速推动青岛市创新驱动发展和竞争力全面跃升。2021 年,青岛市将进一步壮大科技型企业群体,推动其成为"互联网+""大数据+""人工智能+"等国家战略实施的主力军,助力移动支付、电子商务、社交娱乐等应用服务平台和云计算、物联网、大数据、人工智能等开放创新平台建设,为推动全市经济社会发展的数字化、网络化和智能化转型提供新技术、新产品、新服务和新模式支撑,加速助力推动互联网、大数据、人工智能和实体经济深度融合。继续加快优先布局建设企业重点实验室、技术创新中心等创新平台,支持科技型企业承担各类科技计划项目,鼓励科技型企业参与重大工程建设、重大产业技术研发行业共性技术攻关。持续完善高新技术企业培育机制,优化高新技术企业上市培育库,对入库企业实施跟踪服务和优先支持。完善"独角兽""瞪羚"企业培育库,围绕新兴工业、新一代信息技术、生物健康、人工智能、金融科技、节能环保、消费升级等领域,遴选出科创能力强、竞争优势突出、未来增长潜力巨大的高成长性企业进行培育,根据"创业—瞪羚—独角兽"等企业不同发展阶段所面临的实际困难和需求,做好跟踪服务和深入挖掘。深入实施企业技术改造提升行动,以创新设计、装备升级、智能制造、绿色制造为主攻方向,推进企业全方位质量升级。鼓励行业龙头企业联合上下游企业和高校院所"抱团作战",探索企业协同创新机制。

### (二)新兴产业与业态将有望实现多点突破和价值全线提升

2021 年,青岛市将紧紧跟随国际国内新一轮科技革命进程及其产业化商业化不断加速的步伐,通过加快推动新技术的深入应用,促进新旧产业加快融合或者跨界发展,不断催生"互联网+"产业和业态。依托跨行业跨领域或者行业级工业互联网平台,面向高端智能装备、电子信息、智慧模具、绿色建材、智慧农业、纺织服装、智慧能源、健康医养等领域,强化工业互联网平台资源集聚,引导工业互联网平台与专业软件设计厂商合作,加快开展场景应用创新,全力提升工业互联网平台赋能水平,增强产业链协同效能。聚焦共享制造、云制造、柔性制造等新制造模式,强化数字化基础支撑和柔性化生产能力,提升应急生产水平。深化新兴产业精准招商,着力引进机器人和人工智能、工业大数据与云计算、智能制造装备、大规模集成电路、航空航天装备等产业龙头与关键配套项目,打造一批具有竞争力的特色产业集群。进一步挖掘集成应用创新和商业模式创新优势,加快发展平台经济、共享经济、分享经济、网络经济。支持开展各类众创、众智、众包、众设的线上创作活动,鼓励发展各种形态的开发者社区。鼓励开展直播电商、社群电商、社交电商、"小程序"电商等智能营销新业态。推动无人配送在制造、医疗、餐饮、酒店、零售等行业应用,支持冷链物流、夜间配送、限时速送等物流配送模式。围绕日用品、生鲜、餐饮、农产品等领域,推动传统零售和渠道电商资源整合,积极发展无人超市和智能售货机等智慧零售终端。顺应娱乐消费趋势,推动动漫电竞、网络文学、网游手游等互动娱乐产业发展,支持线上培训、比赛、健身、直播,深化发展在线文娱。

### (三)新型基础设施的加速布局将有效支撑各领域科技发展新需求

2021 年,新型基础设施建设将驱动青岛市信息化发展进入新阶段,有力支撑数字城市、网络强市、智慧社会建设和数字经济发展,为技术创新、产业创新、应用创新和创新创业提供重要基础支撑。5G 移动通信网络,特别是 5G 独立组网模式将加速部署,注重与现有数据中心、通信基站等设施融合衔接,万物泛在互联和行业专业接入服务能力将得到很大提升,进一步催生出众多移动通信行业差异化场景服务,有力支撑行业信息化特殊差异需求。物联网、大数据、人工智能、区块链等公共应用基础设施建设将全面推进,集聚算数、算法和算力等各类技术开放平台,一批实验中试、应用验证、材料检测等重大功能型产业创新平台将加快布局,有力支撑产业共性应用和创新创业。由云、网、端组成的新型基础设施,将全面渗透到经济社会各行各业,与各垂直应用场景深度融合,形成车联网、工业互联网、医联网等各具特色的产业互联网基础设施,成为推动行业智能化转型的关键支撑。将有序布局智慧能源基础设施,推动能源与新型基础设施深度融合,完善综合能源网络建设,营造安全可靠、互联互通、开放共享的智慧能源生态体系。围绕胶东半岛一体化,将探索建设胶东半岛城市群公共数据中心,推动胶东5市新型基础设施的互联互通。

**(四)数据安全将成为经济社会各领域创新发展聚焦点**

伴随着国家间围绕数字贸易、数据跨境流动、网络安全、规则制定等方面的网络空间博弈日趋激烈,以及互联网正在加速开启城市发展新空间和城市竞争新赛道,2021年,加强网络安全建设,进一步完善数据安全治理,更好地应对网络安全威胁,将成为青岛互联网信息领域的重要关注点。将大力发展面向新技术和新模式且具有自主知识产权的信息安全技术、产品和标准,构建评估产品安全性指标和实施方案,推动建立网络安全态势感知平台,组织开展网络安全应用示范,提升"互联网＋"安全核心技术、产品和服务水平,增强新兴领域安全防范能力。切实落实风险评估、等级保护、安全测评、应急管理等监管制度和相关国家标准,建立覆盖数据采集、处理、流通、应用等环节的安全评估和审查机制,强化用户个人信息保护,以及电力、能源、交通、制造等关键领域新型智能工业控制系统和政务、通信、金融、电子商务、医疗等重要云平台信息系统的安全防护。结合应用单位基本需求,依托政府、军队等安全要求较高的应用领域,统一相关技术产品技术接口、关键功能模块,制定自主生态技术标准,引导产业上下游企业协同创新,打造自主可控核心技术生态圈。积极与"一带一路"沿线国家开展信息技术领域的合作,建设信息技术研发和信息技术产品推广跨境联盟,完善数据跨境流动管理制度,在通信、交通、金融等领域积极参与国际行业标准制定,增强在全球范围内网络空间的话语权与影响力。做好网络可信身份体系顶层设计,建设并推广集公安、工商、电信运营商等多种网络身份认证资源的可信身份服务平台,推动可信身份资源共享,实现对网上行为主体多模式网络身份管理和验证。完善关键信息基础设施安全风险信息共享机制，丰富监测技术手段和监测网络覆盖，形成关键信息基础设施安全监管长效机制。加强网络知识产权执法和维权工作，提高全民网络安全意识，积极营造安全可信、文明守法的网络社会环境。

### (五)数字政府的加速建设将引领和促进政府治理方式转型

2021年，青岛市将继续以人民群众需求为出发点，加快推进政府数字化转型，创新优化推进机制，抓好顶层设计，着眼于建设一体化高效运行的整体政府，在管理体制、运行机制、建设运维模式等方面积极探索创新，通过构建数据驱动的政务新机制、新平台、新渠道，深入推动政府管理模式由管理向服务转变、由单向被动向双向互动转变、由单部门办理向多部门协同转变，数字政府建设将开启青岛市政务信息化、智能化发展新局面，有力推动政府科学决策、协同治理和优化服务，促进依法行政和廉洁从政，提升政府公信力和执行力。将进一步加快政务云、基础信息库、电子签章、电子认证、政务自助终端等政务基础设施建设，为"互联网＋政务服务"提供有力支撑。进一步完善一体化在线政务服务平台建设，积极利用互联网技术不断丰富服务类别，加快提升政务服务的精准化、人性化、普惠化、均等化、便捷化水平，加速跨部门、跨层级信息共享和业务协同联动。不断优化数据使用和数据决策能力，在经济调节、市场监管、社会管理、公共服务、生态保护等领域，以及实时感知、在线监管、预警预测等方面政府履职水平不断增强。持续加强公务人员数字化思维，进一步提升公共部门的数字素养。

### (六)成果转移转化的加速推进将成为科技与经济深度融合的重要推动力量

2021年，青岛市科技创新将继续坚持以成果转化为主线，紧抓"市场化"不放松，努力发挥市场对技术研发方向、路线选择、要素价格以及各类创新要素配置的导向作用，持续提升创新源头供给，优化科技孵化服务，增强新兴产业培育，深化科技管理改革，不断促使创新最大力度地服务经济社会发展。将深入推动科技成果处置、收益分配制度改革，促使职务科技成果处置权完全下放至高校院所。完善与绩效评价相挂钩的高校院所科技经费支持机制，鼓励高校院所聚焦全市"965"产业发展方向优化学科布局，形成高校院所和地方互相促进、共同发展的共赢格局和长效机制。按科技成果不同行业和领域，在人工智能、大数据、生物技术、先进制造、应用场景、电子信息等领域，积极探索建设分行业和领域的评价标准体系。持续集聚高端创新资源，增强科技成果源头供给，推动大数据、物联网、互联网、人工智能与实体经济深度融合。支持企业以技术引进、协同创新、跨国并购等方式主动对接、引进国内外优质创新资源,重点推进面向先进国家和地区的科技招商,承接国内外先进技术成果转移转化与产业化。引导和支持社会第三方机构开展技术转移服务,鼓励有实力的企业、产业联盟、工程中心等面向市场开展中试和技术熟化等集成服务。

### (七)创新创业生态系统的不断优化将为城市创新发展带来重要支撑

2021年,青岛市将持续聚焦创新创业生态营造,强化问题导向,集聚优势力量,深入推进"政产学研金服用"融合发展,不断优化创新创业环境。将加快引进从事金融科技技术创新和应用的企业在青岛市聚集,支持金融科技企业联合金融机构开展人工智能、大数据、互联技术、分布式技术、安全技术等底层关键技术创新。聚焦传统优势产业和新兴产业领域,继续坚持人才、项目、平台一体化推进,强化科技创新创业人才引进和培养。鼓励知识产权服务机构拓展服务范围,形成专利代理、专利分析、专利运营等特色鲜明的差异化优势服务机构,推动重点产业、行业领域和重点产品的知识产权信息分析和布局、预警服务。积极举办创新创业大赛、蓝洽会等活动,打造具有鲜明特色和重大影响力的创新创业品牌。通过举办科技活动周、科普日等活动,在全社会营造崇尚科技、鼓励创新的良好氛围。

(作者单位:青岛市社会科学院)

# 2020～2021年青岛市港航经济发展形势分析与预测

李勇军

2020年,在新冠肺炎疫情全球持续蔓延及疫情防控常态化的背景下,港航业作为全球供应链中的重要环节,直面严峻挑战。随着全球经济贸易格局的深度调整,产业链、供应链重构,新技术、新规则的出现,再加上疫情防控常态化,给港航经济的发展带了极大的不确定性。当前青岛市正在推进国际航运贸易金融创新中心建设攻势,加快由目的地港向枢纽港、物流港向贸易港的转型,发挥港口作为物流、人流、商流、资金流、信息流等综合枢纽优势,更多地与城市和腹地经济发展相融合,有力地促进了港航经济的发展。

## 一、2020年青岛市港航经济发展分析

### (一)青岛市对外贸易形势分析

新冠肺炎疫情给世界经济发展带来了巨大的冲击,世界各国的经济严重衰退,国际贸易随之大幅度地萎缩,外部环境严峻复杂。我国在全球范围内率先控制住了疫情,率先实现了全面复工复产,同时出台了一系列稳外贸政策措施,外贸进出口形势好于预期。

据海关统计,2020年1～9月,山东省累计进出口总额为15563.3亿元,同比增长4.2%;累计出口额8923.6亿元,同比增长10%;累计进口额为6639.7亿元,同比下降2.7%。

除了传统节日春节的影响外,由于中美贸易摩擦和新冠肺炎疫情的影响,国外需求萎缩。防疫物资、"宅经济"产品出口增长较快,机电产品和劳动密集型产品出口恢复较快。1～9月份山东省机电产品出口额为3734.1亿元、同比增长8.7%;高新技术产品出口额为7634.3亿元、同比增长13.9%。服装出口额为682.9亿元、同比增长9.5%;包括口罩在内的纺织品出口额638.5亿元、同比增长27.4%。

为了应对疫情及蝗虫、旱情、洪水等自然灾害,我国加大了对农产品的战略储备。1~9月份山东省农产品进口同比增长 9.9%,其中大豆和肉类分别同比增长了 13.3% 和 64%。大宗商品中铁矿石同比增长 13.7%、橡胶同比增长 5.6%;但是原油、铝矿砂和铜矿砂同比分别下降了 15.4%、12.7% 和 29.6%。

今年 1~2 月份,青岛市进出口大幅萎缩,进出口总额为 825.6 亿元、同比下降 7.8%;累计出口额为 430.3 亿元、下降 13.2%;累计进口额为 395.3 亿元、同比下降 1.1%。进入 3 月逐步复工复产,出口形势开始好转,1~9 月累计进出口总额为 4578.3 亿元、同比增长 6.4%;出口额为 2721.5 亿元,同比增长 11.8%;进口额为 1856.8 亿元,同比下降 0.6%。(图 1)

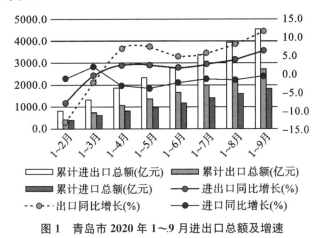

**图 1 青岛市 2020 年 1~9 月进出口总额及增速**

1~9 月青岛市机电产品、劳动密集型产品出口增幅明显,出口额 1266.3 亿元,增长 15.6%,占全市出口总值的 46.5%。其中,集装箱、通用机械设备、液晶电视机出口额分别增长 22.2%、14.4%、43.8%。同期,青岛市劳动密集型产品出口额 618.4 亿元,增长 14.2%,占全市出口总值的 22.7%,其中纺织服装出口增长 10.4%。

1~9 月青岛市主要大宗商品进口中,原油进口量增加 6.2%;铁矿砂进口额 232.8 亿元,增长 26.2%。同期,农产品进口额 432 亿元,增长 10.5%,占全市进口总值的 23.3%。

### (二)青岛港货物吞吐量分析

2020 年 1~9 月全国完成货物吞吐量 1060562 万吨,同比增长 3%,其中:沿海港口 702010 万吨,同比增长 2.6%。1~9 月青岛港完成货物吞吐量 45274 万吨,同比增长 5.5%。(表 1)

受新冠肺炎疫情影响,部分企业停工停产,复工延迟,1~2 月全国前十大港口中超半数港口吞吐量同比下降,仅青岛港、日照港、天津港、大连港4个北方港口数据呈上升趋势。自3月以来,受疫情影响全国港口吞吐量出现大跌之后,第二季度和第三季度港口吞吐量始终处于缓慢上涨的趋势。第三季度末,部分港口吞吐量下跌幅度进一步缩减。福州港的同比增速达到20.2%,货物吞吐量排名连升2位。唐山港与黄骅港同比增幅上升,得益于煤炭吞吐量的上升。9月21日,国务院发布了《中国(浙江)自由贸易试验区扩展区域方案》,赋予开展沿海捎带业务、建设国际中转集拼中心、研究实施启运港退税政策的可行性等一系列政策,这将进一步巩固宁波舟山港排名第一的地位。

表1 2020年1～9月沿海港口货物吞吐量及增速

| 排序 | 港口 | 货物吞吐量（万吨） | 同比增速（%） | 排序 | 港口 | 货物吞吐量（万吨） | 同比增速（%） |
|---|---|---|---|---|---|---|---|
| 1 | 宁波舟山 | 88709 | 4.9 | 9 | 大连 | 25398 | −5.9 |
| 2 | 唐山 | 50734 | 6.0 | 10 | 黄骅 | 22355 | 3.8 |
| 3 | 上海 | 47400 | −5.3 | 11 | 广西北部湾港 | 22186 | 19.6 |
| 4 | 广州 | 45759 | 0.4 | 12 | 深圳 | 18973 | −1.0 |
| 5 | 青岛 | 45274 | 5.5 | 13 | 福州 | 18255 | 20.2 |
| 6 | 天津 | 38621 | 3.8 | 14 | 连云港 | 18197 | 3.4 |
| 7 | 日照 | 37423 | 7.8 | 15 | 营口 | 17634 | −0.7 |
| 8 | 烟台 | 29561 | 1.7 | | | | |

1～2月青岛港累计货物吞吐量为9268万吨,首次超过上海港,居全国第三。但是与上年同期相比,增速仅为1.7%。(图2)第二季度全国港口货物吞吐量同比回正,主要是受4月国内逐步复工复产、内贸活跃度提升叠加积压出口订单恢复发货所带动。

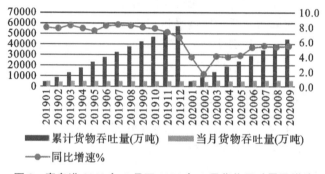

图2 青岛港2019年1月至2020年9月货物吞吐量及增速

### （三）青岛港外贸货物吞吐量分析

2020年前三季度我国经济增长由负转正,外贸进出口形势持续好转。1～9月全国完成外贸货物吞吐量336714万吨,同比增长4.2%;沿海港口完成300778万吨、同比增长4.2%。宁波舟山港以40073万吨排在首位,青岛港以33610万吨排在第二位。(表2)

表2 2020年1～9月沿海港口外贸货物吞吐量及增速

| 排序 | 港口 | 外贸货物吞吐量（万吨） | 同比增速（%） | 排序 | 港口 | 外贸货物吞吐量（万吨） | 同比增速（%） |
|---|---|---|---|---|---|---|---|
| 1 | 宁波舟山 | 40073 | 4.4 | 9 | 广西北部湾港 | 11084 | 6.3 |
| 2 | 青岛 | 33610 | 6.5 | 10 | 烟台 | 10875 | −3.8 |
| 3 | 上海 | 28528 | −5.1 | 11 | 广州 | 10530 | −0.7 |
| 4 | 日照 | 24683 | 6.5 | 12 | 连云港 | 9815 | 5.3 |
| 5 | 唐山 | 22153 | 8.5 | 13 | 厦门 | 7604 | 3.2 |
| 6 | 天津 | 21681 | 4.4 | 14 | 营口 | 6899 | 14.4 |
| 7 | 深圳 | 13553 | 1.7 | 15 | 福州 | 5241 | −0.4 |
| 8 | 大连 | 12756 | 4.6 | | | | |

受新冠肺炎疫情影响,青岛港2020年1～2月份外贸货物吞吐量急剧下滑,1～2月累计完成外贸货物吞吐量6917万吨,同比增速下探至1.9%。3月份逐渐好转,累计完成外贸货物吞吐量达到10706万吨、同比增长4.2%。(图3)

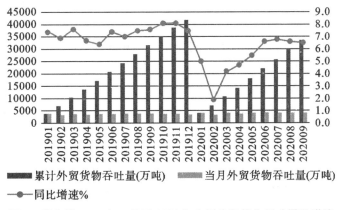

图3 青岛港2019年1月至2020年9月外贸货物吞吐量及增速

### (四)青岛港集装箱吞吐量分析

2020年第一季度集装箱吞吐量同比大幅下滑主要系外贸箱业务大幅减少,北美、日韩等出口外贸主力航线降幅显著。第二季度主要受海外3月起爆发的新冠疫情影响,海外需求不足导致我国外贸企业新订单大幅减少。据中国港口协会的数据,4月份外贸航线空班率约为9%,5月份扩大至10%,传统海运类货物出口降幅较大。

1～9月全国完成集装箱吞吐量19260万标准箱,同比下降1.3%;沿海港口完成17117万标准箱、同比下降1.1%。(表3)

表3　2020年1～9月沿海港口集装箱吞吐量及增速

| 排序 | 港口 | 集装箱吞吐量(万标准箱) | 同比增速(%) | 排序 | 港口 | 集装箱吞吐量(万标准箱) | 同比增速(%) |
|---|---|---|---|---|---|---|---|
| 1 | 上海 | 3165 | −3.7 | 9 | 营口 | 415 | −0.2 |
| 2 | 宁波舟山 | 2136 | 0.5 | 10 | 连云港 | 361 | −0.5 |
| 3 | 深圳 | 1891 | −2.1 | 11 | 日照 | 352 | 6.5 |
| 4 | 广州 | 1697 | 0.8 | 12 | 广西北部湾港 | 351 | 34.9 |
| 5 | 青岛 | 1605 | 2.3 | 13 | 福州 | 253 | −3.0 |
| 6 | 天津 | 1377 | 5.2 | 14 | 烟台 | 241 | 3.3 |
| 7 | 厦门 | 837 | 0.0 | 15 | 东莞 | 234 | −11.1 |
| 8 | 大连 | 429 | −36.2 | | | | |

上海港集装箱吞吐量虽然仍持续同比下跌,跌幅缩小的趋势比较明显。新冠肺炎疫情给上海港带来的影响仍在持续,上海航运交易所发布的2020年8月全球主干航线综合准班率显示,8月上海港准班率排名第九,降幅为35.39%,是准班率排名前50的港口中降幅最大的港口,其航线班轮挂靠数减少了12条。

广州港保持了吞吐量同比增长的势头,深圳港仍然微弱下跌。从单月吞吐量来看,深圳盐田港区9月吞吐量超146万标准箱,再次刷新全球单一码头单月纪录。广州港在大型船公司纷纷停航跳港的前三季度逆势增长,实现新增17条外贸班轮航线、净增9条外贸班轮航线。

1～9月,青岛港集装箱吞吐量为1605万标准箱,同比增加2.3%。2018年,青岛港的累计集装箱吞吐量同比增速最低点出现在2018年1～2月,因受春节影响当时的同比增速为8.0%;同比增速最高时达到了9.8%。进入2020年后,随着新冠肺炎疫情的爆发,增速明显放缓,

1～2月的集装箱吞吐量同比下降了1.4%（图4）

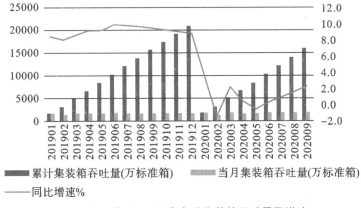

图4　2020年1～9月青岛港集装箱吞吐量及增速

### (五)推进港航经济发展取得新成效

1. 一体化改革初见成效

2019年8月,山东港口挂牌成立,一体化改革发展多点突破,积极构建"优势互补、错位协同、融合发展"的港口发展新格局。2020年受到疫情影响,全球经济陷入低迷,诸多港口出现业绩下滑。青岛港主动应变,抢抓东南亚航线、跨太平洋航线市场需求,重点携手马士基、达飞、海丰新开东南亚航线,打造冷链生活资料精品快航;携手中远海运新开美西航线。4月,中东集装箱航线正式首航,这是THE联盟在中国北方港口开通的首条中东直达航线,沿途分别挂靠阿联酋的迪拜港、阿布扎比港和沙特阿拉伯的达曼港、朱拜勒港4个中东国家主要港口,并将青岛港作为航线首挂港和中国北方唯一挂靠港。2020年以来,山东港口新开通外贸集装箱航线14条,航线总数近300条,数量和密度稳居北方港口首位,加速形成青岛港东北亚航运枢纽的中心地位,越来越多的船公司选择青岛港作为新开航线的北方唯一挂靠港。

2. 积极融入"双循环"

青岛港处于"一带一路"的陆海交汇点,发展海铁联运是积极融入"大循环""双循环"的有效路径。2020年以来,青岛港积极发挥东西互济、陆海联动的优势,联合海关、铁路和船公司和物流企业等,建设内陆港、开通班列、开拓市场等举措,通过"双循环"的陆海联动大通道,把港口搬到内地企业的"家门口"。

1～9月,青岛港新建内陆港3个,内陆港总数达到18个;新开通海铁联运班列4条,海铁联运线路总数达到68条。

随着海港与铁路越来越紧密的连接,一条"覆盖山东,辐射沿黄,直达中亚、南亚、欧洲"的海铁联运物流大通道正加速形成,将推动国内外要素高效联通,促进区域产业布局重塑。

3. "公转铁""散改集"效果显著

国务院办公厅于 2018 年 10 月发布的《推进运输结构调整三年行动计划(2018—2020 年)》,明确提出推进大宗货物运输"公转铁、公转水"。为减少装卸环节,减少短驳成本,大力推进货物"散改集"。青岛港与多个部门和单位联合,合力促进海铁联运,使港口铁路集疏运量和集装箱的多式联运量快速增加,成为全国海铁联运的"领头羊"。继续扩大玉米的"散改集"同时,推出纸浆转水的"散改集",将流向广东、福建的纸浆运输转化为内贸集装箱海运业务;开展"整车公转海入箱"业务,为国内车企发运内贸整车提供了新的物流方案;通过砂石滚装装船、电煤"公转铁"、铜精矿铁路集装箱运输等新模式,大幅降低了企业的物流成本。青岛港开通泰山内陆港—青岛港"长荣专列",为企业进行"散改集"业务操作,减少了搬倒和入库等中间环节货损,大幅提升了作业效率,缩短了 20% 的运输时间,为企业降低了 4% 的综合物流成本。

4. 二期自动化码头投产运营

青岛港自动化集装箱码头规划设计分 3 期、建设 6 个泊位,一期工程 2 个泊位 2013 年立项,2017 年 5 月 11 日投产运营,实现了当年投产、当年赢利,创造了平均作业效率 36.2 自然箱/小时、最高作业效率44.6 自然箱/小时的世界纪录。二期工程 2 个泊位于 2018 年 6 月开工,2019 年 11 月 28 日投产运营。

2020 年 8 月《青岛港自动化集装箱码头标准体系》顺利通过外部专家评审。《青岛港自动化集装箱码头标准体系(2020 年)》以青岛港自动化集装箱码头建设、运营的先进技术、经验和优势为基础,结合国内外自动化集装箱码头典型案例,以自动化集装箱码头"建、管、养、运"全生命周期为主线制定的体系。该体系是我国港口企业创新性提出和形成的自动化集装箱码头专业领域标准体系,为智慧港口建设和集装箱自动化码头的发展奠定基础。

# 二、2021 年青岛港航经济发展预测与建议

## (一)2021 年青岛港航经济发展预测

我国经济逐步克服新冠肺炎疫情带来的不利影响,经济运行呈恢复性增长和稳步复苏态势,发展韧性和活力进一步彰显。但是,全球新冠肺炎疫情依然在蔓延扩散,新冠肺炎疫情对世界经济的巨大冲击将

继续持续下去,世界经济已严重衰退,国际贸易和投资大幅萎缩。根据国际货币基金组织的最新预测,2020 年世界经济将下降 4.9%;世界银行预测世界经济将下降 5.2%,为"二战"以来最严重的经济衰退。世界贸易组织预计全球货物贸易将下降 13%～32%,联合国贸发会议预计全球贸易将下降 20%。世界经济发展面临的不确定、不稳定因素明显增多,加上中美经贸摩擦带来的影响,外部风险挑战明显增多,国内经济恢复仍面临压力。如果不出现特别大的变动,没有大的意外事件产生,预计 2020 青岛港的货物吞吐量将与 2019 年基本持平或略有小幅增长,如能维持现有货物吞吐量,货物吞吐量将首次超过 6 亿吨大关;2021 年将达到 6.4 亿吨。

但这个预测有相当大的不确定性,主要取决于国外新冠肺炎疫情冲击的严重程度和持续时间,另外美国大选结果、地缘政治的变化也将是变数。

### (二)促进青岛市港航经济发展的对策建议

1. 优化营商环境

出台有利于多式联运等港航经济发展的法规和规范,可设立物流专项资金,出台优惠政策,在港口发展、企业征地、税收补助、融资、通关等方面给予扶持。持续深化"放管服"改革,打破制度藩篱,让更多优惠政策能够落地,让更多企业享受优惠政策。

2. 强化规划制定与执行

提高港航经济发展规划的战略性、宏观性、政策性,强化指导和约束功能,聚焦事关青岛市港航经济发展的大战略、跨部门跨行业的大政策、具有全局性影响的大项目,推进协同合作。加强对规划实施情况的检查评估督导,对规划计划执行和落实情况定期组织总结评估。完善责任追究制度,把规划落实情况作为考核评价领导干部的重要内容,确保规划计划有力执行、有序推进、有效落实。

3. 优化港口集疏运格局

进一步发挥铁路中长距离运输优势,使青岛港的腹地逐步向内陆地区拓展。加快推进铁路支线、专用线建设,完善港口后方铁路通道。推进多种运输方式整合优化、无缝衔接。加快"公转铁",提升青岛港集疏运体系中铁路占比,优化运输结构。

港航企业应在全面复工复产的基础上,要进一步发挥公路、铁路等集疏港的作用,强化信息交换与运力协调,通过多种疏运方式的有机结合,进一步提高疏运效率。及时把握现有客户和潜在客户的需求,推出有效的扶持政策,协助客户制订快捷、经济的物流输送方案,为客户提供高质量的服务。

**4. 港口自动化、信息化建设**

本次新冠肺炎疫情对生产企业,尤其是传统的劳动密集型生产企业影响巨大。港口自动化建设、信息化建设是港航企业的发展方向之一。自动化、信息化可以提升港航企业应对各类突发事件的能力,特别是在应对疫情方面发挥着不可替代的作用。要进一步加快自动化码头建设、港口电子商务建设、安全管理信息化建设等等,充分利用 5G 等信息化技术,提升港口企业信息自动化水平,建立具备全面感知、智能决策功能的智慧港口体系,不断优化提升港口装卸工艺,逐步向高科技新型港口转型。

**5. 以资本、市场推动多式联运发展**

多式联运发展应结合"一带一路"要求,抓住集装箱、大宗散货、多式联运等需求特征,以市场为导向合理配置航运资源,以资本为纽带整合港航资源。积极推动航运合作模式创新,实现航运合作领域范围的拓展。通过成本分摊、利益共享机制,切实推动多式联运发展,通过股权优化、交叉持股等资本合作方式,引导港航企业呈阶梯式、错位发展。

鼓励企业拓展融合多种运输业务,以多种运输方式跨区域融合发展,扶植多式联运复合发展的大型企业,打造现代供应链、冷链物流、大宗商品物流、电商商务物流等高效专业的物流服务网络,提高多式联运规模和效益。鼓励港航企业创新经营模式,探索码头、承运人等多式联运各方参与资本合作的新方法和新路子,充分调动各参与方的积极性,实现多式联运效益最大化。

新冠肺炎疫情的冲击,使港航生产的不平衡性进一步显现出来,加剧了航线不稳定、不平衡的矛盾,国际贸易供需双方以及船、港、货的匹配难度进一步加大。要充分发挥港口企业业务网络和运输网络优势,推动各方实现信息共享,有效发挥港口串联作用,为客户提供最佳的物流运输方案,打通全球物流链、产业链。

**6. 加快建设绿色智能港口步伐**

贯彻"生态优先、绿色发展"的环保理念,将绿色生态理念融入青岛港转型升级规划和建设中,进一步提高船舶岸电设施使用率,推动清洁能源和新能源船舶的使用,布局 LNG 加注码头建设,加快淘汰高污染、高耗能船舶和港口设施。促进"互联网＋港口"、"大数据＋港口"和港口自动化等先进技术的推广和应用,使之在港口规划、建设、运营、维护全过程得到充分体现。

(作者单位:青岛市社会科学院)

# 2020～2021年青岛市金融业发展形势分析与预测

周建宁

2020年，突发的新冠疫情蔓延使社会、政治承受严重压力，经济遭受重大冲击；国与国之间的纷争令国际局势演变更加复杂。而国内民营企业和中小微企业的"融资难"逐步加剧。民营企业及城商行、农商行的风险加剧，导致国内金融业的风险敞口日益显现。深沪股市震荡加剧，各类金融风险积聚。中国人民银行、银保监会等监管部门先后出台了一系列措施，以规避与化解金融风险。在此环境下，青岛市金融业扎实服务青岛战略布局，金融业发展展现澎湃活力，具备了支持航运、贸易发展的良好基础。为打好"提升金融服务能力硬仗"，提升金融服务系统性、整体性，青岛市地方金融实施了"金富""金帆""金链"三项行动，形成了金融与航运、贸易互动发展的良好态势。

## 一、2020年青岛市金融业发展状况分析

### (一)青岛市金融业继续保持稳定健康发展的势头

在国内金融业持续"去杠杆"大背景下，青岛市的金融业依然保持着持续稳健发展的势头。金融业增速领跑全市，2020年1～8月青岛实现金融业增加值617.3亿元，增速居国民经济十大行业首位。金融业实现全口径税收128.6亿元，同比增长5.4%，金融业对经济增长贡献稳步提升。

存贷款余额和增量双双创出新高。青岛市全市本外币存款余额20316.7亿元，同比增长15.5%；比年初增加2440.3亿元；本外币贷款余额20314.3亿元，同比增长15.5%，比年初增加2104.3亿元，人民币存贷款增速达到了16%。在金融支持实体经济方面，阶段性地完成市委、市政府提出的奋斗目标。青岛市成为山东省首个存贷款余额均超过2万亿元的城市，本年度存贷款增量已超过2019年的全年增量，为

青岛市经济发展注入澎湃活力。金融机构主动作为,充分利用央行扩大信贷投放的重要窗口期机遇期,精准输血服务实体经济,用金融力量积极引领经济社会发展。

### (二)青岛各类金融资源聚集取得了突破性进展

青岛市法人金融机构实现了新突破。

经过长达4年的筹备,青岛首家、山东省第一家公募基金管理有限公司——兴华公募基金管理有限公司获中国证监会正式批复,而青岛也成为继北京、天津之后北方第三家拥有公募基金管理公司的城市。兴华基金自2016年7月开始筹备,于2020年3月4日正式获得中国证监会批复,2020年4月取得营业执照,目前核准注册资本金为1亿元人民币。兴华基金是一家全部由资深专业人士持股的创业型公募基金管理公司;兴华基金将正式开展公募基金业务,向社会公众投资者募集资金,投于证券市场,或进行私募资产管理等监管部门许可的业务,逐步建立起包括公募基金、理财专户、养老产品等丰富的产品线,为投资者提供理财新选择。

2020年6月,青岛交银海控科创股权投资有限合伙企业完成注册,成为山东自贸区首家落户的QFLD基金。而聚量融资租赁、山东鲁花融资租赁、鲁花商业保理、鲁花道生资本等12个项目在青岛辖区落地,实缴注册资本41.1亿元;全国最大的保赔险保险人——中国船东协会在青岛设立分部并取得积极进展。

### (三)青岛辖区发行上市工作继续呈现强劲发展势头

对于青岛辖区而言,2020年发行上市工作继续取得重大突破,A股"青岛军团"厚积薄发,势头强劲。继威奥轨道、酷特智能分别在上海证券交易所和深圳证券交易所上市后,高测科技于8月7日在上交所科创板上市;森麒麟轮胎通过证监会审核,于年内在深圳证券交易所挂牌上市;而建邦供应链成为全省首家通过新三板精选层审核企业;2020年9月4日,冠中生态A股首发上市申请(IPO)顺利过会,这也成为创业板启动注册制以来的首家过会企业;美国纳斯达克上市公司境内主体天行昆仑科技迁入青岛辖区。青岛辖区沪深两家上市公司总数达到45家,形成A股44家、B股1家的格局。辖区内融资454.49亿元,其中股权融资12.41亿元,交易所债券融资442.08亿元(其中:公司债券融资318.8亿元;ABS融资17.48亿元;地方政府债券融资105.8亿元),在全国计划单列城市中位列第二。

### (四)青岛科创板上市方面继续取得突破,高测科技成功过会

2020 年 8 月 7 日,青岛高测科技股份有限公司正式鸣锣于上交所科创板,成为继"海尔生物"之后,青岛市第二家科创板上市公司。高测股份本次上市流通股本 3680.25 万股,发行价格为 14.41 元,高测股份成立于 2006 年,于 2015 年整体变更为股份有限公司,主要从事高硬脆材料切割设备及切割耗材的研发、生产和销售,目前,公司产品主要应用于光伏行业硅片制造环节。此次高测股份"圆梦"科创板,募集资金主要投向高精密数控装备产业化项目、金刚线产业化项目,同时,公司将扩建研发技术中心,以持续优化公司科技创新实力,保持公司技术水平在行业中始终处于领先地位。

继高测股份后,青岛豪江智能科技股份有限公司于 2020 年 9 月 22 日在青岛证监局进行辅导登记,其上市辅导机构为瑞信方正。豪江智能的前身为青岛豪江电器有限公司,是一家集自主研发、制造及销售于一体,专业从事驱动器及控制器研发制造的公司,于 2003 年注册成立,总部位于青岛市即墨区。公司自成立以来,一直致力于工业、家居、医疗护理业务板块。主要产品包括单电机、双电机、控制器、按摩器、遥控器及其配件等。产品主要销往欧洲、北美、东南亚、中东、日韩等海外市场,畅销全球数十个国家和地区。

此外,在科创板储备上,青岛辖区尚有海泰新光、中加特、青达环保三家企业处于已问询状态,而盘古润滑、杰华生物等公司也正在积极筹备在上交所科创板上市的事宜,显示了青岛市科创板公司后续资源的雄厚,厚积而薄发。

### (五)龙头上市公司加速整合收购兼并,产业整合,在转型发展、打造核心竞争力方面探索出了新途径

进入 2020 年,青岛辖区上市公司继续加大并购整合、资本运作与产业推进方面的工作力度,在产业整合、收购兼并及资本运作方面都实现新突破,以产业结构的调整与布局、转型发展、收购兼并来打造公司的核心竞争力。

1. 青岛啤酒集团、雀巢集团达成健康饮用水项目战略合作

2020 年 8 月 28 日,青岛啤酒集团与雀巢集团联合宣布:双方达成健康饮用水战略合作。雀巢公司接受青岛啤酒集团收购旗下在中国大陆水业务的提议。此次交易涉及国际品牌"雀巢优活"在中国大陆的独家许可,以及"Pure life"、"大山"和"云南山泉"品牌的所有权,也包括雀巢集团旗下分别位于上海、天津和昆明的经营水业务的三个公司的股权。至此,雀巢将把在中国大陆的水业务转让给青岛啤酒集团。在

交易完成后,雀巢将授权青岛啤酒集团在中国独家使用雀巢优活品牌,并将雀巢在上海雀巢饮用水有限公司、天津雀巢天然矿泉水以及云南大山饮品有限公司拥有的全部股权转让给青岛啤酒集团。此举将有助于青岛啤酒集团在中国进一步发展其品牌。

雀巢集团是世界上知名的食品制造商,也是全球的瓶装水巨头,雀巢优活、大山和云南山泉等品牌在中国市场被广大消费者所熟知。对于青啤集团而言,近年来发挥平台思维、生态思维,提升整合平台资源实施高质量跨越式发展的发展战略,规划了快乐、健康、时尚三大板块,构建与啤酒业务互补的生态体系。未来,青岛啤酒集团将打造旗下以啤酒为主体的快乐板块,做大做强啤酒业务,打造以"苏打水＋矿泉水＋健康饮料"系列产品组合为主的健康板块,推动健康饮品行业的发展,进一步打造饮料、饮用水行业的领军企业。

2. 海尔系加速资本运作,布局大健康板块,盈康生命迁入青岛辖区

2020 年 8 月 10 日,盈康生命发布公告称:公司 2020 年第二次临时股东审议通过了《关于变更公司注册地址的议案》,变更后注册地址为青岛城阳区春阳路,盈康生命是一家医疗器械金和肿瘤治疗服务的公司。资料显示,2010 年盈康生命在深交所上市,而当时的盈康生命与医疗器械毫不沾边,还是一个卖食用菌的农业龙头企业。但公司上市以后,就出现了业绩大变脸,公司上市 9 年更名 4 次,从星河生物、茹木真、星普医科到盈康生命,2019 年 3 月,海尔集团以 18.23 亿元入主上市公司,成为盈康生命实控人。

盈康生命是海尔系大健康板块的重要布局,除了盈康生命外,海尔还有一家主营医疗冷链的上市公司海尔生物,海尔生物于 2010 年 10 月在科创板上市。2019 年,盈康生命实现营收 5.7 亿元,同比增长 13.67％,其中医疗板块是主要收入来源,收入占比达 74.80％;净亏损 7.03 亿元,同比下降 1502.15 亿元。

2020 年 7 月 24 日,盈康生命公告称:公司控股股东盈康医疗投资通过定增认购。盈康医疗投资是海尔系对外投资平台海尔电器国际的全资子公司,值得一提的是,盈康生命自海尔系 2019 年年初入主以来,股价节节攀升。盈康生命所募资金主要用于医疗服务的信息化平台建设和补充流动资金。海尔系表示,其参与上市公司定增,主要目的是助力上市公司在医疗服务和医疗器械板块的发展,实现双轮驱动的发展战略。同时,优化上市公司资本结构,降低公司财务风险,提升上市公司的持续经营能力与赢利能力。

3. 伟隆股份拟在青岛高新区新设全资子公司,拓展检测技术新业务领域

2020 年 9 月 2 日晚间,伟隆股份发布公告称:基于实际经营管理

及业务发展需要,为充分利用现有的资源拓展检测技术新业务领域,拟以自有资金在青岛高新区设立全资子公司——青岛卓信检测技术有限公司,注册资本人民币500万元。伟隆股份是专门从事给排水阀门产品的设计研发、生产制造和销售服务的高新技术企业,为城镇给排水系统、消防给水系统、空调暖通系统以及污水处理系统等下游应用领域提供产品及解决方案。

此次伟隆股份拟在青岛高新区新设全资子公司,利用现有的资源拓展检测技术新业务领域,是公司根据实际经营管理及业务发展需求进行的,有利于公司服务于社会及企业需求,提升公司综合实力,推动公司可持续发展。

4. 国林科技募资投建晶体乙醛酸项目,完善业务体系增强综合竞争力

2020年7月14日,国林科技(300786.SZ)发布《2020年向特定对象发行股票预案》,该预案显示公司拟向特定对象发行数量不超过1708.80万股的股票,募集资金不超过3.60亿元用于建设年产2.50万吨晶体乙醛酸(一期)项目。

乙醛酸是一种重要的医药中间体和有机合成中间体,在医药、香料、油漆、造纸、精细化工等领域有广泛的应用。目前,国内外合计每年约有2万吨高品质晶体乙醛酸、3万吨高品质乙醛酸水溶液和20万吨普通乙醛酸水溶液的市场需求。高品质乙醛酸市场需求日益增长,供应缺口较大,国内尚没有规模化的高品质乙醛酸工业生产企业,供需矛盾十分突出。

国林科技此次拟投建的晶体乙醛酸项目将填补我国大规模生产高品质晶体乙醛酸的空白,不仅可满足国内医药、食品、香料等行业对高品质乙醛酸产品的需要,实现进口替代,同时产品还可以大批出口,带动我国乙醛酸行业及其下游生物化工行业的健康快速发展,因此具有广阔的市场发展前景。此外,该项目所在地新疆境内的克拉玛依油田、塔里木油田、吐哈油田,有大量甲酸钾的需求,该项目投产后可更好地满足当地甲酸钾的供应,降低当地企业采购成本。

通过该项目的实施,国林科技将建成高品质晶体乙醛酸生产线。在此基础上,公司业务将从臭氧系统设备供应向臭氧技术应用延伸,拓宽公司业务范围,提升公司核心竞争力,增强公司赢利能力,促进公司的长期可持续发展。

据悉,晶体乙醛酸项目建设周期18个月,工作内容包括项目前期准备、工程勘察与设计、土建工程施工、设备采购、设备安装调试、试车投产等,项目于2020年6月启动,预计到2021年12月底竣工验收并投入使用。公告显示,在此次发行募集资金到位之前,国林科技可根据

募集资金投资项目实施进度的实际情况以自筹资金先行投入,并在募集资金到位后予以置换。此次募集资金净额不足上述项目拟投入募集资金总额时,差额部分由公司自筹解决。

截至目前,国林科技的定向增发事项已经公司第三届董事会第三十一次会议审议通过。但相关方案仍需经公司股东大会审议通过及深圳证券交易所审核、中国证监会同意注册后方可实施。

### (六)创投风投机构在疫情中逆势成长,地方金融组织发展稳健

2020 年 5 月 8～9 日,青岛全球创投风投大会以网络大会的形式成功召开,共有 9.7 万余名嘉宾注册,超过 1000 家创投风投机构与会,签约创投风投项目 30 个,大会的成功举办进一步提升了青岛在创投风投领域的知名度与影响力。而中俄能源合作股权投资基金、中航朴素智造未来产业投资基金等一批较大规模基金落户。截至 2020 年 8 月底,青岛辖区在中基协已登记私募基金管理人、备案私募基金数量、管理基金规模分别为 311 家、656 只、949.2 亿元,同比分别增长 24.9%、42.6% 与 33.8%,其中私募基金管理人增速居全国第一位。

在地方金融组织方面,青岛市小额贷款公司、融资担保公司和民间资本管理公司等地方金融组织发挥灵活、高效、面广的特色优势,加大服务“三农”和小微企业力度。小额担保公司贷款余额达到 82.6 亿元,融资担保公司在保余额达到 232.8 亿元,民间资本管理公司投资余额达到 130.3 亿元,其中流向涉农和小微企业资金分别达到 86.3%、70.2% 和 60.8%。

## 二、2021 年青岛市金融业发展形势预测与展望

在疫情得到有效控制的格局下,2021 年青岛市金融业将会在开放的格局下迎来新突破。随着央行发布进一步对外开放的新举措,允许外资机构获得银行间债券市场 A 类主承销牌照;鼓励境外金融机构参与设立、投资入股商业银行理财子公司;允许境外金融机构投资设立、参股养老金管理公司;放宽外资保险机构准入条件,取消 30 年经营期限限制;将原定于 2021 年取消的证券公司、基金管理公司和期货公司外资股限制的时点提前到 2020 年,由此国内金融业对外开放的力度进一步加大。

2021 年青岛金融业会主动作为,攻坚克难,积极支持疫情防控和企业复工复产,持续加大对于实体经济的支持力度,金额运行态势良好,金融业主要指标快速增长,将为推动青岛经济社会持续向好发展贡献金融力量。

**（一）青岛各类金融业态将持续蓬勃发展，正在逐步构建面向国际的财富管理中心**

继光大理财子公司落户青岛后，青银理财子公司获准开业，成为第二家落户青岛的理财子公司。2020年2月，在抗击新冠肺炎疫情的关键时刻，青银理财公司获得银保监会批复筹建。经过长达半年多的筹备，青岛银行发布公告，该行收到了《青岛银保监局关于青银理财有限责任公司开业的批复》，银保监会青岛监管局已批准该行全资子公司青银理财有限责任公司开业。根据该批复，青银理财注册资本为人民币10亿元，注册地为山东省青岛市，主要从事公募理财产品、发行私募理财产品、理财顾问和咨询等资产管理相关业务。

青岛港将牵头组建青岛首家法人期货公司。近期证监会接受了青岛港集团等主体在上海合作组织地方经贸示范区新设期货公司的申请。这也是期货公司行业发展20多年来首次接受新设立期货公司的申请。目前，青岛港拥有20号橡胶、天然橡胶、纸浆等三个期货交割品种，还有全国最大的铝锭期货交割品种。这也标志着引进山东省首家公募基金、青岛市首家理财子公司后，青岛将实现法人期货公司零的突破。

**（二）青岛国资将在未来资本市场布局发挥"生力军"作用**

2020年以来，山东国资"入主"或"战略投资"的上市公司共有9起案例，涉及市值约380亿元，其中6起为青岛相关，无论是青岛市属国有资本还是下辖各区（市）国有资本，都在加快并购的速度。

广西上市公司百洋股份（002696）发布公告，公司与青岛国信金控以及其指定的受让方海洋产业投资基金、海洋新动能基金达成协议，拟以9.87亿元转让百洋股份的1.04亿股的公司股份。转让后，百洋股份的控股股东为青岛海洋产业投资基金有限公司，实控人将变更为青岛市国资委。

百洋股份是一家集水产科技研发、水产种苗选育、水产养殖、水产食品、水产生物制品、水产即食菜品、美容保健品的生产、加工、出口和国内贸易于一体的农业产业化国家重点龙头企业，具备完整的水产产业链。公司拥有具备国际先进水平的水产食品、水产生物制品生产工艺设备和国内先进水平的水产饲料生产工艺设备，而这恰与青岛国信集团拟布局海洋水产产业的需要相契合。

万马股份（002276）控股股东智能科技集团，实控人张德生、陆珍玉夫妇与青岛西海岸新区海洋控股集团有限公司签署协议，拟向后者转让公司25.01％股份。转让完成后，青岛西海岸新区国资局将成为万马股份实控人。

博天环境（603603）控股股东汇金聚合（宁波）投资管理有限公司及

股东上海复星创富股权投资基金合伙企业(有限合伙)与青岛西海岸新区融合控股集团有限公司(简称"青岛融控")签署协议,协议实施完成后,青岛融控将拥有公司不低于25%的表决权,成为公司的控股股东,青岛西海岸新区国有资产管理局将成为公司的实际控制人。

**(三)青岛市资本市场上市工作继续呈现良好发展态势**

经过近年来的不懈努力,青岛市已储备了一大批优质的上市资源。除2020年已经成功上市的威奥轨道、青岛酷特智能、青岛森麒麟轮胎、高测股份等四家上市公司以外,截止到2020年6月底,青岛尚有德才装饰、海程邦达、青食股份、征和股份、朗夫包装、思普润等7家企业在证监会排队。

进入2020年下半年,冠中生态顺利过会,这也成为深交所创业板启动注册制以来,青岛首家过会企业。冠中生态的招股书显示:冠中生态此次拟发行新股不超过2334万股,占发行总股本比例不低于25%,此次拟募集资金4.54亿元,募集资金用于生态修复生产基地项目和补充工程项目营运资金项目。

2020年6月,在国内疫情依然严峻的情况下,海程邦达供应链管理股份有限公司的《首次公开发行股票并上市》等A股IPO申请材料获得受理。海程邦达集团成立于1996年,专注于供应链物流领域,以客户需求为导向,以信息科技与金融服务为引擎,整合全球资源,打造卓越物流平台,为客户提供一站式供应链服务。集团现有员工2000余人,年营业额超过30亿元人民币,网络遍及全球200余个港口,在海内外有70余家分支机构,以助力中国企业与世界互联互通。

2019年底,从事装饰业务的青岛德才装饰股份有限公司向证监会递交招股书(申报稿),拟在上交所上市,这标志着公司已经完成了光大证券的上市辅导,也意味着该公司距离登陆A股越来越近。根据德才装饰的招股书:此次将募集约7.53亿元资金,其中5.3亿元将用于补充流动资金,占比70%,其余资金则用于部件生产项目、信息化建设项目等。对于传统装饰行业来说,德才装饰此次上市申请募集资金额度并不低。由于募集资金中的绝大部分是用以补充流动资金,表明了装饰行业所面临的困境。而现金流困难、负债率过高,正是当下德才装饰寻求IPO的迫切因素。

**(四)青岛市各类城投平台在收购上市公司取得突破性发展,已成为未来青岛资本市场中的重要组成部分**

2020年以来,青岛国资发挥在资本市场的作用,在收购上市公司方面的动作频频,目前已收购了8家上市公司,涉及新材料、智能制造、环境、信息技术、新能源和传媒等,其中大部分为省外企业。

6月22日,常州天晟新材股份有限公司发布《关于控股股东、实际控制人签署股份转让协议》公告,天晟新材的控股股东吴海宙、晟衍投资拟向青岛融海国投资产管理有限公司转让公司股份3000万股,占总股本9.2％,使其成为公司的战略投资者,此次转让9.85元每股磨合剂。至此,融海国投资产管理公司与其一致行动人共计持有天晟新材股份3489万股,占总股本的10.70％。

青岛西海岸国资入主上市公司石大胜华获得批复。6月29日,石大胜华公告称:公司接到青岛中石大控股有限公司通知,根据《财政部关于批复中国石油大学所属企业公开征集转让山东石大胜华化工集团股份的函》,同意石大控股集团通过公开转让征集转让方式,向青岛军民融合发展集团有限公司和青岛开发区投资建设集团有限公司分别转让公司1520万股股权。公告显示,融发集团和开投集团受同一实际控制人(青岛西海岸新区国有资产管理局)控制,属于一致行动人。此次转让完成后,融发集团和开投集团合计持股比例达到石大胜华总股本的15％,从而成为石大胜华第一大股东。

## (五)青岛将继续着力探路国有资本市场化运作,确定四大国有资本运营公司

2020年,经青岛市国资委批复,青岛城投集团、青岛华通集团、青岛西海岸发展集团、青岛国投公司4家企业率先启动国有资本投资运营公司改革试点,以尽快为青岛市国有资本市场化专业平台形成可复制、可推广的经验模式。

这4家国有企业虽同为国有资本投资运营公司,但在经营领域里却充分错位发展,依托业已形成的自身特色,通过试点改革提升资本运作能力,实现企业更好发展,推动国有资本做强做优做大。

其中:青岛城投集团将积极开展投资融资、产业培育和资本运作,搭建城市重大任务承载平台和高端产业集成平台。充分利用金融杠杆、投资基金等资源,放大国有资本功能;加大对金融机构控、参股力度,增强股权运作、市值管理等能力,做强做优已实际控制的两家上市公司;充分利用境内、境外资本市场,在高新技术领域、新兴产业领域培育和孵化上市公司。到2022年,目标资产达到4000亿元,营业收入400亿元,利润总额40亿元,控股上市公司达5家。

按照这一战略,9月16日,青岛城投集团与南山控股集团举行了青岛航空战略重组交接仪式,青岛城投全面收购南山集团航空板块相关资产。至此,青岛航空从全资民营航空公司转型为青岛国资全资控股企业。

[作者单位:中信证券(山东)有限责任公司]

# 青岛市氢能产业发展研究

刘志亭

人类历史上每一次能源利用的里程碑式发展,都会开启一个新的时代。化石能源导致气候变暖、生态破坏等诸多环境问题,亟须寻找清洁低碳的替代能源,优化能源结构。氢能被誉为世界上最干净的能源,且资源丰富、热效值高,是能源技术革命的重要方向之一,可用于储能、发电、各种交通工具用燃料、家用燃料等,被誉为"终极能源",氢能产业也被称为"没有天花板"的产业。21世纪以来,以燃料电池为代表的氢能技术从实现突破到逐渐成熟,产品应用逐步从概念设计到产业化,氢能产业迎来一个全新的发展阶段。近年来,我国大力推进氢能产业的发展,2019年氢能产业投资超过1500亿元,预计到2050年氢能在全国能源体系中的占比约为10%,氢气需求量接近6000万吨,年经济产值超过10万亿元。当前,上海、武汉、重庆、佛山等10多个城市先后制定了氢能及燃料电池产业发展扶持政策。

《山东省新能源产业发展规划(2018—2028年)》,提出以济南、青岛、潍坊为重点,立足前沿、打造尖端,落实全面起步、加速发展、塑造优势"三步走"战略。2020年7月,青岛市发布《青岛市氢能产业发展规划(2020—2030年)(征求意见稿)》,提出未来10年内将青岛发展成为国际化氢能城市,打造国内重要的氢能产业基地,实现"东方氢岛"的总体发展目标。2020年8月,济南出台《济南市氢能产业发展三年行动计划(2020—2022)》,提出打造氢能源经济圈,建设集氢能源科技园、氢能源产业园、氢能源会展商务区三位一体的"中国氢谷"。

## 一、国内外氢能产业的发展情况与政策支持

### (一)氢能产业被许多国家纳入能源发展战略

20世纪70年代以来,世界上许多国家和地区开始重视氢能的研究和开发应用。一些发达国家纷纷将氢能产业纳入国家能源发展战略,不断加大对氢能技术研发与产业化发展的扶持力度,积极推进氢能

基础设施建设。美国、欧盟、日本和韩国等国家和地区相继制定氢能产业发展路线图,明确建设氢能社会的目标和实施方略,出台氢能产业发展规划。

氢燃料电池汽车由于续驶里程长、加注时间短,比锂电池汽车更适用于长途、重载运输,是氢能产业的重点发展方向,也是各国车企极力攻占的技术制高点。当前,美国燃料电池乘用车保有量占全球总量的50％以上,计划到2050年增长到530万辆。日本、欧盟和韩国紧随其后,分别占有全球燃料电池乘用车总数的25％、11％、8％。除乘用车之外,其他发展较快的氢能应用方向有燃料电池叉车和固定式发电等,全球已有超过2.5万台燃料电池叉车投入运营,随着燃料电池产品性能不断提升和成本持续降低,氢能正在逐渐拓展应用领域并进入商业化发展阶段,必将带动氢能产业链的全面发展。

为了加快氢燃料电池汽车的推广应用,一些国家不惜加大加氢站建设的资金补贴以完善加氢站网络,如韩国政府计划五年内共补贴20亿欧元。2019年全球新增了83座加氢站,总数达到了432座;其中日本加氢站数量最多,达到114座;其次是德国建成了87座加氢站。

### (二)我国正全力推进氢能产业发展

2016年以来,我国陆续推出了一系列支持氢能产业发展的政策文件,同时积极开展氢能推广应用示范项目,《中国氢能产业基础设施发展蓝皮书(2016)》首次提出了我国氢能产业发展路线图。2019年,我国首次将氢能产业写入《政府工作报告》,提出"推动充电、加氢等设施建设";2019年6月,中国氢能联盟发布了《中国氢能源及燃料电池产业白皮书》,完善与细化了我国氢能产业发展路线图,提出初期以工业副产氢就近供给为主,积极推动可再生能源发电制氢规模化、生物制氢等多种技术研示示范;中期以可再生能源发电制氢、煤制氢等大规模集中稳定供氢为主;远期以可再生能源发电制氢为主,煤制氢配合CCS技术、生物制氢和太阳能光催化分解水制氢技术等成为有效补充。2019年10月,国家发改委发布《产业结构调整指导目录(2019年本)》,将氢能列入第一鼓励类,并在新能源、有色金属、汽车、船舶、轻工等领域重点支持发展。

目前,我国在建和已建的加氢站有120多座,其中有51座已经建成,投入运营的加氢站有41座,包括2019年建成的28座。北汽、东风等国内40余家整车厂已开发出50余款燃料电池汽车车型。根据中国汽车工业协会统计,2019年中国共销售2737辆燃料电池汽车,同比增长79％。从2016年到2019年,国内燃料电池汽车销量逐年增加。预计至2022年燃料电池汽车保有量将达到3万辆,未来10年内达到10

万辆，成为全球氢能及燃料电池最大的市场。已初步形成了长三角、珠三角、京津冀等主要氢能产业集群。上海已形成了较为完善的燃料电池汽车产业链，如皋成为联合国开发计划署在中国启动"氢经济示范城市"项目的首个城市，佛山、云浮等地正在打造国内领先的燃料电池汽车核心部件研发生产基地。

# 二、青岛市氢能产业发展的基本情况

青岛是典型的能源输入型城市，一次能源基本靠输入。近年来，随着能源消费结构的不断优化，呈现出能源消费总量逐步增大、单位 GDP 能耗持续下降的趋势。发展氢能产业对于青岛实现能源结构升级、创造新的经济增长点具有重要的意义。

氢能产业链主要包括氢气制取、氢气储运和氢气利用三个环节。制氢的方式有化石燃料制氢、电解水制氢、化工尾气制氢、生物质制氢等。目前全球约 95% 的氢气是由煤、石油和天然气等化石能源制取的，但基于环保角度考虑，未来的氢气制取将以可再生能源为主要方向。氢气的储运方式包括氢气专用管道、压缩氢气（$CH_2$）、液化氢气（$LH_2$）、液体有机物氢载体（LOHC）、金属合金储氢等。氢能的应用有两种方式：一是直接燃烧（氢内燃机），二是采用燃料电池技术，燃料电池技术相比于氢内燃机效率更高，更具发展潜力，在交通领域的应用是重点和热点。

## （一）青岛市氢能产业发展的优势和潜力

青岛的氢能产业发展尚处于起步阶段，根据 TrendBank 势银公司最新发布的中国氢能城市竞争力 30 强榜单，青岛位于全国城市的第 16 位，居于一个相对靠前的位置。

1. 氢能资源比较丰富，产业发展潜力较大

青岛市化工产业基础雄厚，副产氢资源比较丰富，拥有西海岸董家口和平度新河两大化工产业园区，董家口化工园区内集聚了海湾化学、金能科技等为代表的可贡献副产氢化工企业，全市化工副产氢每年产量可达 12 万吨，为全市氢能产业发展提供基础保障。

在产业发展方面，青岛市也在积极布局氢能项目：青岛国际院士港联合同济大学、上汽集团等研发资源开展氢能与燃料电池汽车研发与集成应用示范，包括氢能制取、储运、加注、燃料电池动力系统及氢能应用全产业链项目；2020 年 6 月，上市公司美锦能源与青岛工信局、青岛西海岸新区管委会签署了《青岛美锦氢能小镇合作框架协议》，协议在青岛市西海岸新区泊里镇投资建设青岛美锦氢能小镇，总投资 100 亿

元,总产业用地规模约2000亩,相关投资项目包括但不限于新能源(含氢燃料电池)商用车整车、膜电极、燃料电池电堆和系统、燃料电池分布式能源以及相配套的产学研科创中心、燃料电池检测中心等项目;2020年9月,汉缆股份与上海恒劲动力科技有限公司合资设立的公司完成工商注册,汉缆股份出资注册资本4亿元中的3亿元,专业从事氢能备用电源技术应用和设备制造及投资;西海岸新区已启动氢能公交示范项目,并配套建设加氢站;平度市同和高新区青岛氢航动力有限公司氢能源无人机已投产下线。

2. 氢能的应用场景丰富,市场前景广阔

在氢能应用场景方面,青岛具备汽车、轨道交通、发电供热、海洋船舶、风电制氢、港口码头等众多应用场景。在汽车产业领域,已建成青岛(即墨)汽车产业新城、莱西新能源汽车产业基地、西海岸汽车及零部件产业集聚区、城阳特种汽车及零部件产业集聚区、青岛国际院士港智能新能源汽车技术研发集聚区5个重点园区,2019年全市汽车产业产值超过800亿元;在轨道交通领域,中车四方股份公司研发成功国内首列氢能有轨电车;西海岸新区已启动氢能公交示范项目,并配套建设加氢站;被称为国内车载供氢与控制系统先行者的奥扬集团总部将从北京迁至中德生态园;海卓珍氢能源技术有限公司投资的FCP氢能源项目已签约落户城阳区,将建成千兆级氢能源全产业链生产基地。

3. 领域内研究机构云集,吸引了大量高端人才

青岛在新能源领域和汽车领域拥有众多科研实力雄厚的高校及研究机构,包括依托中国科学院能源所建立的山东能源研究院、中国石油大学、山东大学、中国海洋大学、山东科技大学、青岛科技大学、青岛理工大学等,并吸引西安交大青岛研究院、吉林大学青岛汽车研究院、一汽青岛汽车研究所、北航青岛研究院、天津大学青岛研究院等相继落户。青岛国际院士港引入同济大学国家燃料电池汽车及动力系统工程研究中心青岛创新基地,为氢能产业的研发和应用提供了强大的人才和技术支撑。同时,青岛市先后出台一系列创新支持政策,积极构建以企业为主体、市场为导向、产学研深度融合的技术创新体系,吸引了相关领域高端人才纷至沓来。

**(二)青岛市氢能产业发展存在的问题和不足**

青岛市氢能产业发展尚处于规划起步阶段,还存在着许多问题和不足,需要不断克服与逐步完善。

1. 氢气来源比较单调,可再生能源制氢尚需突破

目前,青岛市的氢气资源来几乎全部来自于化工副产氢,主要依赖化工企业的传统工艺,制氢过程会产生二氧化碳排放,而且需要经过提

纯才能满足燃料电池的标准。在全市持续优化能源结构的大背景下，应进一步探索利用可再生能源扩大清洁低碳制氢规模，包括风电制氢、太阳能制氢、生物质能制氢等。

2. 既有氢能资源没有得到合理利用

在氢能应用尚未得到充分开发之前，青岛市既有的化工副产氢资源主要作为化工原料或供热燃料，用途单调、附加值低，未能作为氢能资源加以充分合理利用。说明青岛市氢能开发技术有待提高，氢能在燃料电池、发电、供热等领域的应用空间有待提升。

3. 氢能产业链不够完善，基础设施尚处在初创期

青岛市氢能源产业发展尚处于起步阶段，燃料电池汽车、关键零部件、装备制造等氢能链上企业数量少，未能形成产业链，缺乏集群效应。氢能基础设施建设落后，储运设施不完善、加氢站数量少，离建成完善氢能产业链体系还有很长的路要走。

4. 氢能产业支持政策尚未形成体系

尽管我国在"十四五"规划中将氢能发展作为重点支持产业之一，但由于氢气的易爆性，在生产安全方面仍被作为危化品管理，相关项目在立项、审批、实施和运营等相关环节都存在严格控制，这是国内各地共同的难题。但与其他先进城市相比，青岛市在氢能审批和监管方面并未实现政策突破，还有一定差距。

## 三、青岛市氢能产业的发展路径与对策

在《青岛市氢能产业发展规划（2020—2030年）（征求意见稿）》中，将建设"东方氢岛"总目标分为三个阶段：近期目标（2020—2022年）是夯实氢能产业发展基础，推进氢能产业集成创新、燃料电池汽车、氢能港口、氢能小镇等应用示范项目建设，建成行业合作交流平台，初步建成国内知名的氢能产业集聚区和示范区；中期目标（2023—2025年）是完成氢能产业生态链和应用体系建设，广泛推进氢能和燃料电池的深度应用，实现氢能产业集群式发展；远期目标（2026—2030年）是把氢能发展成为除化石能源、可再生能源以外重要的能源品类之一，在交通、物流、发电、供热等领域得到全面的应用，在局部地区完成自主供氢、自主用能、循环利用的氢能社会示范项目，完成"东方氢岛"发展目标。根据青岛市氢能产业的发展基础和发展瓶颈，欲实现预期目标，应当从顶层设计、扶持政策、体系建设、技术创新、产业布局、绩效考核等方面综合部署并加快推进实施。

### (一)突破氢气管理制度障碍,构建生产储运安全体系

加强顶层设计,成立市氢能产业发展领导小组,对全市氢能产业发展的全面建设发展进行指导与协调,以逐步增加氢能在能源体系中的重要性为目标,突破氢气作为危险化学品处理而非能源管理的制度障碍,加快出台全市氢能产业发展扶持政策、加氢站审批及管理办法、氢气储运管理规范等制度文件,探索氢能纳入区域能源体系试点方案以及多种能源协调发展的策略。发挥氢气资源、科技研发优势,把握氢能产业作为国家能源转型选择的重大机遇,支持对氢能领域长期、持续的研发与产业化投入,突破技术瓶颈,占据生产与应用技术制高点,优化产业路径,完善产业链条和配套设施,把青岛建设成氢能创新发展试验区、燃料电池汽车产业聚集区和氢能技术创新核心区,可持续发展氢能经济。

进一步健全安全生产管理体系,形成氢能产业安全发展长效机制,建立覆盖氢气全生命周期的"5S"安全管理体系,从氢气的生产、储存、运输、加注、使用等环节控制风险。加强风险分析管控和安全技术保障,明确应急责任主体,落实应急保障措施等。对涉氢场所和设施开展定期安全巡检,及时发现和消除安全隐患;建立安全维护作业记录数据库,为氢能安全技术研究提供数据支持。

### (二)以氢能汽车产业集群为引领,逐步完善氢能产业链

新能源汽车产业集群是青岛市布局氢能产业链的优势,应以青岛(即墨)汽车产业新城、莱西新能源汽车产业基地、西海岸汽车及零部件产业集聚区、城阳特种汽车及零部件产业集聚区、青岛国际院士港智能新能源汽车技术研发集聚区五大汽车园区为依托,实施"燃料电池汽车领头羊"行动计划,重点突破燃料电池汽车整车开发、燃料电池动力系统集成、燃料电池电堆等核心技术,以燃料电池汽车产业为领头羊,逐步打造比较完善的氢能产业全产业链。

在氢能汽车推广应用方面,以公共服务领域为重点,包括燃料电池公交车、环卫车、堆场叉车、载货车等,在政府班车中和沿海一线设立燃料电池汽车公交专线,在市南区、崂山区试点推行燃料电池环卫车,对港口、存储、物流企业使用燃料电池叉车、燃料电池载货车实施补贴,在青岛港开展燃料电池港口机械、物流运输和燃料电池船舶示范应用,打造中国"氢港"。支持中车四方公司加快发展燃料电池轨道交通装备制造,将其打造成为青岛氢能产业发展名片之一,选择部分新建轨道交通项目试点燃料电池列车运行。

在氢气制取方面,利用现有的工业副产氢资源,支持重点企业实施

氢气回收提纯技术改造,实行统筹调配,把董家口和平度新河两大化工产业园区培育成为"一南一北"制氢基地。同时,逐步向高效率、低成本、低碳化的绿色氢能供给体系方向发展,布局可再生能源制氢项目,利用沿海区域的风力发电项目制氢,进一步提高可再生能源消纳能力和能源系统的整体运行效率。提升能源体系的智能化水平,促进氢能与风能、太阳能、生物质能、地热能、海洋能等可再生能源的协调发展。

### (三)科学规划布局基础设施建设,逐步完善氢气运输保障体系

科学规划加氢站布局,率先在西海岸新区、即墨区、莱西市试点建设加氢站,以技术相对成熟的高压储氢加氢站为主,探索建设油/氢、气/氢、氢/电等多种形式的合建站。在董家口化工园区和平度新河化工园区内部进行管道运氢示范,探索经济效益高的长距离氢运输模式,加强与省内其他城市的氢能资源交易。聚焦于提高储氢密度和安全性,积极推进新型储氢技术的研究,布局未来储氢装备市场,探索规模化、低成本、高效和安全的新型储氢技术。引入物联网、5G、大数据等新兴技术,建设智慧、可靠、高效的氢能基础设施体系。

参考安全、成本、效率等多重要素,优化氢气运输路径,构建高效率、低成本、安全性的运输分配网络。加大物联网、大数据等新兴技术在氢能运输领域的应用,建设氢能运输调度平台,实现氢能运输全流程的自动化采集和实时信息共享,实时监控氢气的温度、压力等状态,给予氢运输中相应的路权,保障氢气的安全高效运输。依据全球氢能产业发展进程和青岛特色,逐步发展高压氢气、液化氢气、管道输送、船运等不同运输方式。形成氢能制—储—运—用相关产业集群,推动氢能产业园、氢能小镇、氢能港口、氢能社区等多种氢能建设发展模式,以示范带动产业全面发展,将青岛打造成国际知名的氢能城市。

(作者单位:青岛市社会科学院)

# 新冠肺炎疫情视角下青岛赋能工业化问题研究

于忠珍

全球新冠疫情对世界经济产生了深刻影响,发达国家加快了产业回流和再工业化步伐。我国以此为契机,赋能工业化,加快工业和制造业转型发展,对于实现经济稳定增长、推动经济的高质量发展具有重要的意义。工业是青岛经济增长的主要支撑,是提升城市经济竞争力的关键和提高经济发展质量效益效益的必然要求。统筹兼顾强化青岛工业制造业实体经济的地位和作用,要处理好当前和长远、工业和服务业、新动能和旧动能发展的关系。

## 一、去工业化与赋能工业化辨析

近年来,第三产业持续增长,成为拉动经济增长的主要动力。2015年,我国第三产业增加值占 GDP 比重为 50.5%,首次突破 50%。2018年,第三产业增加值比重为 52.2%,对经济增长贡献率达到 60.8%,拉动经济增长 4.1 个百分点。第二产业增加值比重为 40.7%,对经济增长贡献率为 35.5%,拉动经济增长 2.4 百分点。对第二产业工业在GDP 中的比重下降,担忧者有之;对第三产业服务业在 GDP 中的比重提高,欣慰者有之,盲目乐观者有之。担忧者普遍认为,工业是立国之本,是一个国家综合国力最强有力的支撑,是世界大国、强国的关键性指标。没有强大工业的国家可以是富国,但永远不会成为强国,更不可能成为超级大国。而"挺"服务业的欣慰者认为,服务业是经济发展到一定阶段的必然产物,也是一个国家、一个城市综合实力中不可或缺的重要组成部分。盲目乐观者以产业结构升级规律的国际经验为依据,理所当然地认为,工业甚至实体经济都将逐步退出历史舞台,服务业、虚拟经济将一统天下,似乎去工业化是大势所趋,是经济走势的指路牌。现实是最好的教材,上海曾是全球重要的笔记本电脑代工基地,2008 年前后,随着用地、人力等生产要素成本的上升,笔记本电脑的制造环节大举西迁,相关的金融、物流、研发等生产性服务业也随之迁走流失,由此导致每年流失数千亿元产值,让上海一度面临转型"阵痛期"。为了扭转局面,2018年,上海发布《全力打响"上海制造"品牌加快迈向全球卓越制造基地三年行动计划》,提出牢固树立"上海制造"再出发的战略思维,要打造代表国内制造业最高水平的产业基地,把先进制造业用地作为上海高质量产业发展的底线空间,来加以保护和高效利用。深圳这个有着"中国硅谷"之称的新兴城市,制造业扮演着举足轻重的作用。科技创新中心离不开强大的制造业,否则会导致"创新空心化"。基于这样的认知,深圳多年来高度重视工业发展,坚定不移发展工业特别是战略性新兴产业。2018年工业增加值首次突破9000亿元,成为"中国制造业第一市",工业增速连续两年超过GDP增速和第三产业增速,对GDP增长贡献率超过40%。

在经济发展大盘中,到底是工业多一点好,还是服务业多一点好?需要从多方面综合考虑。首先,从世界产业结构优化升级的规律看,随着经济发展,农业的比重不断减少,工业的比重不断上升,工业发展充分成熟以后开始下降,服务业比重不断上升。产业结构由农业向工业向服务业演进是经济发展的必然趋势。所以,长远看发展服务业很重要,但要避免犯经验主义的错误。因为,在演进过程中产业之间始终是有机融合、互动发展,农业是工业发展的基础,工业是服务业发展的基础。工业的高度,决定服务业的高度,工业的水平,决定服务业的水平。也就是说,服务业的发展是建立在工业等其他产业充分发展、不断转型升级的基础之上,是齐头并进,不是此消彼长,更不是你死我活的关系。因此,服务业的发展是经济转型升级的结果,而不是目标。就目前中国来说,总体上处于工业化的中后期阶段,在工业没有发展充分成熟的情况下,不能为了提高服务业在国民经济中的比重,过早出现去工业化的现象,使服务业比重"被动式"上升,从而产生早熟型工业化问题,导致产业空心化,技术进步缓慢,制约现代服务业发展乃至经济发展的质量和效益提高,去工业化倾向对于发展中国家和地区的经济发展来说为时尚早。

## 二、青岛高度重视工业发展的重要性

### (一)金融危机和新冠肺炎疫情视角下,发达国家再工业化的启示

2008年全球金融危机爆发后,以美国为首的西方发达国家针对长期去工业化带来的产业空心化、失业率居高不下等问题,重新审视工业的地位和作用,纷纷提出了再工业化战略,致力于重振制造业。2020

年全球新冠肺炎疫情暴发后,以美国为首的西方国家加快了产业回流和再工业化的进程,短期是为了应对经济困难,中长期是为了确保在全球科技、制造业的领导地位和竞争能力。如美国的再工业化承载着重建美国、让美国再次强大的历史重任。在疫情背景下,再工业化战略又是建立整合完善国内产业链、减少对外部依赖的重要举措,也因此对我国产生了不利的影响。以此为鉴,针对我国工业化进程中不少地区出现的去工业化倾向,导致经济实力和地区竞争力下降的现实问题,以疫情暴发为契机,重新审视工业的地位和作用,赋能工业化,充分发挥工业在经济发展中的引擎作用。当前,高度重视工业发展既是应对困难挑战的举措,又是提升经济竞争力、促进高质量发展的关键。

**(二)青岛工业地位和作用的再思考**

**1. 工业制造业是青岛经济发展的主要支撑**

青岛是我国最早开启工业化进程的城市之一,工业之都,一个制造业闻名的城市,伴随着工业制造业发展战略的实施和相关产业的发展,青岛城市的综合经济实力和产业竞争力、知名度不断提升。1949～1978 年,大力发展轻纺工业,青岛获得了"上青天"和"中国轻纺城"的美誉。1979～1999 年,大力发展家电电子产业,青岛成功实现了产业转型升级,通过实施名牌战略,培养出海尔、海信、青啤、澳柯玛、双星享誉海内外的"五朵金花",成为青岛靓丽的名片。世纪之交,青岛的经济总量成功进入全国的第 10 名。2000～2010 年,大力发展重化工业,青岛工业结构再次转型升级,形成了石化、汽车、造船、港口、机械、橡胶等六大产业集群,促进了经济总量的快速增长。2004 年市委九届四次全委(扩大)会议指出,我们必须抓住机遇,有所作为,树立更加高远的目标,通过几年的艰苦努力,使各项主要经济社会发展指标从"第二方阵"脱颖而出进入"第一方阵",成为"全国重点中心城市",同时跻身"世界知名特色城市"行列。2010 年,实现规模以上工业产值 11450 亿元,突破万亿元大关,成为全国第 9 个规模以上工业产值过万亿元的城市,2015 年突破 1.7 万亿元,仅次于深圳、广州,全国排第三位。但是遗憾的是,2012 年至今,产业结构升级步伐迟缓,传统产业居高不下,增长乏力,增速逐年趋缓。2015 年以后从历史上的两位数回落到一位数增长,2019 年工业增长仅 2.8%,对 GDP 的贡献降至 13.9%。2011 年、2013 年和 2019 年青岛的经济总量先后被武汉、南京和宁波、无锡赶超,而与郑州、长沙不相上下。由此可见,青岛市的工业发展与总量指标的走势基本一致。工业兴、城市兴;工业强、城市强。

**2. 工业是提升城市经济竞争力的关键**

当前,城市的竞争依然是工业实力的竞争。2018 年根据全国第四次经济普查资料修订青岛的三次产业结构为 3.5：36.9：59.6,2019 年根据山东省统一核算,青岛市三次产业结构为 3.5：35.6：60.9。随着服务业的快速发展,工业的比重连续两年低于 40％。与此同时,面临前所未有的地区经济竞争压力。综观近年来发展比较快或后来居上的城市,如 2019 年经济总量已经超过青岛的宁波和无锡,按照核算前 2018 年地方核算的口径比较,宁波第二产业占比 51.3％,增加值 5508 亿元。无锡第二产业占比 47.8％,增加值 5464.01 亿元。占比分别高于青岛 9.9 个和 7.4 个百分点;增加值分别多于青岛 658 亿和 796 亿元。如果按照青岛核后工业增加值 4022.33 亿元计算,二者第二产业增加值均比青岛高出 1000 多亿元。再如,经济总量稍逊于青岛但发展较快的郑州和长沙,2018 年长沙第二产业占比 42.4％,增加值 4660.19 亿元;郑州第二产业占比 44％,增加值 4450.7 亿元。这两个城市虽然工业增加值没有青岛多,但工业占比分别高于青岛 2 个和 3.6 个百分点。但如果按照青岛工业核后工业增加值算,郑州比青岛多出 420 多亿元。在北方郑州成为青岛的强有力竞争对手,在南方长沙又成为青岛新的竞争对手。青岛与对标城市深圳比较,核前深圳第二产业占比 41.1％,增加值 9961.95 亿元,第二产业占比也比青岛高近 1 个点,工业增加多出 5000 多亿元。相反,天津 2008 年到 2018 年的 10 年间,第二产业从 60.1％下降到 40.5％,下降了近 20 个百分点,与第二产业快速下降相伴的是经济实力的快速下滑和经济总量排名的不断后移。2018 年 GDP 核减了 4700 多亿元,名义增长超过－25％。所以,天津经济下滑是必然的趋势。

3. 工业是提升经济发展效益质量的必然要求

首先,工业是提高经济质量的迫切要求。服务业的比重和贡献度是提高经济发展质量的重要衡量指标,但相比数量,质量更为重要。青岛 2011 年服务业比重(47.8％)首次超过工业(47.6％),2013 年服务业比重 50.1％首次超过一半,2019 年超过 60％。根据有关方面的测算,青岛已经进入后工业化社会的前期阶段。但从实际情况看,青岛经济仍然内在地呈现工业化后期发展的诸多发展特点,即工业仍然是青岛经济发展的主要支撑。但是,以往若干年片面理解或误解加快构建以服务经济为主体的产业结构的战略内涵要求,没有处理好第二产业和第三产业的关系,把工作重点过多倾向于服务业、金融业等第三产业,忽视工业与服务业统筹兼顾、互促互进、融合发展的内在机理,不够重视工业制造业的发展,导致工业投资和产值双双增速下滑,新旧动能转换缓慢,现代服务业的发展滞后。制约了经济发展质量的提升,由此带来教训是深刻的。其次,工业是提升经济效率的内在要求。有关专家对我国第二产业和第三产业效率的实证研究分析认为,21 世纪以来,随着服务业的快速发展,当服务业占 GDP 的比重上升到 52%、工业的比重下降到 40%左右的时候,工业的劳动生产率开始超过服务业,高于服务业的 30%。在过去的 10 年里,我国的服务业从 45%左右提高到了 54%左右,增加了近 10 个百分点。未来中国的服务业还会继续上升,但是如果服务业劳动生产力不提高的话,占比每上升 1 个百分点,就会减少 0.3 个百分点的劳动生产率,增长速度下降就成为必然。原因就在于我们服务业的结构不合理,竞争性、市场化的服务业占比低,高附加值的现代服务业比重低,而在服务业开放水平较低的情况下,提高科技教育医疗等非竞争型、非市场化的服务业的劳动生产率面临较大挑战,对于青岛来说任务同样艰巨。基于上述分析,当前我国发展工业制造业更有利于提高经济发展的效率。

4. 青岛的区位禀赋决定了发展工业的重要性

世纪之初,山东有关规划定义青岛为山东半岛城市群的龙头。从当前实施的有关规划看,在山东着力推动建设青岛、济南双核驱动甚至青岛、济南、烟台三核驱动的区域经济发展格局中,从区域经济发展规律和实践来看是不科学和合理的。青岛作为山东半岛的龙头、区域经济增长极,其资源的聚散受到空间的制约,服务半径非常有限,很难取得规模经济效益,制约服务业特别是生产服务业的发展。从地理位置上,青岛地处沿海一隅,不具备交通经济枢纽的优势。与一线城市、国家中心城市、省会城市和大多区域中心城市相比,青岛服务业的发展主要依赖自身工业制造业发展的带动。

通过分析,可以看出,对于青岛来说,当前和今后一个时期,必须充分认识工业制造业发展重要性,大力发展工业和制造业实体经济,才能为服务业的发展创造良好的需求环境。

# 三、统筹兼顾强化青岛工业实体经济的地位和作用的对策

"统筹兼顾"既是特殊时期、特定情况下重要的思维方式、决策要求,也是科学的工作方法。当前,青岛统筹疫情防控和工业实体经济发展,要在处理好几个关系的同时进一步提振信心,明确努力方向,抓住关键领域、关键环节实现率先突破。

## (一)处理好几个关系

### 1. 处理好当前和长远的关系

推动青岛高质量发展率先走在前列,必须立足当前,谋划长远。当前和长远的关系就是抓复工复产和新动能培育的关系;就是恢复存量

和培育增量的关系；就是稳增长和推动高质量发展的关系。

从短期看，要确保产业链供应链稳定。园区、产业集群、产业链是产业发展的普遍组织形式，牵扯的企业众多、产业众多、行业较多，需要协同作业、全面达产。由于疫情对各行各业的影响不同，特别是国外疫情仍在蔓延，产业集群和产业链恢复比较困难。当前深入贯彻落实中央政治局会议精神，"要提高产业链供应链稳定性和竞争力，更加注重补短板和锻长板"，"加快形成以国内大循环为主体、国内国际双循环相互促进的新发展格局"。充分发挥青岛全球资源优化配置的平台作用，打通国内循环和国际循环的通道，通过产业建链、补链、强链，不断提升供给能力，推动供给和需求在更高层次、更高水平上实现动态均衡，促进经济增长和繁荣。从长远看，通过全面深化改革，逐步破解制约青岛经济发展的深层次矛盾和问题，在经济结构转型升级、新旧动能转换等领域取得新突破，为青岛实现率先高质量发展奠定良好基础。

2. 处理好工业和服务业发展的关系

随着社会经济发展水平的提高，产业结构由工业向服务业演进是经济发展的必然趋势，但在演进过程中产业之间始终是有机融合、互动发展，农业是工业发展的基础，工业是服务业发展的基础。工业的高度，决定服务业的高度，工业的水平，决定服务业的水平。以工业为核心的实体经济是现代服务业发展的基础，没有制造业的服务业容易陷入产业空心化；反过来，制造业的发展壮大依赖于相关服务业的发展。从全球经济发展经验看，工业服务化、服务产业化已成为基本趋势。如广州"十三五"提出要实现现代服务业和先进制造业双轮驱动，优质高效发展现代服务业，增强先进制造业核心优势，提出到2020年，先进制造业增加值占规模以上工业增加值比重提升到70%，现代服务业增加值占服务业增加值比重提升到70%。据此，青岛要根据自己的情况，着力推动工业和服务业融合发展，形成互促共荣的局面。特别是在疫情时期，工业和服务业恢复发展不同步的情况下，处理好二者的关系尤其重要。

3. 处理好新动能和旧动能的关系

新旧动能的关系就是劳动、资本密集和技术密集型产业的关系，存量和增量的关系。疫情期间，劳动密集型产业受到冲击大，而新技术、新产业、新业态、新模式受影响小甚至出现了迅猛发展。青岛虽然在吸引人才和发展新兴产业方面，比不上深圳等城市，但是要增强信心；在劳动、资本密集型产业发展方面，比不上郑州等一些中西部城市，但青岛在同类城市中，城市小、农村大，城乡二元结构特征比较突出，劳动资本密集型产业发展在稳就业、促进城镇化等方面仍然具有一定的空间。疫情时期，就可以调动周边区（市）的劳动力就近就业，助推企业的复工复产。因此，要统筹新旧动能发展的关系，准确定义适合青岛的产业发展清单。

**(二)着力解决的几个关键问题**

**1. 提高认识，切实重视工业制造业的地位和作用**

观念是先导，要引导全市各部门各地区提高对工业制造业发展重要性的认识，形成高度的共识和强大的工作推动力。充分利用工业制造业发展的原有优势，强化工业和制造业对对经济的支撑和带动作用，实行数量和质量、速度和效益并举，在继续做大规模的同时做强质量，提高对经济发展的贡献度。

**2. 优化投资结构，加大工业制造业实体经济投资力度**

明确投资方向和重点，以工业制造业为重点，加大实体经济投资力度。近年来，青岛市工业投资持续萎缩，投资结构中工业投资占比不高。根据青岛国民经济和社会发展统计公报数据，2019 年在"双招双引"攻势下，青岛投资强劲增长，全年增长 21.6％，创近 7 年来新高，但也存在隐忧。其中工业投资增长 20.2％，比 2018 年提升 12.8 个百分点。服务业投资增长 22.7％，提升 15.2 个百分点，对全市投资增速贡献率达 81.7％，仍是拉动投资增长的主力。与服务业投资相比，工业投资无论是增速、增幅还是贡献都过低。投资结构不合理的状况有待进一步改善，需要增加工业投资，进一步提高对投资拉动增长的贡献。

**3. 突出重点，增强重点区域园区产业企业的辐射带动作用**

从功能区看，"十二五"以来，西海岸新区、高新区、蓝谷、董家口、财富金融综合改革试验区、游轮母港、胶东机场临空经济区等新兴板块加快发展，逐渐成为新增长极。但与先进地区相比，仍存在较大差距。如多数功能区存在总量规模不大、产城融合度不高、社会事业发展滞后、体制机制不顺等问题，对全市经济的带动作用不高。从园区看，全市 50 个工业集聚区，存在数量多、重点不突出、质量效益低问题。一方面园区产业功能定位雷同，同质竞争问题突出，园区之间存在抢企业、抢项目，内耗严重，布局分散，园区特色优势不明显。另一方面在经济新常态下普遍存在园区引入项目门槛低，重数量轻质量，对产业和企业筛选力度不够，往往进驻一些低水平、低产出、规模小的产业企业，导致园区亩均效益低。从产业发展看，目前重点培育的工业 10 条千亿元级产业链存在一些突出问题：一是集中度不高、数量多，重点产业不够突出，主导产业链辐射带动作用不明显，还没形成像深圳 IT 产业那样形成具有核心竞争力的产业链和配套产业集群。二是产业配套水平低，目前除食品(本地配套率超过 90％)、服装(本地配套率超过 70％)等传统产业外，家电、汽车、船舶海工、轨道交通等先进制造业本地配套率均相对较低。从企业发展看,缺乏新兴产业大项目和龙头项目,新企业的成长性不高,龙头企业培育不足,仍然依靠海尔、海信、青啤等一批传统老企业。三是企业创新活力低。全市有近75%的规模以上工业企业没有研发活动,研发投入超过2.5%的只集中在少数几个大企业和高新企业。

针对上述问题,迫切需要突出重点、彰显特色、放大优势。围绕西海岸、胶州等重点功能区、园区和3～5家重点产业、相关的核心企业,综合运用财政、税收、土地等优势资源实行重点扶持,做大做强。

4. 抓住机遇,大力提升产业的数字化、智能化水平

疫情时期,促进制造业全面恢复达产是赋能工业化的逻辑地点,保产业供应链稳定是战略任务。在此基础上,发展新兴产业是主攻方向,赋能工业化实质是以高新技术为依托,发展高附加值的制造业,如先进制造技术、新能源、环保、信息等新兴产业,培育形成强大竞争力的新工业体系。创新是赋能工业化的核心,特别是推动创新与制造生产环节深度融合,强化创新,抢占新一轮工业革命的制高点。工业互联网是重要的战略支点。

在疫情防控中,网络、云、人工智能、5G等技术发挥了重要的作用。互联网和数据智能技术广泛运用于科学研究、病毒检测、信息服务、资源供应,甚至捐赠等等,极大地提高疫情防控的效率。数字经济催生了新的生活工作生态,面对疫情冲击,很多企业加快了产品创新、商业模式创新和组织创新。在疫情时期,线上教育、线上医疗、线上娱乐、线上办公、线上生鲜零售等都实现了跳跃式的发展。由此可见,科技创新既是抗疫的有力工具,也会成为新的经济增长点。可以预见,疫情过后,会引发中国新一轮的数字化、智能化高潮。这将对未来整个经济产生非常重要的影响和推动作用,所以必须抓住机遇、乘势而上。一是要加快5G的基础设施建设,进一步推动青岛经济数字化。推进数字化建设的基础设施、政策支持和企业数字化转型,推动企业推探索成熟的商业模式。进一步推动物联网产业的发展,推动消费数字化发展,为企业数字化创造良好的发展环境。二是提升产业智能化水平。人工智能已经在经济社会发展中产生了很大的作用,未来从工业机器人到物流机器人到医疗机器人等等发展空间很大。我国是世界上最大的制造业大国,但是中国制造业的机器人比例很低。所以,机器人的发展潜力预期巨大,未来将成为最重要的新型产业。为此,在"双招双引"中,要加强与百度、大疆、商汤、旷视、科大讯飞、字节跳动、阿里和腾讯等企业合作,紧跟技术发展的前沿,提升工业制造业智能化水平。

(作者单位:中共青岛市委党校)

# 金融危机与新冠肺炎疫情对青岛经济发展影响的比较研究

刘俐娜

目前,新冠疫情在国内已基本得到控制,但在境外一些国家和地区加速蔓延。从新冠疫情表现的危害性看,疫情的全球蔓延以至进一步恶化将造成严重的经济冲击和社会影响。如此景象,与 2008 年爆发的全球金融危机有很多相似之处,但也有许多不同点。因此,对 2008 年金融危机进行历史性回顾,对这两次经济剧烈波动进行分析比较,有助于我们吸取之前的经验教训,更清晰地判断未来经济的走势,做到精准施策、靶向发力,使青岛经济化危为机,稳步发展。

## 一、2008 年全球金融危机与新冠疫情起因分析

### (一)金融危机的起因与发展过程

2007～2009 年的国际金融危机,又称次贷危机、信用危机,它是一场发生在美国,因次级抵押贷款机构破产、投资基金被迫关闭、股市剧烈震荡引起的金融风暴。次级抵押贷款是指一些贷款机构向信用程度较差和收入不高的借款人提供的贷款。在 2006 年之前的 5 年里,由于美国住房市场持续繁荣,加上美国利率水平较低,美国的次级抵押贷款市场发展迅速,甚至一些在通常情况下被认为不具备偿还能力的借款人也获得了购房贷款。从 2006 年开始随着美国住房市场的降温尤其是短期利率的提高,次级抵押贷款的还款利率也大幅上升,购房者的还贷负担大为加重。同时,住房市场的持续降温也使购房者出售住房或者通过抵押住房再融资变得困难。这种局面直接导致大批次级抵押贷款的借款人不能按期偿还贷款,进而引发次贷危机。2007 年次贷危机显现,投资者开始对按揭证券的价值失去信心,引发流动性危机和信用危机。直到 2008 年 9 月,雷曼兄弟的破产彻底引爆了市场的恐慌情绪,成为金融危机全面爆发的标志。金融危机开始失控,席卷美国、欧

盟和日本等世界主要金融市场。

金融危机爆发后各国政府通过货币和财政政策干预,以应对经济低迷。世界各国努力寻求国际合作,2009年4月和9月,20国集团领导人先后在伦敦和匹兹堡举行金融峰会,就促进世界经济复苏、改革国际金融机构和改善国际金融市场监管等一系列问题达成共识。经过各方共同努力,国际金融市场趋于稳定,西方主要经济体经济逐渐复苏。

针对国际金融危机所带来的不利影响,中国应对危机采取了一系列对策。一是积极的财政政策。2008年11月5日召开的国务院常务会议公布了总额高达4万亿元的经济刺激计划,同时确定了进一步扩大内需、促进经济增长的十项具体措施。二是适度宽松的货币政策。大频度降息和增加银行体系流动性。共释放流动性约8000亿元,使商业银行可用资金大幅增加。同时加大了对中小企业的信贷支持力度,增加信贷投放,进一步拓宽中小企业的融资渠道。

### (二)新冠肺炎疫情的特点

2020年初突然爆发的新冠肺炎疫情导致全国实行了封闭城市与社区、暂停行政区域间的公共交通服务,湖北省武汉市更是新冠肺炎疫情的重灾区,暂停了一切公共交通与经济活动。在中国经济面临经济增速下滑以及外部贸易环境不断恶化的大背景下,本次新冠肺炎疫情的突然爆发,进一步加重了中国经济下行的压力与担忧。而且本次新冠肺炎传染性强、波及范围广、持续时间长,对中国经济的影响更加深刻。多项统计数据显示,新冠肺炎疫情对中国经济的短期冲击效果已经显现。而此次疫情的突然爆发,出于抗疫需要而禁止人员流动与外出活动,导致中国很多经济活动被突然中止或延后,如春节消费活动受到极大冲击,春节后企业无法正常开工生产,投资与进出口也受到较大影响,其对中国经济的短期冲击效应非常明显。

### (三)两次危机的异同

2008年次贷危机爆发的主要原因是由于经济泡沫破灭而导致的市场流动性大失血,虚拟经济的资金链断裂是最主要的表现,因此,在应对政策措施上,主要是向市场注入巨量流动性(像美国的"量化宽松"货币政策)以解决"钱"的问题,从而实现经济与金融稳定。而新冠疫情则从冲击实体经济开始,特别是旅游、航空运输、零售等服务业以及高端制造业(汽车、电子产品等),进而触发金融市场动荡。实体经济供应链断裂是新冠危机的最主要表现,因此,在应对措施上,主要是加强医疗救助和疫情防控以解决"人"的问题。

# 二、2008 年全球金融危机与新冠肺炎疫情对经济影响的比较

## (一)对世界经济的影响

### 1. 金融危机对世界经济影响

2008 年 9 月美国次贷危机演变成金融危机全面爆发,危机的破坏力在传导与叠加中不断升级,且迅速席卷欧盟和日本等主要金融市场,随后向实体经济渗透,向全球蔓延,给各国经济带来严重影响。危机爆发后,世界各国纷纷采取"救市"措施予以应对,2009 年各国金融救援计划和经济刺激措施初步产生作用,全球经济开始缓慢复苏。

一是世界经济增长明显放缓,部分主要发达国家或地区经济陷入衰退。危机发生的 2008 年,美国第三季度经济下降 0.3%,是之前 7 年来最大降幅,当年第四季度,日本国内生产总值比第三季度大幅下降 3.3%,英国下降了 1.5%,是自 1980 年英国经济最大的季度跌幅。

二是主要金融市场急剧恶化,全球股市遭遇重创。美国多家银行倒闭,道琼斯指数狂泻 500 点,日本东京股市日经 225 种股票平均价格指数下跌 47.6%。

三是世界贸易环境恶化,由于美欧内需减少,导致全球商品贸易量下降,对新兴市场国家出口和经济增长造成沉重打击。

四是多数国家就业形势严峻,失业人数不断攀升。2008 年 11 月,美国失业率上升至 6.8%,欧元区的失业率为 8.0%。

**2007～2012 年部分国家 GDP 增长率**

| 国家 | 2007 年 | 2008 年 | 2009 年 | 2010 年 | 2011 年 | 2012 年 |
|------|---------|---------|---------|---------|---------|---------|
| 美国 | 1.79 | −0.29 | −2.8 | 2.51 | 1.85 | 2.78 |
| 日本 | 2.19 | −1.04 | −5.53 | 4.65 | −0.57 | 1.96 |
| 英国 | 3.43 | −0.77 | −5.17 | 1.66 | 1.12 | 0.25 |
| 德国 | 3.27 | 1.08 | −5.15 | 4.01 | 3.33 | 0.69 |
| 法国 | 2.29 | −0.08 | −3.15 | 1.72 | 2.03 | 0.01 |
| 中国 | 14.16 | 9.63 | 9.21 | 10.45 | 9.30 | 7.65 |

### 2. 新冠肺炎疫情对世界经济影响

新冠疫情的全球性蔓延对国际贸易和全球金融市场造成巨大负面冲击,引发全球市场动荡。世界经济增长预期持续下调。数据显示,世

界第一大经济体美国第一季度 GDP 环比增速萎缩至－4.8％,创 2008年以来最大跌幅。在全球已公布第二季度 GDP 数据的主要经济体中,多国经济衰退程度甚于 2008 年金融危机。其中,13 国 GDP 实际同比降幅超 10％;印度、西班牙、英国更是萎缩超 20％。美国第二季度GDP 同比下滑 9.1％,折合年率下降 32.9％,创 1947 年以来新低。国际金融市场"黑天鹅"事件频发。3 月份美股大幅下跌 10 天内先后 4次熔断,4 月 20 日国际原油期货结算价历史上首次跌至负值,各国债务水平飙升,人员、资本和商品的自由流动体系陷入停滞,金融风险与实体经济低迷叠加共振。

当前,多个国际组织已纷纷下调 2020 年经济发展预期:国际货币基金组织(IMF)于 4 月份预测疫情将导致 2020 年全球经济预期急剧收缩 3％,其严峻程度远高于 2008～2009 年金融危机;若疫情在下半年消退,则 2021 年全球经济预期可恢复至 5.8％的增长。6 月 24 日IMF 更新发布《世界经济展望》,对 2020 年全球经济增长率预估从 4月份的－3％下调至－4.9％,下调 2021 年全球增长率预估至 5.4％。经济合作与发展组织(OECD)发布中期经济评估报告,预测了两种情形下全球经济的表现,乐观情形下 2020 年全球增长将为 2.4％左右,而如果肺炎疫情持续扩散,2020 年全球经济增长率将下降至 1.5％左右。世界银行发布的 2020 年第 6 期《全球经济展望》预测全球 GDP 将在2020 年缩水 5.2％,新冠疫情或将使全球经济陷入"二战"以来最严重的衰退。

### (二)对中国经济的影响

#### 1. 金融危机对中国经济影响

因为经济的全球化,中国经济与世界联系日益密切,中美依存度比较高,金融危机对我国外贸的影响较大。有关分析表明,如果美国经济增长率下降 1 个百分点,将影响我国出口增幅回落近 6 个百分点。欧盟和美国是我国前两大出口市场,它们的经济低迷直接影响了我国出口。2008 年前三季度货物和服务的净出口对经济增长的贡献率比2007 年同期下降 8.9 个百分点,对经济增长的拉动同比下降 1.2 个百分点。也就是说,2008 年前三季度中国经济增速回落的 2.3 个百分点中,有 1.2 个百分点来自出口减速,出口作为拉动经济增长的"三驾马车"之一,其作用开始减弱。受金融危机影响,国内流动性不足,股市缩水 60％,市值蒸发 20 万亿人民币。实体经济也开始大规模受损,房产市场冷淡,中小企业艰难度日,大型企业融资困难,消费市场缩减,继而冲击其他与以上有关的行业。中国经济增长速度明显放缓,GDP 增速从 2007 年的 14.2％回落到 2008 年的 9.6％、2009 年的 9.2％。

2. 新冠肺炎疫情对中国经济影响

突如其来的新冠肺炎疫情对中国经济运行造成了较大的影响。14亿中国人集体宅家抗"疫"2个月,需求和生产骤降,投资、消费、出口均受明显冲击,短期失业上升和物价上涨。工人返城、工厂复工延迟,企业停工减产,制造业、房地产、基建投资短期基本停滞。数据显示,中国第一季度 GDP 同比下降 6.8%,为有数据记录以来的首度负增长。3月份随着国内疫情的逐步好转,各地科学统筹疫情常态化防控和经济社会发展,复工复产复商复市稳步推进,生产需求不断改善,积极变化累积增多,国民经济逐步恢复。但是国外疫情的蔓延仍在继续,影响也在不断扩大。全球生产体系出现停摆,生产要素流动受阻,产业链和供应链被迫断裂,经济活动放缓,因此对中国经济的影响仍有较大不确定性。

(三)对青岛经济的影响

1. 金融危机对青岛经济影响

青岛作为外向型产业特征突出,外贸依存度较高的东部沿海地区,受金融危机影响,2008~2009 年经济增速持续回落,外贸进出口增速下滑,房地产市场低迷,旅游人数减少、收入下降,就业形势严峻,失业率上升。

(1)金融危机影响青岛经济下行。2003~2007 年青岛经济一直保持 15% 以上的增长速度,受金融危机影响从 2008 年开始逐步走低,四个季度 GDP 增速分别为 15.9%、15.5%、14.5%、13.2%。2009 年初金融危机影响凸显,经济增速跌入谷底,第一季度 GDP 增长 7.2%,比2008 年同期回落 8.7 个百分点。在国家一系列宏观调控政策的持续作用下,2009 年上半年经济开始逐渐回升,全年 GDP 增长 12.2%、2010年增长 12.9%,但仍未恢复到金融危机之前的发展水平。

(2)金融危机对外贸进出口形成较大冲击。2007~2008 年,青岛对外贸易增长较快,外贸进出口总额同比增长 16.9% 和 17.3%,出口额分别增长 20.6%、15.2%,进口额分别增长 11.3%、20.7%。而随着金融危机向实体经济蔓延,对青岛外贸业的冲击开始显现并逐步深化,2009 年第一季度青岛进口额与出口额双双出现负增长,全年进、出口额分别下降 16.5% 和 16.3%,一直持续到 2010 年第一季度增速才由负转正。

(3)金融危机对房地产业带来小幅冲击。2007 年、2008 年和 2009年,青岛房地产开发投资同比分别增长 20.1%、15.8% 和 23.1%;房屋竣工面积 2007 年同比下降 2.0%,2008 年、2009 年同比分别增长 4.8%和21.1%;商品房销售面积 2007 年、2008 年同比分别下降 1.8% 和

7.7%,2009 年同比增长 64.1%。总体来说,金融危机对房地产业冲击不大,虽然 2007 年房地产房屋竣工面积、销售面积双双下降,但是到 2008 年末,积极的货币政策刺激了低迷的楼市,使青岛房地产业很快进入恢复期。

(4)金融危机对入境游影响显著。2007 年、2008 年和 2009 年,青岛旅游总收入分别为 400.3 亿元、420.3 亿元和 489.1 亿元,同比增长 23.1%、5.0%和 16.4%。其中,国内旅游收入分别为 350.0 亿、385.5 亿和 451.4 亿元,同比增长 24.2%、10.1%和 17.1%;国际旅游收入分别为 6.8 亿、5.0 亿和 5.5 亿美元,2007 年和 2009 年同比分别增长 24.4%和 10.3%,2008 年下降 25.9%。由此可见,金融危机对青岛旅游业尤其是入境旅游的影响非常显著。

2. 新冠肺炎疫情对青岛经济影响

(1)对宏观经济影响。受新冠肺炎疫情冲击影响,青岛经济开局遭遇"倒春寒",主要指标增速明显回落。2020 年第一季度生产总值同比下降 7.1%。随着各行业复工复产、生产生活秩序加快恢复,第二季度多项数据降幅收窄,一些行业还实现了正增长,回暖态势不断增加。投资 3 月份率先转正;工业生产逐步回升,5 月份规模以上工业增加值增速由负转正,6 月份继续提升;货物进出口增速逐月回升;消费指标进入筑底恢复状态,整个经济社会发展形势逐步由稳向好。

(2)对投资影响。作为经济工作的关键抓手,投资从 2020 年 3 月份开始逐步摆脱疫情影响,增速由前 2 个月的下降 15.1%转为增长 2.7%,增长势头向好。上半年固定资产投资增速 4.0%,高于全国、全省增速。但是,新开工项目支撑和投资力度不足,全市在建项目中的结转项目数占到 67.8%,新开工项目仅为 1553 个,其中近一半为计划投资为 5000 万元以下小项目,对全市投资的贡献有限。工业企业景气调查显示,2020 年第三季度季度固定资产投资计划同比增加的企业占 8.8%,同比减少的占 20.7%。

(3)对消费影响。受疫情直接冲击,居民消费活动总体上受到较大抑制,线下消费明显减少,但生活必需品和网上消费增长较快。2020 年第一季度青岛社会消费品零售总额下降 14.3%。随着国内疫情逐步好转以及"百日万店消费季"等系列促消费政策带动,内贸市场逐步回暖,5 月份,批发零售业加快恢复,增速转正。上半年社会消费品零售总额降幅大幅收窄。但是受疫情外部输入压力等因素影响,市民开展聚集性消费信心尚未完全恢复,住宿、餐饮业仍在低位。上半年,限额以上住宿业和餐饮业分别下降 43.3%、19.8%,降幅比第一季度收窄 2.8 个和 10.3 个百分点。随着疫情风险等级降低,旅游会展商贸活动有序恢复,住宿餐饮行业将会逐步走出低迷态势,但疫情造成的既有损失难以弥补。

（4）对外贸进出口影响。受 2020 年春节假期较 2019 年有所提前影响，2020 年 1 月份青岛市进出口总额、出口额和进口额分别为下降 3.7％、增长 2.9％和下降 12.4％。2 月份受疫情暴发影响，进出口影响较为明显，特别是节后企业复工复产延后对出口的冲击较大，2 月当月青岛市出口值下降 39.4％。进口则表现出较强的韧性，受生产企业提前备货、民生消费品需求旺盛，以及大宗商品物流集散优势发挥共同拉动，2 月当月青岛市进口值增长 14.6％。3 月份以后国内疫情得到有效控制，企业复工复产加快，前期因延期复工积压的出口订单陆续交付，出口实现较快恢复性增长；消费品、工业品需求稳中有增，提振进口。第二季度以来，原油等主要大宗商品国际价格下跌，导致进口额连续大幅下滑，叠加疫情在全球范围内相继暴发，出口冲高回落。6 月份货物进出口额下降 1.3％，比 5 月份回落 3.6 个百分点。当前全球新冠疫情还在加快蔓延，国际市场的需求萎缩必然会对外贸进出口造成冲击，外贸发展面临的困难不容低估。

# 三、对策建议

## （一）推动行政性复工复产向市场型深度复苏顺利转换

在快速落实一揽子规模化政策和有效需求提升战略的同时，调整宏观经济政策的着力点，快速提升有效需求应当成为当前宏观经济政策的核心焦点，疫情救助应当向全面刺激有效需求进行转变，供给侧扶持政策应当向需求侧刺激政策转变。一是将政策的核心从经济主体简单的行政救助和保生存阶段转向全面提高企业市场订单和需求的阶段。在补贴中小微企业的同时，应当加大投资需求和消费需求的扩张，供给端补贴政策、扶持政策、刺激政策须让位于需求端刺激，通过促进供需平衡来恢复市场的循环。二是须从行政性复工复产转向市场自发型复工复产，在自发性复工复产阶段如果没有快速的有效需求扩展，很可能面临需求缺口进一步放大、就业难题全面显化等问题，因此供给扶持必须全面转向需求扩张，使需求扩展速度大大快于供给恢复的幅度，以快速缩小供需缺口，防止出现第二轮停工停产。三是对于生产者的资金救助应当转向订单扶持和政府采购，对于生产者扶持应当转向消费者补贴，小微企业主体资金救助很重要，但必须提防过度资金投放和过度授信。

## (二)加大政策支持力度,激发市场主体活力

在 2020 年的特殊时期,要聚焦企业运营发展,主动摸排了解重点行业、重点企业经营状况,及时发现各行业运行中存在的共性问题,了解企业运营中存在的困难。据景气指数调查和企业家满意指数调查显示,当前企业在资金、产品需求和订单等方面存在较大困难。要有效整合资源,及时帮助企业打通贸易链、供应链、价值链、资金链、人才链等难点、痛点和堵点,确保企业渡过难关。据了解,大多受疫情影响严重的困难企业只能支撑几个月,在企业关停风险较高的时期,需高度重视并持续关注注销企业数量变动情况,落实阶段性税费减免政策,酌情提高补贴力度、延长费用减免期限,保障市场主体存量。同时,加大创新驱动力度,着力培育科技企业,大力发展产业关联度大、效益高、成长性好的高端产业;充分利用风投创投基金,为创新型企业注入资金、管理经验和渠道及资源,帮助中小微企业快速成长和发展壮大。

## (三)畅通供应链做强产业链,提升经济整体竞争力

加强上下游协同,畅通产业链"堵点",以大带小、上下联动、内外协同,聚焦重点产业链带动上下游协调发展。例如,关注生产性服务业发展,畅通制造业上下游链条,促进制造业良性运转,进而带动生产性服务业发展;促进教育、卫生等生活性服务业加快复苏,带动批零、住餐及服务业相关行业发展,同时为制造业带来订单需求,从而使产业发展形成良性循环。做强产业链,引导支持企业选择最适合的产业发展方式,全球化配置产品、原材料、设备、技术、资本、人才等资源和要素,提高产业链生态的打造培育重视程度。将项目引进外延至平台模式,瞄准行业龙头企业,围绕一个产业的主导产品,配套相关原材料、辅料、零部件和包装件等产品,形成供需上下游的产业集群效应。

## (四)以高水平开放助推双循环,激发消费增长活力

受疫情和国际形势变化影响,国内、国际消费和产业链受到抑制和冲击。为更好地发挥消费的基础性作用,需进一步扩大内需,稳定外需,融入国内大循环为主体、国内国际双循环相互促进的新发展格局,不断激发和释放消费活力。一是提升供给侧质量,催生消费增长活力。以供给侧结构性改革为主线,协调好投资与生产领域的关系。从消费的供给端发力,壮大智能家电、生物医药等新兴产业,以创新创造引导消费,提升产业供给能力。二是提升网络消费比重,形成消费虹吸效应。大力发展"互联网+消费"新零售,培育销售体量万亿元级电商领军企业和一批配套服务企业;加强与京东等知名电商平台合作,做大海

尔、海信、青啤、双星等大企业电商平台,做强海尔卡奥斯平台商贸板块,扶持高一品、柠檬豆、乐舱网等本土新兴电商平台,发展壮大农村电商,促进消费需求提质升级。三是提升域外消费比重,建设国际消费中心城市。青岛市域外消费比重偏低,需引流域外消费,加快推进国际时尚城建设,举办形式多样的体育赛事、文旅活动,发挥时尚文化引领作用,吸引全球年轻人来青体验、生活、创业,为未来扩大对外开放和高质量发展提供消费基础保障。

### (五)加大"双招双引"和有效投资,增强经济发展后劲

一是抓好新项目招引和开工促进。把投资投向重点放在产业投资上,着力引进落地具有长远产出效益的产业项目,减少对房地产投资的依赖性;全市 47 个市级领导同志顶格推进的重大项目、431 个"百日攻坚"项目和省市重点项目建设,力促这些项目赶在第三季度前全面开工纳统。二是抓好投资结构优化升级。把工业投资摆在首位,重点引进、落地一批单体规模大、科技含量高、产业关联度强的工业项目;继续以智能制造、轨道交通、新能源汽车、大数据、生物医药等行业为定向精准投资重点,加快重点领域投资建设;加大基础设施、健康养老等公共服务设施投资力度,积极引导存量企业加快升级换代步伐,增加技术改造投入。三是抓好投资效益改善提升以投资项目转化率、经济效益、民生就业等产出质量为目标导向,重点引进、落地单体规模大、产业关联度高、成长潜力好的项目,提高"双招双引"质量;在投资主体上,以投融资体制改革为契机,鼓励"三创"行动,放宽市场准入,实现 PPP 模式突破发展,不断提振和激发民间投资信心和活力,增强经济发展新动能,实现投资规模与效益双促进。

(作者单位:青岛市统计局)

# 上合示范区建设中创新税收管理和纳税服务研究

张梦谦　谭　伟　刘建明

　　2019年7月24日,习近平总书记主持召开中央深改委第九次会议,审议通过上合示范区建设总体方案,明确指出在青岛建设上合示范区,旨在打造"一带一路"国际合作新平台,拓展国际物流、现代贸易、双向投资合作、商旅文化交流等文化合作,更好发挥青岛在"一带一路"新亚欧大陆桥经济走廊建设和海上合作中的作用,加强我国同上合组织国家互联互通,着力推动东西双向互促、陆海联动的开放格局。青岛市委、市政府根据中央的统一部署稳步开展上合示范区的建设工作。在上合示范区建设中,应创新税收管理和纳税服务,打造税收营商环境示范区。

## 一、上合示范区建设的现状及突破点

　　目前,青岛正按照《中国—上合组织地方经贸合作示范区发展规划》,以胶州国家级经济技术开发区境内物流贸易先导区为依托,立足青岛口岸多式联运优势,发挥先行先试优势,在物流先导、产能合作、跨境贸易与投资、境内外园区衔接互动等方面积极作为,加快建设"西联中亚欧洲、东接日韩亚太、南通东盟南亚、北达蒙俄大陆"的国际多式联运贸易枢纽,持续拓展与上合组织国家各城市间的地方经贸合作空间,早日形成可复制、可推广的上合组织地方经贸合作经验,为国家对外开放伟大事业贡献青岛力量。

　　目前,上合示范区胶州核心区抢抓战略机遇,在国际多式联运综合枢纽建设方面率先突破,突出物流先导作用,持续完善物流产业链条并聚焦跨境电商、高端制造业等新兴业态、新兴产业,签约了一批项目。2019年3月12日,上合示范区总投资约131亿元的10个项目,在核心区内8.25平方千米的境内先导区集中开工,其中包括高端装备制造、人工智能、生物医药等行业的外资项目6个,总投资约15.3亿美元。

上合示范区建设的中远期目标是努力把示范区建成与上合组织国家相关地方间双向投资贸易制度创新的试验区、企业创业兴业的聚集区、"一带一路"地方经贸合作的先行区，打造新时代对外开放新高地。当前青岛上合示范区需要突出做好以下工作：

一是突出物流先导作用，立足青岛成为国际物流中心，建立现代贸易中心。青岛要建成一个全方位的产业链，必须统筹海港、陆港、空港、铁路联运功能，按照"物流先导、贸易拓展、产能合作、跨境发展、双园互动"模式运作。首先，建成远东北方地区世界级的枢纽机场。目前，胶东 4F 国际级机场即将投入使用，但国际航线有限，应从增加人流、物流和国际航线上做文章，尽可能快速达到国际物流中心的要求。其次，建成东北、华北地区最大的集装箱铁路枢纽。铁路不再是运煤、铁、干散货这些货物，主要运输的是集装箱。目前仅有两条高铁线路和一个高铁机场枢纽机场。最后，建成与上合示范区功能匹配的自由港。港口的定位应该与周边的横滨港、高雄港、釜山港有较强的竞争力。综上所述，航空运输、铁路枢纽、货运运输连起三大行业，促进示范区与青岛港、青岛胶东国际机场、中铁联集青岛中心站有效衔接，才得以构成上合示范区产业发展的起爆点。

二是发挥保税区优势，围绕国际贸易，重点建设好保税区。国际贸易有六种形式，即传统的一般进出口贸易、转口贸易、离岸贸易、服务贸易、跨境电子商务贸易和数字贸易。青岛上合示范区的建设可以借鉴上海外高桥的经验，上海外高桥 1990 年建的保税区只有 10 平方千米，采取海关、工商、税务集约化的监管。

三是实体化产业链金融，促进商旅文融合，建设商旅文交流发展中心。生产性服务业产业链金融是互联网金融和普惠金融，重要的是集合实体的产业链金融、互联网金融建立自由资本金，从金融系统规范地拿到杠杆资金，坚决避开 P2P 的模式。

## 二、上合示范区建设中的税收治理作用及发展方向

税收在上合示范区建设中，除发挥筹集财政资金作用、调节经济的作用及反映和监督作用外，重点突出治理作用，提升上合示范区吸引力，主要是加快先行先试优惠税收政策，提早惠及企业；为市场主体服好务，提高纳税人和缴费人的舒适度和便利度；营造公平竞争的税收营商环境，吸引更多企业入驻上合示范区。

2019 年，青岛市税务局全年组织各项收入（不含海关代征）1971.46亿元，其中，组织国内税收 1764.1 亿元，同比增长 2.6%；征缴社会保险费和职业年金 142.77 亿元，同口径同比增长 2.6%；组织非税和其他收

入 64.59 亿元,同比增长 0.8%。办理出口退(免)税 383.7 亿元,同比增长 8.1%。既确保了青岛市财政收入实现持续增长,又为经济社会发展提供充足的财力保障。

### (一)上合示范区建设中的税收治理作用

**1. 发挥税收职能作用,持续提升税收服务经济发展大局能力水平**

青岛市认真贯彻落实党中央、国务院减税降费政策措施。打造"30条减税降费实招+20条党建引领措施+10条便民办税缴费新举措"制度体系,出台《税收政策确定性管理试行办法》,增强税收政策的可操作性。探索制定《电子商务税收管理办法》,促进平台经济规范健康发展。推出电子税务局"全流程"信息定向推送功能,便利企业算清"减税账"。创新建立"减税降费工作管理平台",通过集成化展示、链条化管理、电子化归集,实现了全流程、闭环式管理,得到税务总局肯定。全年新增减税降费 180.6 亿元。减税降费积极效应持续显现,表现为市场主体更有活力,2019 年全市新增登记各类纳税人约 14 万户,月均新增 1.4 万户;表现为产业升级更有动力,市局监测的部分重点税源企业研发费用同比增长 24.3%,增幅较 2018 年全年提高 7.5 个百分点;表现为经济增长更有定力,全市民营经济纳税人新增减税占减税总额的 70%左右,包括小微企业的各类市场主体对未来发展信心更足。

特别值得一提的是,青岛市税务局认真实施非居民税收政策,在国际税收竞争与合作中维护好国家税收权益。比如,非居民企业股权转让,尤其是间接转让,一直是非居民税收管理中的难点问题。其具有交易隐蔽、适用税收政策复杂等特点,容易造成税款流失。青岛市税务局创立了"四步四合"工作法,彻底破解了这一征管难题。对于非居民企业间接股权转让管理全过程,该工作法给出了科学、明确的操作指引。青岛经济技术开发区税务局在处理一起非居民企业间接股权转让税收征管业务时,按照该工作法的指引,对交易进行了重新定性,成功入库企业所得税税款 1.04 亿元,很好地维护了国家税收权益。

**2. 深化税务领域"放管服"改革,着力打造法治化便利化的税收营商环境**

2019 年按照"放管服"改革要求,不断拓宽服务范围,丰富服务手段,升级服务体验,推动营商环境持续改善。在 2019 年纳税人满意度调查中,取得全国第 2 名的好成绩。积极对接青岛市"15 个攻势",出台"20 条铁规",制定专项实施意见助力全市"双招双引"工作和民营企业发展;制定《纳税人办税指南》,实现税费缴纳"一厅通办""一窗通办"全覆盖;优化注销流程,采取"承诺制"容缺办理模式,即时出具清税文书;全面推行青岛市辖区内迁移"一键即办"模式,便利市场主体要素自由流动；积极落实党中央、国务院稳外资工作部署，通过预约定价安排，消除双重征税。创新税收服务举措，立足"免见面"，推出"发票集中邮寄"模式，累计 1.6 万户次纳税人享受发票免费邮寄服务；推行对外支付备案电子化，实现"足不出户"完成备案。立足"简流程"，将办税"最多跑一次"事项扩围至 600 余项；取消 11 项房地产交易涉税证明资料，企业间存量非住宅交易实现"1 小时办结"；压缩新办企业开办时间至 2 小时内，压缩投诉办理时限至 3 个工作日内，出口退（免）税平均时间由 13 个工作日提速到 4 个工作日。立足"信用服务"，与 10 家大企业签订税企直连协议；深化拓展银税互动，与 6 家银行实现"银税贷"产品投放，全年累计授信 40.4 亿元。

**（二）税收管理与纳税服务水平的发展方向**

1. 从业务咨询量看，个性化纳税服务仍待进一步精准

青岛市税务局建立完善 12366"一条主线、双重保障、三项特色"咨询服务机制，2019 年咨询通话量 88 万次，同比增长 30％，为优化青岛市营商环境贡献税务力量。2020 年 1～6 月份，咨询通话量同比下降 10％，仍高达 42 万次，其中征管、各税种问题合计占比在 80％以上。特别是在季度企业所得税申报期间，咨询量陡增。一方面，说明近几年，新税收政策的出台频率和既往税收政策的变化过快，给纳税人及缴费人带来了困扰，咨询量上升。另一方面，也说明税务部门存在税收政策解读不明晰，办税事项工作流程跟进不及时，税收宣传泛化而不精准等问题。如小微企业的增值税优惠中个别规定，适用增值税差额征税政策的小规模纳税人，以差额后的销售额确定是否可以享受本公告规定的免征增值税政策。此类税收新政是引发纳税人关注连续重复咨询的热点问题，这都说明各级税务部门税收宣传方面仍有较大的提升空间。

2. 从税收风险监控看，风险防控的范围和深度有待于进一步挖掘

目前，青岛市税收风险监控工作已较成熟，充分把握数据与监管深度融合趋势，对全系统数据资源进行整合，推动风险管理体系与纳税服务体系和内控体系"双联通"，着力实现纳税服务集约化、基础管理社会化、风险应对专业化。对普通业务事项低中高涉税风险能够进行精准制导，但仍然对 2018 年征管体制改革后，持续凸显的增值税发票虚开、出口骗税、土地增值税清算、个人二手房交易等主要风险点监控滞后，造成国家税收流失。

3. 从网上办税情况看，电子税务局的界面和功能体验仍有完善的空间

目前，青岛市电子税务局运行顺畅，功能强大，基本满足纳税人及

缴费人的办税需求。但是,与上合示范区的定位要求还有一定的差距。如纳税人、缴费人办理涉税费事务,通过办税服务厅窗口、PC、手机、PAD,不同种类客户端功能设计还不能一致,还不能达到同样的办理效果;有少部分工作事项只能线下办理。税务操作信息、纳税人信息和社会协作信息不能自动撷取相关数据,同一信息税务人员、纳税人、缴费人须重复录入;场景转换过多,等等。

## 三、进一步打造税收营商环境"示范区"的建议

上合经贸示范区的建设,既是习近平总书记对青岛市在改革开放新时代发挥应有作用寄予的殷切期望,也是中央对于青岛市经济社会建设的高标准、严要求,更是时代发展赋予青岛市的历史性机遇。党的十八届三中全会提出,财政是国家治理的基础和重要支柱,科学的财税体制是优化资源配置、维护市场统一、促进社会公平、实现国家长治久安的制度保障。因此,在建设上合示范区的进程中,税收生逢其时、大有可为。立足青岛市经济社会建设实际,放眼上合示范区建设未来,提出以下建议。

### (一)纳税服务进一步优化升级,实现上合示范区纳税人、缴费人的"五星级服务"

上合示范区建设应加大"放管服"改革的力度,升级优化纳税服务,成为全国"放管服"示范区。倡导政府工作人员和企业家交朋友;倡导政府工作人员熟悉政策、业务;倡导政府工作人员把服务意识写到脸上、嘴上、行动上。重点做好以下几方面工作:一是积极采用最新科技手段开展税收征管和服务工作,实现上合示范区税收领域的新旧动能转换。比如,推动各种办税渠道向"多端协同办理"发展。在系统间实现数据驱动的基础上,构建如淘宝PC端和移动端的一致性功能设计,完善标准统一的多办税渠道。二是落实好《优化营商环境条例》和世行营商环境评价相关工作要求,进一步提高办税缴费效率,开展办税服务厅星级评定。深化"最多跑一次"改革,逐个突破尚未实现的业务事项。推进办税缴费便利化改革,拓宽缴费渠道,力争实现支付宝缴纳社保费及网上核定居民医疗保险费。三是以服务纳税人和缴费人为中心,以办成"一整件事"为导向,以企业经营周期为考量,加快机制创新,深化"税务侧"流程再造,将一个行业或领域经营涉及的"多事多流程",整合为"一链一流程",探索将一个行业或领域的多项许可信息以加密二维码的形式加载,实现"一码全息、亮码确认",提升集成化服务效能。四是充分利用"互联网+大数据算法",将人工智能引入税收工作。在现

行 12366 系统的基础上,更加注重对纳税人、缴费人诉求、愿景、满意度信息的价值挖掘,将相关纳税人、缴费人的历史信息与沟通的过程智能化紧耦合,根据客户习惯和喜好,统筹运用电话、短信、电子邮件以及QQ、微信等网络即时服务及时回应服务需求、举报投诉等。进而,定向精准推送新政策、新服务,并结合线上线下的税务专家门诊,提供定制"蜂巢型"个性化高端服务的功能,精准滴灌企业税收宣传辅导的需求。

**(二)优惠政策进一步用足用好,实现上合示范区产业、人才最大限度的聚集效应**

1. 用足税收优惠政策

成立专班研究国家级优惠政策的新增变化,特别是财税方面的,立足于上合示范区建设的实践,因地因时施策,实现示范区产业"大聚集"。面对个税汇算清缴、增值税留抵退税等新政策,在落实好这些新政策、新措施的过程中,要根据老政策、老措施的历史执行情况,选取执行中操作性不强、受益面有限、纳税人获得感不明显的政策措施,开展深入调研,分门别类查找原因,理清是税制原因、征管原因,还是市场原因、企业原因,逐一"把脉会诊",从而为新政策的落实找准改进空间。一是加快落实现有增值税留抵退税政策,减少企业资金占用时间成本,为上合经贸示范区企业充分享受该项政策提供优质服务。二是把握好增值税相关政策传导方式与效应,助力上合示范区平台建设。比如,针对增值税链条税特征,结合上合示范区产业布局特征,在招商引资谈判过程中,充分考虑增值税收入节点设置、企业集团利润分割制度等问题,统筹安排上合示范区财力保障与企业发展,相互促进、互不偏废。在实现产业聚集、增强产业链辐射的同时,增厚财力,服务上合示范区长远发展。

2. 用好税收优惠政策

发挥所得税直接税作用,提高上合示范区企业赢利水平和人才支撑力度。企业所得税的政策运用方面,一是落实并创新中小企业企业所得税优惠政策。如在贯彻国家税务总局有关简化小型微利企业所得税年度纳税申报措施的基础上,可考虑进一步缩减小型微利企业纳税申报次数,如对年销售收入在 120 万元以下的企业,可考虑由季度申报改为半年申报,对一直未发生收入的小微企业可考虑由季度申报改为年度申报,降低企业办税成本。二是落实并创新高新技术企业所得税优惠政策。建议在上合示范区实行特殊政策,将延长高新技术企业和科技型中小企业亏损结转弥补年限的政策,进一步放宽为无限期弥补,以消除其创新投入的后顾之忧。三是适时出台并实施非居民企业税收优惠政策。比如,在执行好居民企业研发优惠政策的同时,对于上合示范区内的非居民企业,在确保科研成果就地转化的前提下,相机实施同样的优惠政策。

个人所得税作为政策工具,其作用主要体现在吸引、留住人才。建议根据人才所处行业以及人才自身需求特点,统筹安排针对境内境外、区内区外人才的税收优惠政策,大力集聚符合上合示范区建设要求的人才,增强发展后劲。首先,加强个性化税收宣传服务工作,如对外籍人才符合居民个人条件的,采取纳税政策讲座等形式,辅导其合理选择是享受个人所得税专项附加扣除,还是享受住房补贴、语言训练费、子女教育费等津补贴免税优惠政策,从而充分利用现有政策,服务好上合示范区人才聚集战略。其次,做好相关税收激励政策的配套服务工作,如股票期权、股票增值权、限制性股票、上门辅导等形式,帮助创新人才厘清政策界限,降低纳税风险。

**(三)税收管理和风险监控进一步高效规范,促进上合示范区税费治理能力现代化**

科学高效的管理制度是保证税务机关有序运转的重要条件,更是税费治理能力顺利实现的可靠保证。在税费治理能力提升工作中,各级要把税费征管制度建设抓实抓细。一是顺应现代税制建设需要,夯实征纳环境的信用基础。加强纳税人信用体系建设是降低征管成本的根本途径,也是构成现代税收征管制度的基础。上合示范区理应成为纳税人信用体系建设、现代税收征管制度创新的示范区。比如,进一步推进征管措施与信用评级挂钩,差异化应对。对 A 级信用纳税人,优化服务为主,管理上采取"无事不打扰";对 B 级信用纳税人,风险监控,管理上采取"无疑点不评估检查";对其他信用纳税人,事前防控,管理上采取"重点审核,适度评估检查"。总体减少纳税检查、审核和评估次数,有效降低税务部门征管成本和纳税人遵从成本。二是进一步整合现有的基础征管、税源监控、风险应对、税务稽查资源,结合各税费管理、大企业管理、出口退税管理实际,统筹风险应对事项,实施信息管税与信用管税"双信"监管模式,加强税务稽查力量,升级信息化战法,坚持"防打结合",加强"查管互动",组建强有力的两级发票风险防控团队,严厉打击税收违法犯罪行为,强力整治利用"双假"企业虚开骗税行为,营造公平有序的税收市场环境。三是抓住青岛市委、市政府高度重视"双招双引"工作的契机,主动参与地方政府招商引资,积极测算项目企业产生的税收,既要算清当期产生的税收,也要对长期的税收有预判,一方面积极培育税源,另一方面,加强与地方党委、政府的互动,展现征管努力程度,在收入工作中占据主动。此外,要进一步加强与地方党委、政府和人社部门的沟通,继续依靠政府牵头的协调机制,认真稳妥做好社保费和非税收入征管及相关工作。

**(四)正向激励和绩效考核进一步形成合力,加快建成"四化"税务人员队伍**

做好上合示范区建设中的税收工作,归根到底,需要塑造一支"革命化、年轻化、知识化和专业化"的能打硬仗,善打硬仗,打赢硬仗的队伍。首先,正向激励提素质。税务机关是以"收好税"为主业,引导税务干部抓好政治素质和业务素质。建议给"三师""专家人才"为代表的业务能手拓展向上的空间,在评先、职务与职级并行中给予一定比例的倾斜,打造一支信念坚定、勇于担当、本领过硬、纪律严明的税务铁军。其次,绩效考核防风险。针对税务干部工作中重要岗位环节和履职尽责具体要求,进行考核,加大责任追究力度,强化反面教育效果,增强税务干部整体风险应对的前瞻性和实效性,从思想上,行动上全心全意为纳税人服务,营造上合示范区公平公正优质高效的税收营商环境。最后,合乎标准育新人。一方面,在招录新公务员时适度考虑上合示范区建设中复合型、专业化人才的需求。另一方面,对现有年富力强的复合型人才进行针对性培训培养,形成结构合理,梯次配备,专业素养高的专业人才队伍。

(作者单位:国家税务总局青岛市税务局科研所)

# 2021

社会篇

# 2020～2021年青岛市社会形势分析与预测

于淑娥

2020年,面对新冠疫情带来的严峻考验和复杂多变的国内外环境,青岛市坚持以习近平新时代中国特色社会主义思想为指导,全市上下统筹推进疫情防控和经济社会发展,全市生产和需求复苏逐步提速,"六稳""六保"扎实推进,经济运行稳步向好,民生福祉得到较好保障。上半年全市实现国内生产总值(GDP)5514.73亿元,同比增长0.1%。前三季度,青岛市实现国内生产总值(GDP)8739.59亿元,按可比价格,同比增长2.2%。12件36项市政府市办实事总体进展顺利,其中9项已实现年度目标,其余项目有序推进。

## 一、2020年青岛市社会建设运行良好

### (一)经济运行稳步提速,为社会发展和民生改善奠定了良好经济基础

2020年,青岛市统筹推进疫情防控和经济社会发展,各项指标逐步由负转正稳步向好,为全市发展和民生改善奠定了良好基础。智能制造产品增速明显。1~8月份,规模以上工业增加值同比增长3.5%,比1~7月份提升1.8个百分点,累计增速连续2个月实现正增长。服务业运行平稳,规模以上服务业连续增长,交通运输、仓储邮政引领行业增长。1~7月份,规模以上服务业企业实现营业收入1193.8亿元,同比增长2.2%,比1~6月份提升0.2个百分点。35个大类行业中17个行业实现增长。

社会民生领域投资稳步推进。固定资产投资延续增长态势,1~8月份,固定资产投资同比增长5.0%,比1~7月份提升0.2个百分点。社会民生领域投资同比增长16.9%,比1~7月份提升0.8个百分点。

**（二）城乡居民收入稳步提高，消费潜力持续释放，居民消费价格水平呈小幅回落态势**

城乡居民收入稳步提高，社会保障持续改善，居民获得感、幸福感进一步提升。上半年，城镇居民人均可支配收入 27428 元，同比增长 0.6%；农村居民人均可支配收入 14193 元，同比增长 0.1%。

消费市场继续向好，消费潜力持续释放。1～8 月份，全市限额以上批发业销售额增长 14.7%，限额以上零售业销售额降幅比 1～7 月份收窄 1.4 个百分点，同比下降 3.0%；限额以上住宿业营业额同比下降 37.9%，降幅比 1～7 月份收窄 3.2 个百分点；限额以上餐饮业营业额同比下降 14.6%，降幅比 1～7 月份收窄 3.1 个百分点。

物价水平小幅回落。1～8 月份，居民消费价格指数 103.5%，比 1～7 月份回落 0.1 个百分点。其中，食品价格指数为 113.6%，非食品价格指数 100.8%，分别比 1～7 月份回落 0.4 个和 0.1 个百分点；消费品价格指数 104.9%，服务价格指数 100.9%，均比 1～7 月份回落 0.2 个百分点。

**（三）多项推进，民生保障措施进一步增强**

在复工复产和经济向好带动下，财政收入降幅连续 3 个月收窄，呈持续向好态势。2020 年上半年，全市一般公共预算收入下降 5.2%，降幅比第一季度收窄 4.0 个百分点，高于全省平均水平 0.6 个百分点。其中，税收收入下降 11.6%，降幅比第一季度收窄 2.1 个百分点，税收占一般公共预算收入比重 68.1%。

4 月，为进一步推动城市治理体系和治理能力现代化，围绕结合"我爱青岛·我有不满·我要说话"民声倾听主题活动，聚焦市政务服务热线近年来受理的来话来信等情况，发布《2020 年 10 个民生领域管理服务提升行动方案》，着重从群众关注的 10 个民生重点领域入手，在全市开展 10 个民生领域管理服务提升行动，解决好群众反映集中的重点、难点、痛点、堵点问题：住宅小区管理服务提升行动；消费纠纷管理服务提升行动；供热管理服务提升行动；养犬管理服务提升行动；房屋产权管理服务提升行动；未贯通道路管理服务提升行动；市容环境管理服务提升行动；旅游管理服务提升行动；交通秩序管理服务提升行动和工资保险管理服务提升行动。10 个民生领域管理服务提升行动突出长效机制的建立，10 个领域共包括 41 项长效机制，希望通过源头治理，努力实现同类问题投诉量明显下降、群众满意度不断提升的工作目标。

### (四)精准施策,基本公共服务质量进一步提升

1. 精准施策,创新就业政策体系,坚持减负、稳岗、扩就业并举,全市就业形势保持稳定

2020 年第一季度举办"2020 年青岛市春风行动暨就业援助月"专项活动;开展"援企稳岗,惠企利民,就业帮扶,真情相助"为主题的 2020 年就业援助"三进三帮"专项活动;印发《应对疫情稳就业政策实施细则》《关于落实青政发〔2020〕6 号文件加快落实稳就业政策的通知》《青岛市创业担保贷款实施办法》《关于做好扩大失业保险保障范围工作有关问题的通知》《关于应对新冠肺炎疫情落实保居民就业工作方案有关就业创业政策的通知》等。截至 8 月末,全市城镇新增就业 27.96 万人(按照国家最新统计方法修正),完成年度计划的 93.2%;政策性扶持创业 3.89 万人,占年计划的 259.3%;技能提升 4.06 万人,占年计划的81.2%。

2. 发展公平优质教育取得新进展

2020 年,青岛市进一步扩大基础教育资源供给,继续推进中小学、幼儿园新建、改扩建。继续扩大普通高中学位供给,普通高中录取率进一步提升;加快构建完善普通高中、职业高中、综合高中、特色高中"四位一体"的高中阶段办学模式。推进青岛一中、九中等优质学校集团化办学,全市计划新增 10 个优质学校教育集团;推动职业教育转型升级,实现 2 所高职学院招生运行。发展优质民办教育。支持驻青高校"双一流"建设;加快康复大学、山东大学青岛校区二期等工程建设。完善全民终身教育体系。大力弘扬尊师重教的良好风尚,打造高素质专业化教师队伍;出台《关于开展职业启蒙和体验教育的指导意见》,将职业启蒙和体验教育纳入中小学综合实践课程;出台《关于促进 3 岁以下婴幼儿照护服务发展的实施意见》,提出到 2020 年,全市普遍开展家庭婴幼儿早期发展指导,各区(市)均建有具有示范效应的婴幼儿照护服务机构,婴幼儿照护服务需求得到初步满足。印发《对区市人民政府履行教育职责开展评价工作实施方案》,对区(市)人民政府履行教育职责开展评价工作。推进一键式紧急报警系统建设。截至 8 月末,412 所学校(校区)已完成一键式紧急报警系统安装,占年计划的 12%。截至 9 月末,80 所中小学和幼儿园已开工,占年计划的 100%。

开展校园及周边食安检查,为学生饮食健康护航。8 月,根据全市食品药品领域漠视群众利益问题专项整治行动部署要求,市场监管部门围绕保障中小学生食品安全,精准施策,健全机制,按照"5 个 100%＋5 个清单"工作标准(100%覆盖食品销售业户亮出底数清单,100%织密监管网格体系亮出责任清单,100%实施风险分级监管亮出风险清

单,100％依法处置违法行为亮出立案清单,100％督促主体责任落实亮出自律清单),全力护航青岛市中小学校园及周边食品安全。全市督促中小学校园及周边食品销售者签订《食品安全承诺书》1675份,张贴高盐高糖高脂食品消费风险警示2512张。截至8月末,累计出动1.3万人次,高质量完成各类学校食堂1679个、集体用餐配送单位25家、托幼机构1677家的开学核验和监督检查,确保了整体平稳、安全、顺利,未发生校园食品安全事故。

3. 推动安居提升工程,启动老旧小区改造,加强供热燃气设施配套建设,提高居民生活质量

截至8月末,已落实公共租赁住房建设计划2741套,占年计划的137.1％,其中1722套已开工,占年计划的86.1％;累计新增公共租赁住房补贴4150户,占年计划的83％。起草新建物业(商品房)交付流程指导意见并征求了社会各界意见,修改完善后将按程序印发实施;印发交房即可办证便民服务工作意见(试行),选取万科未来城项目进行试点;节能保暖改造方面,275.3万平方米已开工,占年计划的55.1％,其中123.85万平方米已完工,占年计划的24.8％;供热燃气设施建设方面,已开工新增城市供热配套面积410万平方米,占年计划的102.5％,其中150万平方米已完工,占年计划的37.5％。累计开工建设天然气管网210千米,占年计划的105％,其中112千米已完工,占年计划的56％;截至9月末,老旧小区改造111个项目已开工,建筑面积约222.35万平方米,分别占年计划的100.9％和139％,涉及居民楼786座。

4. 改善交通出行条件,居民出行更加便捷

(1)改善交通出行条件,提升公交服务能力。截至8月末,已完成交通安全设施改造设计方案编制,正在开展施工单位招投标有关工作;616辆公交车更新已进入招标程序;累计优化调整公交线路60条,占年计划的80％。

(2)开展全市道路交通秩序大整治行动,实施交通微循环等措施,净化道路交通环境,为老城区道路"减压"。出台政策,缓解老城区停车难。印发《关于进一步加强停车设施规划建设管理工作的实施意见》《青岛市机械式立体停车设施规划建设管理实施细则(试行)》,实行"停车要入位,停车要收费,违停要处罚"管理政策。2020年青岛计划新建停车场22个,涉及泊位约8000个,主要缓解老城区、医院、商务区等重点区域停车难问题。

(3)打通断头路,方便市民出行。近年来,青岛每年都将打通未贯通道路作为重点工作来部署、推动,按照"市级统筹调度、区(市)级主导作战"的原则,市、区两级合力攻坚推进。2015～2019年,全市共计打

通 100 条,2020 年计划打通 25 条,截至 8 月底,已打通 11 条。

(4)印发青岛市城市轨道交通运营突发事件应急预案。7 月,修订后的《青岛市城市轨道交通运营突发事件应急预案》发布实施。该预案坚持"以人为本,减少危害;统一领导,分级负责;属地为主,政企联动;快速反应,科学处置;公众参与,公开透明"原则,以最大程度减少人员伤亡和财产损失,维护社会正常秩序。

(5)青岛地铁 4 号线泰山路站主体结构封顶。地铁 4 号线连接着市南区、市北区、崂山区,为青岛市主城区东西向骨干线,是一条集医疗、教育、旅游于一体的重要线路,也是一条名副其实的民生线,通车后将带动周边经济的快速发,对青岛地铁进一步"连线成网"奠定基础。截至 7 月份,6 座车站已实现主体结构封顶,车站开挖工程完成82.9%。

(6)青岛胶东国际机场工程建设全面竣工。6 月,具有里程碑意义的航站楼房建工程和民航专业工程通过竣工验收,标志着青岛胶东国际机场工程建设全面竣工。青岛胶东机场是全国首批高铁、地铁同时下穿航站楼并设站的机场。规划航空、铁路、公路、城市轨道等为一体,打造"零换乘、全通型"交通枢纽,一小时通达青岛全域,两小时内覆盖半岛主要城市。

5. 养老救困扶弱,社会保障惠民生促发展成效显著

2020 年,青岛市认真贯彻国家和省市社会保障政策和工作部署,印发《青岛市居家社区养老服务建设行动计划(2020—2021 年)》,坚决落实"六稳""六保"任务,"全民参保计划""精准扶贫""社保费减免"等重点民生工程提前完成阶段性目标,参保覆盖面持续扩大,各项社会保险待遇按时足额发放,社会保障体系进一步完善。继续做好养老救困扶弱,建设街道居家社区养老服务中心,建设和增加养老床位和老年护理康复床位,提高城乡低保标准。截至 8 月末,98 处街道居家社区养老服务中心已开工建设,占年计划的 108.9%,其中 82 处已建成,占年计划的 91.1%。截至 9 月末,累计新增机构、社区和家庭养老床位15394 张,占年计划的 128.3%,累计增加护理康复床位 2153 张,占年计划的 107.7%。

(1)大力实施"全民参保计划",进一步织密扎牢"社会保障安全网"。扎实做好社会保险参保登记是各项工作的基础,登记信息数据在社保扩面工作中的应用和转化是推动"全民参保计划"实施的关键点。截至 6 月底,青岛市基本养老保险参保人数达到 749.27 万人,比上年底增加 4.96 万人,基本养老保险参保覆盖率居全省首位,进一步织密扎牢"社会保障安全网"。

(2)社保费减免缓政策落地迅速,助力企业复工复产成效凸显。2020 年,为迅速精准将国家、省社保费减免缓政策落实到位,青岛市多

管齐下，迅速行动，在全省率先公布企业划型结果，并创建网上"社保费减免服务专区"，提供政策、划型结果查询服务，对划型结果有异议的企业，还提供承诺制无条件变更服务，得到了广大企业的认可和好评。2~6月份，共为全市20余万家企业减免社保费72.5亿元，助力企业复工复产效果明显。全市企业养老、失业和工伤保险参保缴费人数实现逆势增长，分别净增4.9万、5.78万和4.81万人，达到273.22万、226.18万和251.66万人。

（3）实施社保精准扶贫工程，兜底保障全市贫困人口。青岛市始终坚持将社保精准扶贫工程作为一项重大政治任务来抓，积极与扶贫、民政、公安、司法等部门沟通协调，动态掌握全市各类贫困人口信息数据，确保将扶贫政策落实到每一位贫困人员，不断提升贫困人口的社会保障水平。2020年上半年，全市2.57万建档立卡贫困人口，6.4万低保对象、特困人员全部纳入城乡居民养老保险体系。同时，为贫困人员代缴城乡居民养老保险费276万元，按时足额为贫困人口发放城乡居民养老保险待遇6594万元。

（4）深化数字化经办转型工作成果，保障各项社保待遇按时足额发放。2020年，进一步拓展在民政、公安、交通等领域认证数据源，一年期社保待遇领取资格大数据静默认证率，从上年末的92.6％提升至93.9％，全市200余万社会保险待遇领取人员足不出户"无感"完成养老待遇领取资格认证。继续优化完善社保6A资金拨付平台，待遇拨付更加安全精准，不仅实现基金拨付数据在业务、财务、银行系统间线上流转，全程可查可控，还拓展应用到青岛人社系统就业、人才等资金拨付工作中。1~6月份，为全市各类退休人员、工伤人员拨付社会保险基金194.12亿元。

（5）规范化管理、人性化服务，撑起工伤保险"保障伞"。青岛市作为山东省重要中心城市和经济发展龙头城市，截至2019年底常住人口达到949.98万人。2020年，继续扎实推进建筑施工企业按项目参保工作，实行动态实名制管理，全市535个新开工建设项目全部纳入工伤保险参保范围，最大程度上保障了建筑施工企业农民工的合法权益。

为给工伤职工提供更加便捷、阳光、规范的鉴定服务，青岛市创建了智能化劳动能力鉴定平台。通过系统开发和软硬件配备，打造出全国首家智能管理、信息运行、监督检查、风险防控、鉴定服务"五位一体"等智能化劳动能力鉴定平台，不仅实现了社保、医保、鉴定医院多部门间数据实时传递共享，还实现了身份验证、查体、化验全程人脸识别，多名鉴定专家背对背现场作出鉴定意见，鉴定结论最快在10日做出并通过邮寄送达职工本人及用人单位。2020年上半年，依托智能化鉴定平台，在全省首创远程劳动能力鉴定新模式，让危重病人足不出户即可在线劳动能力鉴定,让鉴定服务更便捷更温暖。

截至6月底,青岛市规范完成各类工伤认定5081件,劳动能力鉴定4065人,及时足额发放工伤1～4级职工伤残津贴、生活护理费和工亡职工供养亲属抚恤金2.57亿元,有效保障全市工伤职工的合法权益。

(6)创新实施"不见面服务"传递社保真情,以"刀刃向内"的勇气持续提升服务质效。2020年,为减少疫情期间人员聚集,全面创新服务模式,拓展网办渠道,对162项常规业务模块进行优化,创建23项"网上帮办"业务,为全市参与疫情防控医护人员开通工伤认定"绿色通道",在社保费征缴、退休待遇审核、养老待遇发放等业务中,全面推行延时服务、容缺办理、在线审核等形式多样的"不见面服务"。

为方便企业群众就近办理社保业务,青岛市社保中心联合医保部门实施"社保医保联合征缴"新模式,并推行"政银合作"延伸经办服务,46项社保、医保业务可在交通银行、青岛农商银行网点办理。青岛市作为全国电子社保卡试点城市和全国金融科技创新应用城市,社保卡办卡用卡便捷度持续提升,社保卡在身份凭证、扫码支付、就医结算、在线经办和电子时间银行等应用方面发挥重要作用。截至6月底,全市持卡人数达902.3万人,覆盖常住人口的94.98%,电子社保卡签发渠道增加至20个,签发总量达157.79万张,社保卡即时发卡网点达到444个,占全部发卡网点比例达44%。

(7)印发《青岛市养老机构公建(办)民营实施办法》。5月,为推进养老机构公建(办)民营,破除体制机制障碍,激发公建(办)养老机构活力、提升能力,盘活存量资源,扩大有效供给营造公平有序竞争的市场环境,扩大社会参与,把养老服务业做大做强,青岛市印发《青岛市养老机构公建(办)民营实施办法》,围绕满足老年人多元化、多层次养老服务需求,以"把养老服务业培育成一个强大的服务产业"为目标,完善公建(办)养老机构管理体制和运营机制,提升公建(办)养老机构服务水平和自我发展能力,促进公建(办)养老机构向社会开放和公共服务资源综合有效利用,建立主要由市场决定的养老服务收费形成机制,营造各类养老服务主体公平有序竞争的市场环境,发挥好公建(办)养老机构在养老服务体系中的兜底作用、示范作用和调节作用。

(8)印发《青岛市养老服务时间银行实施方案(试行)》。4月,根据《志愿服务条例》、国家及青岛关于深化养老服务改革全面提升养老服务水平等精神,制订《青岛市养老服务时间银行实施方案(试行)》,鼓励志愿者为老年人提供养老服务,按一定的规则记录储存服务时间,当年老需要时可提取时间兑换服务。时间银行是政府治理、社会调节、居民自治良性互动理念在养老服务领域的具体应用,是发展互助养老的重要方式,可以缓解养老服务力量不足的矛盾,扩大社会参与。

（9）扶贫济困政策到位，织密扎牢困难群众兜底保障网。一是出台《关于贯彻鲁民〔2020〕26号文件进一步做好困难群众基本生活保障工作的通知》《关于统筹完善社会救助体系的实施意见》等，统筹完善社会救助体系，提高社会救助工作整体效能，充分发挥社会救助在基本民生保障中的兜底保障作用。截至2020年6月底，全市医疗救助困难居民62676人，支出资金11118万元。其中救助低保家庭成员55824人，发放医疗救助金7623万元；救助特困供养人员5311人，发放医疗救助金701万元；救助其他低收入家庭成员1926人，发放医疗救助金2794万元。通过基本医疗保险、大病保险、补充医疗保险、医疗救助等政策联动保障后，各类医疗救助对象住院和门诊大病的平均自负费用占医疗总费用的6.35%，其中重点对象（特困、低保）平均自负费用仅占医疗总费用的3.5%。

二是印发《关于进一步规范社会散居孤儿、困境儿童核定、审批相关工作的通知》，规范社会散居孤儿、困境儿童核定、审批相关工作，优化办事流程。6月，民政局印发《关于进一步规范社会散居孤儿、困境儿童核定、审批相关工作的通知》，要求区（市）民政部门认真审查申请材料，符合条件的，在5个工作日内作出审批决定。符合条件的，从确认的次月起纳入保障范围，同时将有关信息录入"青岛市困境未成年人关爱系统"。

三是完善了《青岛市城乡最低生活保障工作实施办法》，提高城乡居民最低生活保障标准和特困人员基本生活标准，织密扎牢困难群众兜底保障网。自4月1日起按照新标准为低保家庭发放低保补助金。完善临时救助，2020年1月1日起，临时救助的年救助金额由2万元提高到3万元；将外来务工人员纳入临时救助范围，对基本生活受疫情影响陷入困境，其他社会救助和保障制度暂时无法覆盖的困难群众，给予临时救助，做到凡困必帮、有难必救；对因各种原因造成的重大生活困难，按照"一事一议"方式适度提高救助额度；建立临时救助"绿色通道"，对急难型临时救助，实行24小时内先行救助、后补手续。截至9月底，青岛市保障城乡低保对象6万户、8.9万人，发放低保金约5亿元。

6. 推动健康青岛建设，医疗保障水平进一步提升

2020年，发起13项改革攻坚，认真落实医保精准扶贫政策；深入开展按疾病诊断相关分组付费改革国家试点，促进医疗机构合理管控成本，规范诊疗行为；采取"硬核"措施打击欺诈骗保，当好医保基金"守门人"；不断深化长期护理保险制度，解决失能失智老人照护难题；优化服务流程、拓展服务站点，努力让医保报销更方便、更快捷。特别是面对新冠疫情，第一时间出台政策，确保患者不因费用问题影响就医，确

保收治医院不因支付政策影响救治。同时,还连续三次降低职工医保缴费费率,为企事业单位减负,助力企业复工复产。基本医保提标降费已从2020年1月1日起正式实施,城乡居民医疗保险参保人员按照新政策享受待遇;生育保险与职工医保合并实施,降低用人单位医保缴费费率0.8个百分点;医保工作站建设已扩容至200家,可受理9项医保服务事项,累计受理业务1.36万笔;智慧化接种门诊建设已启动部分设施设备采购程序,陆续进入安装调试阶段;献血屋设置已完成8处招标。

青岛市康复中心已完成主体施工。10月,青岛市康复中心已完成主体施工,项目完工后将交付康复大学作为附属医院。康复大学(筹)由中国残联、国家卫生健康委等共同推动建设。康复大学立足于服务国家战略,坚持世界眼光、国际标准、中国特色,将打造成以康复医学为主、相关学科交叉融合的国家级大学,教育、产业、服务贯通的大学,以研究为基础、以应用为导向的专业特色鲜明的新型高水平大学。

7. 开展落实食品药品安全“四个最严”专项行动,强化食品药品安全监管

(1)印发《青岛市食品安全事故应急预案》,确保“米袋子”“菜篮子”安全。有效预防、积极应对、及时控制食品安全事故,规范和指导应急处理工作,最大限度地减少食品安全事故危害,保障人民群众身体健康和生命安全,维护社会稳定。

(2)继续开展星级农贸市场创建,对“米袋子”“菜篮子”重点食品开展专项监督抽检。截至8月末,完成食品安全定性定量检测53122批次,占年计划的81.7%,已出数据总体合格率为98.12%。

(3)严厉打击食药领域违法行为,守护食品药品安全。6月30日,公布了青岛市食品药品违法典型案例,给予违法者罚款、没收违法所得等处罚。

8. 生态环境质量继续保持良好态势

2020年,青岛市继续推进“绿满青岛”国土绿化行动,实施园林绿化品质提升工程,推动城乡生活垃圾分类规范提质,打造良好生态环境。截至8月末,已完成新造林6万亩,占年计划的100%。建设“互联网＋全民义务植树”基地4处,占年计划的80%;开展“战疫纪念林”等各类义务植树活动9次,植树3000余株;已启动岘山、老虎山一期等5个郊野(山头)公园绿化提升,建成口袋公园30个,启动立体绿化75处,实施绿道建设62.4千米,分别占年计划的62.5%、107.1%、150%和124.8%。

(1)青岛市环境空气质量继续保持良好态势。上半年,环境空气质量总体状况为近六年来最好,空气质量优良率为84.6%,同比提高8.9个百分点;空气质量综合指数同比改善14.8%,排名全省前三位。青岛

市重点河流水质不断改善,超额完成国家、省下达青岛市的Ⅲ类及以上优良水体比例约束性指标。青岛市近岸海域水质总体良好,水质优良比例保持稳定。空气质量情况如下:PM2.5 为 36 微克/立方米,同比改善 20%;PM10 为 66 微克/立方米,同比改善 22.4%;二氧化硫为 7 微克/立方米,同比改善 22.2%;二氧化氮为 29 微克/立方米,同比改善 12.1%。以上四项主要指标,均为 2013 年国家空气质量新标准实施以来最好水平。

(2)实现医疗废物集中处理设施监管全覆盖,切实维护环境安全,保障群众健康。上半年,累计出动执法人员 3327 人次,对全市医疗废物收集、运送、贮存、处置各环节的污染防治工作开展抽查或检查,共检查医疗机构 2132 家次、医疗废物运输机构 15 家次、医疗废物处置机构 17 家次;全市累计安全处置医疗废物 4840 余吨,实现涉疫情医疗废物日产日清,全市医疗废物处置工作安全、平稳、有序。

(3)加强环境应急管理,开展大气污染治理综合行动,确保全市环境安全。2020 年,修订印发《青岛市突发环境事件应急预案》,开展危险化学品泄漏等突发环境事件应急演练。健全环境应急处置协调联动机制,建成青岛首个突发环境事件联合应急物资储备库,提高应急物资使用效率,及时、有序、高效处置各类突发环境事件,保障全市环境安全。开展多项综合执法检查。截至上半年,机动车遥感监测 389.4 万辆,对工业污染源在线监控超标行为实施处罚 16 万元;立案查处环境违法行为 404 起,立案处罚 3186 万元,通报典型案例 7 起,10 起严重违法和涉嫌环境违法行为移送公安部门。

(4)发布《2020 年青岛市生活垃圾分类工作行动方案》。截至 5 月份,市区生活垃圾分类实现基本覆盖,打造生活垃圾分类收运线路 727 条,1 万余家餐厨垃圾产生单位签订餐厨垃圾收运协议;建成大件垃圾处理设施 8 处,有害垃圾处理设施 1 座、厨余(餐厨)垃圾处理设施 2 座、焚烧处理设施 6 座,市区已实现原生垃圾零填埋。

(5)实施百佳公厕、深度保洁道路 3 年攻坚计划,提升环境卫生精细化管理水平。2020 年,开展"十百千"创建活动,即利用三年时间,在全市环卫领域全面开展十佳集体、十佳厂站、百佳公厕、百佳个人、千条深度保洁道路创建活动,推动环境卫生精细化管理水平不断提升,以提高市民群众获得感、幸福感、安全感。

百佳公厕每年创建数量 100 个左右。截至 9 月底,全市共有各类公厕 1490 座,201 座公厕实行 24 小时免费开放。千条深度保洁道路方面,2020 年计划再创建 200 条。生活垃圾分类规范提质。截至 8 月底,全市建成区 64 个街道、605 个社区、4534 个居民小区以及 1866 个公共机构等已实现垃圾分类全覆盖。完成 1888 个标准化"四分类"投放桶点升级改造(占年计划的 94.4%)和 2763 处撤桶并点。现有垃圾分类收运车辆 736 辆,垃圾分类收运线路 723 条,其中厨余垃圾收运线路 212 条,有害垃圾运输线路 20 条;现有厨余垃圾处理设施 14 座(含就地处理设施),日处理能力 510 吨;焚烧处理能力 8700 吨/日,市区实现原生垃圾零填埋。

9. 公共安全和生活便利快捷品质更高

(1)加强公共安全保障,截至 8 月末,累计开展应急救护培训 11841 人,占年计划的 59.2%;完成犬只狂犬病免疫 17.97 万只,并相应建立档案。

(2)5G 新基建加速,年内实现主城区连续覆盖。青岛 5G 建设"火力全开",以核心商圈、交通枢纽、学校等区域作为重点,整合站址资源与通信管道资源,加速布设 5G 基站。根据联通、移动、电信、广电提供的情况,截至 3 月底,青岛共建设 5G 基站 7250 处。按照《青岛市 5G 产业发展行动方案(2019—2022 年)》,2020 年全市 5G 基站将达 1.3 万个,市南、市北、崂山、李沧等主城区可实现 5G 信号全面覆盖。

(3)出台《青岛市推进基层便民服务标准化工作方案》《青岛市促进家政服务业高质量发展实施方案》,解决青岛市家政服务业市场供给不足、服务水平不高、管理机制不全等问题,促进家政服务业高质量发展。通过强化财税金融支持,完善公共服务政策,提高家政从业人员综合素质等,推动全市镇(街道)、新村(社区)实现便民服务标准化,促进全市家政服务业高质量发展。

**(五)持续加大社会民生大项目投入和建设,支撑公共服务水平进一步提升**

大项目是经济社会发展的重要支撑,是发展的"生命线",是实现走在前列、高质量发展的支柱。1～8 月份,全市在建项目 5447 个,同比增加 1343 个,增长 32.7%。全市新开工项目 2193 个,同比增加 411 个,增长 23.1%。

1. 社会民生领域投资稳步推进

1～8 月份,社会民生领域在建项目 402 个,同比增加 109 个,完成投资增长 16.9%,比上月提升 0.8 个百分点,占全市投资比重为 8.7%,同比提升 0.9 个百分点,对全市投资增长的贡献率为 26.6%。

2. 重点领域基础设施投资、建设保持较快增长

2020 年,交通基础设施等项目持续增加。1～8 月份,交通基础设施投资继续稳健发力,交通基础设施投资增长 11.2%,涉及交通基础设施投资项目 987 个。交通基础设施投资占全市投资的比重为 17.3%,同比提升 1 个百分点,对全市投资增长的贡献率为 10.0%。

城市品质改善投资稳步提升。1～8月份,城市品质改善在建投资项目402个,同比增加109个,完成投资同比增长16.9%。占全市投资的比重为8.7%,同比提升0.9个百分点,对全市投资增长的贡献率为7.2%。

打造时尚之城。正在推进的项目有东庆童话婚庆主题项目、华道资本电音电竞项目、奇瑞途居房车营地项目、万科深潜水上运动项目等,推进青岛文化和旅游项目更多元、更丰富、更能满足年轻群体的需求。

### 3. 文旅项目招商引资成效显著

截至6月底,全市单体投资5000万元以上的重点文旅项目99个,总投资额超过3500亿元。有7个全市重点文旅项目开工落地,6个重点文旅项目成功签约。主要包括休闲度假、海洋旅游、影视文化、度假酒店等产业门类,有效弥补项目分布不均衡、旅游淡旺季差异明显、内容物支撑不够、IP吸引力不强等发展短板。

### 4. 民间投资成为亮点

从项目个数看,上半年全市民间投资在建项目3379个,占全市投资项目总数的62.1%;从投资体量看,全市民间投资占总投资的58.1%,同比提升6.5个百分点。青岛融创西发文化发展有限公司青岛影视外景地东区1号地商务办公区项目等大项目建设进度快。

### 5. 上合示范区、市北区和西海岸新区成文旅大项目的大赢家

2020年,截至6月底,正在推进的上合相关项目有:利用上合国家非遗文化搭建的产业平台"上合非遗文化产业园项目";兰山路28号俄罗斯雅钻文化旅游交流中心项目,在上合示范区和自贸区内开展中俄贸易、出口、加工、物流等,全面扩大与俄罗斯的产业合作。同时还有小语种进出口图书公司、上合文化艺术交流中心等项目在谈。

8月6日,市北区历史文化街区招商项目签约,8个产业项目签约落地。其中,青岛啤酒国际精品酒吧项目打造集精品酒吧、啤酒主题咖啡馆、酒香民宿于一体的多元生活体验地;索尼旗舰店将投资650万元,打造省内日系数码产品最优体验中心;世茂喜达高端酒店建成后,为四方路工业设计产业和馆陶路金融产业白领提供餐饮、住宿;嘻嗨公寓项目将运营2000套青年公寓。

9月28日,2020青岛影视博览会闭幕式在青岛西海岸新区举行,超千万元影视政策补贴兑现发放,19个影视文化产业项目签约,"影视之都"国际影响力进一步提升。其中,影视类项目6个,剧组类项目13个。西海岸新区还为44家符合补贴条件的影视企业兑付了419.32万元青岛灵山湾影视文化产业区影视产业发展专项资金。该专项资金已连续四年向新区150余家影视文化企业拨付资金近5000万元(含本次拨付金额),补贴范围涵盖影视投资、编剧、拍摄、设施设备租赁、后期制

作,以及发行、院线、影视产品交易等影视全产业链影视文化企业。此外,优酷定制剧《走起!我的天才街坊》、网络电影《半狼传说》和《异球实习生》剧组以及影视产业园区获得青岛西海岸新区支持影视行业健康发展政策补贴 295.2 万元。

### (六)人才建设多措并举,结构进一步优化

2020 年,出台《关于加强人才住房建设和管理的实施意见》《关于切实做好新型冠状病毒感染肺炎疫情防控期间技能人才评价有关工作的通知》《关于进一步做好"互联网＋职业技能培训"工作的通知》《青岛博士创业园管理办法》《青岛高层次人才创业中心管理办法》《关于全面开展企业技能人才自主评价工作的实施意见》《2020 年"青岛英才"系列人才工程实施计划》等政策措施,从人才落户、住房安家、就业创业、实习实训等方面为毕业生来青创新创业提供全流程服务;聚集"双招双引"等 15 个攻势,搭建重点产业用人需求与人才间的精准对接平台,助力企业和人才突破"引才难""求职难"的困境,启动"战'疫'有情,'青'有独钟"招才引智系列活动;聚焦上合示范区和山东自贸试验区青岛片区"两区"建设推出人才新政;《青岛"未来之星"工程实施细则》出台实施……截至 6 月底,新引进培育各类人才 9.25 万人,"双招双引"攻势2.0 版招才引智任务完成率 60.9％;已经试点遴选首批"未来之星"30余人,拟给予相关单位培养经费总额达 840 万元。为重点区域和重点领域发展提供强有力的人才支撑。截至 8 月末,累计聚集各类人才15.61 万人,占年计划的 62.4％。

### (七)建设文化强市取得新进展,呈现新亮点

加强地方优秀文化挖掘和阐发,打造海洋文化、历史文化、红色文化、对外交流文化等青岛文化品牌。组织好文艺精品创作,讲好青岛故事,塑造好青岛形象。增扩建图书馆、博物馆等文化设施,拓展文体休闲空间,建设全民阅读设施,继续开展全民阅读活动,开展文化旅游消费促进活动,建设运动场地和健身设施,改造提升商业步行街,提升城市文化生态和精神品格。截至 8 月末,已完成全部 100 处书亭、20 处书屋和 30 处朗读亭选址,其中 48 处书亭、8 处书屋、16 处朗读亭已完成设置并投入使用,分别占年计划的 48％、40％和 53.3％;累计已有37.7 万余人次参与"时尚文惠活力青岛"文化惠民消费促进活动和"时尚有你.惠游青岛"旅游惠民消费促进活动,发放文化旅游惠民消费补贴资金 2158 万元,实现优惠 1291.2 万元;完成健身场地设施项目招投标和场地硬化等基础工作,进入健身器材生产和安装施工阶段;完成 4条步行街改造提升方案并组织实施,其中台东商业步行街入选第二批

国家级步行街改造提升试点,即墨古城入选山东省首批步行街改造提升试点。

**1. 应对疫情影响,出台政策支持文化和旅游业发展**

为贯彻落实国家、省关于新冠肺炎疫情防控决策部署,统筹抓好疫情防控和文化旅游业发展,根据省政府办公厅《关于应对新冠肺炎疫情影响促进文化和旅游产业健康发展的若干意见》(鲁政办发〔2020〕7号),青岛市出台政策措施,支持文化和旅游业发展。

**2. 成功举办 2020 青岛国际青年时尚艺术节暨国际青年时尚论坛**

2020 青岛国际青年时尚艺术节暨国际青年时尚论坛成功举办。艺术节聚焦"时尚文化""时尚运动""时尚艺术"三大板块,采用线下会议、线上直播相结合的方式同步进行。活动吸引了 270 余万人次在线观看,现场发布 2020 青岛国际青年时尚艺术节宣传片,成立了国际青年时尚发展共同体,发布了国际青年时尚发展共同体宣言,吸引俄罗斯、乌兹别克斯坦、尼泊尔、韩国、日本、新加坡等多个国家,以及北京、上海、香港、青岛、深圳、成都等多个城市时尚组织、时尚机构、潮流先锋青年代表积极响应加入。

活动持续一个月,开展 17 项潮流城市活动。HI CITY 城市潮流中心项目、山东广电信通网络运营有限公司青岛子公司项目、构建全域旅游服务体系项目、青年文化交流项目鲁作家俱博物馆、少海葡萄酒小镇项目等 5 个时尚项目现场签约。

**(八)提高政务服务水平,推进社会治理体系和治理能力现代化建设迈出新步伐**

**1. 成为山东省首批市域社会治理现代化试点城市**

6月,山东省委政法委正式启动山东省市域社会治理现代化试点工作,青岛与济南等 7 个城市一起被确定为第一期(2020—2022 年)试点城市。近年来,青岛积极探索市域社会治理工作,不断创新理念思路,完善体制机制。2020 年,建立了推进市域社会治理现代化组织指挥体系,努力构建符合发展规律、彰显时代特征、富有市域特色的青岛社会治理新模式。

**2. 建设掌上办事服务平台和青岛政策通平台二期**

截至 9 月末,通过"青 e 办"APP,掌上办事服务平台已累计整合市、区(市)移动端办理的政务服务和便民事项 4370 项,其中,市级 1395 项、区(市)级 2975 项;政策通平台二期建设正在进行数据库设计、用户认证和政策发布模块开发等工作;市民中心建设正在进行室内装修收尾工作,已完成工程量的 93%,同步开展智能化设备设施联调、室内空气检测和消防、综合验收前期工作。

3. 组织实施青岛市帆船事业和"帆船之都"品牌发展十年规划（2019—2028年）

"帆船之都"品牌建设是贯彻落实习近平总书记"办好一次会，搞活一座城"和"更加注重经略海洋"的重要指示，实现"中国帆船运动的领头羊、亚洲帆船运动领军城市、世界著名的'帆船之都'"的目标定位和建设"国际时尚城"的重要举措。长远谋划，立足实际，扎实推进帆船赛事节庆活动举办、帆船推广普及、帆船国际交流、城市品牌宣传推介、帆船产业融合等各项工作，确保帆船运动和帆船事业高质量发展，助力建设开放、现代、活力、时尚的国际大都市。

4. 智慧城市、智慧社区建设亮点纷呈

发布实施《关于加快推进智慧社区、智慧街区建设的实施意见》。着力构建保障有力的智慧社区基础设施、便捷开放的智慧社区服务体系、安全高效的智慧社区治理体系、特色鲜明的智慧街区建设体系，提升社区、街区治理能力和服务水平，推动智慧社区、智慧街区建设模式创新。2020年，智慧社区、智慧街区示范建设稳步推进，市南区、市北区、李沧区、崂山区、青岛西海岸新区至少各建成3个智慧社区、1个智慧街区示范点；城阳区至少建成5个智慧社区、2个智慧街区示范点；其他区（市）至少建成2个智慧社区、1个智慧街区示范点；逐步扩大示范范围，形成可复制、可推广的建设经验和模式。

5. 科学决策、民主决策、依法决策取得新进展

2020年，青岛市启动"我爱青岛·我有不满·我要说话"民声倾听主题活动，旨在将其打造为市域社会治理的"新名片"；提出《关于加快青岛市城市云脑建设的实施意见》，建设"上下贯通、左右衔接，全市一体、高度集成、数据共享、业务协同"的城市云脑，利用互联网、大数据、人工智能等新兴技术手段，全面整合城市资源要素，数字化、网络化、平台化、智能化地"搞活一座城"。到2020年底，城市云脑标准和规范框架体系建立健全，基础平台不断完善，市北区、城阳区、平度市、莱西市等第一批区（市）中枢试点运行，城市管理、应急指挥、交通出行、公共安全、生态环境等城市治理领域示范应用基本建成，城市数据汇聚治理取得突破。到2021年年底，城市云脑建设全面提速，区（市）中枢基本建成，民生服务、经济发展等领域示范应用广泛拓展，城市数据共享应用和开放赋能取得实效，城市云脑在经济社会发展中得到深度应用。

**（九）乡村振兴战略成果显著**

1. 持续推动乡村振兴，创建省级美丽乡村示范村，加强农民技能培训，推动农村改厕规范升级

截至8月末，累计组织开展农民技能培训15360人，占年计划的

76.8%；农村改厕规范升级方面，建成管护服务站100个，占年计划的100%；开工建设粪污处理设施53处，占年计划的132.5%，其中41处已完工，占年计划的102.5%；已覆盖村庄2400个。开工建设农村示范公厕72座，占年计划的72%，其中29座已完工，占年计划的29%。截至9月末，26个省级美丽乡村示范村已开工，占年计划的130%，其中22个已完工，占年计划的110%。

### 2. 实施农村人居环境突出问题整治清零行动

7月，印发《青岛市农村人居环境突出问题整治清零行动实施方案》，聚焦农村改厕、村庄通户道路硬化及私搭乱建、乱堆乱放、非正规垃圾堆放点整治、畜禽养殖粪污处理设施配建、畜禽散放养整治、农业投入品和生产废弃物回收处置、黑臭水体治理等存在的突出问题，全面开展整治清零行动，推动美丽宜居乡村建设走在全省前列。截至9月底，全市1670个行政村实现农村通户道路硬化，占年度任务的85%；2513个行政村完成生活污水治理，治理率达到46.8%；建成农村改厕服务站100个，完成年度计划的100%；5057个村庄（社区）开展垃圾分类，覆盖率达93%，生活垃圾无害化处理率达到100%；本年度560户农村危房改造全部完工；开展农网升级改造，完成新建改造10千伏线路342.85千米、配电变压器310台。

## 二、2021年青岛市社会发展形势预测

2021年，青岛市将以习近平新时代中国特色社会主义思想为指导，坚持以人民为中心的发展理念，统筹推进疫情防控和经济社会发展，超前谋划、有效应对疫情带来的冲击，强化"六稳"举措，落实"六保"任务，努力完成各项建设任务。将以满足人民日益增长的美好生活需要为出发点和落脚点，在不放松疫情防控的前提下，继续全面深化改革，加大民生领域投入，提高保障和改善民生的水平，创新社会治理，着力改善城乡环境，进一步提升人民群众的幸福感、获得感，使人民对美好生活的向往和期待得到更大满足。

### (一)千方百计增加民生投入，公共服务能力将得到进一步提升

#### 1. 继续出台支持就业创业政策，就业创业将有新提升

2020年底前将开发1000个临时公益性岗位并给予岗位补贴。10月，青岛市发布《关于应对疫情影响做好临时公益性岗位托底保障有关工作的通知》，计划年底前在全市开发、储备生产辅助、卫生保洁、安全保卫等后勤辅助类临时公益性岗位1000个，用于托底安置就业困难人员和受疫情影响难以通过市场实现就业的失业人员。

2021年,青岛市将克服疫情带来的不利影响,出台新的鼓励就业创业政策,搭建和完善就业创业平台,扶持各类孵化器发展,提升公共就业服务能力,满足供需双方多层次多元化的就业创业服务需求,实现更高质量的充分就业。预计2021年实现新增就业人数同比增长10%以上,就业结构、质量进一步优化。

2.扩大优质基础教育资源供给,城乡义务教育均衡发展将有新突破

(1)继续扩大基础教育资源供给,推进中小学、幼儿园建设,2020年底完成80所中小学、幼儿园新建、改扩建,力争普惠性幼儿园覆盖率达到90%,并完成城区配套幼儿园专项整治工作。扩大优质教育供给,扩大普通高中学位供给,市内四区普通高中增加2000个学位,全市普通高中录取率进一步提升。在多样化特色办学方面,到2025年,将构建起完善的普通高中、职业高中、综合高中、特色高中"四位一体"的高中阶段办学模式。继续推进青岛一中、九中等优质学校集团化办学,全市新增10个优质学校教育集团。在高等教育方面,将实现青岛幼儿师范高等专科学校和青岛航空科技职业学院两所高职学院招生运行,两所院校预计招生1.5万人。同时,进一步优化高等教育资源布局。推进康复大学、山东大学青岛校区二期工程、北京航空航天大学青岛国际科教新城、哈尔滨工程大学青岛创新发展基地、中国海洋大学西海岸校区等项目建设,并继续引进优质高等教育资源,深化与北京大学等高水平大学的合作。此外,将实施年轻干部队伍建设计划,实行机关年轻副处级干部、学校年轻校级干部"双向挂职",加强直属学校校级副职和中层优秀年轻干部队伍建设。建立健全名师、名校长、名班主任"三名工程"遴选培养、梯队建设、考核评价及奖惩退出制度,组织开展新一轮名师、名校长、名班主任评选,积极培育教育名家。

(2)积极落实《关于促进3岁以下婴幼儿照护服务发展的实施意见》,建设主体多元、管理规范、安全健康的婴幼儿照护服务体系,促进婴幼儿健康成长。到2025年,基本形成多元化、多样化、覆盖城乡的婴幼儿照护服务体系,婴幼儿照护服务水平明显提升,婴幼儿照护服务需求得到进一步满足。

(3)全面落实青岛市教育局印发的《关于开展职业启蒙和体验教育的指导意见》。将职业启蒙与体验教育纳入青岛中小学综合实践课程,逐步实现课程化、常态化和全覆盖。到2022年,将有条件的职业院校建成职业体验基地。

3.继续加大医疗卫生服务体系建设

将加大公共卫生建设力度,坚持问题导向,深入查找青岛市常态化疫情防控中存在的突出问题,全面检视、深刻反思、举一反三,进一步严格执行制度规定、严格规范程序流程,全面抓好秋冬季常态化疫情防

控。要依法、公开、透明、及时、准确发布疫情信息,全力做好舆情处置,不断提高舆论宣传工作有效性。

### 4. 制度建设引领社会保障将更加完善

将有效推进《青岛市居家社区养老服务建设行动计划(2020—2021年)》实施,全面提升青岛市居家社区养老服务建设水平,力争到2021年年底,全市每个镇(街道)至少建成1处镇街级居家社区养老服务中心,每个社区建成1处居家社区养老服务站,城乡居家失能失智老年人家庭养老床位签约达到1.6万张,困难失能失智老年人家庭养老服务实现全覆盖,多样化居家社区养老服务需求基本得到满足,形成居家社区养老服务发展的"青岛模式"。2020年在市南区、市北区、李沧区、崂山区、青岛西海岸新区、城阳区全面推开,同时兼顾即墨区、胶州市、平度市、莱西市城区的各个街道。2021年完成即墨区、胶州市、平度市、莱西市的农村镇驻地居家社区养老服务中心建设,并开展农村失能失智老年人的居家社区养老服务。

青岛"时间银行"将在2021年全面推广实行。"存"服务时间"换"自己养老时间,根据《青岛市养老服务时间银行实施方案(试行)》,重点服务对象为空巢独居老年人、存有时间的60周岁以上老年人,服务项目包括"助餐、助浴、助洁、助急、助医"等。时间银行项目2020年在西海岸新区、城阳区进行试点,正进一步完善工作机制,测试时间银行服务流量。2021年,在试点取得成功经验的基础上,各区(市)全面推广,实现全市通存通兑。

### 5. 将全面组织实施青岛市住房发展规划(2018—2022年)

继续坚持"房子是用来住的"定位,加快建立多主体供给、多渠道保障、租购并举的住房制度,完善住房市场体系和住房保障体系,落实房地产长效管理机制。各区(市)政府将按照职责分工,制定年度工作计划,保障各项任务落实,完善配套政策,加强宣传引导,推动青岛市住房事业高质量发展。

### 6. 城乡居民出行条件将进一步得到改善

充分发挥配套费对基础设施建设的补充和完善作用,打通断头路,将瑞昌路延长线贯通、劲松五路贯通、劲松八路剩余段贯通、清江支路打通,2020年底前可以达到通车条件,劲松五路正在管线施工,到年底可以达到车行道竣工的条件,其他项目也都在顺利推进,力争用配套费把城市的难点、堵点等基础设施快速完善。

### (二)人居环境将更加完善

#### 1.《2020年青岛市生活垃圾分类工作行动方案》年底收官

2020年底前全市实现生活垃圾分类全覆盖,生活垃圾回收利用率不低于35%,基本建成生活垃圾分类投放、收集、运输、处理体系。将围绕贯彻落实行动方案和《青岛市生活垃圾分类管理办法》,完善法规标准体系,加大宣传发动,加快规范提质,坚决打好生活垃圾分类攻坚战、持久战,为城市环境品质提升作出应有贡献。

2. 百佳公厕、深度保洁道路3年攻坚计划将有效推进

青岛市深入推广"净善境美""如厕如家"等品牌化服务,城市公厕的颜值和品质不断提升。2020年度面向全社会公开评选最佳公厕、网红公厕、智慧公厕,评选结果将于2020年11月19日"世界公厕日"期间公开发布。

千条深度保洁道路是在全市原有153条基础上,2020年计划再创建200条,2021年、2022年每年创建330条左右,至2022年末,总计达标道路1000条以上,要求车行道实行机扫、洒水与冲洗相结合作业模式,全部实现每日"两扫、三洒、一冲",做到道路见底见本色、无灰无扬尘;人行道实行机械化保洁,高压冲洗每周两次以上。

将持续加大生活垃圾分类攻坚力度,从落实主体责任、推动群众习惯养成、加快分类设施建设、完善配套支持政策等方面入手,深入推进青岛环保世纪行"垃圾分类从我做起"宣传月活动,发挥考核指挥棒力量,推进标准化"四分类"投放桶点升级改造和撤桶并点,督促指导员站桶服务指导,实施厨余垃圾日间收运重点突破,开展联合执法行动,引导市民养成良好习惯。

**(三)文旅大项目将持续发酵,为青岛文旅创业高质量发展提质增效**

2020年签约和开工建设的大项目将在2021年继续有序推进,并取得重要阶段性成果。已成功签约的影视文化产业项目将进一步促进新区影视文化产业繁荣发展;高新区东方伊甸园项目力争2020年底前开工建设、2023年对外营业;青岛大学医学教育综合楼、市儿童福利院、国家文物局水下文化遗产保护中心北海基地一期项目力争2020年内建设完工;哈尔滨工程大学青岛校区项目一期建设预计2021年秋季投入使用;青岛国际虚拟现实产业园项目二期主题体验区预计2021年启动区开园运营;北航青岛国际科教新城项目一期项目预计2021年建成,2022年具备投入使用条件。

**(四)将拓展人才创新创业平台,"双招双引"攻势再加力**

2021年,青岛市将继续通过拓展人才创新创业平台,推出招才引智活动升级版,推进全民招才引智工程,不断优化人才创新创业环境,实现人才总量明显增长,人才结构明显改善。预计全年人才总量同比增长10%以上。

### （五）智慧社区、智慧街区建设将上新台阶

1. 将稳步推进《关于加快推进智慧社区、智慧街区建设的实施意见》落实

加快部署智慧社区基础设施，推进提升智慧社区服务水平，加快提高智慧社区治理能力，推动特色化智慧街区建设。到2021年底，市南区、市北区、李沧区30％的社区建成智慧社区，崂山区、青岛西海岸新区、城阳区40％的社区建成智慧社区，完成山东省新型智慧城市市级、县级试点智慧社区建设任务。到2022年，智慧社区、智慧街区建设全面推进，全市40％的城市社区建成智慧社区、具备条件的主要城市街区基本建成智慧街区，青岛市智慧社区、智慧街区建设成为山东省样板，在全国达到领先水平。

2. 将有效推进《关于加快青岛市城市云脑建设的实施意见》实施

将坚持问题导向，建设"上下贯通、左右衔接，全市一体、高度集成，数据共享、业务协同"的城市云脑，利用互联网、大数据、人工智能等新兴技术手段，全面整合城市资源要素，数字化、网络化、平台化、智能化地"搞活一座城"，构建政府、企业、科研机构等多方参与、共建共治共享的城市治理新格局。

### （六）将继续推进健康青岛建设

推进健康青岛建设，到2022年，健康促进政策体系基本建立，健康生活方式有效推广，全民健康素养水平稳步提高，重大慢性病发病率上升趋势得到遏制，重点传染病、严重精神障碍、地方病、职业病得到有效防控，重点人群健康状况得到改善。到2030年，健康促进政策体系更加完善，健康公平基本实现，健康生活方式基本普及，全民健康素养水平大幅提升，因重大慢性病导致的过早死亡率明显降低，人均预期寿命持续提高，居民主要健康指标超过高收入国家平均水平的总体要求。

重点开展健康知识普及行动、合理膳食行动、全民健身行动、控烟行动、心理健康促进行动等16个方面的专项行动。到2022年，在各区（市）主城区要全面建成"8分钟健身圈"，全市各级党政机关建设成无烟机关，实现每个镇（街道）至少有1个标准化镇街级居家社区养老服务中心。逐步将心肺复苏术纳入企事业单位培训，在人口聚集的公共场所配备基本急救设备；实现肿瘤登记工作在全市范围内覆盖，开展癌症临床数据分析研究；推动将肺功能检查纳入40岁及以上人群常规体检内容；有效控制饮水型地方性氟中毒危害，在水氟超标严重地区实施农村饮水安全巩固提升工程。

在中医药方面，将加强传承创新发展行动。到2022年，建立1～2

家省级以上中医医疗机构、1个省级中医专科（专病）诊疗中心，打造6家三级中医医院、10个国家中医重点专科。引进建立5个全国中医区域诊疗中心青岛分中心、100个省级以上名中医工作室。推进中国中医科学院青岛技术合作中心建设，建成山东中医药大学青岛中医药研究院。建立中医药适宜技术线上线下推广平台，社区卫生服务中心、镇（街道）卫生院全部建立国医馆，建成60个精品国医馆，基层医疗机构中医药诊疗量占基层医疗机构诊疗总量的比例达到30%。

### （七）乡村振兴确保农村人居环境突出问题整治清零行动完美收官

乡村振兴确保农村人居环境突出问题整治清零行动在2020年底完成。农村改厕问题清零。农村改厕账实相符、应改尽改、质量达标，设施器具完好，厕污无渗漏，符合无害化标准；厕所粪污管护体系健全，后续服务到位；国家、省、市检查暗访发现和自查问题全部整改到位。村庄通户道路硬化任务清零。完成2020年通户道路硬化任务，达到"晴天不起土，雨天不踩泥"标准。村庄私搭乱建清零。村庄乱堆乱放清零。村庄公共空间、街巷和房前屋后干净整洁有序。农村非正规垃圾堆放点清零。未经批准的各类垃圾堆放点全部清除，村内外没有垃圾堆放死角。畜禽养殖粪污处理设施配建和散放养问题清零。畜禽规模养殖场粪污处理设施全部配建、运转正常；村内没有畜禽散放养、到处乱跑现象。农业投入品和生产废弃物整治。农药包装废弃物基本回收，农作物秸秆基本实现综合利用，废旧农膜、尾菜等废弃物得到及时有效处置。村庄黑臭水体整治。完成2020年农村生活污水治理任务，确保村庄内基本没有黑臭水体，污水无乱排乱放、乱泼乱倒现象。

将整治清零行动纳入农村人居环境整治重要考核内容，采取"半月调度、每月通报、每月督导"等措施，用整治清零倒逼责任落实，及时开展问题通报、排名约谈和函告提醒。相关区（市）要建立问题台账，责任落实到人，逐一清零，逐一销号。结合农村人居环境整治整县验收安排，对行动落实情况进行检查评估。强化正向激励措施，采取积分制、道德银行、文明家庭、光荣榜等形式，动员农民群众广泛参与，形成良好工作氛围。对工作重视不够、推进不力，群众反映问题集中、造成恶劣影响的，将依纪依规追究问责。

（作者单位：青岛市社会科学院）

# 2020～2021年青岛市农业农村法治建设形势分析与预测

沙剑林

党的十八大以来,以习近平同志为核心的党中央从关系党和国家前途命运、长治久安的战略高度定位法治、布局法治、厉行法治,开启了全面依法治国的新时代。"三农"问题关系国计民生,是全党工作的重中之重;实施乡村振兴战略是新时代"三农"工作总抓手。推进农业农村法治建设,是全面依法治国的重要内容,是实现乡村全面振兴的迫切需要,也是乡村治理体系和治理能力现代化的必然要求。2020年,青岛市农业农村部门认真贯彻习近平新时代中国特色社会主义思想,深入贯彻落实党中央全面依法治国重大战略部署和省委、市委要求,积极转变观念,创新工作方法,推动农业农村法治建设取得重要进展,在立法、执法、普法和审批服务等方面均实现了突破,为规范、引领和推动"三农"工作提供了有力的法治保障。

## 一、2020年青岛市农业农村法治建设形势分析

### (一)取得的成绩

1. 农业农村法律法规体系逐步完善,地方立法实现新突破

良法是善治的前提。目前,我国农业农村领域共有现行有效法律18部、行政法规29部、部门规章144部,涵盖农业基本法、农村基本经营制度、农业生产资料管理、农业资源环境保护、农业产业发展、农业支持保护、农业产业和生产安全、农产品质量安全等诸多方面。近两年,新颁布了土地管理法、土壤污染防治法和农作物病虫害防治条例;2020年上半年,动物防疫法和乡村振兴促进法分别提请全国人大常委会进行审议,标志着农业农村法律法规体系在不断健全和完善。青岛在抓好国家和省级层面农业农村法律法规宣传贯彻的同时,立足实际,坚持问题导向,扎实推进地方立法工作。特别是针对农业废弃物污染环境

的突出问题,于 2020 年 9 月出台了《青岛市农业废弃物管理暂行办法》（青岛市人民政府令第 280 号）。该办法将农药包装废弃物、肥料包装废弃物、废旧农用薄膜、病死畜禽、畜禽粪污、农作物秸秆、蔬菜尾菜等统一纳入管理范围,成为全国迄今为止涵盖农业废弃物范畴最广的地方政府规章。

2. 农业综合行政执法深入实施,"砺剑护农"成为服务名牌

农业综合行政执法改革任务得到落实,市和区(市)两级农业综合行政执法机构均已组建并规范运行,形成了涵盖农业、畜牧业和农机三大领域的综合执法体系,全市专职农业执法人员达到 178 人。在 7 个涉农区(市)中,即墨区、西海岸新区在农业农村局内部独立设置农业综合行政执法大队;城阳区、胶州市、平度市、莱西市在综合行政执法局内部设置农业执法科室,统筹调度农业执法工作;崂山区农业综合服务中心加挂农业行政执法大队牌子,负责农业、渔业、农机领域行业管理、检测、执法、技术推广等相关业务。执法规范化建设扎实推进,示范创建成果丰硕。修订发布了《行政执法信息公示办法》《行政执法全过程记录办法》《重大执法决定法制审核办法》,"三项制度"全面落实。积极参与全国示范创建活动,青岛市农业行政执法支队、青岛西海岸新区农业农村局分别荣获全国第一批农业综合行政执法示范窗口和示范单位称号。执法队伍建设全面加强,执法能力明显提升。市农业行政执法支队副支队长刘军同志被司法部授予"全国法治政府建设工作先进个人"称号,是全国农业农村系统仅有的 3 名入选者之一。积极派员参加国家、省、市行业技能大赛,培树"全国农业技术能手"1 人,省"五一劳动奖章"1 人,市"五一劳动奖章"2 人。以"砺剑护农"为主题,常态化开展农资打假、畜禽屠宰"零点"行动、禁限用农药"清源"行动、道路交通"平安行·你我他"行动、打击违法违规调运生猪、集中销毁假劣农资等 10 余个专项行动,近三年来年均查办违法案件 800 起以上,罚没款 400 万元以上。2020 年 1～9 月,全市查办违法案件 925 起、罚没款 637.51 万元,均创历史最高水平。"砺剑护农"获评青岛市机关服务名牌。

3. 农业农村法治监督持续加强,依法行政有力推进

完善合法性审查程序规定,确保涉农重大决策科学规范。1～9 月,市农业农村部门严格按照《合法性审查程序规定》审核会议材料及文件 66 份、部门规范性文件 4 个、市政府规范性文件 1 个、合同 68 份;对本部门规范性文件进行清理,公布现行有效的 7 个部门规范性文件。落实"双随机、一公开"制度,梳理筛选出 19 项行政检查事项,制定并组织实施年度随机抽查计划,提高监管效能。修订行政处罚裁量基准,参照省农业农村厅、省畜牧兽医局行政处罚裁量基准,结合青岛实际,细化量化裁量基准,共梳理并发布实施 332 项。严格落实法律顾问制度,

扩大法律审核服务内容,围绕重大行政决策、行政应诉、突发事件处置等进行专家咨询论证、法律服务,为依法行政提供有力保障。主动模拟"民告官",联合市中级人民法院开展农业行政诉讼模拟法庭研讨活动,以自行办结的行政案件为脚本,模拟行政诉讼全流程要素,进行实战演练,增强以案释法的针对性,有效提升了行政应诉能力。精心组织开展农业执法案卷评查,1例案卷入选农业农村部十大典型案例、5例获评省优秀案卷、7例入选省优秀案例选编,数量居全省首位。积极化解涉农矛盾纠纷,2020年以来承办12345热线900余件,均按时依法依规回复;设立7个县级农村土地承包纠纷调解仲裁委员会,妥善化解纠纷598件;联合市法律援助中心、律师事务所,成立市农业行政执法诉前调解工作室,帮助指导农民依法维权,全市年均受理农民农资类投诉举报300多件,通过依法调处为农民挽回经济损失500万元以上。

4.农业农村普法工作扎实开展,法治宣传深入人心

2020年是"七五普法"的最后一年,青岛市以增强法治思维、提升法治素质为核心,把农业普法工作纳入农业依法行政考核,深入开展"乡村振兴与普法守法"宣传教育活动,推动普法向基层延伸,为建设法治政府、法治乡村营造了良好环境。在普法重点上,以宪法、新出台的法律法规以及与农民群众利益密切相关的法律法规为重点,及时开展法律法规解读和普法专题活动,疫情防控期间开展"防控疫情、法治同行"专项法治宣传,加强动物防疫法、野生动物保护有关法律法规的宣传,提高了社会认知度。在普法方式上,深入推进"互联网+普法",依托市农业农村部门"线上科技大集"、青岛经济广播FM102.9"丁一说法"、"农民培训云直播"、青岛综合广播FM107.6《新闻晚高峰》等平台深入普法,并将宪法、涉农法律法规等梳理为8个类别,以二维码的形式向全社会特别是"三农"干部队伍和农业农村广大生产经营主体推送,共同营造遵法守法学法用法的浓厚氛围。市农业行政执法支队专门制作了"廉洁执法 砺剑护农"动画普法作品,通过生动形象的动画,教育广大生产经营主体严格守法、执法人员公正执法。在普法载体上,坚持以上率下,务求实效。市农业农村部门组织开展"每月一讲"法治大讲堂,通过外请辅导和干部"三述"(述理论、述政策、述典型)的形式,掀起学法、述法、考法热潮,提升机关干部法治素养;在社会层面,组织开展未成年人农业知识普法活动,以"走进农业小天地"为题,从农业是什么、我国农业现状、我国主要农作物等方面,以通俗易懂的语言和精彩简短的小视频为未成年人打开农业的精彩天地。在普法责任上,积极推进"谁执法谁普法"工作责任制,年初制定责任清单,把普法融入行业管理、执法监管和公共服务中,落实以案释法制度,结合典型案例强化释法说理,累计宣传教育各类农业从业人员30余万人。

5.农业农村"放管服"改革成效显著,营商环境持续优化

在"放"上,市级农业行政审批事项已压减至21项,其中行政许可事项19项、其他权力事项2项。积极做好山东自贸区青岛片区证照分离改革试点工作,已完成兽药经营许可证核发(生物制品类)、饲料、饲料添加剂生产的企业审批、生猪定点屠宰厂(场)设置等3项审批事项的优化任务;在莱西市开展了"动物诊疗许可"与"执业兽医注册"并联审批试点工作,为企业节省了办事时间。1～9月,市农业农村部门共办理行政审批事项320件,按时办结率和群众满意率均为100%。在"管"上,制定事中事后监管措施,落实监管责任,防止管理缺位。2020年落实全省"重点工作攻坚年"要求,注重实施包容审慎监管,在全省农业领域率先发布《轻微违法行为不予行政处罚清单》,涉及5个农业执法领域,共11项内容,适用范围涵盖全市20多万个农业市场主体,促进了营商环境的持续优化。在"服"上,认真落实"三减一优"(减材料、减环节、减时限,优化审批服务),深入推进"一窗受理·一次办好"改革,推行"一业一证"改革,建立规范化工作机制,创新便捷化服务方式,所有行政审批事项均比法定承诺时间提速,驻厅审批事项全部实现了"网上办"、"一次办"和"零跑腿"。疫情防控期间,为推动企业复工复产,适时出台了优化审批服务公告,对需要现场审核的许可事项,采取延缓现场审核实行告知承诺制,对符合条件的企业直接发放许可证书,疫情好转之后,再组织专家对申报企业进行现场审核,极大方便了企业、群众办事。

(二)存在的问题

虽然青岛市农业农村法治建设成效显著,但对标新时代新形势对法治工作提出的新任务新要求,当前农业农村法治工作仍存在一些短板和弱项。

1.对农业农村法治建设的重视程度有待进一步提高

个别区(市)对农业农村法治工作不够重视,组织领导机制和法治工作机构不够健全、力量薄弱,运用法治思维和法治方式推动工作的自觉性、主动性和创新性不够。

2.农业农村法律法规体系需要进一步完善

从全国层面来看,农业农村个别领域仍然存在立法空白,《农产品质量安全法》《生猪屠宰管理条例》等法律、行政法规的修订工作有待提速;从青岛市来看,在促进农业特色产业发展、强化农村集体资产管理、加强耕地质量保护等方面,均有进一步提升的空间。

3.农业综合行政执法改革需要进一步深化

个别区(市)农业综合执法力量配备还比较薄弱,农业综合执法队

伍还存在素质不高、能力不强、保障不足等问题,日常监管和综合执法的联动、协调机制有待进一步完善,农业综合执法机构与其他行业综合执法机构以及司法部门的协作需要进一步加强。

4. 农业农村普法宣传力度需要进一步加大

直接面向农村农民的法治宣传在一定程度上还存在着形式相对单调、内容不够精准、效果不很明显的问题,群众喜闻乐见的新型普法方式有待于进一步挖掘和推广。

5. 农业农村一流营商环境需要进一步打造

随着"放管服"改革的深入推进,在坚决"放"的同时如何强化"管"、创新"服"仍然有差距,个别区(市)在前台受理和现场核查的衔接上还不顺畅,"重审批、轻监管"倾向还不同程度地存在,市场主体的活力有待于进一步激发。

## 二、2021 年青岛市农业农村法治建设趋势预测

2021 年是"十四五"开局之年。随着打赢脱贫攻坚战、全面建成小康社会目标在 2020 年全面实现,2021 年"三农"工作重心将全面转向乡村振兴,农业农村法治工作将面临新的形势和任务。做好 2021 年农业农村法治工作,要坚持以习近平新时代中国特色社会主义思想为指导,坚持依法治农、依法护农、依法兴农,以构建"完备的法律规范体系、高效的法治实施体系、严密的法治监督体系、有力的法治保障体系、便民的审批服务体系"为目标,有力有效推进立法、执法、普法、法治监督和审批服务工作,推动农业农村法治建设再上新台阶,为加快推进农业农村现代化、推进乡村治理体系和治理能力现代化提供有力的法治保障。

### (一)完备的农业农村法律规范体系将持续构建

从国家层面来看,随着乡村振兴战略的深入实施,与乡村振兴密切相关的关键领域立法将加快推进,逐步形成以乡村振兴促进法为统领,以粮食安全保障、农村土地制度、乡村产业振兴、农业绿色发展、农产品质量安全、乡村治理现代化为重要支撑的法律法规体系,同步推动既有农业农村法律法规的立、改、废、释工作。青岛将根据国家层面立法进程和有关规定,配合做好人大审议、征求意见、修改完善等工作,同时提前谋划、前瞻性研究本行政区域内促进乡村振兴的相关地方性法规、规章。

### (二)农业农村执法工作将迈上新台阶

严格执法是确保法律法规实施的重要保障。随着农业综合执法改

革的深入推进,农业农村执法工作面临着新的挑战和机遇。要按照中央要求,深入落实农业综合执法改革任务,在理顺体制的基础上,进一步抓好运行机制的优化完善,推动实现从"物理整合"到"化学融合"的转变。提升执法能力是永恒的课题,各级农业综合执法机构将按照上级部署,大力实施能力提升行动,从完善执法体系、健全执法制度、改善执法条件、加大培训力度、提升办案水平等方面持续发力,推动执法人员素质、能力整体提高。查办违法案件是执法机构的主责主业,青岛各级农业综合执法机构将把执法办案情况作为衡量改革成效和执法工作的主要标准,强化农资、农产品质量、动物卫生、农业机械等领域违法行为的查处力度,同时及早研究农村宅基地、土壤污染防治、农业生态环境资源保护等领域的法律新规,打造一支敢办案、会办案、办铁案的执法力量。

### (三)农业农村法治监督将得以强化

加强法治监督是提高依法行政水平的重要保障。按照《重大行政决策程序暂行条例》要求,农业农村部门将进一步健全依法决策机制,把公众参与、专家论证、风险评估、合法性审查、集体讨论决定作为重大行政决策的必经程序,实现科学、民主和依法决策。持续加强规范性文件合法性审查工作,建立健全规范性文件合法性审查机制,未经合法性审核或者经审核不合法的,不得提交审议。严格规范执法行为,落实行政执法责任制,加大行政执法"三项制度"、规范行政处罚自由裁量权办法、行政执法程序规定等规章制度的落实,强化行政执法评价和考核监督制度,监督实现严格规范公正文明执法。开展行政决策实施评估,对重大行政决策、地方性法规、政府规章、规范性文件等行政决策开展实施后评估,运用科学、系统、规范的评估方法,结合行业管理、市场秩序等营商环境要素进行全面评估,确保政策落地落实。

### (四)农业农村普法工作将开启新征程

加强法治宣传教育是促进法律有效实施的基础工程。2021年,各级农业农村部门将深入贯彻落实中央全面依法治国委员会《关于加强法治乡村建设的意见》要求,建立农业农村长效普法机制,为乡村振兴营造良好的法律氛围。在普法工作落实上,进一步强化"谁执法谁普法"工作责任制,实施普法清单动态管理,做到法治宣传教育有专人负责、有目标任务、有措施保障、有检验评估。在普法工作重点上,深入开展"乡村振兴与普法守法"法治宣传教育活动,突出法治精神的培育和法治文化的塑造,以宪法、民法典、新制修订涉农法律法规章以及与农民群众生产生活密切相关的法律法规宣传为重点,贴近实际、贴近生活、贴近群众。在普法手段上，把普法贯穿立法执法、公共服务全过程，立法时广泛征求公众意见，执法时注重以案释法，日常监管、技术推广、惠农服务过程中融合开展普法活动，创新运用云平台、微视频、动漫等形式，增强普法工作的吸引力和实效性。

### (五)农业农村"放管服"改革将不断深化

"放管服"改革本质是优化农业农村领域营商环境。2021年，青岛农业农村部门将进一步深化简政放权工作，按照"能放则放"原则，继续依法依规进行审批事项下放；对需要现场勘验的审批事项，将现场勘验环节委托给各区(市)自行开展或者交互开展，勘验专家从市专家库中抽取，优化审批流程，规范审批程序，提高审批效率。深入推进政务事项进大厅工作，按照"规范、便民、高效、廉洁"宗旨，除场地受限事项外，所有政务服务事项进驻大厅，实现"大厅之外无审批"。落实省、市深化相对集中行政许可权改革工作，明确审管职责边界，优化协调联动机制，确保划转事项有效衔接、有序运行。强化宣传引导，充分利用互联网、微博、微信、新闻客户端等形式，做好"一次办好"有关政策宣传解读，畅通"一次办好"咨询投诉反馈渠道，积极回应社会关切，让企业和群众真正了解优化农业农村营商环境的各项措施和政策，提升获得感和满意度。积极构建事中事后监管新模式，在认真落实农业领域免罚清单的基础上，创新监管理念和监管方式，坚持"有诉必理、无事不扰"，依托"双随机、一公开"、行政处罚与行政强制权力网络运行系统、信用中国等平台，加快构建以信用为基础的差异化监管模式，不断优化事中事后监管，全力打造一流营商环境，为青岛把握"双循环"机遇、实现更高水平开放、加快建设创业城市贡献力量。

(作者单位：青岛市农业农村局)

# 2020～2021年青岛市就业形势分析与展望

张月晓　于文超

2020年以来，青岛市深入贯彻落实国家、山东省关于稳就业、保居民就业决策部署，围绕"十五个攻势"作战方案，全力以赴减负、稳岗、扩就业，保障了全市就业形势总体稳定。

## 一、2020年青岛市就业形势分析

### （一）2020年青岛市总体就业情况

1. 提前完成全年就业目标任务

1～9月份，城镇新增就业35.84万人（2020年6月10日，人社部、国家统计局等四部门联合下发《关于做好城镇新增就业统计工作的通知》，对城镇新增就业统计口径和标准进行了调整。城镇新增就业人数是指城镇区域内由未就业转为就业状态的劳动年龄内新就业人数与自然减员人数之差。该数据为根据国家、省新口径统计。），完成全年目标30万人的119.47%，同比增长13.89%。其中，首次在青就业18.84万人，同比增长3.13%。

2. 城镇登记失业率控制在较低水平

截至9月底，全市实有城镇登记失业人员8.75万人，同比增长6.95%。期末全市城镇登记失业率3.04%，较上年同期小幅提高0.1个百分点，仍处于较低水平。

3. 服务业吸纳就业持续增强

1～9月份，服务业吸纳就业23.56万人，同比增长16.44%。其中信息传输计算机服务软件业、建筑业和批发零售业等行业吸纳就业增幅较大，分别同比增长74.65%、30.56%和18.61%。制造业吸纳就业3.76万人，同比下降0.52%。

4. 民营经济吸纳就业更加强劲

1～9月份，民营经济吸纳就业29.43万人，同比增长18.28%，占就业总量的 82.13%,达到历史新高。国有和集体企业、外商投资企业吸纳就业分别同比下降 9.30%、22.48%。

**5. 扶持创业人数大幅增长**

1～9 月份,全市政策性扶持创业 4.12 万人,完成全年目标 275%,同比增长 95.7%;发放创业扶持资金 6.73 亿元,发放创业担保贷款 3.1 亿元。

**6. 人力资源市场就业岗位呈现新特点**

1～9 月份,全市技能技术类岗位需求 6.4 万个,同比增长 12.6%。其中,新职业、新业态带来新的就业岗位,区块链应用操作员、互联网营销师、无人机驾驶员等 56 个职业在人力资源市场首次发布。工业互联、医疗健康、安全生产等成为新的需求增长点,通信工程师、电气工程师、设备工程技术人员、安全工程师等岗位需求大幅增加。

**7. 招聘工资增幅较大**

全市人力资源市场调查统计显示,用人单位提供的平均招聘工资为 5180 元/月,同比增长 10.9%。招聘月薪过万元的岗位需求数量 1511 个,同比增长 159.6%,其中,通信工程师、游戏设计师、光学计量工等岗位月平均招聘工资居前三位,分别为 20500 元、20000 元和 14500 元。

### (二)青岛市就业推进政策与成效分析

**1. 精准实施疫情防控稳就业政策**

市委、市政府先后实施"支持中小企业发展稳就业政策""保居民就业工作方案",市人力资源社会保障局、市财政局、市民营经济局等部门相继出台 20 余个稳就业政策性文件,迅速构建起青岛市疫情防控稳就业政策体系。采取大数据技术,实施"政策找企""政策找人",主动比对符合条件的企业及个人,精准推送政策,快速落实政策,确保政策第一时间惠及广大企业及人民群众。截至 9 月份,青岛市各项就业创业政策均有效落地。1～9 月份,青岛市共为 22.7 万家企业减免社保费 111.4 亿元;为 7.6 万家企业发放稳岗返还资金 4.19 亿元,稳定岗位 204.5 万个。

**2. 全力保障复工复产企业劳动用工**

企业是稳就业的主体,保障好复工复产企业劳动用工,就能稳住就业基本盘。为此,全市各级人力资源社会保障部门建立干部包片联络、企业服务专员等制度,主动调研全市企业复工、员工返岗、劳动用工等需求等,顶格协调解决企业遇到的困难和问题,累计为 1700 家"四上"企业发布岗位 10 万个。交通、卫健、人社等部门联合搭建企业用工"点对点"运输平台,帮助海尔、海信等 300 多家企业接运复工人员 4.5 万余人。搭建线上招聘平台,累计为1.8万家企业免费发布岗位47.4万个。率先推广"共享用工"模式,满足企业临时用工需求,中央电视台新闻联播给予专题报道。

3. 突出抓好高校毕业生等重点群体就业

聚焦全市"双招双引"攻势,实施高校毕业生聚青行动,将"先落户后就业"政策放宽到专科及以上学历毕业生、毕业学年在校生,累计有2.2万名大学生申请落户青岛。实施大学生住房补贴、一次性安家费等人才引进政策,提升对青年人才吸引力,2020年以来累计发放补贴资金3.05亿元,引进5.2万名高校毕业生。保障好失业人员基本生活,及时将受疫情影响失业人员纳入政策保障范围,发放失业保险金、失业补助金、临时价格补贴等保障资金,1～9月份,累计为34.95万人次失业人员发放失业保险金5.92亿元、失业补助金946万元、价格临时补贴7071万元。

4. 释放创业带动就业和灵活就业新动能

充分发挥创业带动就业倍增效用,整合实施一次性创业补贴政策,对符合条件的小微企业给予最高3万元补贴。升级创业担保贷款政策,将贷款范围扩大到14类群体,将企业贷款额度提高到最高60万元,贷款期限延长到最长9年(最多贷款3次,每次3年)。1～9月份,全市累计发放创业扶持资金6.73亿元,同比增长155%,发放创业担保贷款贴息588.84万元。拓宽灵活就业渠道,将通过平台灵活就业的人员纳入创业担保贷款范围,延长灵活就业社会保险补贴期限,争取人社部新就业形态从业人员职业伤害险试点,促进灵活就业稳步发展。1～9月份,全市共为6.9万名灵活就业人员发放社会保险补贴2.38亿元,同比增长43.37%。

5. 切实防范规模性失业风险

把防范应对大规模失业风险作为当前稳就业的前提,完善工作预案,加强应急处置,严守规模性失业风险红线。设立200万元市级就业风险储备金,必要时及时补充,用于落实临时性、短期性稳就业政策,应对突发性、规模性失业风险。建立全市失业监测预警体系和报告制度,制订防范应对大规模失业风险总体预案,明确风险监测、应急处置、组织保障等事宜,增强风险应对能力。

## 二、2021年青岛市就业工作形势展望

虽然全市就业形势总体稳定,但仍面临疫情影响持续、经济下行压力、国际经贸摩擦等不利因素,稳就业压力依然较大。下一步,青岛市将继续坚持减负、稳岗、扩就业并举,组织实施"四大行动",全力做好稳

就业、保居民就业工作。

### （一）实施保居民就业攻坚行动，就业政策持续创新

全面落实"青岛市保居民就业工作方案"，抓好吸纳高校毕业生就业补贴、失业补助金等一系列稳就业新政落实，支持中小微企业发挥吸纳就业的主渠道作用。助力全面复工复产复市，落实好社会保险费减免、吸纳就业补贴、职业培训补贴等优惠政策，着力稳定和扩大就业岗位，稳住就业大局，稳定社会预期。

### （二）实施就业总量扩容行动，就业渠道进一步拓宽

大力扶持灵活就业，完善灵活就业公共服务平台，为劳动用工余缺调剂、共享员工等提供精准对接服务；采取从业人员职业伤害险、商业综合险等措施，保障灵活务工人员权益；鼓励发展"夜间经济""小店经济"等适合灵活就业的业态，发挥好灵活就业的稳就业作用。深入推进大众创业工程，加大一次性创业补贴、创业担保贷款等政策扶持，释放创业带动就业潜力，拓宽创业带动就业渠道。

### （三）实施重点群体就业促进行动，政府就业兜底责任得到更好履行

加快推进高校毕业生聚青计划，通过密集举办专场招聘会、搭建大学生实习实训平台、完善高校人社服务专员制度等措施，完成引进"双一流"毕业生和离校未就业毕业生就业目标任务。扎实做好失业人员就业援助，保障失业人员基本生活；完善公益性岗位托底安置制度，开发一批临时公益性岗位，履行好政府促进就业兜底责任。

### （四）实施失业风险防控行动，就业形势保持基本稳定

完善失业监测预警体系，创建大数据监测平台，建立人社部门失业风险应对专班，提升风险处置能力，坚决防止出现大规模裁员，确保就业形势基本稳定。

（作者单位：青岛市人力资源和社会保障局）

# 2020～2021年青岛市旅游业发展形势分析与预测

丁金胜

旅游业作为五大幸福产业之首,是满足人民日益增长的美好生活需要的重要产业,也是助力我国脱贫攻坚事业圆满完成的重要支撑产业之一。近年来,青岛市旅游业以供给侧结构性改革为主线,抓牢双峰会筹办契机,在发展全域旅游、加快转型升级中取得了明显进步。2019年,全市旅游业接待国内外游客11132.5万人次,同比增长13%。2019年,全市实现旅游消费总额2005.6亿元,同比增长15.8%,增速较2018年加快2个百分点。其中,外汇收入15.6亿美元,同比增长34.7%,增速较2018年加快20个百分点。在看到成绩的同时,应该清醒地认识到,与先进城市相比,青岛的旅游业还存在一定差距,自身发展还存在诸多问题。特别是2020年上半年,受新冠疫情的影响,青岛旅游业总体发展体量急剧下滑。克服发展的短板和摆脱疫情带来的困境,保持旅游业健康稳定的发展,是摆在青岛面前的一项重要的任务。

## 一、2020年青岛市旅游业发展情况分析

### (一)2020年青岛市旅游业发展基本情况

青岛市积极应对新冠肺炎疫情,采取有力措施加快行业复苏振兴,推动全市旅游市场安全有序运行。国庆、中秋8天长假期间,全市共接待游客447.58万人次,实现游客消费46.45亿元。

#### 1.制订疫情防控方案

制订常态化防控工作方案,在平稳防控的基础上推动企业复工复产,实现全系统零感染、零敏感级以上舆情。全面梳理中央、省市出台的帮扶政策,汇总编制"政策工具包",帮助企业用足用好普惠性支持措施。借鉴先进城市经验,出台《关于应对新冠肺炎疫情影响支持文化和旅游业发展若干政策措施》。建立联系企业制度,成立10个专班深入

一线指导,走访企业 3100 余家,解决实际问题 200 余个。对 399 家符合条件的旅行社暂退保证金,退款额 9038.5 万元。

**2. 组织行业修炼内功**

一是邀请专家针对疫情后市场重启与振兴营销进行在线培训动员,各文旅企业单位 3000 余人参加。二是开展"云课堂"系列教育,通过网络直播等方式举办线上培训 10 余场,内容涉及业务技能、旅游安全、突发事件应对等多个方面,1 万余人参训。三是组织面向全国医护人员的免费游览服务活动,指导文旅企业进行网络预售,为疫后市场振兴提供增收新模式。

**3. 着力提振旅游消费**

一是安排专项资金,策划实施疫情后旅游市场振兴营销工程。组织文旅企业单位进行优惠促销和免费开放,整合特色资源推出系列精品线路产品,开展健康、研学旅游系列活动。二是开展旅游惠民活动,参与企业 2000 余家,11.75 万人次参与,发放补贴 84 万元,直接带动消费 666.6 万元。三是与国内知名网络媒体、OTA 平台合作,对旅游企业进行免费网络宣传,日曝光量超 1000 万次,同步在崂山、栈桥、青啤博物馆等景区开展"云游青岛"网上直播活动。

**4. 培育旅游新业态**

重点布局婚庆、康养、体育、工业互联网体验等新业态,谋划在滨海主要婚拍点选址建设 3 处驿站,并研究制定服务标准。建立研学、体育、康养旅游等新业态项目库,收集项目信息 50 余个。鼓励青岛港、海尔等重点企业加大文旅板块投资,推出特色工业旅游项目。明月海藻健康产业园、华东百利酒庄入选第二批"山东省工业旅游示范基地";玫瑰圣地中医药健康旅游基地入选首批"山东省中医药健康旅游示范基地"。

**5. 加大招商引资力度**

疫情期间运用新媒体网络手段开启文旅"云招商"模式,全市单体投资 5000 万元以上的重点文旅项目 99 个,总投资额 3500 亿元。恒大水世界等 3 个重点项目开工建设,雅钻青岛(俄罗斯)文化旅游交流中心、华道资本中歌世纪等 6 个项目签约落地。

**6. 提升文物保护利用水平**

一是加快推进老城申遗工作,修订完善可行性研究文本,开展"丈量青岛——走近老建筑"视频宣传活动,至 2020 年 6 月,共举办 4 期,80 余万人次在线观看。二是加大博物馆城建设力度,组织 10 家博物馆申请备案,已通过 4 家,总数达 102 家。三是组织 31 家博物馆上线"文物山东"馆藏文物展示,20 余家参与网上预售。举办青岛博物馆城建设成果展,70 家单位参展,展出藏品 300 余件。在全省博物馆十大精品陈列展览中,贝壳博物馆作为青岛市首家非国有博物馆获精品奖,市博物馆、一战遗址博物馆获优秀奖。

### 7. 牵头成立胶东经济圈文化旅游合作联盟

牵头成立胶东经济圈文化旅游合作联盟。发挥龙头作用,会同烟台、潍坊、威海、日照四市共同签署《胶东经济圈文化旅游一体化高质量发展合作框架协议》,达成五大领域 27 项合作。共同开展中国旅游日主题活动,推出胶东七日游产品线路,联合举办胶东文旅商品展,打造"胶东有礼"文创品牌,青岛文旅惠民消费平台面向五市企业全面开放。

加快推动国际国内文旅交流合作。牵头推进上合示范区商旅文交流中心建设,加强与国际组织沟通协调,推进重点项目交流合作。与文化旅游部驻首尔中国文化中心联合推出"云游中国—享约青岛"线上宣传,已上线 2 期展播,10 余个国际网络媒体报道,点击量超过1000 万次。

## 二、青岛市旅游业发展存在的问题

### (一)蔓延性恐慌依然存在

后疫情时期青岛旅游业发展与游客的流动和心理关系密切,疫情带来的蔓延性恐慌直接导致人口流动减少,旅游业的营业下降。青岛旅游业发展的关键在于游客人数,而新冠疫情造成的社会人员流动性"停摆",重创了强烈依赖于客流空间流动的旅游业。旅游业具有很强的综合带动作用,反之也意味着旅游业对其他行业具有很强的依赖性。目前其他行业正处于复苏阶段,因此青岛旅游业对外部环境的变化不仅比较敏感,而且相对滞后,由此使得疫情的蔓延性恐慌依旧存在。同时,区域旅游业是全球旅游产业的重要组成部分,当前我国新冠疫情虽然得到了有效遏制,但疫情危机没有全面解除,并且,全球性疫情大暴发,上升人数比较明显,这使得疫情之下的旅游产业面临的蔓延性恐慌依然存在,从而限制了青岛旅游业的全面复苏。

### (二)体制机制有待健全

当今青岛正从"景点模式"走向"全域旅游",全域旅游是旅游业发展的新业态、新模式,其涉及面广、关联性大,市旅发委内部机构设置和人员配置不能适应全域旅游快速发展的需要,区(市)旅游管理部门力量薄弱、缺乏独立性。巡回法庭、旅游警察、旅游工商在内的"1+3"综合性旅游市场监管创新体系尚未建立。旅游产业市场化运作水平不高,奥帆基地、世园会、邮轮母港、灯光秀等新的旅游景点由政府投资建设,民间资本和金融资本参与度低,发展动能不强。崂山、世园会等景区的经营权和管理权不分,这种一手握两权的行为导致监管不力、经营收益低下以及与社区争利的情况。

### (三)"旅游十"融合发展水平有待提高

从整体来看,青岛市的旅游业和其他产业融合的深度、广度还有待提高。乡村旅游业态单一化、产品同质化、服务简单化,档次不高、特色不鲜明等问题还比较突出;历史人文、民俗风情元素与乡村旅游结合上需加强特质化创意和市场化开发;乡村旅游交通配套、食品安全、服务标准化等有待进一步提升。青岛市开展工业旅游的企业仅有 13 家,在整个工业企业中占比非常低;工业旅游企业仍然停留在简单的游览、参观的传统模式,工业旅游的科技性、趣味性、参与性等深层次内涵没有很好地体现出来;各企业缺乏联合,未能进行系统运作和整体品牌打造,没有形成"集聚"效应。青岛目前拥有甲级联赛球队——青岛双星男篮,2013 年时还拥有中超球队——青岛中能队,由于运营不善,体育赛场一直不够火爆;由于价格高、技术难度大等原因,帆板、游艇、摩托艇、水上滑翔等水上项目参与的人数较少,尚未形成大众化的旅游产品。

### (四)公共服务配套设施有待完善

旅游交通不完善。青岛市的公交车在 22 点基本就停止发车,目前没有开通来往火车站的通宵车;旅游旺季时,鲁迅公园和五四广场周围的道路拥堵,车辆行驶和游客行走都非常困难;乡村旅游公路建设和维护水平不高,缺乏交通标志,景区缺少停车场。景区和交通要道的美化力度不够。休闲农业园的周围缺少绿化,有的甚至被工厂和居民区包围,与园区建设很不和谐;青岛火车站北站建设得非常豪华,但是东面的道路和建筑破旧不堪;流亭机场周围有很多破旧的老楼和煤场,环境反差很大。旅游酒店接待能力不足。旅游旺季时,南部城区一房难求,崂山滨海一带就餐难、购物难。

### (五)旅游发展时空不均衡

冬季冷夏季热。每年的第二、三季度来青岛旅游的人数明显增多,重点景区人满为患,住宿难、打车难问题突出。第一、四季度来青游客明显减少,滨海、崂山等主要景区的游乐设施、门店和摊位关门停业,出租车拉不到客,酒店房间空置率高,造成资源的浪费。北部冷南部热。青岛市虽然在北部兴建了港中旅海泉湾度假区、方特、世博园等大项目,但依然没能改变南热北冷的局面。每年的旅游旺季,市南和崂山的海滨一带人满为患,上海合作组织峰会后的五四广场游客达到爆满程度,给交通、住宿、餐饮、卫生、安全保障带来很大压力。相比青岛沿海一线景区,市区北部的景区、宾馆却吃不"饱",平度、莱西的旅游市场更冷清。白天热夜间冷。受夜间消费场所少、夜间公交车停止发车时间早以及冬天气温较低等影响,青岛的夜生活不够丰富,22点以后,大街上行人稀少,大多数商店早已关门打烊。

### (六)旅游市场秩序乱

岛城一日游存在不履约、服务差、行程安排不合理等问题。有的旅行社组织的"青岛天天游"游览线路,承诺车接车送,实际让游客步行返回,且工作人员服务态度恶劣,引发纠纷;旅游公司组织海上观光游项目,提供交通船只与宣传不符;有的旅行社组织的崂山游,行程中添加市区景点游览,崂山游览缩水。饭店宰客现象时有发生。有消费者向中国之声反映,在机场、酒店以及一些旅游景点打车,会被司机拉到推荐的饭店吃饭,知情人士透露,这些出租车司机与多家饭店达成合作,以啤酒来自青岛啤酒一厂、食材新鲜、口味好等推荐理由,拉客进店,提成高达30%;有的饭店不明码标价,故意混淆计量单位,以次充好,拒绝开发票。景区服务问题多。个别景区工作人员将未参观完毕的游客疏导出景区,造成游客无法游览全部项目;个别讲解员存在诱导游客消费倾向;部分工作人员服务态度欠妥,与游客发生争吵。

## 三、2021年青岛旅游业发展前景展望

### (一)疫情影响减弱,旅游业逐步恢复

1. 疫情影响减弱,恢复市场发展信心

后疫情时期,青岛旅游业发展的首要任务是逐步弱化疫情影响,恢复市场发展信心。首先,青岛市政府部门要大力支持开展文旅行业培训,充分利用互联网工具,采用视频直播、视频录播、实时互动等形式开展线上培训,全方位提升从业人员能力素质,提高青岛旅游行业人才的心理素质。抓住疫情过后青岛旅游产业的结构升级机遇,遴选一批重大科研项目开展研究,推动文旅行业更加健康科学发展,达到振奋人心的作用。其次,从青岛旅游业的用工与就业问题入手,避免"失业潮"带来的市场信心丧失,除了在调整社保费率、延迟社保缴费、"留岗留薪"补助等方面做好灵活安排外,还为旅游业创业人员注入强大的市场信念。在旅游业高度关联和产业深度融合的趋势下,疫情对旅游业及其关联产业的影响是全面的。因此,需要青岛市各级文化旅游部门和其

他部门的密切合作与用心扶持。三是抓住新的旅游突破口,发展"线上旅游",以弱化疫情影响,推动青岛旅游供给侧结构改革。以青岛"云旅游"为例,这种线上旅游直播类活动,在抗"疫"特殊时期经受了考验,"云"模式正逐渐成为年轻一代青睐的娱乐方式,不仅能与民众保持良好沟通,还可以锁定部分民众在疫情后转化成为潜在的线下游客。

### 2. 旅游产业链将进一步延伸

疫情最终控制和结束还需一段时间,疫情结束后产业链的发展离不开经济的全面复苏。从旅游产业链来看,下游的主体是旅游服务行业,包括酒店、旅游交通、餐饮、购物等,而在疫情之前,青岛旅游业的关联产业类型多样、细化明确。在此基础之上,后疫情时期,应引导区域内旅游企业在运力补充、住宿保障、场所提供、安全管理等方面为疫情的联防联控作准备。尤其是近年来青岛旅游民宿、旅游纪念品、旅游新媒体营销、创新游乐项目层出不穷,需要在政府的引导下,围绕旅游相关企业困难做好服务工作,助力旅游企业特别是中小微企业减损失、降成本。旅游产业链将进一步延伸,在后疫情时期,依托地区旅游文化活动组织,塑造地区旅游名片,如依托海滨旅游胜地,延伸产业链,发展水产土特产品等。此外,注重旅游资源多样化发展,青岛市旅游资源的多样性优势已经体现出来,在满足游客多样化游览需求上取得重要突破,而为了旅游经济的稳健发展,必须继续保持下去。

### 3. 危机管理得到强化,旅游环境更加安全

在重大突发事件面前,抗击疫情是所有工作的核心,强化危机管理,营造安全旅游环境,从而助力青岛旅游产业的发展。首先,全面推进青岛地区旅游科技创新计划和数字化发展计划。科技革命推动旅游革命,要加快提升旅游企业特别是小微旅游企业的技术应用能力,提升公共危机管理能力。青岛政府部门要联合开展旅游行业技改项目,提升旅游企业科技能力,用新技术加快文化和旅游公共服务体系建设,提高公共服务效能。二是严格按照中央整体部署和要求,严控因为人员流动和聚集增加带来的疫情传播风险,对疫情的警惕性不降低,继续抓紧抓实抓细防控措施。同时,主动作为、创新作为,尽量缩短恢复周期,尽可能快地走出行业发展低谷。要通过产品预售、有序复工、加快回款等方式保证区域内旅游产业的现金流。三是运筹帷幄,在疫情得到彻底解决后,青岛旅游业面临全面复苏,市场振兴的任务就会成为旅游业的工作重点。疫情后,青岛地区出境游与入境游将滞后一段时间,只有旅游环境更加安全,才能使国内外来青旅游人数增加。此外,更重要的是青岛旅游业要从这次危机中认真总结经验教训,在建立运营预警机制、危机应对机制和灾备减损机制等方面未雨绸缪。

### (二)适合全域旅游发展格局的体制机制更加健全

#### 1.各级旅游管理部门转变职能工作进一步推进

青岛市旅游行政管理部门应在进一步提升宏观规划、政策引导功能的基础上,进一步弱化其微观管理职能。将微观管理职能让步给旅游行业协会,通过行业协会行使星级评定、行业自律、旅游公共服务、旅游从业人员培训、企业沟通联络等职能。增强旅游行业协会管理职能,使得旅游行政主管部门在人员配置不足的情况下有更多精力去行使宏观研究、规划及政策指导功能。而通过旅游行业协会的管理,发挥其在政府与企业之间的桥梁和纽带作用,有助于制定更符合企业现实的自律规范,有助于增强旅游企业之间的沟通与合作,也有助于旅游市场的健康发展。

#### 2.旅游综合管理体制更加完善

建立"1+3"旅游综合管理体制,"1"是指建立旅游综合管理机构。推动各区(市)成立旅游发展委员会,确定其职能配置、内设机构和人员编制,以适应全域旅游时代的发展要求,主任可由区(市)政府一把手担任。"3"是指设立旅游警察大队、市场监管局旅游监管分局、旅游巡回法庭。各级公安局成立旅游警察大队,筹备在崂山、栈桥、鲁迅公园、奥帆基地等重点景区设立全域旅游警务室,负责办理涉及侵害游客人身安全和财产安全的违法犯罪案件等;各级市场监管局成立旅游监管分局,筹备在重点景区设立消费维权服务站,负责对职权范围内的景区和涉旅企业、涉旅购物场所的日常检查、旅游消费者权益保护等;各级法院成立旅游巡回法庭,负责审理、调解发生在本区范围内的各类旅游纠纷等。

#### 3.旅游市场化运作水平逐步提高

制定财政、税收、土地征用、金融等政策,并保持这些政策的稳定性,吸引旅游发展资金,鼓励旅游企业从事海洋旅游资源、山岳旅游资源、工业旅游资源、节庆旅游资源、乡村旅游资源的开发。制定完善法律法规,保护涉旅企业产权、自主经营权,企业依法进行自主投资活动,各级政府、各类社会组织不得干预。制定公平、高效的市场竞争规则,建立健全严格的激励、惩罚机制和质量检测制度,为旅游企业创造一个开放、公平的市场竞争环境。

### (三)"旅游+"融合发展水平进一步提升

#### 1.与"三农"的融合更加深化

以桃花节、樱桃节、崂山茶节、葡萄节、祭海节、蛤蜊节、西瓜节、柿子节、采摘节等节庆为驱动,走"节庆+活动+线路"的道路,进一步打造崂山、西海岸、胶州、平度和莱西等地的休闲农业品牌。各区(市)结合美丽乡村建设,对青山渔村、凤凰村、雄崖所村、山东头村等有特色的传统村落,全面规划保护提升,形成村庄游品牌。利用东部崂山、北部大泽山、南部大小珠山地区独特的自然资源,挖掘大沽河生态旅游带丰富的旅游资源,打造具有青岛特色的农业旅游景观。

### 2. 与工业的融合进一步加快

青岛拥有纺织、造船、机车制造、机械制造等众多行业的遗产,可以将它们与服务贸易、科技研发、文化创意等板块进行对接,打造集科普教育、娱乐休闲、生活体验等于一体的互动体验中心。加强各项目间的联合,有组织、有步骤地整合工业旅游资源,使工业旅游企业共同分享客源市场,在旅游产品上形成互补,从而在真正意义上全面提升青岛工业旅游的综合竞争力。对工业旅游景点到传统观光旅游景点之间的道路进行高水平的规划建设,将工业旅游与传统旅游紧密结合起来,产生互动效应,引导客流资源向工业旅游景点流动,促进工业旅游经济带的快速形成。

### 3. 与体育的融合得到强化

一是发展海上体育旅游。树立"帆船之都"品牌的意识,不断提高帆船运动和竞赛知识的普及程度,举办国际帆船周以及一些具有青岛市特色的帆船赛,打造"帆船之都"的城市旅游品牌;规划青岛市区海滨西部及崂山、黄岛等区(市)的帆船运动设施建设,同时大力加强公益性帆船码头建设,满足海上体育旅游者日益增加的"吃、住、游、购、娱"需求,为普及群众性帆船运动和举办不同规模的帆船赛事提供必要的物质条件。二是打造金牌球市。政府部门积极支持俱乐部发展,为其提供比赛场馆、训练基地,为其寻找有实力的地方赞助商,推动球队竞技水平的提高;鼓励电视、报纸、网络对俱乐部进行正面宣传报道,以获得更多群众的关注和支持;支持俱乐部出台适应各阶层球迷需求、符合市场规律、促进球市火爆的价格体系;利用高铁、大巴等交通工具,邀请省内外的球迷到青岛看球赛,拓宽经营范围,体现城市胸怀。

### (四)青岛旅游时空均衡发展将获得新进展

#### 1. 旅游季节性影响逐步弱化

开发一些资源脱离型产品,诸如登山祈福、温泉康体、研学旅行、乡村旅游和高尔夫等产品,这些产品受季节性的影响不大,可以成为冬季旅游的主打产品。文化旅游资源的品质不易受季节变化的影响,因此,应充分挖掘历史文化资源,将文物古迹、博物馆、民俗风情、人文景观等纳入休闲度假产品系列。利用价格杠杆延长旺季、拉动淡季,在旅游淡季来临的时候,推动景区和航空公司、旅行社联手,以较低的价格来赢得旅游者的青睐。将一部分本应该夏季举办的帆船会展、时装周挪到冬季,并对这部分节庆活动实施一定的鼓励及支持政策,将夏季过剩的帆船旅游需求转移过来。

2. 北部和南部的旅游发展趋向平衡

平衡中心城区的南北旅游发展。在台东,对台东三路周边的建筑进行量化和美化,引进大型商业综合体,加强卫生管理,提高商业游憩区的层次;在邮轮旅游发展试验区,提升母港周边环境品质,改善道路交通,为周边居民创造更有品质的生活环境,给国内外游客留下美好的第一印象,打造青岛城市旅游的新地标;在世博园区,对设施设备进行维护,对花草树木进行养护,对场馆和片区进行丰富提升,将其打造成功能更完善、布局更合理、科技含量更高的旅游景区和市民休闲公园。平衡全域的南北旅游发展。高新区加快推进伊甸园和华强二期等大项目建设,结合青岛特色,增加若干新型生态、文化和科技产品;即墨区政府全面理顺与三联集团关系,进行相关谈判、协商,从根本上解决田横岛开发问题,将这里打造成与威海刘公岛齐名的海岛旅游景区;平度、莱西应主打"田园休闲牌",发展农业观光休闲、农耕文化体验、湿地公园等产品。

3. 夜经济得到较快发展

在香港中路商圈、台东商圈、李沧商圈、中山路商圈和八大关一带精心打造特色消费休闲街区,充分体现青岛的欧陆风情文化、啤酒文化、崂山文化、工业文化等,构建集购物、餐饮、居住、休闲、娱乐和旅游观光于一体的"一站式"消费场所。制订城市总体亮化方案,烘托城市夜生活氛围,亮化工程要突出青岛特色,突出重点商贸区、特色街区,突出小区、道路照明亮化。充分利用现有广场设施,规范广场演出配置,开展市民喜闻乐见的夜间文化演出、城市节日庆典演出、节日狂欢活动等,以夜间文化联动夜生活。公安部门应加强夜间治安防范,及时打击各种违法犯罪行为,确保消费者和服务者的安全,为发展城市夜经济创造安全、和谐的环境。

### (五)公共服务配套设施更加完善

1. 旅游交通日趋完善

在通往台东商圈、中山路商圈、香港中路商圈、李村商圈的主干道增加夜间营运的公交班次,适当延长末班车时间,重要路段开通夜宵车。在黄金海岸线一侧1.5～2千米的狭长地带,加大公交线路的密度,使游客易达海滨各景点,也使游客能短时间内被转移到外围景点。配套公交车、出租车、地铁等便利的交通设施,保证邮轮(接驳)码头与旅游景点、购物中心、火车站、汽车站、机场的快速通达,实现邮轮与城市的无缝衔接。提高村与村、景点与干线公路、景点内部等连接道路的等级,增设旅游标志牌,鼓励在路侧空间富裕路段设置驿站、简易自驾车房车营地、观景台、厕所等设施,大的旅游景点在重要时间段开通乡村旅游巴士。

2.环境更加美化

重点做好休闲农业园区的美化工作。休闲农业园区的选址应远离村庄和工厂,自然环境优美;对休闲农业园区规划区内所有裸露地面,种植花草树木,进行全面绿化、美化,做到黄土不露天,无尘土飞扬;在主要景区、景点建立污水排放系统,对固体废弃物,如塑料、玻璃、易拉罐等废弃物要有效控制,实行统一处理;园区内的各项建设都应与景观协调,不宜建设大型工程设施,同时根据景观审美原则,合理地改善植物品种结构,使得园区景观更加丰富。治理火车北站、机场等重要窗口的环境。将周边的道路整修得宽阔平坦,路两边种上花草树木;破旧建筑进行改造美化,对违法建筑坚决拆除;对早夜市、摊点群及占路市场跟进管理,制定占路市场管理规范,确定经营时间、经营场地、经营范围等方面的内容,设立标识牌规范进行管理;搬迁有污染的企业,对排放超标的企业依法处理。

3.旅游接待能力进一步提高

解决旅游旺季住宿难问题。在市区南部,面对不同消费能力的群体,重点发展三星级商务宾馆,适量发展四星、五星级豪华宾馆,并以家庭旅馆、日租房等作补充;可在一些环境好的地方设立一些简单临时的露宿营地,作为自驾游、散客的露宿地,为游客提供多种休闲选择;促进宾馆和旅行社加强合作,让青岛旅行社能选择地理位置稍微偏僻的宾馆作为定向旅客宾馆。解决崂山海滨一带吃饭难、购物难问题。鼓励写字楼的某些楼层开办美食广场,周边靠近路边的居民经营特色餐馆,附近的大饭店以亲民的价格出售快餐;鼓励在客流量比较大的区域开办便民超市、便利店,在景点设置多个售货亭,随时解决客户的购物问题。

### (六)旅游市场秩序进一步规范

1.加强一日游管理

旅行社经营"一日游",应当与旅游者签订书面合同。签订旅游合同时,旅行社应当提供规范的合同示范文本。严厉禁止以下违规行为:委托非旅行社单位或个人代理经营收客业务以及采取其他不正当手段招徕旅游者,以低于成本的价格参与竞争来排挤其他旅行社,未经游客同意改变游览路线、减少游览景点,擅自提价或向旅游者加收费用,欺骗、胁迫旅游者参观、就餐、购物或进行其他消费,收受回扣、索要小费,未按照约定好的地点接送旅客。如果旅游者认为在"一日游"中存在服务质量问题的,可以向旅行社或市旅游服务质量监督管理部门投诉。市旅游质量监督管理所对管辖范围内的投诉,应当受理并及时查处;不属于管辖范围的,应当告知投诉人向有管辖权的部门投诉,或者将投诉移送有管辖权的部门处理,并告知投诉人。市旅游行政管理部门应当会同有关行政管理部门定期对"一日游"进行检查,发现问题及时处理。

2. 饭店宰客现象逐步减少

要求所有餐馆根据自身条件实现价目表上墙,菜品明码标价,菜单上印有电话便于投诉。摸清餐馆所在房屋的产权,约请房东当"管家",共同管理经营户,督促他们诚信经营、文明经营、规范经营。简化游客维权流程,建立统一的维权标准,确保游客被宰后的投诉能得到及时回应。对遭到投诉的餐馆,市场监管部门在掌握其违法经营证据的基础上,视情节轻重给予不同额度罚款,情节严重的依法吊销其营业执照,并将餐馆负责人列入黑名单,三年内不得从事相关行业。发挥青岛市餐饮协会的作用,出台"行业自律公约",对入会的餐馆进行巡回检查,针对检查中出现欺客宰客等现象,督促他们及时进行整改。

3. 景区工作人员的服务意识和服务水平得到提高

景区建立培训制度,确定培训方式、培训内容,通过考试、跟踪调查等手段对景区培训工作进行评估,帮助员工提升服务意识、提高服务技巧。景区应根据企业自身特点,引入绩效工资制,为员工提供相应的薪酬回报,提高员工的工作热情,稳定景区用人队伍。引进更多外部优秀人才,提高景区人才素养与整体服务质量。景区应通过问卷调查、游客意见箱、各种投诉等获取景区服务存在的问题,使游客真正参与到景区服务质量管理过程中。同时,要鼓励游客为景区出谋划策,帮助景区在服务上再上新台阶。

(作者单位:青岛市社会科学院)

# 2020～2021年青岛市社会保障事业发展形势分析与展望

孙启泮

2020年,面对新冠疫情带来的严峻考验和复杂多变的国内外环境,在以习近平同志为核心的党中央坚强领导下,全市上下统筹推进疫情防控和经济社会发展工作,坚决贯彻落实各项决策部署,复工复产、复商复市加快推进,全市经济先抑后扬,上半年主要指标企稳回升,"六稳""六保"扎实推进,经济运行向正常秩序加快回归,社会稳定的态势进一步巩固。继续深化社会保障制度改革,青岛市为率先全面建成小康社会,着力保障和改善民生,促进全市社会保障事业全面、协调、可持续发展,各级社会保障部门深入贯彻落实中央、省决策部署,在市委、市政府的正确领导下,加快建立以社会保险、社会救助、社会福利为基础的社会保障体系,各项工作取得了显著成绩。

## 一、2020年青岛市社会保障事业发展的基本状况

社会保障部门直面新冠肺炎疫情考验,化危为机,在变局中开新局,采取多种举措,快速精准落实国家、省市阶段性减免企业社保费政策,帮助企业渡难关促发展,切实为企业纾解困难。截至2020年9月,为全市22.7万家企业减免养老、工伤、失业保险费共计111.4亿元,预计全年可为企业减免社保费145亿元。全市社会保险运行平稳,参保范围不断扩大,基金征缴持续增长,各项社保待遇按时足额发放,当期社保基金收支总体保持平衡。

### (一)青岛市社会养老保险发展情况

参保情况趋好。截至2020年6月,全市职工基本养老保险参保人数464.4万人,其中参保缴费人数296.1万人。全市居民基本养老保险参保人员284.9万人,本期缴费人数96.3万人。待遇享受人数增多。2020年6月底,全市基本职工养老保险离退休人数110万人,全市居

民基本养老保险领取养老金人数 104.6 万人。养老保险待遇水平稳步提高。全市居民基本养老保险基础养老金标准为每人每月 168 元。对 65 岁及以上参保居民予以适当倾斜,其中 65～74 岁、75 岁(含)以上的待遇领取人员,其基础养老金每人每月分别高于各区(市)基础养老金标准 5 元、10 元。

社会保险运行总体平稳,各项待遇按时足额发放。2020 年 1～6 月份养老、工伤、失业保险基金收入 176.67 亿元,受阶段性减免社保费因素影响完成预算的 35.74%;支出 236.22 亿元,完成预算的 44.1%;当期结余－59.55 亿元。

### (二)青岛市医疗保险、生育保险发展情况

2020 年 1 月 1 日起,青岛市职工医保、生育保险两险合并实施。两险合并实施后,为进一步减轻用人单位缴费负担,市政府决定将两险合并实施后的医保缴费费率下调 0.8 个百分点,由原 10.3% 降为 9.5%。(表 1)

表 1　职工医疗保险调整情况

| | 合并实施前 | | 合并实施后 | |
|---|---|---|---|---|
| 用人单位缴费费率 | 职工医保缴费费率 | 8.8% | 职工医保缴费费率 | 9.5% |
| | 生育保险缴费费率 | 1.5% | | |
| | 合计 | 10.30% | | |

为进一步降低灵活就业人员缴费负担,两险合并实施后灵活就业人员参加医保缴费费率也下调 0.8 个百分点,由原 10.8% 降至 10%。(表 2)

表 2　灵活就业人员医疗保险调整情况

| | 合并实施前 | 合并实施后 |
|---|---|---|
| 灵活就业人员医保缴费费率 | 10.8% | 10% |

根据青岛市目前的征缴情况推算,这一举措可减轻青岛市 2020 年用人单位缴费负担 12.8 亿元。两险合并实施后,生育保险和职工医保实行统一征缴,生育保险基金并入职工医保基金,不再单独征缴生育保险费。并对职工医保缴费费率进行了调整,用人单位职工医保缴费费率调整为 9.5%,职工个人缴费费率为 2%。

2019 年青岛出台《关于调整我市医保支付政策进一步促进分级诊疗体系建设有关问题的通知》(青医保发〔2019〕11 号),为促进分级诊

疗体系建设,积极构建"基层首诊、双向转诊、急慢分治、上下联动"的诊疗模式,提高医保基金使用效益,青岛市对医保支付政策进行了调整。适当拉开起付线差距,缓解大医院资源紧张。自2020年1月1日起,适当提高部分三级甲等综合医院起付标准,拉开各级定点医院医保起付标准差距,参照国内省内同类城市情况,青大附院、市立医院、中心医院、海慈医院、齐鲁医院(青岛)、解放军971医院等6家三级甲等综合医院的医疗费起付标准由以前的800元提高到1000元。提高基层医院市内转诊患者大病保险报销比例。自2020年1月1日起,采取市内转诊"正向激励"政策,即对全市参保职工和参保居民,经具有市内转诊资格的基层定点医院转诊到三级医院住院治疗的,大病保险支付比例提高5个百分点,以体现对重病患者转诊治疗的倾斜保障;未经转诊自行到三级医院住院治疗的,其医疗费报销比例不予提高。综合施策促进分级诊疗。推进建立"基层首诊、双向转诊、急慢分治、上下联动"的分级诊疗模式。明确市内转诊有效期,鼓励开展双向转诊。对按规定办理市内转诊住院的,转诊前后两次住院视同一次住院收取起付标准,其中基层转上级医院的参保患者收取起付线补差,上级医院下转的患者免收起付线。建立转出转入医院联动机制,对经基层医院同意上转的患者建立"绿色通道",上级医院适当预留床位优先安排住院;上级医院对下转患者提供跟踪治疗方案,基层医院优先安排后续康复医疗及长期医疗护理等服务。鼓励各区(市)医联(共)体内部建立健全基层首诊、双向转诊优惠保障制度。深化医保支付方式改革。在全面实施医保基金总额预算管理的基础上,结合区域卫生规划医疗机构设置、医联(共)体建设、医疗服务数量质量等因素,总额控制指标向基层医疗卫生机构等适当倾斜。扎实做好按疾病诊断相关分组(DRG)付费试点工作,进一步明确三级医院和一级、二级医院服务功能定位,逐步实现同城、同病、同治、同质、同价支付管理,促进青岛市分级诊疗体系加快形成。调整异地转诊报销规定。自2020年1月1日起,参保人离开本市到异地就医时,按规定应到本市具有异地转诊资格的医院办理转诊手续,并按以下两种情况进行管理:一是对按规定办理了异地转诊手续的,维持原规定不变,即比照本市同级医院降低5个百分点予以报销;二是对未办理转诊手续而自行去外地医院住院治疗的,按医疗费用高低确定报销比例:统筹范围内医疗费用在4万元及以上的,比照本市同级医院降低15个百分点予以报销;统筹范围内费用在4万元以下的,比照本市同级医院降低25个百分点予以报销。

青岛市2020年度开始调整居民医保个人缴费标准,一档缴费成年居民每人缴纳462元,二档缴费成年居民、少年儿童每人缴纳395元,大学生每人缴纳150元。建立合理、稳定、动态增长的筹资机制,筹资标准与社会经济发展、城乡居民收入相联系。在提高政府财政补贴标准的同时,适当提高个人缴费比重;逐步缩小各类参保居民之间的筹资差距。2020年受新冠疫情的影响,经济下行压力加大,市医保局、市财政局、市税务局经协商,并报请市政府同意,明确2021年居民医保个人缴费标准不变,仍然执行一档居民462元、二档居民(含少年儿童)395元、大学生150元的个人缴费标准。同时,2021年居民医保的财政补助每人增加30元。这样,青岛市城乡居民医保财政补助标准将提高到一档居民790元、二档居民(含少年儿童)及大学生710元,为山东省内最高水平。

表3　2020年1～6月份医疗保险主要指标

| 指标名称 | 单位 | 本期 |
| --- | --- | --- |
| 一、参保人数 | | |
| 基本医疗保险 | 万人 | 880.41 |
| 职工基本医疗保险 | 万人 | 395.33 |
| 其中:生育保险 | 万人 | 299.62 |
| 城乡居民基本医疗保险 | 万人 | 485.08 |
| 二、基金收入 | | |
| 基本医疗保险(含生育保险) | 亿元 | 96.73 |
| 职工基本医疗保险(含生育保险) | 亿元 | 80.95 |
| 城乡居民基本医疗保险 | 亿元 | 15.78 |
| 三、基金支出 | | |
| 基本医疗保险(含生育保险) | 亿元 | 108.27 |
| 职工基本医疗保险(含生育保险) | 亿元 | 84.72 |
| 其中:升一级保险待遇支出 | 亿元 | 9.08 |
| 城乡居民基本医疗保险 | 亿元 | 23.56 |

### (三)青岛市失业保险发展情况

2020年7月21日,青岛人社局发布《关于做好扩大失业保险保障范围工作有关问题的通知》。为了应对新冠疫情对就业的影响,扩大了失业保险的保障范围。将缴纳失业保险费满1年、非因本人意愿中断就业、已办理失业登记并有求职要求的青岛市失业人员,以及领取失业保险金期满仍未就业且距法定退休年龄不足1年的青岛市失业人员;超过法定退休年龄、已缴纳失业保险费满1年,但未享受基本养老保险待遇且办理失业登记的青岛市失业人员;符合领取失业保险金条件但因超过60日申领期限而未领取的青岛市失业人员,都纳入发放失业保险金的对象。对缴纳失业保险费满1年、非因本人意愿中断就业、已办理失业登记并有求职要求的失业人员,及时足额发放失业保险金。自2019年12月起,对领取失业保险金期满仍未就业且距法定退休年龄不足1年的失业人员,由其失业前最后参保地经办机构发放失业保险金至法定退休年龄,发放期不超过12个月。对超过法定退休年龄但未享受基本养老保险待遇且已办理失业登记的失业人员,按规定根据其参保缴费年限核定领金期限。对符合申领失业保险条件但因超过60日申领期限而未领取的失业人员,按申领时参保地失业保险金标准发放。对此前因超过60日申领期限未领到失业保险金但重新就业并参保缴费后再次失业,符合申领失业保险金条件的,根据其累计参保缴费时间核定领金期限,按申领时参保地失业保险金标准发放。因信息记载不全、不规范等原因无法判断失业人员"非因本人意愿中断就业"的,由本人提交书面承诺,予以发放失业保险金。

根据符合条件的参保失业人员在青岛市缴纳失业保险费的年限实行分档补助,其中,缴纳失业保险费5年及以上的,补助标准为400元/月;缴纳失业保险费1年(含)至5年的,补助标准为200元/月;缴纳失业保险费不足1年以及领取失业保险金期满仍未就业的,补助标准为100元/月。2020年3月~6月,对领取失业补助金人员发放的价格临时补贴,补贴标准在原标准基础上提高1倍。

截止到2019年末,全市城镇职工参加失业保险人数为239.34万人,全年累计领取失业保险金的人数为7.54万人。全市城镇登记失业率为2.97%,上升0.03个百分点。截至2020年6月,失业保险参保人数244.9万人。

### (四)青岛市工伤保险发展情况

青岛市工伤保险工作起步晚。自《工伤保险条例》实施以来,特别是近年来,青岛市本着对当前有用,对长远有利,促进工伤保险制度更加公平合理的原则,持续推进工伤保险政策、管理、服务的创新,工伤保险工作有序健康发展。2020年9月17日,青岛人社局发布《关于2020年调整一级至四级工伤职工伤残津贴生活护理费和工亡职工供养亲属抚恤金标准的通知》,对青岛市一级至四级工伤职工伤残津贴、生活护理费和工亡职工供养亲属抚恤金标准进行调整。伤残津贴:对符合条件的一级至四级工伤职工,每人每月分别按200元、185元、170元、160元的标准增加。生活护理费:按照《工伤保险条例》第三十四条第二款规定的比例,以2019年度青岛市在岗职工月平均工资6361元为基数进行调整。供养亲属抚恤金:配偶每人每月增加 65 元,其他供养亲属每人每月增加 48 元,孤寡老人或孤儿在上述标准的基础上每人每月再增加 18 元。

截至 2020 年 6 月,工伤保险参保人数 289.7 万人,全市共有 0.93 万人享受工伤保险待遇,一级至四级工伤人员月人均伤残津贴 3075 元。

### (五)青岛市社会救助发展情况

2020 年 9 月 7 日,青岛市政府办公厅发布《关于统筹完善社会救助体系的实施意见》,提高社会救助工作整体效能,充分发挥社会救助在基本民生保障中的兜底保障作用。坚持以人民为中心的发展思想,按照"兜底线、织密网、建机制"的要求,着力统筹社会救助制度、完善工作机制、整合救助资源、提升服务能力,解决社会救助发展中不平衡不充分的问题,确保合力救助、精准救助、及时救助、公平救助,构建兜底保障长效机制。

健全社会救助制度体系。聚焦脱贫攻坚、特殊群体、群众关切,健全完善以最低生活保障、特困人员救助供养等基本生活救助为基础,以教育救助、医疗救助、住房救助、就业救助、法律援助、康复救助等专项救助为支撑,以受灾人员救助、临时救助等急难救助为辅助,以慈善组织等社会力量参与救助为补充的,科学规范、运转高效、保障全面的社会救助制度体系。科学制定救助标准,确保救助范围、救助水平、救助内容与经济社会发展水平相适应,实现最低生活保障人员、特困人员、建档立卡贫困人口、受灾人员、生活无着流浪乞讨人员、孤儿和困境儿童、唇腭裂和脑瘫儿童、重度精神病患者、困难残疾人、"两癌"贫困妇女、困难职工、需急救的身份不明和无力支付人员、因见义勇为致残人员及其家庭、见义勇为死亡(牺牲)人员家庭等困难群体全覆盖。

加强社会救助制度有效衔接。加强基本生活救助、专项救助、急难救助等各项救助制度的有效衔接,坚持政府救助为主、社会力量救助为辅,鼓励引导商业保险、慈善组织等社会力量有序、高效参与社会救助,拓宽救助渠道。加强社会救助与养老、医疗等社会保险和福利政策制度有效衔接,提升保障质量。

创新开展救助服务。指导各区(市)依托村(居)委会、社会救助协理员、驻村(社区)干部、社区网格员等,协助社会救助申请及动态管理;引导社会组织、专业社工、志愿者队伍开展家境调查、人文关怀、心理疏导、资源链接、能力提升、社会融入等救助服务;探索建立救助对象探访制度,引导党员干部结对帮扶社会救助家庭,实现社会救助家庭帮扶全覆盖。

社会参与提升基层救助服务。青岛市将社工充实到基层救助队伍中，解决人员力量不足的问题。购买特困人员照料护理服务，积极推进特困人员供养机构社会化改革。此外，政府购买服务开展低保第三方评估，不但减轻了基层民政干部的工作压力，还促使低保申请家庭经济状况评估更为精准。在此基础上，青岛市还通过开发移动客户端，探索智能化低保评估。实施"互联网＋社会救助"，推进救助信息化、规范化，实现救助审核、审批、资金发放全部系统运行、闭环管理。青岛市还打破部门壁垒，实现 20 个部门 34 项数据联网核查比对，推动社会救助向更精准、更精细的目标迈进。青岛市以问题为导向，在保障贫困对象基本生活的基础上创新救助方式，对因种种原因造成重大生活困难的特殊家庭建立"一户一策"救助机制，"靶向"解决实际困难，着力提高救助成效，增强贫困对象的获得感。

全市统一提高城乡低保标准。为进一步改善青岛市城乡低保家庭和特困人员的基本生活条件，助力打赢脱贫攻坚战，让困难群众共享全市改革发展成果，市政府决定自 2020 年 10 月 1 日起，提高青岛市城乡居民最低生活保障标准和特困人员基本生活标准。市南区、市北区、李沧区、崂山区、黄岛区、城阳区、即墨区最低生活保障标准实行城乡统筹，最低生活保障标准由每人每月 700 元提高到每人每月 750 元。胶州市、平度市、莱西市城市最低生活保障标准由每人每月 630 元提高到每人每月 750 元，农村最低生活保障标准由原来每人每月 520 元提高到每人每月 560 元。市南区、市北区、李沧区、崂山区、黄岛区、城阳区、即墨区城乡特困人员基本生活标准由每人每月 1050 元提高到每人每月 1125 元。胶州市、平度市、莱西市城市特困人员基本生活标准由每人每月 945 元提高到每人每月 1125 元，农村特困人员基本生活标准由每人每月 780 元提高到每人每月 840 元。截至 2020 年 8 月，全市共保障城乡低保对象 6 万户、8.9 万人，保障特困人员 10412 户、10697 人。截止到 2020 年 9 月份，青岛市共为 6792 户困难居民发放临时救助资金 2932 万元，户均补助水平为 4317 元。

青岛多层次医保"兜底"百姓健康。青岛多层次的医疗保障体系为市民编织起"小病有所保、重疾有所托、特药有所补、年老有所护、困难有所助"的多重保障网，有效防止全市纳入医保覆盖范围的 390 余万城镇职工、480 余万城乡居民因病致贫、因病返贫。为了让小病有所保，青岛市通过基本医疗保险为全体参保人提供从门诊到住院的普惠保障。目前，在医保定点医疗机构发生的门诊医疗费用，青岛市居民和职工分别报销 50％和 60％（基本药物再提高 10％），每年度最高支付分别为 800 元、1120 元。青岛市从加强慢病管理入手，筛选确定了 59 个适宜门诊治疗并纳入医保报销的病种，破解了原来只有住院才能报销的难题。为了让重疾有所托,青岛大病医疗保险为参保患者超过基本医疗保险最高支付限额的费用给予报销。"超限额保障"对参保人超出基本医保最高支付限额以上的医疗费给予补助,其中对参保职工补助90％。"超负担保障"则对参保人经医保报销补助之后个人负担仍然比较重的医疗费用,再次给予补助。有些特殊患者,如尿毒症透析治疗、器官移植抗排异治疗等患者,大病医保还会降低起付门槛。特大病、罕见病患者往往用的是"贵族药",青岛市通过补充医疗保险将"贵族药"变为"平民药",为他们减轻医疗负担。目前,14 种特殊药品和耗材被纳入补充医保的序列。补充医保与长护险走在全国前列。青岛在全国率先实施了全民补充医疗保险制度,将一部分高值的救命、救急的好药纳入医疗保险范围;在全国首创长期护理保险制度,是国家首批 15 个试点城市之一。

医疗救助卓有成效。全面实施 2020 年医保脱贫攻坚工作,将全市建档立卡、特困、低保三类贫困人员全部纳入基本医保、大病保险、医疗救助制度保障范围,所有保障政策全部实现"一站式"即时结算。实现三类贫困人口应保尽保。利用信息化手段,加强医保相关部门信息共享和参保比对,开发建立了扶贫人口专户和救助人员专户,并根据人员增减变化进行即时动态维护管理。2020 年上半年,全市共确定医保扶贫贫困人员 11.3 万人(去重)。其中,市扶贫办确定建档立卡贫困人员25290 人;市民政部门确定特困人员 8738 人(去重)、低保家庭成员79048 人(去重)。除了死亡 2 人、大学生或职工外地参保 56 人外,100％参加本市社会医疗保险。全面落实贫困人口参保补贴政策。对三类贫困人口参加居民医保的个人缴费部分,由财政给予全额补贴。其中,对成年居民统一按高档标准参保,享受高档居民医保待遇。成年居民人均参保补贴 430 元,少年儿童人均补贴 355 元,大学生人均补贴135 元。2020 年上半年,全市为约 10.9 万名参加居民医保的贫困人口补贴个人缴费 4846 万元。全面落实贫困人口各项医保待遇。针对三类贫困人口构建了基本医保、大病医保、补充医保、长护医保、医疗救助、扶贫特惠保险,加"一站式"即时结算服务的"6＋1"医疗保障体系。2020 年上半年,全市 6.82 万贫困人口发生基本医保、大病保险、补充医保、医疗救助费用共计 4.67 亿元,"一站式"即时结算 41 万人次、4.56亿元。各类保障后,自负费用占医疗总费用的平均比例为 2.36％。其中,保障建档立卡贫困人口 1.46 万人、11 万人次,支出资金 6457 万元。各类保障后,自负费用占医疗总费用平均比例为 6.75％。

### (六)青岛市社会保险基金发展情况

2020 年社会保险基金预算:2020 年市本级机关事业单位养老保险

基金收入 899682 万元、城乡居民基本养老保险基金收入 6757 万元、工伤保险基金收入 27000 万元、失业保险基金收入 126495 万元。2020年市本级机关事业单位养老保险基金支出 944529 万元,城乡居民基本养老保险基金支出 9825 万元,工伤保险基金支出 76699 万元,失业保险基金支出 147731 万元。

社会保险基金预算执行情况。全市社会保险基金预算收入完成165.78 亿元,下降 16%,主要是阶段性减免社保缴费政策影响。其中,纳入市级统筹的社会保险基金收入完成 149.56 亿元,下降 12.2%。全市社会保险基金预算支出完成 184.22 亿元,增长 0.7%。其中,市级完成 165.69 亿元,增长 0.4%。截至 6 月底,全市基金累计结余 371.97 亿元,其中市级基金累计结余 286.46 亿元。

# 二、2021 年青岛市社会保障事业发展展望

## (一)青岛市社会保障体系建设持续发展和创新

全面建成覆盖全民、城乡统筹、权责清晰、保障适度、可持续的多层次社会保障体系。全面实施全民参保计划。完善城镇职工基本养老保险和城乡居民基本养老保险制度,尽快实现养老保险全国统筹。完善统一的城乡居民基本医疗保险制度和大病保险制度。完善失业、工伤保险制度。建立全国统一的社会保险公共服务平台。统筹城乡社会救助体系,完善最低生活保障制度。坚持男女平等基本国策,保障妇女儿童合法权益。完善社会救助、社会福利、慈善事业、优抚安置等制度,健全农村留守儿童和妇女、老年人关爱服务体系。发展残疾人事业,加强残疾康复服务。坚持"房子是用来住的、不是用来炒的"定位,加快建立多主体供给、多渠道保障、租购并举的住房制度,让全体人民住有所居。

## (二)建立重大突发公共危机事件中的社会保障应急机制

重大突发公共危机事件中社会保障制度具有降低社会整体风险、保障民众的基本生活需要、稳定社会情绪、凝聚全社会共识应对公共危机的作用。2020 年初,新冠疫情的爆发,成为影响国家经济和社会发展的重大突发公共卫生事件。疫情发生后,社会和民众的生产、生活活动受到严重的影响,如果没有完善的社会保障,社会很可能失控。各级政府积极落实疫情防控期间困难群众兜底保障的各项措施、做好监护留守儿童的监护照料、加强对患者和医务工作者的心理援助等工作,通过采取一系列应急性社会保障措施,保障了民众的基本生活需要。从社会保障相关部门采取的应急措施来看,基本涵盖了社会救济、社会保

险、社会福利和社会慈善等内容,形成了协同参与的社会保障应急网络。

新冠肺炎疫情推动社会保障应急机制的建设。在重大突发公共危机事件中强化社会保障应急机制还有很多工作需要去做:不同的社会保障应急措施存在碎片化现象,没有建立统一、高效、精准的社会保障应急供给协同机制;社会、市场力量参与社会保障应急供给不足;制度的稳定性与应急措施的应急性、临时性存在矛盾;社会保障应急措施的合规性、合法性有待解决。将保障基本民生需要作为公共危机治理的重要目标和治理内容,实现生命救治、疫情防控和民生保障的有机统一;注重不同政府部门之间的协作,有效避免政府部门职能分割对社会保障应急效能的影响;注重科学技术、信息技术在社会保障应急措施中的应用,提升社会保障治理效能。

**(三)优化社区养老服务资源配置将是今后社会化养老服务工作的重心**

社区养老服务资源配置就是在政府主导下,社区老年人、市场主体、社会组织参与下,对养老服务资源进行科学化、法治化的分配,实现养老服务资源高效配置。根据基层养老服务具体事项的管理,服务资源及老年人的空间、时间分布,动态地优化资源的产权结构,实现高效配置。以老年人所在的养老居住点(家庭、社区、机构)为资源配置的末端节点(基础单元),社区服务管理为家庭养老资源、社区养老资源、机构养老资源的整合、调配、输送的平台网络。实现资源要素在人与人之间、区域之间的紧密呼应。在居住点老年人可以自由选择是否转移,在服务内容上老年人可以根据自身情况自由选择服务的层级。

在城市社区管理网格设计中,将市、区政府,街道办事处,居民委员会等政府组织和社区自治力量纳入,形成四级责任体系。市、区两级政府是网格责任体系龙头,作为城市管理中心,承担养老服务资源的指挥、协调职能。街道办事处作为最低一级的政府机构,构建养老服务网格化信息管理平台。居民委员会是养老服务的自治基础,搭建社区平台,负责根据社区老年人的单个或多个核心养老需求,收集信息,协调、引导、整合各类具体养老服务资源,实现养老资源与服务对象之间的网格化匹配。

尊重和引导老年人在养老服务方面的需求侧改革。众多老年人还是愿意依赖家庭成员提供养老服务,这是我国几千年来根深蒂固的文化传统,也有其现实的基础,如老年人对家人的情感是无法割舍的,并非非血缘关系的外人所能提供的。家庭养老无法实现的时候,老年人愿意选择社区居家养老这种方式,既保持了个人的尊严,又实现了生活的便利。机构养老是老年人的最后选择。在尊重老年人对养老方式选择的基础上优化养老服务资源配置,发展一些嵌入式养老机构,既可以保持机构养老专业性的优点,又有社区居家养老的优点,有利于推进养老服务效率的提高。尊重老年人对健身的需求,加强社区设施建设,置办更多现代化的、安全的建设设施,保持老年人的身体健康。针对老年人休闲娱乐单一的弊端,引导老年人参与多种休闲娱乐方式,定期组织老年人参与社会活动,使老年人重新融入整个社会中,避免与社会脱节,把自己囿于老年人的小圈子中。尊重老年人对广场舞活动的热爱,引导参与广场舞的老年人到体育场等大型空间活动,避免对其他人的生活造成骚扰和产生不必要的冲突。尊重科技发展,引导老年人拥抱最新的科技,让科技为老年人服务,避免老年人被科技现代化所抛弃。

### (四)老年人长期社会照护体系将在推进中不断改进和完善

构建完善老年人长期社会照护服务体系。为了应对老龄化带来的老年人长期照护服务问题,需要重新整合现有的卫生和福利社会资源,向需要长期照护服务的老年人倾斜。逐步建立一个从家庭到养老机构,从社区卫生服务中心到医院的连续照护体系,并通过相应的鼓励政策、激励机制、制度保障等,实现老年人长期社会照护制度化、体系化、职业化、社会化。完善以老年长期照护服务为中心的养老保障制度,加大对需要长期护理服务的老年人的最低生活保障制度、救助制度、医疗制度、福利制度的支持力度;完善具有青岛特色的传统孝道美德的家庭赡养制度,以政策和法律手段鼓励和强制子女对老年父母的赡养义务,履行对老年人长期照护服务的责任。

完善长期护理保险,推进老年人长期照护服务可持续发展。老年人长期护理保险是老龄化社会发展的必然产物。由于商业保险有其固有的局限性,因此,有必要推行强制性社会保险模式。老年人长期护理保险制度覆盖所有需要长期照护服务和潜在的需要长期照护服务的人口并提供全面的照护服务,其支付范围包括医院、社区、居家照护和家庭帮助服务等方面的费用,最终建立一个包括多元服务保险在内的体系。

改革传统的"三无""五保"老年人赡养体制。通过设立新的标准体系,将青岛市全域"三无""五保"老年人重新归类,将低龄、健康,有生活自理能力的老人转化为老年长期照护服务的提供者,使有限的社会资源转移到真正需要的失能、失智、残疾及长期病患的老年人身上。另外,政府的补贴直接落实到需要长期照护服务的老年人身上,而不是像过去补贴到社会服务机构上,使社会资金真正资助到需要照护的老年人,杜绝社会资源的浪费。

建立依托社区卫生服务站(中心)的社区老年人长期照护服务体系。失能、失智以及残疾和病患是老龄化社会的一个重要特征,随着这部分群体的增大,长期照护的压力与日俱增。社区照护同家庭照护、机构照护相比,更体现人性化的要求,比家庭照护更符合经济的原则,社区照护体现了社会的整合,服务的个性化、选择性和独立性。由于家庭结构的核心化、小型化的特质无法应对长期照护的压力,机构照护尽管专业化、职业化较强,但受到社会资源的制约,也无法应付这种压力,因此,社区照护成为必然的选择。社区照护具有许多天然的优势,如活动半径小,需要长期照护的老年人可以随时就近接受护理服务,数量和质量能够得到切实的保证;充分发挥社区卫生服务的优势,有效地利用自身的资源;覆盖面广,相对稳定,能够比较准确地预测并合理配置社会资源。

(作者单位:青岛市社会科学院)

# 2020～2021 年青岛市老年人权益保障工作状况分析与预测

李京禄

我国当前人口老龄化快速发展,形势严峻,党中央、国务院高度重视,社会广泛关注。习近平总书记明确指出,要完善制度,改进工作,推动养老事业多元化、多样化发展,让所有老年人都能老有所养、老有所依、老有所乐、老有所安。国家统计局数据显示,2019 年我国 60 周岁及以上人口约为 2.5 亿,占总人口比重的 18.1％。中国发展研究基金会发布的《中国发展报告 2020:中国人口老龄化的发展趋势和政策》指出,预计 2022 年前后,我国 65 岁以上人口将占到总人口的 14％,我国将由老龄化社会正式步入老龄社会。从青岛市情况看,2019 年全市户籍人口 828.71 万,其中 60 岁以上人口 186.81 万,占比 22.54％,高出全国约 4.4 个百分点。其中,60～70 岁人口 115.49 万,占比 13.94％;80 岁以上人口 28.08 万,占比 3.39％。由此可见,青岛是老龄化率较高的城市之一,老龄化问题已经成为深刻影响全市经济社会可持续发展的重大问题。重视和保障老年人的合法权益,积极构建、完善老年人权益保障的体制机制,让广大老年人享受改革发展的成果,是各级政府义不容辞的责任。

## 一、2020 年青岛市老年人权益保障工作分析

近年来,青岛市始终注重坚持"政府主导、社会参与、全民关怀"的老龄工作方针,以保障和改善老年民生为主线,以建设养老服务体系为重点,提高养老保障水平,加强法律宣传教育,注重传统孝文化道德培养,老年人权益保障法律法规得到全市公民、法人和其他组织的广泛了解和基本遵守,严格执法、公正司法工作稳步推进,法律法规实施取得了良好成效。

### (一)出台配套政策,推进法律法规有效实施

按照"政府引导、政策扶持、多方参与、统筹规划"的总体思路,2016

年制定实施《青岛市"十三五"老龄事业发展规划》,相继出台《青岛市养老服务促进条例》《青岛市优待老年人规定》《青岛市医养健康产业发展规划(2018—2022年)》《青岛市养老设施发展规划(2016—2020)》《青岛市促进医养结合服务发展若干政策》《加快发展老年教育的实施意见》《青岛市人民政府关于深化养老服务改革全面提升养老服务水平的实施意见》《关于印发推进健康青岛行动实施方案的通知》《关于做好建立居民基本养老保险待遇确定和基础养老金正常调整机制有关工作的通知》《关于进一步完善青岛市困难居民医疗救助制度意见的通知》《关于印发〈青岛市失能失智人员照护需求等级评估实施办法〉的通知》等系列法规政策,全方位、多角度推进老年人权益保障法律法规的贯彻落实。

### (二)依法履行职责,积极完善老年人权益保护机制

**1. 养老保障制度并轨完善,养老保险待遇逐步提高**

2011年6月,青岛市率先在全省、全国建立城乡一体的居民养老保险制度并实现全覆盖,2012年以来连续四次调整城乡居民基础养老金最低标准。自2005年以来,连续16年调整企业退休人员基本养老金;2016年在完成养老保险制度改革后,连续5年同步调整机关事业单位退休人员的基本养老金。截止到2020年6月底,全市参加基本养老保险和领取待遇人数达到749.27人。其中,企业职工参保人数331.5万人,领取养老金97.85万人;城乡居民参保人数180.3万人,领取养老金104.6万人,全市基本养老保险参保覆盖率居全省首位。

**2. 城乡老年参保人社会医疗保障水平不断提高**

2016年在省内率先建立居民社会医疗保险个人缴费标准与全市居民人均可支配收入相衔接的机制,财政补贴标准由2016年的560元、440元提高到2019年的730元、650元。居民大病保险起付标准由2万元调整到1.8万元,先后提高居民大病医疗保险、住院、门诊大病和门诊统筹支付比例与统筹金支付限额。截至2020年6月30日,青岛市参保职工约395万人,其中退休人员为96万余人,在职和退休人员供养比约为3.11:1;60周岁以上老年人参加居民医保约120万人,基本实现应保尽保;居民医保财政补贴人均681元,医保政策内职工住院医疗费平均报销90%,居民平均报销75%,均为全省最高标准。

**3. 意外伤害险助力老年人幸福颐养**

从2016年起,连续实施由政府财政出资为全市城乡60周岁以上户籍老年人购买意外伤害保险,2019年全市投入4500余万元,惠及186万余人。

**4. 老年人健康管理深入推进**

全市将65周岁以上老年人健康管理作为基本公共卫生服务项目

的重点工作,2019 年全市 86 万人接受了老年人健康管理服务,老年人健康管理率达到 69.18%。全市 60 岁以上老年人家庭医生签约率达到 78%,签约人数达 130 万人。镇街卫生院、社区卫生服务中心全部设立家庭医生工作室和健康驿站,每年 200 余万人次受益。

### (三)突出工作重点,推进社会养老服务体系建设

#### 1. 推进医养结合事业发展

2016 年出台了《青岛市促进医养结合服务发展的若干政策》,初步建成机构社区居家相协调、医养康养相融合的养老服务体系。全市把建设 90 处街道级居家社区养老服务中心和 1.2 万张养老床位列为年度实办目标任务,2020 年 94 处街道级居家社区养老服务中心可开门营业,全部具备长期护理保险定点单位资质。截止到 2020 年 6 月底,全市共有养老机构 260 家,养老总床位 6.8 万张。目前,各类医养结合机构达到 141 家,占养老机构总数的 55%;全市建成护理型养老床位 24846 张,占养老机构床位总数的 58.9%。推进二级以上综合医院、中医院开设老年病科,开设康复、护理、安宁疗护和养老床位,为老年人建立便利就医绿色通道,与养老机构建立急救急诊、预约就诊、双向转诊、定期巡诊、业务指导等合作机制。推行家庭医生、医保门诊统筹和居家医养"三约合一"实名制签约服务,在国内首创为"三高患者"免费提供 7 种基本药物。

#### 2. 推动居家医疗机制建立完善

2012 年在国内首创在城镇职工、城镇居民中建立长期护理保险制度,2015 年将这一制度扩大到农村,成为全国第一个护理保障全覆盖的城市,重点保障失能、失智老年人的医疗护理。2020 年建立延缓失能失智保障机制,覆盖 884 万城乡参保人,全市 6 万多名参保人受益,累计支付资金 25 亿元。探索建立居家医疗以社区(村)卫生服务中心(卫生室)、护理机构提供居家医疗服务为主体,镇(街道)、区(市)、市三级医疗机构巡回指导促提升、鼓励社会组织(机构)提供服务为补充、长期护理保险为政策支撑的居家医疗机制。全市镇街卫生院、公办社区卫生服务中心全部完成标准化建设任务。

#### 3. 做好困难群体养老服务兜底保障工作

截至 2020 年 7 月份,全市共有城乡特困人员 7643 人,其中城乡特困老年人 6840 人,2020 年上半年共发放特困人员救助供养金 6033 万元。对能够集中供养的特困供养对象实施集中供养,在市和区(市)两级建设了 11 处公办社会福利机构,总床位达到 11822 张。严格落实农村留守老年人巡访制度,对居住在农村的 559 名留守老年人实施建档立卡,确保农村老年人都能享受到基本养老服务。

4. 老年宜居环境建设取得新成效

2019 年成功争取全国老旧小区改造试点,既有住宅节能保暖改造走在全国前列,无障碍建设和适老化改造积极推进。

**(四)营造良好氛围,推进老年人参与社会发展**

1. 涉老法律服务覆盖率提升

通过政府购买服务、与法律服务单位合作等形式开展涉老法律服务,发挥老年维权示范站的作用,基层老年法律援助覆盖率达到 95%,切实为老年人解惑释疑、排忧解难。

2. "敬老文明号"创建工作快速推进

以"敬老文明号"为载体,弘扬敬老爱老助老社会风尚,共评选出青岛市"敬老文明号"363 个,创建山东省"敬老文明号"49 个、全国"敬老文明号"15 个。

3. 老年教育体系建设成效显著

加快推动老年教育体系建设,目前已基本形成市、区(市)、镇(街道)、社区(村)四级教育办学网络,建立各级老年大学、老年学校、老年教育教学点共 2740 所,全市终身(老年)教育各类管理人员共 1795 人,专兼职和志愿者队伍约 2.3 万人,在校编班学员达到 23 万余人,约占老龄人口的 14%,初步形成多部门推动、多形式办学的老年教育发展格局。探索通过互联网推动信息技术融入老年教育教学全过程,推进线上线下一体化教学,支持老年人网上学习,"空中老年大学"注册学员达 6000 余人。

# 二、2020 年青岛市老年人权益保障工作存在的问题与不足

青岛市在应对人口老龄化方面做了大量工作,但老龄事业仍处于发展初期,在思想认识、制度设计、配套规定、财政支持、基础设施建设、动员社会力量参与等方面仍不适应老龄化形势发展和老年人需求,法律法规实施中存在不少困难和问题。

**(一)应对人口老龄化缺乏超前规划**

《老年人权益保障法》明确"积极应对人口老龄化是国家的一项长期战略任务"。在实践中,全市上下对老年人权益保障法律法规的知晓率还不高,个别区(市)对这项战略任务的重视程度和对老龄化趋势的应对能力不足,对老龄化问题缺乏战略思考和长远规划,单纯算经济账,在养老服务用地、融资、补贴、政府购买服务等方面的国家支持政策

贯彻不到位,甚至出现养老项目在区(市)"难落地"现象。政府有关部门在资源共享、协调配合方面亟须加强,一些民办养老机构在消防办证、土地规划登记方面困难重重,养老机构人员享受医保政策存在行业壁垒,一些品牌化、连锁化的养老机构在不同区(市)间营运需要重复备案,政策衔接和部门协同尚未形成有效合力。

### (二)基本养老和医疗保障体系不完善

**1. 城乡居民养老金待遇有待提高**

2018年青岛市第四次提高基础养老金标准,由制度实施初期的每人每月55元,增长到每人每月168元,比全国118元标准高50元,在副省级城市中位列第九,仅高于西安等中西部城市。贫困老年人救助水平普遍较低,农村五保老年人分散供养和低保对象补助标准亟须提高。

**2. 基本医疗保障难以满足老年人需求**

基本医疗保障仍存在统筹层次较低、大病报销额度有限和社区卫生服务难以满足老年人医疗需求等问题,老年人看病难、看病贵的问题仍未解决。

**3. 长期护理保险覆盖面亟须扩大,城镇职工和城乡居民的护理保障有待加强**

据统计,城乡老年居民中重度失能、失智者约6万人,目前实际受益的每年仅4000人左右,对失能、独居和高龄老年人的特殊照护和农村地区护理服务严重短缺。补充性商业保险发展不充分,多层次多支柱的社会保险体系距离老年人过好幸福生活的要求还有距离。

### (三)养老服务业发展不充分、不平衡

**1. 养老机构的布局结构不合理**

普遍存在城区"一床难求",郊区农村养老院多有空置的状况。从全市登记养老机构数量看,市北区有122家,全市占比15.82%,莱西市104家,全市占比13.49%,社区养老服务设施较为充足;市南区45家,全市占比5.84%,城阳区57家,全市占比7.39%,在设施数量和床位密度方面不具优势。有的地方公办养老院的功能定位不够明确,支持社会力量办民办养老院的政策措施不到位;面向失能、高龄等特困老年人的护理型、医养结合型养老机构严重短缺。

**2. 养老服务设施不足**

绝大部分城乡社区养老服务设施不足,或者缺乏统一规划导致养老设施位置不合理、建筑面积小、房屋构造不符合老年人需求,医疗、文化、体育等服务设施综合利用率较低,服务覆盖区域和服务人群有限,服务内容单一,社会化专业水平不高。部分社区养老设施建成后挪作

它用,新建住宅小区养老服务设施在进行验收时,未能交付于民政部门或改变用途。广大居家老年人难以就近享受到方便多样的社区服务,社区养老的依托地位亟待夯实。

3. 居家服务质量还需进一步提升

居家医疗服务目前限于医疗机构医护人力资源不足、医护专业性和复杂性以及服务收费等问题,只能根据实际情况鼓励开展居家医疗服务,难以覆盖更多老年人;政府通过购买服务方式为困难老年人提供基本居家养老服务,从政策、财力、受益人群、提供服务的主体等方面来说,滞后于机构、社区养老的发展;社区、地铁、公交车站等场所无障碍设施系统性、适老性方面有待提高。

4. 城乡养老服务发展不平衡

农村养老服务水平明显低于城市,养老服务存在的问题比城市更加突出。农村养老服务设施平均床位规模较小,居住和配套条件简陋,服务能力较弱,甚至缺乏基本的医疗卫生设施,老年人入住意愿不强。农村老年人收入少、社会保障水平低、无人照料是面临的主要问题。随着城镇化进程加快,家庭空巢化加剧,农村老年人普遍缺乏应有的服务、照料和医疗,一旦生病或失能,生活艰难。

**(四)社会力量参与养老事业严重不足**

1. 引导和扶持社会力量参与养老服务力度不够

民间资本进入养老服务领域与公办养老服务机构在用地、融资、用人、政府补贴等方面缺乏统一、公正、公平政策和平等竞争的社会环境,国家规定的养老机构优惠政策在一些区(市)难以落实。政府有关部门对社会力量参与养老服务在市场准入、服务标准、定价机制等方面缺乏积极的政策引导和配套服务,影响社会力量参与养老服务业发展的积极性。

2. 养老服务从业人员队伍建设亟待加强

养老服务涉及医疗、康复、护理、心理等多学科知识,专业护理人才培养严重滞后。为老年人服务的社会组织发育缓慢,现有养老服务机构普遍存在招人难、留人难的困境。因文化素质不高、流动性大、社会偏见等原因,取得资质的护理人员招不来、留不住、用不好,服务质量难以保障,急需解决"谁来服务"的问题。

**(五)老年教育的针对性和适用性需要加强**

数据显示,青岛各基层法院 2019 年及 2020 年上半年共审结涉老民事一审案件 7251 件,涉老案件中排名前三位的案由:机动车交通事故责任纠纷 1337 件,占比 18.70%;各类借款纠纷 1319 件,占比 18.44%;婚姻继承纠纷 900 件,占比 12.58%。与传统涉老案件类型相比,当前涉及交通事故、房屋纠纷、民间借贷等多个领域,亟须在老年教育中普及法律知识,发挥老年人协会作用,提高老年人的交通意识和自我防范能力。

# 三、2021 年青岛市老年人权益保障工作展望

当前,全市人口老龄化快速发展,各种老龄问题短期内同步呈现,给经济社会发展带来严峻挑战。各级政府应进一步推动老年人社会保障体系和养老服务体系建设,全面放开养老服务市场,营造全社会依法维护老年人权益的良好氛围,促进老龄事业与经济社会协调发展。

## (一)老年人权益保障规划与实施工作进一步发展

加强老年人权益保障法律法规的普法宣传,开展应对人口老龄化行动,在全社会积极弘扬敬老、养老、助老社会风尚。要加强全民应对人口老龄化国情教育,树立"老年人的今天就是我们的明天"的观念,强化国家机关工作人员特别是领导干部的责任意识。要加强顶层设计,按照党的十九届五中全会通过的《中共中央关于制定国民经济和社会发展第十四个五年规划和二〇三五年远景目标的建议》,在"十四五"时期"实施积极应对人口老龄化国家战略",建立完善的基本养老服务清单,统一纳入基本公共服务体系,并结合需求变化和财力状况动态调整,确保全市老年人共享发展成果。要转变观念、提高认识,积极推进养老服务用地、融资、补贴、政府购买服务等方面的国家支持政策贯彻落地,着力解决养老项目"落地难"问题。要建立更加公平更可持续的社会保障制度,实施全民参保计划,完善职工养老保险个人账户制度,健全多缴多得激励机制,建立基本养老金正常调整机制。要统筹救助体系,推进制度整合,确保困难老年人基本生活。要加强部门协作,推进民政、卫健、医保、规划、消防等部门间的政策衔接,着力解决利用原有场所改建养老服务机构存在的消防办证、规划登记现实难题,分类推进、加强管理。要积极研究应对人口老龄化和发展养老服务相关的法律法规,探索出台青岛市养老机构管理办法,规范其合法经营,维护其正当利益,运用法治思维和市场机制推动全市老龄事业发展。

## (二)养老服务体系建设得到进一步推进

1. 分类推进,全面加强照护服务体系建设

在城区,重点加快培育社区嵌入式小型多功能照护机构,扶持日间照护机构发展,居家照护方面支持现有机构品牌化、连锁化发展,并引入上海等地的优质护理机构来青拓展市场;在农村,重点支持镇街卫生

院(社区卫生中心)加强与养老服务机构的合作,按照"两院一体"模式发展,重点解决重度失能失智人员机构照护需求。居家照护方面,依托现有卫生院、卫生室服务体系开展上门巡诊和护理,同时组织当地中年妇女和体能较好的老人参与生活照料服务,切实保障城乡老年人的医疗护理和生活照料权益,不断提升老年人医疗保障的获得感、幸福感、安全感。

2. 着力推动居家养老服务社会化

中国老龄协会发布的《需求侧视角下老年人消费及需求意愿研究报告》表明,我国老年人对居家养老的需求率达84.18%,居家养老应是养老服务业的重点发展方向。各级政府要加大社区服务设施建设投入力度,通过补助投资、贷款贴息、运营补贴、购买服务等方式,支持社会力量兴办社区养老服务机构,大力培育发展社区养老服务组织,完善服务网络。鼓励引导有条件的企事业单位兴办家庭式、社区型养老服务机构,促进居家和社区养老服务连锁化、品牌化发展。推进信息技术、人工智能和物联网与养老服务的融合发展,推动医疗资源向社区和家庭延伸,满足老年人医疗服务需求。强化供需衔接,加强老旧小区适老化改造,夯实居家养老基础地位,发挥社区养老服务依托作用,释放机构养老的民间活力,切实为老年人居家养老提供多样性、个性化服务。

3. 大力发展老年保健事业

针对城乡布局不平衡问题,调整养老服务机构空间布局,大力推动医疗卫生和养老服务相结合,建设康复护理型医疗养老联合体,为失能、高龄老年人提供一体化健康养老服务。

4. 积极推进公办养老机构改革

在履行好托底职能,发挥补充作用的同时,为民办养老机构规范化、标准化运营起到示范作用。

5. 建立完善家庭养老支持政策

积极推进设立子女护理假的可行性研究,适时设立老年护理假,鼓励引导家庭成员依法履行对老年人经济供养、生活照料和精神慰藉责任。

**(三)农村养老服务加快发展**

各级政府要高度关注农村老年人生活状况,加大城乡统筹工作力度,采取切实有效措施,提升农村老龄工作水平。在城镇化建设过程中,要科学规划、合理布局农村养老服务设施,加快农村养老机构改革,新建改扩建规模合理、功能实用、设施齐全的农村五保供养机构,优先为空巢、失能、高龄、贫困等特殊困难老年人提供服务。鼓励城市养老机构与农村养老机构建立对口支援和协作机制。在农村土地征收、宅基地改革等工作中,统筹考虑建立农村居民养老的长效保障机制。发展农村社区服务,建立适应老年人需要的生活服务、疾病护理与康复等设施网点。按照医保基金、财政、个人三者共担原则,着力解决推进居民护理保险面临的资金来源,把职工护理保险资金、居民护理保险资金打通,构建城乡统一的护理保险制度,增强基金的支撑能力,实现可持续发展。

### (四)养老服务市场全面放开

要建立公平、公正、规范的养老服务业准入机制,集聚民间资本,推动社会力量成为养老服务的生力军。各级政府要着力解决在资源配置上政府主导与市场化要求之间的矛盾,重点解决民营养老机构在规划、用地、金融等方面的问题,充分调动社会力量参与养老服务。适应社会主义市场经济发展要求,探索公建民营、民办公助、政府补贴、购买服务、股权合作等多元化资金投入和经营运作方式兴办养老服务业,支持各类市场主体增加养老服务和产品供给。研究细化养老服务设施供地政策,鼓励租赁供应养老服务设施用地,盘活存量用地和利用集体土地支持兴办养老机构。

### (五)老年人参与社会发展新机制逐步确立

引导各类养老机构积极参与当地经济社会发展,在服务社会中提升老年人的荣誉感和获得感。积极应对人口老龄化,既要为老年人提供各种服务,又要充分发挥老年人作用,使其成为经济社会发展的重要力量。各级政府要在制度规划、政策完善、舆论宣传、加强老年人组织建设、搭建老年人才服务平台、提供教育培训、强化劳动保护等多方面改革创新,逐步完善老年人参与社会发展新机制。积极组织健康老年人退休后再就业和参加各类志愿服务,不断探索实践"老有所为"的新模式。强化老年教育的针对性和适应性,提高老年人的维权意识和社会生活能力,满足老年人享受幸福生活的愿望。

### (六)养老服务人才队伍建设进一步强化

各级政府要高度重视养老服务队伍建设,将其纳入人才发展规划,推进高职院校专业设置和实训基地建设,采取定向培养、委托培养等方式,大力培养养老服务专业人才,加强养老服务人才储备。对现有养老服务从业人员加强在职培训,实施免费培训或补贴政策,将其纳入最低工资保障体系,逐步提高其工资水平,确保他们依法享受各项社会保障待遇,规范职业资格或能力认证,畅通职业转换和职务职称晋升渠道。

(作者单位:青岛市人大常委会)

# 青岛市"十三五"时期文化发展改革状况分析与"十四五"时期发展趋势展望

### 郑 国

按照"十三五"确定的目标任务,青岛市牢牢把握文化发展改革的指导思想,深入学习宣传贯彻习近平新时代中国特色社会主义思想,牢记习近平总书记"办好一次会,搞活一座城"的殷殷嘱托,深刻把握习近平总书记对山东、对青岛工作的重要批示指示精神,在文化领域深入贯彻落实"创新、协调、绿色、开放、共享"的新发展理念,发起国际时尚城建设攻势,围绕建设开放、现代、活力、时尚的国际大都市目标任务贡献文化力量,文化发展迈上新台阶。

## 一、"十三五"以来青岛市文化发展改革的主要成就

### (一)马克思主义中国化最新成果广泛普及

1. 深化中国特色社会主义理论体系学习宣传研究

坚持和完善党委(党组)中心组学习制度,建立第一议题制度,将习近平总书记重要讲话、重要指示批示精神列为青岛市党委(党组)第一议题,作为根本遵循和指引。推进全市社科规划管理的制度化、规范化发展。累计争取国家社科基金项目 200 多项,省社科规划项目 600 多项。组织实施重大宣讲活动,围绕学习宣传贯彻习近平新时代中国特色社会主义思想这个首要政治任务,先后开展了党的十八届六中全会精神,党的十九大和十九届二中、三中、四中全会精神等重大主题集中宣讲。坚持深度整合宣讲资源,深入开展理论惠民"百千万"宣讲活动,全市组建由 100 名专家学者、相关部门负责人组成的市宣讲团;每年培训 1000 名百姓宣讲骨干;全市每年开展 1 万场基层理论宣讲。2019 年全市培训基层宣讲骨干突破 6000 人次,组织开展理论宣讲 2.8 万余场次,受众 450 万余人次。

2. 全面加强全市意识形态工作

成立由省委常委、市委书记任组长的市委意识形态和宣传思想工作领导小组,加强对全市意识形态工作的统一领导。建立健全青岛市意识形态工作联席会议制度,明确 22 个成员单位职责分工。严格落实意识形态工作主体责任,制定《党委(党组)意识形态工作责任清单和负面清单》,将意识形态工作责任制落实情况纳入全市经济社会发展综合考核,督促落实主体责任。

3. 推进社会主义核心价值观宣传和培育工作

开展社会主义核心价值观示范点创建活动,评选 34 家青岛市首批社会主义核心价值观示范点,许振超、张瑞敏、周明金被中共中央、国务院授予"改革先锋"称号。选树"青岛楷模",青岛市抗击新冠肺炎疫情医务人员群体、青岛港全自动化码头连钢创新团队等入选。依托"学习强国"学习平台,充分借力新时代文明实践中心和融媒体中心,实现线上线下同频共振。

**(二)现代公共文化服务体系更加健全**

1. 加强顶层制度设计

先后印发《青岛市创建国家公共文化服务体系示范区建设规划》《关于加快构建现代公共文化服务体系的意见》《关于推进基层综合性文化服务中心建设的实施意见》《青岛市村(社区)综合文化服务中心建设与服务规范(试行)》等政策文件,为推进全市现代公共文化服务体系建设创造了良好的政策环境。

2. 完善公共文化设施网络建设

全市各级新建、改扩建区(市)公共图书馆、文化馆 9 处、镇(街道)综合文化站 55 处、村(社区)综合文化服务中心 730 多个,新建一批 24 小时图书馆。全市 12 家公共图书馆、12 家文化馆全部为国家一级馆。24 小时图书馆 30 个。国办美术馆 2 家。拥有剧场 17 处,城市影院 83 家,各类书店 700 余家。镇、街道综合文化站 137 处,村(社区)综合性文化活动中心 5300 多个,形成了覆盖城乡的四级公共文化设施网络,基本建成"十五分钟文化圈"。

3. 创新打造公共文化服务"新常态"

全市年均组织开展各类文化活动 6.5 万场,年均受益群众 1200 万人次。"欢乐青岛广场周周演"、"青岛夜色美"、青岛市民艺术节、"艺术彩虹"文化志愿服务村村行等丰富了群众的文化生活。联合全市 30 家图书馆组建青岛市图书馆联盟,搭建了图书馆联盟数字化服务平台。市博物馆打造了"夜色青博"等夜间服务品牌。大力实施文化惠民工程。公共文化场馆免费开放工程每年服务市民超过 1000 万人次。积极推进农村数字影院建设和农村公益电影放映工程,全市年均放映农村公益电影6万多场。建成农家书屋、社区书屋、新市民书屋及特色书屋6000多处,累计策划出版农民适用图书20多种、60多万册。

4. 加强公共文化服务供需对接,推进国家文化消费试点工作

市图书馆建设了移动阅读服务平台,创新"你买书,我买单"模式,让市民直接担任文化服务采购员。2016年,青岛市成为首批国家文化消费试点城市,开展文化消费促进活动连续三年纳入市政府市办实事,市财政每年安排文化消费专项经费2500万元。

5. 文化遗产保护利用事业繁荣发展

截止到2019年12月底,青岛市有各级文物保护单位544处[其中全国重点文物保护单位18处,省文物保护单位70处,市文物保护单位106处,区(市)级文物保护单位350处],历史文化街区13个,传统文化村落14个,历史优秀建筑313处,挂牌保护名人故居50处。共有博物馆100家,其中,国有博物馆30家、非国有博物馆70家。国家级非遗项目14个,省级55个,市级167个。

### (三)现代文化产业体系和现代文化市场体系更加完善

1. 优化文化产业政策,加强文化产业载体建设

先后出台《青岛市高端影视文化产业发展规划(2014—2020年)》《关于促进影视产业发展的若干意见》《关于在新旧动能转换中推动青岛文化创意产业跨越式发展的若干意见》《关于在新旧动能转换中推动青岛文化创意产业跨越式发展的实施细则》等文件。在新冠肺炎疫情防控期间及时出台《关于应对新冠肺炎疫情影响支持文化和旅游业发展若干政策措施的通知》《青岛西海岸新区促进影视产业发展的若干政策》《青岛市即墨区人民政府关于发展文化产业的扶持意见》等政策,为文化产业发展营造良好政策环境、注入强劲动力,形成市、区两级合力推动的产业发展格局。

2. 文化产业发展提速,已经成为经济社会发展的新动能、新引擎

初步统计,2019年,全市文化产业增加值581亿元,占GDP比重为4.9%。一是文化产业总量规模稳步增长,市场主体大幅增加。截止到2018年末,青岛市共有文化企业3.38万家,与2013年相比,企业数量增长134.2%。二是产业集聚效应突出。2018年,全市1亿元以上文化企业营业收入合计1952.88亿元,占全市文化企业营业收入比重67.8%,比2013年提升3.6个百分点。青岛出版集团连续四年入选全国"文化企业30强"提名企业,青岛广电影视传媒集团等6家企业获评全省"文化企业30强"企业,青岛深度传媒有限公司等7家企业获评山东省重点文化企业。三是文化新业态逐步起势。文化企业创新能力不

断提高,"互联网＋文化＋科技"的融合发展,在广播电视集成播控,互联网搜索服务,多媒体、游戏动漫和数字出版软件开发,互联网游戏服务等方面发展强劲。2018年,全市规模以上文化新业态企业共68家,实现营业收入87.96亿元,比上年增长12.8％。四是就业总量不断增加。截止到2018年末,全市文化企业从业人员达27.58万人,全市规模以下文化企业平均每亿元资产容纳从业人员119人,远高于规模以上企业54人的平均水平。五是影视产业加快发展。2017年,青岛市被联合国教科文组织评为世界"电影之都"。灵山湾影视文化产业区成为山东省"1＋N"影视基地布局的核心园区,东方影都影视产业园40个世界级摄影棚建成并投入运营。及时兑现影视产业发展专项资金,累计发放东方影都影视产业发展专项5200余万元,发放灵山湾影视产业发展专项资金4500余万元,《人民的正义》等60余个影视综艺剧组来青摄制。先后成功举办青岛电影交易博览会、"电影之都青岛峰会"、中国电影表演艺术学会奖(金凤凰奖)颁奖、上合组织国家电影节、2019青岛国际影视博览会等影视文化活动。

**(四)精神文化产品创作更加活跃繁荣**

1. 引导正确的创作导向,制定文艺精品相关文件

印发实施《中共青岛市委关于繁荣发展社会主义文艺的意见》,制订出台《青岛市传承发展中华优秀传统文化工作方案》,印发《关于在全市文艺界广泛开展"深入生活、扎根人民"主题实践活动的实施意见》。修订出台《青岛市文艺精品项目扶持奖励办法》,扶持范围由原舞台剧等个别门类扩大到文学、戏剧、影视等12个文艺门类。"十三五"时期,共扶持176个文艺精品项目,金额达7788.4万元;共奖励70个获省级及以上获奖项目,金额达412.5万元。

2. 文艺创作展演呈现百花竞放的良好局面

积极抓住纪念改革开放40周年、新中国成立70周年等重要时间节点,抓好重点文艺作品创作生产。组织创作各门类文艺精品8000余件,获得省级以上奖励360余件,多部作品荣获中宣部"五个一工程"奖、全国书法兰亭奖、全国美展优秀奖、中国民间文艺山花奖、山东省文艺精品工程奖。其中,《中国民办教育调查》《第四级》先后斩获第六届、第七届"鲁迅文学奖",在全国同类城市尚属首例。民族歌剧《马向阳下乡记》获第十二届中国艺术节专业舞台表演艺术的最高政府奖文华大奖。电视剧《马向阳下乡记》获中宣部第十四届精神文明建设"五个一工程"奖。原创动画电影《C9回家》获第32届中国电影金鸡奖提名,这也是青岛市原创电影首次获得该奖项。电影《家》等8部作品获省"文艺精品工程奖"。

### （五）对外文化交流开放水平不断提高

1. 大力推动亚洲文明交流互鉴

积极开展"东亚文化之都"系列交流活动，与日本新潟、韩国清州开展交流活动近 20 批次，将深厚的文化底蕴和城市特色推介给当地民众。2019 年青岛市旅游局派员赴韩国仁川参加了中日韩三国旅游部长会议及"三国同行—中日韩城市友好交流活动"，组织赴泰国、柬埔寨开展旅游宣传促销和友好交流活动，进一步提升了青岛的吸引力和国际影响力。

2. 扎实推进"一带一路"商旅文化交流

推动青岛交响乐团 2016 年代表中国前往阿根廷和智利、2018 年前往摩洛哥、2019 年前往哈萨克斯坦、乌兹别克斯坦进行交流演出。推动联合国教科文组织创意城市网络"电影之都"工作，派员赴意大利法布里亚诺市参加第十三届联合国教科文组织创意城市网络年会，举办青岛国际影视博览会暨俄罗斯电影周、2019 法国电影周等活动。

3. 举办重大国际活动，全面助力青岛国际时尚城建设

成功举办 2019 国际时尚城论坛、2019 世界旅游小姐全球总决赛、2019 青岛国际影视设计周、第八届国际戏剧学院奖等活动，让世界目光再次聚焦青岛，进一步加强了对外商旅文化交流合作，为推动文化旅游高质量发展奠定了基础。

4. 不断提升对外传播能力

启动"为青岛喝彩"城市形象大型外宣互动活动，邀请海内外友人写青岛、画青岛、唱青岛，扩大青岛海内外朋友圈，增强城市形象传播的影响力和辐射力。加强外宣媒体合作交流，在谷歌、推特、脸书等海外新媒体社交平台开展账号运营、青岛信息推送活动。加大新闻发布力度，提升舆论传播力引导力，强化"青岛发布"品牌建设，打造权威信息发布平台。做好重大活动新闻宣传和媒体服务，提升青岛城市形象。圆满完成上海合作组织青岛峰会、人民海军成立 70 周年暨多国海军活动等国家级重大活动新闻中心建设运营任务。

### （六）文化管理体制改革不断深化

1. 顺利完成文化宏观管理体制改革

按照中央和省统一部署，全面完成文化、旅游行政管理体制改革，组建新的文化和旅游局。全面推动完成文化领域综合执法改革。全面完成文联等宣传文化机构改革，制订出台市文联改革工作方案，青岛市文联改革走在全国副省级城市前列。完成青岛日报社、市广播电视台内部改革。

2. 加强顶层设计,制定出台系列改革制度文件

以推动文化领域供给侧结构性改革为主线,按照中央和省决策部署,加强对文化领域重大改革的顶层设计,注重夯基垒台、立柱架梁,出台一系列改革制度文件。印发《青岛市文化领域供给侧结构性改革实施方案》,在提高文化供给能力、完善文化设施网络、补齐文化发展短板等五个方面,以"拉清单"方式开列了38项具体任务。针对青岛市文化领域行业组织建设存在的薄弱环节,印发《青岛市文化领域行业组织建设实施方案》,确保全市文化行业组织建设规范有序。制定出台《关于进一步深化文化市场综合执法改革的实施意见》,以文件形式明确"文化例外"原则,确保文化执法的相对独立,解开了基层文化执法机构的思想困惑。制定出台《青岛市音乐吧扶持管理办法》,在全市新开22条酒吧一条街,培育音乐酒吧近百家。

3. 全面完成重点领域和关键环节的改革任务

围绕构建双效统一的工作机制,进一步完善青岛市国有文化资产监管体制。深化国有文化企业分类改革,研究出台国有文化企业"双效"考核评价办法等制度性文件。深化文化行政管理体制放管服改革,推动文化企业改革决策机制、薪酬分配及用人制度,优化文化企业发展环境。积极研究解决国有文化单位改革历史遗留问题,稳妥完成省广电网络青岛分公司人员身份选择和岗位安置,推动"全国一网"有线电视网络整合工作。积极推进新时代文明实践中心、县级融媒体中心建设,青岛市两项改革均走在全国、全省前列。青岛市被中宣部确定为全国地市级"学习强国"学习平台建设试点城市,学习强国青岛平台率先上线运营。

**(七)现代传播体系初步建立,媒体融合取得阶段性成效**

1. 把握主旋律,巩固主阵地,舆论引导水平不断提升

围绕学习宣传贯彻党的十九大及历次全会精神和习近平新时代中国特色社会主义思想、庆祝新中国成立70周年、上合组织青岛峰会、庆祝人民海军成立70周年多国海军活动等重大主题活动,做好正面主题宣传及氛围营造工作。积极服务全市工作大局,在"学深圳、赶深圳"、"十五个攻势"等重要部署中精心组织策划,营造了良好的舆论发展环境。五年来,上联播、上头版、上头条的发稿量连续多年保持全国同类城市前列。

2. 探索创新体制机制,加快媒体深度融合

推进传统媒体和新兴媒体融合发展,10个区(市)全部完成县级融媒体中心挂牌运行,报社集团融媒体平台中央厨房策采编发一体化有效运转,市广播电视台媒体融合实现电视、广播、新媒体同平台生产发

布,实现全媒体、全链条、立体化的传播。

3. 加大舆论监督力度,加强履职尽责报道,服务全市经济社会发展

《青岛日报》专门成立舆论监督部,青岛市广播电视台组建舆论监督部,推出《今日聚焦》《问政青岛》,旗帜鲜明地开展舆论监督工作,为全市发展注入强大的社会动员力。

# 二、青岛市"十三五"时期文化发展改革存在的主要问题

"十三五"时期,文化发展改革现状与经济社会的快速发展相比,仍有一定的滞后性,人民群众日益增长的美好生活需要和不平衡不充分的发展之间的矛盾仍持续存在,文化发展改革仍存在有待改进的问题。

### (一)中国特色社会主义理论学习宣传的力度不够

中国特色社会主义思想学习宣传教育工作仍需进一步落实落细落小、入耳入脑入心,意识形态领域和思想文化阵地仍需进一步巩固。新时代文明实践中心建设仍需进一步探索推进,全社会文明程度仍需进一步提高。

### (二)文化体制改革不畅

文化体制改革进入深水区,文化宏观管理体制改革阵痛期未过,整体融合已完成,但微观层面的融合尚需时日。特别是对电影、出版、印刷等管理体制,和省机构不对应,权责利不统一。文化与旅游管理机构合作,仍需进一步融合发展,释放效能。

### (三)公共文化服务体系建设重大项目支持不足

目前,青岛市公共文化三大馆(市图书馆、市博物馆和市美术馆)发展状况与未来五年发展形势不相匹配,与副省级城市相比滞后,亟须进一步加大建设力度。

### (四)文化产业规模不够壮大,占 GDP 比重逐年下降

青岛市文化产业集中度偏低,产业层次不高,自主知识产权比重低、附加值低,骨干企业少,文化企业"小、散、弱"的问题仍未得到根本解决,大规模、高水平、产业链完整的文化骨干企业数量不足,限制了文化产业整体竞争力和影响力的提升。突如其来的新冠肺炎疫情对文化产业带来了巨大影响。

**（五）文化遗产保护工作整体水平有待提升**

近年来，习近平总书记对历史文化遗产保护工作高度重视。青岛市的整体保护工作有待提升，老城区更新工作有待加快提速，文化传承保护的思路有待创新。

# 三、青岛市"十四五"时期文化发展趋势展望

## （一）中国特色社会主义理论学习宣传的力度进一步加大

推进习近平新时代中国特色社会主义思想理论宣传教育落实落细落小，在基础性和关键处持续发力，不断巩固意识形态领域和思想文化阵地，落实主体责任，提升理想信念，凝聚社会合力。新时代文明实践中心建设进一步推进，全社会文明程度得到提升。

## （二）文化体制改革深入推进

进一步释放改革红利，以文化领域供给侧改革为基线，以双效统一为机制，稳步推进各项改革措施的磨合与融合，加快提升文化与旅游管理机构的合并效能，释放改革活力。

## （三）重大项目建设加快，公共文化服务效能进一步提升

重大项目建设布局进一步调整。推动文化馆、博物馆和图书馆向人流密集、交通便利地区布局，更好地满足人民群众文化生活不断增加的需要。以群众文化需求为导向的公共文化服务模式进一步完善。发展公共文化服务体系数字化平台，推动文化供给与群众文化需求有效对接，提升供给效能。重视文化的差异化需求，尽快建立起群众文化需求反馈机制，发展"菜单式"、"文化超市"式文化服务体系。

## （四）文化产业发展实力进一步提升

加快制定鼓励扶持政策，落实"一业一策"，完善政策供给，形成完备的文化产业政策供给体系。引进培育文化产业优势企业，特别是影视音乐产业加快发展，促进新兴数字文化产业。支持国有龙头企业资源整合，加大"双招双引"力度，鼓励文化企业在打造世界工业互联网之都的大局中，发挥领军带头作用。

## （五）提升文化遗产保护水平，老城区更新发展步伐加快

要加快老城区申报世界文化遗产工作，以此为中心推动老城区保

护更新工作。加强历史研究,挖掘青岛故事,筹建青岛市级非物质文化遗产大型展示体验场馆,打造青岛里院非遗民俗特色街区,提高青岛美誉度和国际影响力。

（作者单位：青岛市社会科学院）

# 青岛市农村电子商务发展现状与对策研究

范明明　韩　伟

农产品电子商务对实施乡村振兴战略、深化农业供给侧结构性改革、构建现代农产品供应链、实施精准扶贫等方面具有重要战略价值。为推动青岛市农村产业振兴,近期对全市农村电子商务发展情况开展专题调研,分别召开了市直部门、区(市)、企业等多个层面的座谈会,全面了解青岛市农村电子商务发展现状和面临困难,与国内电商发展先进城市进行了对标,提出了对策建议。

## 一、青岛市农村电子商务发展现状及存在问题

电子商务应用与创新是城市竞争力的综合体现,是新经济、新动能的重要测度指标,是城市竞争、市场竞争的新疆域。特别是在农村,电子商务以其开放性、全球化、低成本、高效率的优势,与实体经济高度融合,成为推动农村经济发展的重要力量,在促进农业增效、农民增收等方面发挥了重要作用。据市商务局提供数据,2019年,青岛市在天猫、京东、淘宝等主要电商平台共实现网络零售额1574亿元,增长15%,居山东省第一位。其中,农村电子商务交易额达170.8亿元(指青岛市三个县级市的网络交易额,包括农产品、农村制品和县域卖出的工业品),同比增长10.7%;农产品网络零售额55.9亿元(指全市农产品网络交易额),同比增长26.9%。尽管青岛市农村电子商务取得了一定发展,但不论与国内先进城市相比,还是与省内兄弟城市相比,均存在不小差距。以江苏睢宁为例,全县所有乡镇都是"淘宝镇",电商年销售额超过300亿元,是青岛市3个县级市电商交易额总和的1.8倍,全县1/3劳动力从事电商,50%的农民增收来自电商。菏泽市政府与阿里巴巴集团开展战略合作,大力培育淘宝村镇。据2019年阿里巴巴发布名单,菏泽共有307个淘宝村,占全国7.1%,居全国地级市第3位;有47个淘宝镇,占全国的4.2%,居全国地级市第2位,数量均超过全省半壁

江山。相比之下,青岛市仅有淘宝村 25 个、淘宝镇 6 个,差距十分明显。从调研情况看,青岛市农村电商发展主要面临以下几个制约问题。

1. 平台和龙头企业较少,集聚程度不高

(1)平台和龙头企业不足。对比杭州拥有阿里巴巴、网易严选、蘑菇街、贝贝网等一批大型电商平台,济南拥有韩都衣舍、朵拉朵尚这样的知名网商品牌,青岛市电商产业仍缺乏有核心带动能力的大型第三方交易平台和服务平台,对产业发展的带动作用明显不足。如济南的韩都衣舍,创立了"智汇蓝海"创新创业品牌,在全省建立了多个互联网创新创业孵化基地,在自身成长的同时带动了大批电商企业发展。

(2)产业链条延伸不够。从调研情况看,青岛市电商企业具有很强的加工制造能力,产品质量比较过硬,但产业链两端的设计和营销欠缺,产品竞争力和附加值不高。例如,平度市眼睫毛产量占全国 80%,但缺少龙头企业和独立的销售渠道,产品大多发往义乌企业后再对外销售,而平度基本成为加工厂。又如,淘宝平台白橡木家具类前 5 名有4 家产品在胶州生产,但注册地在青岛的只有 1 家。

(3)园区发展滞后。产业园区是支撑电商高质量发展的重要载体。菏泽建设了天华电商物流产业园区,集网商创业孵化、众创空间、线下体验、展览展示、分拨配送于一体,有力支撑了电商产业集聚发展;临沂在土地资源稀缺情况下,建设了占地 750 亩的集干线运输、仓储、服务于一体的"公路港",有效降低了电商物流成本。相比之下,青岛市电商园区建设比较滞后。由于没有产业园区标准定义(面积、功能、企业数量等维度标准不一),其用百度搜索引擎对杭州、青岛电商产业园情况进行了搜索和比较,杭州搜索结果 1322 条,青岛只有 88 条。

(4)供应链不完善。农产品供应链体系的互联网化程度相对工业品供应链要低,原料供应、生产加工、仓储运输、产品销售和配送、金融服务等环节的融合程度不高。特别是疫情期间,农产品供应链体系不完善问题更加突出,导致农产品产销衔接不畅,物资库存积压,部分地区出现农产品"卖难"。

2. 农业产业化水平较低,对接能力不强

(1)产业规模不大。受农村分散经营模式影响,多数产业网上销售规模不大。如即墨区移风店镇大欧村的鸟笼产业、田横镇西王村的美妆业务等,虽然很受消费者欢迎,但这些产业总体规模偏小,对全市产业的带动能力有限。同时,农产品季节性销售明显,如平度云山"电商小镇"设施栽培大樱桃,网络销量全国领先,有效带动了农业产业结构的调整,周边大樱桃种植面积达到 5 万亩,每年只销售樱桃一季,电商平台其他时间基本闲置。

(2)标准化程度低。由于无法面对面检验产品质量,电商农产品需要有更高的辨识度和品质保证,这就对农产品标准化提出了更高要求。但目前农产品大多处于非标品状态,其品相分级、质量检验、清理筛选、分级包装、冷藏保鲜等缺乏明确标准,导致消费者在网上很难甄别和选购,成为发展农村电商的痛点。

(3)缺乏有效对接。由于缺少与农户打交道的经验,多数电商进入农村后出现无所适从现象,迫切需要产地专业化的组货供应者和服务团队给予中间桥梁的支撑。电商平台企业蚁家人负责人介绍说,为了销售当地的桃子,用了3年时间对当地农户进行培养,从而达到他们平台销售产品的质量和包装要求,其间付出了太多沟通成本和培训成本。

3. 仓储物流设施落后,配送成本较高

配送成本高是电商企业反应较多的问题,也是制约农村电商发展的瓶颈。

(1)网点覆盖面小。由于农村交通基础设施不完善,第三方综合性仓储、物流、配送服务发展滞后,导致"最后一公里物流"尤为困难。即墨移风店镇电商服务中心负责人反映,当前全镇有鸟笼、暖手宝、蔬菜等多种电商产业,但由于快递网点覆盖不足,每天需要安排专人专车从各村收集产品,然后再统一运送到物流公司的快递点或中转站,增加了物流成本。

(2)冷链设施不足。由于农产品全程冷链投入大,一般企业很难承受,加上缺乏为中小电商企业和农户提供标准化冷链物流的公共服务平台,造成生鲜农产品网销困难。平度市部分电商企业反映,受土地性质和用地指标等限制,农村普遍缺少基础冷藏保鲜中心。疫情期间,农村进出口道路封闭,平台无法与农户进行对接,部分农产品滞销,由于无处存放和产品保质时间较短,导致损失较大。另一方面,为了减少与外界接触,许多消费者选择在线购买生鲜类产品,平台出现了订单暴涨、商品缺货、配送严重延迟等情况。

(3)快递成本较高。目前,部分区(市)存在物流中转站较小、转运能力不足问题。以即墨区为例,其快递中转站每天饱和单量为30万件左右,随着电商快速发展,已不能满足每天寄件需求,协商降价也很难实现。相比之下,国内许多城市大力发展电商产业,采取多种方式降低物流成本,比如,义乌出台了支持电商发展专项支持政策,已集聚6000家国内、国际快递经营单位,形成通达全国、连接世界的综合物流体系,其快递成本每件比青岛市便宜1~1.5元;临沂市推进"公路港"建设,物流网络遍布全国2000多个县级以上城市,配送起步价比省内其他城市低20%~30%;济宁市大力推动电商产业发展,政府对每单快递补贴0.5~1元,等等。特别是春节以来,受疫情影响,航班周转、高速公路运输等恢复较慢,很多转运中心依然关闭,快递企业由于快递员、分拣员复岗不足以及增加消毒流程等原因,配送时间比平时延长较多,导致交易效率大幅下降。

4. 电商专业人才缺乏,发展后劲不足

电子商务交易是一项技术性很强的工作,需要具备电脑、包装、营销、物流、保鲜、研发设计等专业知识。而当前青岛市农村电商从业者主要是返乡创业人员、下乡新农人、转型的经销商或农产品经纪人、合作社负责人等,专业人才严重缺乏。

(1)本地人才培育难。目前生活在农村的以中老年人和留守儿童为主,他们文化素质不高,对电子商务的认知甚少,网络经济意识差,掌握现代信息技术和营销技巧比较困难。

(2)外地人才引进难。青岛市电商产业平均工资水平较深圳、杭州、上海等地存在较大差距,据互联网数据分析,2019 年青岛市薪金水平 4143 元,主要分布在 2K～6K(K＝1000),占 72.6％,而杭州薪金 2K ～6K 占 54.3％、深圳薪金 2K～6K 占 59.2％,北京、上海薪金明显高于其他城市,薪金 6K～15K 有大量分布,其中北京占 41.7％,上海占 37.5％。同时,由于农村经济发展落后,生活条件艰苦,发展机遇较少,加上缺少相关配套政策支持,削弱了专业人才投身农村的积极性。部分电商企业反映在城区 5000 元/月就可以招聘到的人才,给 8000 元/月也不愿意到农村去,许多农村电商企业从县域迁到中心城区,有的企业甚至把运营中心、研发中心等外迁到杭州、深圳等地。

(3)培训体系不完善。近年来,青岛市虽然加大了电商专业培训,但还没有搭建起分层培训、分类指导、全程跟踪的培训体系,实际效果仍不理想。据了解,青岛市已建成镇级电商公共服务中心 50 个、村级电商服务站 2360 个,多数由当地电商企业承担运行,但受多种因素制约,专业培训作用发挥不足。而从天猫、京东等大型电商平台聘请专家培训往往需要支付较高费用,区(市)财政难以负担。

此外,统计体系不健全也是各区(市)反映较多的问题。据了解,由于大平台电商对信息数据保密,一般电商企业出于种种顾虑不愿提供数据,导致各区(市)无法获得电商交易的准确数据。当前青岛市电子商务(农村电商)的相关数据是通过浪潮、欧特欧等平台免费获得,这些平台在统计口径、统计层次、产业分类、可靠性等方面是否科学、全面有待商榷,也一定程度影响了对相关产业发展的科学研判和精准施策。

# 二、推进青岛市农村电子商务发展的建议

突如其来的新冠肺炎疫情虽然对线下零售业造成了严重冲击,但线上农产品配送出现了爆发性增长。据统计,2020 年春节期间,盒马

生鲜订单量总体比平时增加近五成,京东生鲜销售额同比增长215%,每日优鲜平台实收交易额较上年同期增长321%,饿了么北京外卖买菜订单量同比增长9倍,等等。伴随疫情对人们生活方式长远影响日益显现,农产品电商也将迎来新一轮发展机遇。针对青岛市农村电商发展存在的矛盾问题,建议借鉴先进城市经验,抓紧制定出台青岛市促进农村电商发展的政策意见,按照"政府引导、市场运作、社会参与"的原则,以促进电子商务与农村实体经济深度融合发展为重点,抓好电子商务公共服务平台建设,培育壮大农村电商经营主体,加快完善农村电子商务人才、物流、通信、政策等支撑体系,探索新业态,抓住新机遇,促进电子商务在农村的推广应用,助推农村经济转型升级、农民致富增收。

### (一)支持电商平台企业发展

一方面,加大企业招引力度。据青岛市商务部门介绍,目前杭州集聚了大量电商企业,特别是阿里集团旗下公司机构几乎都集中于此,但由于政策资源有限,部分企业有意将业务外迁。建议加大对重点城市和重点电商企业的精准招商力度,积极引进国内外知名的、市场占有率高的电商平台、综合供应链、第三方服务商企业等,对将总部或功能性区域中心落户青岛的可由财政给予一次性奖励。另一方面,加大平台培育力度。对平台入驻企业数量、年成交额、税收贡献等达到一定标准或增长速度快的,建议由财政给予一定额度奖励,以鼓励平台企业做大做强。

### (二)鼓励建设电商产业园区

电商产业园是构建电商发展良好生态的必要空间载体。据了解,亿邦动力(中国最大的电子商务产业资讯网站和政策研究机构)和柒壹资本集团有意在青岛投资建设电商产业园区,吸纳北上深产业转移项目,省电子商务促进会也希望将东阿阿胶、景芝酒业、万邦食品等企业的电商公司集聚到青岛发展。当前,青岛应着重从以下几个方面加快建设电商产业园区。

一是大力支持电商产业园区建设,在园区用地、贷款贴息等方面加大支持力度。支持推进农产品的分拣、加工、包装、预冷等集配设施建设,指导有条件的地方在规模化的农产品产地或园区建设前置仓和集配中心,提升农产品进城和工业品下乡的效率。二是支持园区产业集聚,对入驻企业数量、税收贡献等达到一定标准的,对园区运营主体进行奖励。三是鼓励园区提档升级,对获评国家级、省级、市级电子商务示范基地的,给予一次性奖励。四是完善园区服务功能,加快人才公寓、律师事务所、会计师事务所、初创辅导团队、电商培训机构等引进建设，打造电商企业集聚发展的良好生态。

### （三）完善农村流通网络体系

电子商务发展必须依托快捷高效的物流体系。疫情发生以来，一些城镇地区买不到新鲜果蔬，而一些乡村地区农产品滞销，供应链体系不完善问题较为突出。要充分整合农村基层流通网络和物流资源，充分利用销售地区农产品的现有网络平台，调动各方面参与农村物流服务的积极性，打造"工业品下乡"和"农产品进城"的双向流通渠道，构建以县级物流配送中心、乡镇配送节点、村级公共服务点为支撑的农村配送网络。重点抓好两个方面：一方面，大力发展冷链物流，在融资、用地等方面加大扶持力度，鼓励农产品产地和部分田头市场建设规模适度的预冷、储藏保鲜等初加工冷链设施，加强先进冷链设备应用，补齐农产品产地"最先一公里"短板。另一方面，继续推动农村物流服务网络设施共享衔接，整合区（市）和镇（街道）的物流快递资源，支持第三方快递企业将服务向下延伸到村，鼓励快递企业采取服务外包方式，与邮政、农村客货运交通、供销、商贸等企业密切合作，推动农村综合服务社、超市、"三农"服务站、村邮站、快递网点等多站合一、渠道共享，大力发展集约配送、共同配送，畅通电商进农村"最后一公里"。

### （四）加强农村电商人才培养

人才是支撑农村电子商务发展的关键所在。因为疫情，2020 年许多待在老家的年轻人不能出门、不能复工，一部分人开始帮助农民打通农产品销售渠道，做网上宣传，帮忙售卖，疫情带来的新机遇会吸引鼓励更多外出务工人员、青年人留下来、返回来创业就业。建议：一是建立多层次培训机制。相关部门和区（市）政府支持电商企业、培训机构、相关协会开展电子商务政策运营、操作、售后等业务培训，引导具有实践经验的电商从业者返乡创业，努力培养更多懂得电商业务、会经营网店、能够带头致富的复合型农村电商人才，带动更多的农民共同参与。同时，结合农村电商发展实际，设定普及性教育、技能性实践培训以及战略性讲座等多种形式进行培训，满足不同类别电商从业者的个性化需求，提高培训的针对性。二是打造强有力师资队伍。采用广泛对接知名电商平台、建立高校实践实训基地等形式，内培外引，构建多梯队、理论联系实际的师资培训团队，切实提高培训实效性。三是扶持农村电商创业。通过设立"互联网＋农业"创业引导资金、实施电商创新创业大赛等形式，鼓励新型职业农民、大学生村官、返乡农民工依托电子商务创业。

### （五）提升农产品生产和交易标准化水平

一是推动农业生产标准化。在支持农业新型经营主体适度规模经营的基础上，加强农产品"三品一标"的认证和监督，鼓励龙头企业和合作社争创农产品品牌。二是推动线上交易标准化。鼓励电商企业建立农户会用、市场认可、管理方便的农产品线上交易分类标准，引导农民对售前农产品进行初步的清理筛选、质量分级、保鲜包装等处理。三是加强质量安全监管。完善电商交易农产品质量安全追溯体系，综合利用好线上线下监管资源，让线上涉农交易产品可追溯，确保网络销售农产品的质量安全。四是推动农村商贸转型升级。引导快销、日化等企业为农民开发更多质优价美的工业品，加强农特产品电商的品牌打造和营销推广，推动改造一批农村电商零售网络站点，提升农村消费品质。

### （六）完善农村电商公共服务体系

一是支持电商公共服务平台建设。建议市财政继续列支专项资金，支持覆盖县、镇、村三级电商公共服务平台建设，使其在人才培训、创业孵化、品牌建设等方面真正发挥作用。二是鼓励发展电商类行业协会。充分发挥电商行业协会在产业集聚、行业自律、技术推广、人才培训、活动开展等方面的作用，对公共服务开展好、带动作用强的给予资金支持。三是建立统计监测体系。针对电商数据获取困难问题，建议由市商务部门牵头，建立与各大电商平台的沟通合作机制，及时获取青岛市交易数据，准确把握相关产业结构变化和发展趋势，为电商产业健康发展提供科学指导。四是积极营造氛围。鼓励行业协会、平台企业、电商服务企业在青岛市开展相应层次的电商峰会、电商创新创业赛事、网购网销、产品招商、投融资对接、电商沙龙、人才技能培训等电商促进交流活动，建议由市财政提供专项资金，对相关活动进行补贴，营造青岛市电商发展的良好氛围。

（作者单位：青岛市政府研究室）

# 青岛市深化医疗改革的主要成效及"十四五"时期卫生健康领域重大改革任务研究

李传荣

卫生健康事业关系亿万人民的健康,关系千家万户的幸福。"十四五"时期是开启全面建设社会主义现代化国家新征程的起步阶段,也是实施健康中国战略承上启下的关键时期。深化卫生健康领域改革、加快健康青岛建设,对满足人民群众不断增长的健康需求,建设开放、现代、活力、时尚的国际大都市具有重要意义。为适应青岛市在实现社会主义现代化新征程中率先走在前列的奋斗目标要求,解决新时期卫生健康不平衡不充分发展与人民群众日益增长的美好生活需要之间的矛盾,全面提高居民健康水平和健康获得感,笔者在总结分析 2009 年以来青岛市深化医改成效的基础上,结合"十四五"时期卫生健康领域面临的新形势、新任务,对深化重点领域和关键环节改革,建设优质高效的卫生健康服务体系提出了相关建议。

## 一、青岛市深化医改的主要成效

医药卫生改革的最终目的是解决卫生健康服务的可及性和可支付性的问题,也就是解决"看病难""看病贵"问题。借鉴国务院医改领导小组秘书处组织开展的"全民健康覆盖框架下'看病难看病贵'评价研究"课题选取的研究方法和评价指标,结合青岛实际,筛选了 28 个指标,分别提取全国、山东省和相关城市 2008 年(改革前)、2015 年(公立医院改革推开前)和 2018 年(便于国内横向比较)的数据,从"绝对性看病难"、"相对性看病难"、"绝对性看病贵"、"相对性看病贵"和群众对"看病难、看病贵"主观感受等 5 个纬度,对青岛市实施新一轮医改的效果进行了分析。(表 1)

表1 青岛市"看病难看病贵"有关评价指标情况

| 一级维度 | 核心指标 | 2008年 | 2015年 | 2018年 | 备注 |
|---|---|---|---|---|---|
| 1."绝对性看病难" | 1. 每千人口基层医疗卫生机构在岗人数（人） | 1.92 | 3.36 | 3.70 | 正向指标，指标值越大，改善程度越好 |
| | 2. 每千人口执业（助理）医师数（人） | 1.93 | 2.97 | 3.68 | 正向指标，指标值越大，改善程度越好 |
| | 3. 每千人口医疗卫生机构床位数（张） | 3.83 | 5.30 | 6.16 | 正向指标，指标值越大，改善程度越好 |
| | 4. 居民平均就诊次数（次） | 3.58 | 5.75 | 7.01 | 正向指标，指标值越大，改善程度越好 |
| | 5. 居民在基层医疗卫生机构平均就诊次数（次） | 2.03 | 2.98 | 3.50 | 正向指标，指标值越大，改善程度越好 |
| | 6. 居民平均住院率（%） | 8.69 | 14.57 | 17.78 | 正向指标，指标值越大，改善程度越好 |
| | 7. 居民健康档案电子建档率（%） | 0（该工作2010年推开） | 79.66 | 80.5 | 正向指标，指标值越大，改善程度越好 |
| | 8. 配备使用基本药物的基层医疗卫生机构占比（%） | 0（该工作2010年推开） | 1.镇卫生院100；2.社区卫生服务机构29.6；3.村卫生室87.4 | 1.卫生院100；2.社区卫生服务机构37.4；3.村卫生室79.8 | 正向指标，指标值越大，改善程度越好 |

（续表）

| 一级维度 | 核心指标 | 2008年 | 2015年 | 2018年 | 备注 |
|---|---|---|---|---|---|
| 1."绝对性看病难" | 9. 基本医保参保率（%） | 81.26 | 90.77 | 93.17 | 正向指标，指标值越大，改善程度度越好 |
| | 10. 医疗救助对象获得救助的人均门诊次数（次） | 0.02 | 4.21 | 10.78 | 正向指标，指标值越大，改善程度度越好 |
| | 11. 医疗救助对象获得救助的年人均住院率（%） | 2 | 144 | 107 | 正向指标，指标值越大，改善程度度越好 |
| | 12. 每万人全科医师数（人） | 0 | 1.10 | 2.02 | 正向指标，指标值越大，改善程度度越好 |
| 2."相对性看病难" | 13. 乡村医生中执业（助理）医师占比（%） | 9.47 | 11.32 | 25.19 | 正向指标，指标值越大，改善程度度越好 |
| | 14. 县域内住院量占比（%） | 63.12 | 59.01 | 55.03 | 正向指标，指标值越大，改善程度度越好 |
| | 15. 基层医疗卫生机构门诊量占门诊总量的比例（%） | 56.7 | 51.9 | 49.9 | 正向指标，指标值越大，改善程度度越好 |

（续表）

| 一级维度 | 核心指标 | 2008年 | 2015年 | 2018年 | 备注 |
|---|---|---|---|---|---|
| 3. "绝对性贫困" | 16. 城镇居民人均医疗保健支出(元) | 936 | 1352 | 1764 | 负向指标,指标值越小,改善程度越好 |
| | 17. 农村居民人均医疗保健支出(元) | 260 | 604 | 794 | 负向指标,指标值越小,改善程度越好 |
| | 18. 参保职工次均住院费用个人实际负担(元) | 2840 | 3544 | 3611 | 负向指标,指标值越小,改善程度越好 |
| | 19. 参保居民次均住院费用个人实际负担(元) | 城镇居民医保 3147,农村居民医保(新农合)2133 | 3215(注:2014年青岛市城镇居民医保和新农合医保合为城乡居民医保) | 3507 | 负向指标,指标值越小,改善程度越好 |
| | 20. 医疗救助对象住院费用个人实际负担(元) | 缺相应数据 | 2369 | 927 | 负向指标,指标值越小,改善程度越好 |
| 4. "相对性贫困" | 21. 个人现金卫生支出占卫生总费用的比重(%) | 33.68 | 26.94 | 22.97 | 负向指标,指标值越小,改善程度越好 |
| | 22. 卫生总费用占GDP的比例(%) | 2.69 | 3.50 | 4.18 | 正向指标,在一定范围内指标值越小,改善程度越好 |

(续表)

| 一级维度 | 核心指标 | 2008年 | 2015年 | 2018年 | 备注 |
|---|---|---|---|---|---|
| 4. "相对性看病贵" | 23. 城镇居民人均医疗保健支出占比(%) | 6.2 | 6.7 | 7.8 | 负向指标,指标值越小,改善程度越好 |
| | 24. 农村居民人均医疗保健支出占比(%) | 4.9 | 5.4 | 5.7 | 负向指标,指标值越小,改善程度越好 |
| | 25. 参保职工住院费用个人负担比(%) | 30.46 | 28.45 | 28.14 | 负向指标,指标值越小,改善程度越好 |
| | 26. 参保居民住院费用个人负担比(%) | 城镇居民医保53,农村居民医保(新农合)57 | 43.6 | 41.2 | 负向指标,指标值越小,改善程度越好 |
| | 27. 医疗救助对象医疗费用(住院和门诊和门诊大病)个人负担比(%) | 缺相应数据 | 15.60 | 7.15 | 负向指标,指标值越小,改善程度越好 |
| 5. 居民对"看病难、看病贵"的主观感受 | 28. 居民对医疗卫生服务的满意率(%)(省卫生行政部门调查数据) | 未调查 | 74.91 | 77.57 | 正向指标,指标值越大,改善程度越好 |

注:"县域内住院量占比"指标2018年之前未按照国家口径统计,本表暂用西海岸新区、城阳区、即墨区和胶州市、平度市、莱西市等6区(市)住院量占全市总住院量的比值替代。

### （一）"绝对性看病难"问题明显缓解

与医改前比较，青岛市衡量"绝对性看病难"的11项指标均有较大程度改善。卫生人才队伍数量增加、质量提高，基本医保覆盖面扩大，特别是2015年以来对低收入群体的健康扶贫力度持续加大，全市医疗卫生服务供给能力、可及性和服务利用率大幅提升。2018年，全市每千人口拥有的基层医疗卫生人员、执业（助理）医师和医疗床位分别达到3.70人、3.68人和6.16张，分别较2008年增长91.7%、90.7%和60.8%；居民年平均就诊次数提高到7次、年平均住院率提高到17.78%，分别比2008年增长95.8%和104.6%，其中在基层医疗卫生机构就诊的次数从2008年的2次提高到3.5次，增长72.4%；医疗救助对象获得救助的年均门诊次数从2008年的0.02次提高到10.78次，年平均住院率从2%提高到107%，医疗服务利用率明显高于全市平均水平。

与全国、山东省及其他计划单列市比较，青岛市衡量"绝对性看病难"的指标总体上处于较高或较优水平（表2），说明经过10年多的努力，因"缺医少药"导致的"看病难"得到较好解决，医疗救助对象因经济原因产生的"看病难"得到明显改善。

表2　2018年医疗服务资源及利用情况比较

| 地区 | 每千人床位（张） | 每千人执业（助理）医师（人） | 每千人注册护士（人） | 每万人全科医生数 | 居民年平均就诊次数 | 基层年均就诊次数 | 居民年住院率（%） |
|---|---|---|---|---|---|---|---|
| 青岛 | 6.16 | 3.68 | 4.08 | 2.02 | 7.01 | 3.5 | 17.8 |
| 全国 | 6.03 | 2.59 | 2.94 | 2.22 | 5.96 | 3.16 | 18.3 |
| 山东 | 6.06 | 2.9 | 3.2 | 1.73 | 6.53 | 3.94 | 18.3 |
| 北京 | 5.74 | 4.60 | 5.00 | 4.11 | 10.92 | 3.69 | 16.4 |
| 上海 | 5.74 | 3 | 3.6 | 3.56 | 11.15 | 4.41 | 17.3 |
| 大连 | 7.06 | 3.1 | 3.65 | 3.48 | 4.79 | 缺 | 19 |
| 宁波 | 4.72 | 3.15 | 3.30 | 5.46 | 12.92 | 6.84 | 15.8 |
| 厦门 | 4.04 | 3.36 | 3.67 | 1.87 | 8.87 | 3.79 | 14.7 |
| 深圳 | 3.65 | 2.79 | 3.09 | 2.74 | 7.67 | 3.16 | 12.4 |

### （二）"相对性看病难"问题有所凸显

与医改前比较，衡量"相对性看病难"的4项指标有升有降。其中，反映基层医疗服务能力水平的每万人全科医师数和乡村医生中执业（助理）医师占比指标有较大改善，分别从 2008 年的 0 人和 9.47％提高到 2018 年的 2.01 人和 25.19％，说明在基层医疗机构获得较高质量服务的机会增加；反映群众就诊流向的县域住院量占比和基层医疗机构服务量占比指标均呈下降趋势，分别从 2008 年的 63.12％和 56.7％下降到 2018 年的 55.03％和 49.9％，2018 年城镇职工医保参保人员在三级医院住院的比例占到总住院人次的 65.8％。说明群众更多地选择到大医院就诊。

　　青岛市衡量"相对性看病难"的相关指标虽然优于全省平均水平，但与全国及同类城市相比相对较低。其中，每万人全科医师数比全国水平低 10％，比宁波、大连、深圳分别少 3.45 人、1.47 人和 0.73 人（表2）；乡村医生中执业（助理）医师占比较全国水平低 5.8 个百分点（2018年全国为 31.09％，山东为 24.19％），基层医疗机构服务量占比指标比全国低 3.2 个百分点，县域住院量占比指标比全国低 10 个百分点左右（注：其他计划单列市因农村区域及人口相对较少，以上 3 项指标未作比较）。同时，群众选择到大医院就医的集中度较高，2018 年，青大附院、市市立医院和市妇儿医院总诊疗量达到 969 万人次，占全市 23 所三级医院总诊疗量的 49.7％，虽然与 2008 年相比占比下降了 13.3 个百分点，但上述 3 所医院总诊疗量却增长 1.6 倍（表3）。

　　群众就医需求具有"趋高性"，进入新时代，随着经济社会发展和生活水平的提高，在解决了看病就医的"温饱"之后，群众更倾向于获得更高质量的医疗卫生服务。受优质医疗资源相对不足、大医院发展不平衡、高质量服务需求迅速增加等多重因素影响，无论在基层医疗卫生机构，还是在部分大医院，获得高质量医疗服务都相对困难。

表3　青岛市部分三级医院诊疗量变化情况

| 医院 | 2008 年 | | 2018 年 | |
|---|---|---|---|---|
| | 诊疗量 | 占三级医院比例（％） | 年诊疗量 | 占三级医院比例（％） |
| 青大附院 | 1683441 | 28.86 | 5273431 | 27.00 |
| 市市立医院 | 1398578 | 23.97 | 2270177 | 11.63 |
| 市妇儿医院 | 593812 | 10.18 | 2152758 | 11.02 |

### (三)"绝对性看病贵"问题改善不平衡

　　青岛市城镇居民和农村居民人均医疗保健支出分别从 2008 年的 936 元、260 元增加到 2018 年的 1764 元、794 元，虽然人均医疗保健支出低于全国（2017 年分别为 1777 元、1059 元）和山东省（2017 年分别为 1781 元、1129 元)平均水平(表 4),但绝对数额增加较多。同时,青岛市城镇居民和农村居民医疗保健支出占比有所增加,分别从 2008 年的 6.2％和 4.9％上升到 7.8％和 5.7％,高于深圳、厦门的平均水平。综合近年来青岛市居民收入增加、消费升级和人口年龄结构变化等因素分析,虽然居民医疗保健支出总体水平不高、"看病贵"问题不突出,但居民看病就医的实际负担有所加重。

表 4  2017 年城乡居民医疗保健支出情况比较

| 地区 | 城市居民 | | | 农村居民 | | |
|---|---|---|---|---|---|---|
| | 人均年消费支出(元) | 人均医疗保健支出(元) | 医疗保健支出占比(％) | 人均年消费支出(元) | 人均医疗保健支出(元) | 医疗保健支出占比(％) |
| 青岛市 | 30569 | 1624 | 5.3 | 12928 | 717 | 5.5 |
| 全国 | 204445 | 1777.4 | 7.3 | 10954.5 | 1058.7 | 9.7 |
| 山东省 | 23072.1 | 1780.6 | 7.7 | 10342.1 | 1129.3 | 10.9 |
| 北京市 | 40346.3 | 3088 | 7.7 | 18810.5 | 1699.3 | 9 |
| 上海市 | 42304.3 | 2734.7 | 6.5 | 18089.8 | 1456.4 | 8.1 |
| 深圳市 | 38320.1 | 1154.3 | 3 | 无农村居民 | | |
| 厦门市 | 32009 | 1151 | 3.6 | 17593 | 555 | 3.2 |
| 宁波市 | 33197 | 1444 | 4.3 | 20239 | 1306 | 6.5 |
| 大连市 | 27191.1 | 2367.2 | 8.7 | 10369 | 1276 | 12.3 |

与医改前相比,医疗救助对象个人实际负担的次均住院费用大幅度下降,从 2015 年的 2369 元下降到 2018 年的 927 元(2008 年统计数据未收集到);2018 年青岛市医疗救助对象的平均就诊次数比全市平均水平高 53.8％,年均住院率是全市平均水平的 6 倍(表 5)。从住院费用负担数额和医疗服用利用情况看,青岛市低收入群众"看病贵"问题得到明显改善。

表 5  医疗救助对象服务利用及费用负担情况

| | 2015 年 | 2016 年 | 2017 年 | 2018 年 |
|---|---|---|---|---|
| 登记人数 | 24799 | 80897 | 88009 | 81954 |
| 年均门诊次数 | 4.2 | 9.8 | 10.5 | 10.8 |
| 年均住院率(％) | 144 | 87.5 | 98.1 | 107.2 |
| 住院次均个人负担费用(元) | 2369 | 1393 | 1007 | 927 |

与医改前相比,参保城镇职工、城镇居民和农村居民平均每次住院个人负担的费用从 2840 元、3147 元和 2133 元增加到 2018 年的 3611 元、3507 元和 3507 元,其中农村居民个人负担的费用增加较多,增幅达 64.4%。在不同级别医院住院个人负担的费用差距也较大,2018 年在三级、二级、一级医院住院个人负担的费用,参保职工分别为 4702 元、1825 元、819 元,参保居民分别为 7243 元、2774 元、716 元,参保职工和城乡居民在三级医院住院的个人费用负担较高,分别高出全国平均水平 488 元和 1445 元(表6)。以上数据表明,青岛市参保职工和城乡居民在三级医院住院个人负担较重,特别是农村居民看病就医费用增加较多,"看病贵"问题仍然较为突出。

表 6　2018 年参保职工和城乡居民住院费用个人负担情况

| | 参保职工 | | | 参保城乡居民 | | |
|---|---|---|---|---|---|---|
| | 三级医院 | 二级医院 | 一级医院 | 三级医院 | 二级医院 | 一级医院 |
| 青岛市 | 4702 元 | 1825 元 | 819 元 | 7243 元 | 2774 元 | 716 元 |
| 全国 | 4314 元 | 2012 元 | 1127 元 | 5798 元 | 2316 元 | 1006 元 |

### (四)"相对性看病贵"问题需进一步改善

反映宏观层面看病就医经济负担的指标"个人现金卫生支出占卫生总费用的比重"(注:"卫生总费用"是指一个国家或地区在一年内全社会用于医疗卫生服务所消耗的资金总额,由政府卫生支出、社会卫生支出和个人现金卫生支出三部分构成)逐年降低,从 2008 年的 33.68% 降至 2018 年的 22.97%,平均每年下降 1 个百分点,比全国和山东省平均水平低 5~6 个百分点。在人均卫生总费用相对较少的情况下,青岛市个人现金卫生支出占比与北京、上海、深圳、厦门、宁波等城市比较还有差距。国际上一般认为个人现金卫生支出占比在 20% 以下较优,青岛市还需要持续改善。

表 7　2017 年全国及部分省市卫生总费用有关情况

| 地区 | 人均卫生总费用(元) | 居民个人现金卫生支出占卫生总费用比重(%) | 卫生总费用相对于GDP 比重(%) |
|---|---|---|---|
| 青岛 | 4666.36 | 23.96 | 3.93 |
| 全国 | 3783.83 | 28.91 | 6.36 |
| 山东 | 3568.74 | 29.38 | 4.92 |
| 北京 | 10106.42 | 16.36 | 7.83 |

（续表）

| 地区 | 人均卫生总费用（元） | 居民个人现金卫生支出占卫生总费用比重（%） | 卫生总费用相对于GDP比重（%） |
|---|---|---|---|
| 上海 | 8630.30 | 20.50 | 6.81 |
| 深圳 | 6856.40 | 16.83 | 3.83 |
| 厦门 | 5069.82 | 21.35 | 4.67 |
| 宁波 | 4759.36 | 21.92 | 4.65 |
| 大连 | 5114.14 | 29.85 | 4.86 |

备注：厦门数据为2015年测算数，2015年之后数据未收集到。

反映群众个人看病就医实际经济负担的参保城镇职工、城镇居民和农村居民住院费用个人负担比逐步降低，分别从2008年的30.46%、53%和57%下降到2018年的28.14%、41.2%和41.2%，略好于2018年全国28.2%（参保职工）和43.9%（参保城乡居民）的平均水平。2016年7月，青岛市全面推开公立医院综合改革后，公立医疗卫生机构门诊和住院次均费用增长幅度得到较好控制（图1），但同期参保职工和城乡居民住院次均费用个人负担占比下降不明显，2016～2018年城镇职工医保仅下降0.3个百分点，城乡居民医保仅下降0.8个百分点。

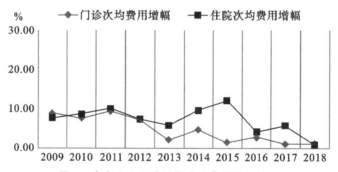

图1 全市公立医疗机构次均费用增幅情况

（注：青岛市2012年启动县级公立医院改革，2016年公立医院改革全面推开）

从表8可以看出，与参保职工的情况相比，青岛市参保城乡居民次均住院费用个人负担占比仍然较高，2018年平均为41.2%，其中在三级医院住院的费用个人平均负担占比更是高达48.2%，表明参保居民"相对性看病贵"问题仍然较突出。

表8　全市基本医保次均住院费用及分担情况

| | 职工医保 | | | | 居民医保 | | | |
|---|---|---|---|---|---|---|---|---|
| | 2015年 | 2016年 | 2017年 | 2018年 | 2015年 | 2016年 | 2017年 | 2018年 |
| 住院次均费用(元) | 12454 | 13005 | 12803 | 12832 | 7366 | 8061 | 8267 | 8507 |
| 实际报销比例(%) | 71.55 | 71.56 | 72.29 | 71.86 | 56.36 | 57.99 | 59.32 | 58.78 |
| 住院次均费用个人负担数额(元) | 3544 | 3698 | 3548 | 3611 | 3215 | 3386 | 3363 | 3507 |
| 住院次均费用个人负担比例(%) | 28.45 | 28.44 | 27.71 | 28.14 | 43.64 | 42.01 | 40.68 | 41.22 |

### (五)"看病难、看病贵"问题改善状况与群众需求存在较大差距

从山东省每年组织的满意度调查测评结果看,群众对看病就医方面的综合满意度虽然每年都有提高,但青岛市群众的总体满意度不高,2015年为74.91%,2018年为77.57%。从近几年全省16个城市排序看,群众看病就医满意度高低与城市的实际医疗技术水平、卫生资源供给能力、医疗保障水平等呈正相关,基本上每年都是青岛市和济南市排在最后两名、交替垫底。国内外的相关研究均表明,卫生健康服务需求提升一般高于收入水平提升程度。青岛作为全省经济龙头城市,群众在看病就医方面的需求一般也高于省内大部分城市。群众在看病就医方面的总体满意度不高,说明青岛市卫生健康领域改革发展相对滞后,还不能很好地满足人民群众的健康需求。

# 二、青岛市卫生健康改革发展存在的主要问题和"短板"

### (一)医疗卫生高质量发展后劲不足,高水平医院和顶尖临床专科少

青岛市在卫生科技发展方面投入总体不多。以医院临床学科投入为例,2018年青大附院和市市立医院是青岛市获得科教投入最多的两所医院,投入额分别为1212万元和200万元,而同期齐鲁医院为6383万元、山东大学附属第二医院为2267万元、济南市中心医院为1466万元。由于科教投入较少,各医院能够冲击全国前10名的临床学科也不多,市级以上医院和公共卫生机构的整体发展后劲不足。

青岛市在国内有影响力的卫生学科、临床专科较少。根据2019年11月复旦大学医院管理研究所发布的《2018年度中国医院排行榜》

(注:该排行榜版已连续发布10年,评分以临床学科水平、专科声誉为核心,占80%,兼顾当年的科研产出,占20%,综合得分前100的医院和每个学科前10名的医院专科分别进入榜单。该排行榜在医疗行业内认可度较高)。青岛市进入国内前100名的医院只有青大附院(排第69名),进入国内前10名的临床学科只有青大附院的健康管理科和青岛眼科医院的眼科。这一状况虽然好于其他计划单列市,但与包括济南在内的副省级省会城市相比还有较大差距(表9)。

表9　2018年国内顶级医院和顶级临床专科城市分布情况

| 序号 | 城市 | 前100名医院数量 | 前10名临床专科数量 |
|---|---|---|---|
| 1 | 北京 | 26 | 112 |
| 2 | 上海 | 14 | 73 |
| 3 | 广州 | 10 | 42 |
| 4 | 武汉 | 5 | 25 |
| 5 | 重庆 | 5 | 9 |
| 6 | 成都 | 4 | 31 |
| 7 | 西安 | 4 | 17 |
| 8 | 南京 | 4 | 15 |
| 9 | 杭州 | 3 | 19 |
| 10 | 沈阳 | 3 | 11 |
| 11 | 济南 | 3(齐鲁医院、省立医院、省肿瘤医院) | 10 |
| 12 | 哈尔滨 | 3 | 3 |
| 13 | 天津 | 2 | 4 |
| 14 | 青岛 | 1(青大附院) | 2(眼科医院眼科、青大附院健康管理) |
| 15 | 长春 | 1 | 1 |
| 16 | 大连 | 0 | 0 |
| 17 | 宁波 | 0 | 0 |
| 18 | 厦门 | 0 | 0 |
| 19 | 深圳 | 0 | 0 |

注:①数据来源于复旦大学医院管理研究所发布的"复旦版医院排行榜",纳入排行的医院包括综合医院、中医医院、专科医院和军队医院。②该表仅对直辖市和副省级城市进行了比较,长沙、郑州、福州等省会城市高水平医院和专科资源也优于青岛市。

### (二)医疗资源布局不合理,市属医院总体实力不强

青岛市现有 12 所三级甲等医院,其中综合医院(含 1 所军队医院)、中医医院和专科医院各 4 所,除西海岸新区和即墨区各有 1 所三级甲等中医医院,崂山区和西海岸新区各有青大附院的 1 个院区外,另外 10 所三级甲等医院均聚集在市南区和市北区。另据香港艾力彼医院管理研究中心发布的"2018 年度中国医院综合竞争力排行榜"和山东省卫健委所作的"2018 年度山东省三级综合医院住院服务绩效分析报告",青岛市进入省内综合竞争力和综合绩效排名前 30 名的三级综合医院只有青大附院和市市立医院,进入省会城市和计划单列市所属医院全国前 100 名的也只有青大附院、市市立医院和市中心医院(表10),目前尚没有 1 所中医医院和民营医院进入全国前 100 名。与其他副省级城市相比,青岛市在国内和本省有影响力的医院相对较少,而且市属综合医院除市立医院外,其他医院综合实力均不够强。

表 10 2018 年副省级城市医院综合竞争力情况

| 序号 | 城市 | 本省内前 30 名综合医院和中医医院数量 | 省会城市和计划单列市全国前 100 名市属医院数量 | 国内前 100 名中医医院数量 | 国内前 100 名非公立医院数量 |
|---|---|---|---|---|---|
| 1 | 广州 | 15 | 6 | 3 | 3 |
| 2 | 哈尔滨 | 13 | 3 | 3 | 0 |
| 3 | 西安 | 12 | 6 | 2 | 2 |
| 4 | 长春 | 12 | 2 | 1 | 0 |
| 5 | 杭州 | 11 | 5 | 4 | 2 |
| 6 | 成都 | 10 | 6 | 2 | 1 |
| 7 | 沈阳 | 10 | 5 | 2 | 1 |
| 8 | 武汉 | 9 | 6 | 3 | 4 |
| 9 | 厦门 | 8 | 6 | 1 | 3 |
| 10 | 南京 | 6 | 5 | 2 | 2 |
| 11 | 大连 | 6 | 4 | 0 | 1 |
| 12 | 济南 | 6 | 1 | 2 | 0 |
| 13 | 深圳 | 3 | 6 | 1 | 3 |
| 14 | 宁波 | 3 | 3 | 0 | 1 |

（续表）

| 序号 | 城市 | 本省内前30名综合医院和中医医院数量 | 省会城市和计划单列市全国前100名市属医院数量 | 国内前100名中医医院数量 | 国内前100名非公立医院数量 |
|---|---|---|---|---|---|
| 15 | 青岛 | 2（青大附院、市市立医院） | 3（青大附院、市市立医院、市中心医院） | 0 | 0 |

注：指标源于香港艾力彼医院管理研究中心发布的"中国医院综合竞争力排行榜"，包括市属和区属综合医院、中医医院、市办医学院的附属医院，不包括军队医院和专科医院。

### （三）县域卫生服务能力不强，县级医院难以发挥县域"龙头"作用

根据香港艾力彼医院管理研究中心发布的"2018年度中国医院综合竞争力排行榜"，山东省共有23所县级医院进入全国前100名榜单，青岛市只有平度市人民医院入选，排第58名（表11），在山东省入选的23所医院中排第15名。根据山东省卫健委所作的"2018年度山东省三级综合医院住院服务绩效分析报告"，全省参照三级综合医院管理的有31所医院（主要为区县级医院，另有3所县级医院参加三级综合医院排序），平度市人民医院的综合服务绩效排第10名，三、四级手术能力排第24名。胶州、莱西所属县级医院尚未达到三级综合医院水平。由于县级医院总体服务能力不强，在县域医共体（健共体）建设中"龙头"作用发挥不够，还不能很好地保障辖区居民医疗需求，近年来青岛市参保居民的县域就诊（住院）率呈下降趋势。

表11　山东省各地市进入全国前100强的县级医院情况

| 序号 | 地市 | 数量 | 医院名称及排序 |
|---|---|---|---|
| 1 | 潍坊 | 7 | 诸城市人民医院(16)、寿光市人民医院(17)、益都中心医院(34)、昌邑县人民医院(43)、安丘市人民医院(52)、高密市人民医院(84)、昌乐县人民医院(85) |
| 2 | 临沂 | 4 | 平邑县人民医院(22)、兰陵县人民医院(29)、沂南县人民医院(69)、莒南县人民医院(96) |
| 3 | 烟台 | 3 | 莱阳市中心医院(54)、莱州市人民医院(68)、蓬莱市人民医院(75) |
| 4 | 菏泽 | 2 | 单县中心医院(23)、曹县人民医院(59) |

(续表)

| 序号 | 地市 | 数量 | 医院名称及排序 |
|------|------|------|------|
| 5 | 济宁 | 2 | 金乡县人民医院(36)、邹城市人民医院(86) |
| 6 | 枣庄 | 1 | 滕州市中心医院(11 名) |
| 7 | 日照 | 1 | 莒县人民医院(27) |
| 8 | 泰安 | 1 | 新泰市人民医院(44) |
| 9 | 青岛 | 1 | 平度市人民医院(58) |
| 10 | 威海 | 1 | 乳山市人民医院(89) |
| 总计 | | 23 | |

注:数据来源于香港艾力彼医院管理研究中心发布的"中国医院综合竞争力排行榜",医院包括县域内的综合医院和中医医院。

### (四)基层卫生资源投入相对较少,综合服务能力较弱

青岛市在基层医疗卫生方面投入的资源总体不多,2018 年全市仅有 12.6％的政府卫生投入和 26.7％的医保资金流向基层医疗卫生机构,各区(市)政府基层卫生投入占比达到 20％的仅有崂山区和即墨区;按照编制部门 2018 年新核定的编制计算,有 5 个区(市)的政府办基层医疗卫生机构实际在编人员数不足编制数的 80％,其中市南、市北、李沧三区实际在编人员仅 573 人,仅相当于按辖区服务人口应配备人员数的 1/3。在政府办基层卫生机构人员少、服务供给不足的情况,除李沧区和崂山区外,非政府办社区卫生服务中心(站)提供的医疗服务基本不能获得相应的财政补助,也不执行政府定价和药品零差率销售等政策,在同为基本医保定点机构的情况下,居民在非政府办基层机构不能获得低收费的医疗服务和药品服务。由于政府办基层机构资源投入总体较少,非政府基层机构缺乏相应政策支持,青岛市基层医疗卫生机构服务能力和发展活力不足。2015 年以来,基层服务能力提升不快,2018 年仍有 3 个区(市)的基层服务量占比低于 53％的全国平均水平,有 7 个区(市)达不到 65％的目标要求(表12)。

表 12　2015～2018 年全市及各区（市）基层诊疗量及占比情况

| | 2015 年 | | 2016 年 | | 2017 年 | | 2018 年 | |
|---|---|---|---|---|---|---|---|---|
| | 基层诊疗量（万人次） | 占辖区内诊疗量比例（%） | 基层诊疗量（万人次） | 占辖区内诊疗量比例（%） | 基层诊疗量（万人次） | 占辖区内诊疗量比例（%） | 基层诊疗量（万人次） | 占辖区内诊疗量比例（%） |
| 全市 | 2712 | 51.9 | 2666 | 47.8 | 2872 | 47.9 | 3287 | 49.9 |
| 市南 | 142 | 20.0 | 146 | 19.4 | 144 | 18.3 | 158 | 18.7 |
| 市北 | 342 | 31.0 | 342 | 29.5 | 349 | 26.5 | 381 | 27.1 |
| 李沧 | 264 | 68.7 | 277 | 66.1 | 354 | 66.9 | 381 | 68.4 |
| 崂山 | 203 | 92.1 | 222 | 62.9 | 223 | 90.0 | 255 | 90.6 |
| 西海岸新区 | 469 | 66.3 | 438 | 60.2 | 489 | 60.3 | 627 | 64.2 |
| 城阳 | 228 | 53.4 | 253 | 52.8 | 282 | 53.9 | 299 | 56.6 |
| 即墨 | 311 | 61.0 | 317 | 58.9 | 331 | 57.7 | 393 | 60.6 |
| 胶州 | 232 | 59.4 | 190 | 52.5 | 197 | 52.5 | 226 | 55.4 |
| 平度 | 322 | 71.2 | 312 | 66.2 | 345 | 66.6 | 373 | 66.8 |
| 莱西 | 199 | 61.1 | 169 | 53.7 | 158 | 49.5 | 194 | 51.6 |

注：崂山区基层诊疗量占比较高的原因为辖区内无二级以上公立医院，按照统计口径规定，青大附院东院区诊疗量计入市南本部服务量。

**（五）医疗卫生服务体系内部管理体制、运行机制不协调，医防融合激励机制不健全**

公共卫生服务体系与医疗服务体系是卫生健康系统的两翼，两个体系之间从业人员的岗位互换性、替代性很强，但两个体系的管理政策却互不衔接。一方面，由于实行不同的编制人事管理制度，疾病控制、妇幼保健、医疗急救等专业公共卫生机构、基层医疗卫生机构和公立医院之间人员难以正常流动。另一方面，由于实行不同的薪酬制度，专业公共卫生机构、基层医疗卫生机构和公立医院同等级的医护人员之间收入差距较大，近年来一直存在大医院虹吸公共卫生机构和基层医疗卫生机构人才问题，其中专业公共卫生机构人才流失尤为严重。青岛市专业公共卫生机构（含疾病预防控制、院前急救、妇幼保健及专科疾病防治机构）从业人员占全市医疗卫生人员的比例从 2008 年的 4.5%下降到 2018 年的 2.8%，其中各级疾控中心人员占比从 1.77%下降到 0.94%，低于全国 2018 年 1.53%的平均水平（表 13）。

表 13　青岛市专业公共卫生机构从业人员情况

| 机构分类 | 2008 年 | | 2018 年 | |
|---|---|---|---|---|
| | 在岗人员数 | 人员占比(%) | 在岗人员数 | 人员占比(%) |
| 疾病预防控制中心 | 882 | 1.77 | 966 | 0.94 |
| 妇幼保健院(所、站) | 793 | 1.59 | 1499 | 1.46 |
| 急救中心(站) | 178 | 0.36 | 178 | 0.17 |
| 专科疾病防治院(所、站) | 397 | 0.80 | 253 | 0.25 |
| 合计 | 2245 | 4.52 | 2896 | 2.82 |

　　传染病和慢性非传染病的公众健康教育、监测预警及三级预防等公共卫生服务,以医疗机构为载体提供更为经济、便捷和有效,但医疗机构(包括传染病专科医院、综合医院传染病区、专科防治机构、医院的急诊科、院前急救机构和职业中毒以及核辐射的救治机构等)提供疾病预防类服务一般不能收费或收费较低,得不到相应的财政补助或医保补偿,经济收益低,不能弥补运行成本,医疗机构和医护人员提供上述服务的动力不足。

**(六)医疗保险筹资与分担机制不完善,按项目为主的支付方式对医患行为引导和约束不强**

　　目前,青岛市医疗保障体系发展不平衡、不充分的矛盾也比较突出,主要表现为不同医保制度碎片化,职工医保、居民医保、医疗救助以及商业保险等政策不够衔接,居民医保人均筹资较少,保障待遇不高,门诊保障不充分,基本医保支付制度不完善、商业健康保险发展相对滞后等问题。2019 年青岛市城乡居民医保人均筹资 1082.4 元,不足职工医保的 1/5(职工医保人均筹资 6432.6 元)。由于筹资水平差距较大,参保居民与参保职工医保实际待遇差距较大,参保居民在二、三级医院住院个人费用负担仍然较重,2018 年住院费用个人负担比例在二级医院达到 36%、在三级医院达到 48%;二级及以上医院的普通门诊费用未纳入医保报销,由于居民医保没有个人账户,居民在二级及以上医院发生的普通门诊费用完全由居民个人自付;DRG 付费试点还没有推开运行,职工和居民医保主要按照项目支付,定点医疗机构提供的服务项目越多、项目价格越高,其经济受益就越大,现有支付办法不利于医保控费用和减轻患者负担;此外,青岛市的商业健康保险在疾病风险分担方面作用尚未有效发挥,2018 年商业健康险理赔支出共计 12.17 亿元,仅占当年卫生总费用的 2.4%,仅相当于社会医疗保险支出的 4.7%,商业健康保险对高端民营医疗机构和健康产业规模化发展的支撑作用较弱。

（七）卫生健康治理体系建设滞后，卫生治理能力特别是公共卫生风险防范化解能力不足

当前，"三医联动"的协调推进机制仍不健全，存在"三医"改革分兵推进、"动而未联"的问题，政府相关部门政策协调、配合力度不够，难以形成推进医改的整体合力，重点领域和关键环节的改革有待进一步推进。在分级诊疗制度方面，医联体建设仍处于探索阶段，机构间尚未形成相容的激励约束机制，利益分配、风险共担、监督考核等机制不够明晰，难以形成服务、责任、利益和管理共同体，基层医疗服务能力有待提升，医联体发展缺乏持续动力，基层"健康守门人"作用仍需要进一步落实和加强；在现代医院管理制度方面，公立医院发展模式尚需转变，如何协同推进人事薪酬制度改革、医保支付方式改革和加强医院经济运行管理，逐步建立起维护公益性、调动积极性、保障可持续的公立医院运行新机制，尚需不断探索完善；在综合监管制度方面，体制机制尚未完全理顺，部门联动、信息共享的监督执法机制尚不健全，全市卫生监督执法力量薄弱、执法办案能力不强；在公共卫生体系建设方面，公共卫生服务与保障不足，难以有效应对日趋复杂频发的公共卫生风险，应急防控基础设施、应急人才培养、应急救援专业协同、公众公共卫生安全和应急意识等方面的基础能力有待改进和完善。

# 三、"十四五"时期卫生健康改革发展主要形势、任务及措施建议

## （一）卫生健康改革发展面临的主要形势

"十四五"时期，是青岛市卫生健康改革发展的重要战略机遇期。以习近平同志为核心的党中央从经济社会发展全局出发，作出实施健康中国战略的重大决策，强调把人民健康放在优先发展的战略位置，确立了新时期卫生健康工作方针，为加快卫生健康领域改革发展提供了基本遵循。青岛市进入率先全面建成较高水平小康社会的新阶段，经济由高速增长阶段转向高质量发展，将为维护人民健康奠定坚实基础；人民群众对美好生活的追求进一步激发多层次、多样化健康需求，将为发展健康服务创造广阔空间；青岛加快推进治理体系与治理能力现代化，将促进全民健康的制度体系更加成熟定型，为卫生健康可持续发展构建强大保障。同时，卫生健康领域改革发展也面临一系列新形势新挑战，对加快提高卫生健康服务能力水平提出了更高要求。

1. 开启全面建设社会主义现代化新征程，对保障人民健康优先发展提出更高要求

"十四五"时期是我国开启全面建设社会主义现代化国家新征程的重要机遇期,也是青岛市在新的历史起点上率先走在前列的重要起步期。加快建设开放、现代、活力、时尚的国际大都市,要求着眼于第二个百年目标要求,转变治理理念,提高健康治理体系和治理能力的现代化水平,把人民健康放在优先发展的战略地位,加快建立提高人民健康水平的制度体系,通过政策和制度安排,建立起健康管理权力和责任对等机制,促进各部门共同行动、形成合力,把健康价值融入各项经济社会政策中,引导形成有利于健康的生活方式、生态环境和经济社会发展模式,实现健康与经济社会良性协调发展。

2. 人民群众健康需求进一步升级,对提升卫生健康服务质量提出更高要求

"十四五"时期,青岛市将在率先全面建成较高水平小康社会基础上,进一步达到初等发达国家经济体水平,步入高质量发展的新阶段。如果说 2009 年新医改前我们医疗卫生服务面临的主要矛盾是"缺医少药",改革的主要任务是解决医药服务供给不足问题的话,那么"十四五"时期,我们面临的主要矛盾已经转化为人民日益增长的美好生活需要与卫生健康领域不平衡不充分发展之间的矛盾,深化医改的重点也进入了保障基本医疗卫生服务与解决新健康需求并重的新阶段,必须加快推动卫生健康领域供给侧结构性改革,加快破解不平衡不充分问题。

3. 城镇化和区域发展一体化程度提高,对卫生健康均衡发展和服务辐射能力提出更高要求

2019 年,青岛常住人口城镇化率已经达到 74.12%,进入城镇化发展中后期,处在由大城市向特大城市迈进的关键时期,城市发展将转向规模扩张和质量提升并重阶段。随着城市人口集聚效应进一步加大,人口加速聚集,部分区域医疗卫生资源供需矛盾将更加突出,基层和优质医疗卫生资源布局调整面临更大挑战,新城区和中小城镇卫生健康服务特别是基本公共卫生服务面临一定压力。同时,随着乡村振兴战略的实施,城乡人口生活质量逐步趋同,农民和市民享受的基本公共服务将逐步趋同,需要抓紧补齐农村短板,加快农村卫生健康基础设施提档升级和人居环境整治,实现农村与城市基本医疗卫生资源均衡化配置,逐步实现服务水平均质化。随着胶东半岛五市一体化发展加速,青岛对周边区域的辐射带动作用日益突出,都市圈的融合越来越深,青岛与周边城市(镇)同城化发展趋势加速,中小城市和小城镇的人口经济集聚能力不断增强,对增加青岛优质健康资源、调整优化布局、提升服务能力、强化区域卫生健康一体化发展提出迫切要求。

4. 多重疾病负担并存,对强化公共卫生服务、实现系统整合提出更高要求

当前,青岛市重大疾病防控形势依然严峻。2019年,青岛市出入境总量451万人次,其中境内居民323万人次、境外人员128万人次。随着口岸人员往来频繁,使传染病输入风险进一步加大。一些传染病仍未得到有效控制,一些已经得到控制或消除的疾病面临输入性或暴发性风险,新发传染病的出现给疾病防控工作带来不可预见的压力,突发公共卫生事件和应急处置、救治面临新挑战,需要加快健全公共卫生与应急救治体系,加大人才队伍、硬件设备、设施建设、物资储备、科技研发支持力度,改革补偿机制和运行机制,筑牢公共卫生防线。同时,慢性病已成为影响经济社会发展的重大健康问题,对城乡居民的生命健康、医疗支出、家庭和社会负担的潜在危害十分严重。2018年,青岛市居民因慢性病死亡53779人,慢性病导致的死亡人数占总死亡人数的89.63%,30～70岁居民因重大慢性病过早死亡的为15593人,过早死亡概率为12.95%。有效防控慢性病,必须在提升全民健康素养、强化个人健康主体责任和健康生活方式的基础上,加快筹资机制、支付制度、人事薪酬制度等改革,建立完善预防、治疗、康复、健康管理与促进相互衔接的、连续的、以健康"守门人"为基础的服务体系和服务模式。

### (二)卫生健康改革发展主要任务及措施建议

"十四五"时期,卫生健康领域改革发展需要着力推动"三个转变"、有效解决"三个矛盾":一是加快推动健康服务模式转变。以提高人民群众健康水平为根本目的,统筹宣传、教育、卫生、体育、食品药品等各方力量,把医疗卫生服务与食品安全、环境安全、体育运动以及健康宣传教育与健康促进等各项公共服务结合起来,切实解决健康需要多样与健康服务模式滞后之间的矛盾。二是加快推进健康服务体系转变。以建设整合型、协同型健康服务体系为目标,整合"医疗""医保""医药"等各方面力量,在医保支付制度、财政投入政策以及医疗信息系统的支持下,通过各种方式、形式,加强预防与临床的融合,提升基层服务能力,提升群众就医便利化水平,切实解决健康需要快速增长与健康服务供给不足之间的矛盾。三是加快推进健康治理方式转变。以完善卫生健康立法体系为保障,将深化医改的制度成果以法规政策的形式固定下来,推动各级政府落实保障基本医疗卫生服务的兜底责任,建立稳定的财政投入保障机制,更好地发挥政府办医的主导作用和基本医疗保险战略购买者职能,切实解决体制机制创新滞后与健康事业持续发展之间的矛盾。结合青岛实际,"十四五"期间应着重推进好以下重大改革:

1. 完善治理体系,健全卫生健康优先发展体制机制

一是完善大卫生大健康治理体系。强化各级党委、政府主要负责

人健康中国建设主体责任,在发展理念中体现健康优先,在经济社会发展规划中突出健康目标指标,在公共政策制定实施中向健康倾斜,在财政投入上优先保障健康需求,在公共资源配置上优先满足健康发展需要,将主要健康指标纳入各级党委和政府考核指标,推进健康融入所有政策、健康风险评估机制、联防联控机制形成,提高健康治理现代化水平。

二是完善卫生健康领域法律制度。结合本市实际,加快推进公共卫生、基本医疗和健康相关服务基本管理制度地方立法,建立健全健康影响评价评估制度,系统评估各项经济社会发展规划和政策、重大工程项目对健康的影响,从源头上预防和减少疾病,构建健康促进型社会。

三是完善深化医改工作推进机制。更好发挥青岛市医改领导小组和公立医院管理委员会平台作用,统筹编制、人事、投入、价格、监管等政府办医职能落实,加强改革联动,巩固提升改革成效,提高人民群众的健康获得感。

2. 补足短板弱项,提升卫生健康服务供给能力

一是强化规划管理,推动市、区(市)两级优质医院资源均衡布局。针对市属公立医院布局不合理、县级公立医院服务能力弱等问题,借鉴深圳市做法,按照每个区(市)规划建设1～2所区域性医疗中心的原则,制定实施新一轮全市医疗资源布局规划,综合运用机构准入管理、基础设施和学科建设规划、财政投入和医保支付绩效评价等法治化、市场化机制,促进市、区(市)两级医院资源优化配置,争取用3年左右的时间,使七区每区有1～2所进入全国省会和副省级城市前100名或省内前30名的综合医院和中医医院,三市每市有1所进入全国前50名、达到三级甲等医院水平的县级医院,有效解决群众就近就医问题。

二是完善服务体系,提升城市公共卫生安全水平。加快完善以市、区(市)疾控中心和各类专科疾病防治机构为骨干、医疗机构为依托、基层医疗卫生机构为网底,全社会协同的疾病预防控制工作体系;加快构建由"市公共卫生临床中心""市和区(市)级定点医院""卫生院、社区卫生服务中心等其他医疗机构"构成的应急医疗救治体系。调整卫生费用投入分配结构,完善多渠道、可持续的筹资机制,加强公共卫生机构基础设施、人才队伍、技术能力现代化建设,加快健全公共卫生应急管理体系,完善公共卫生重大风险研判、评估、决策、防控协同机制,切实提高公共卫生重大风险发现、报告、预警、响应、处置能力。

三是提升基层水平,保障群众基本医疗卫生需求。把"强基层"作为一项长期性重点任务,针对政府办基层医疗机构人员配备不足、财政和医保资金投入比例低、人事薪酬制度不能有效调动积极性等问题,制定实施全市"强基层"10年规划,借鉴上海市的做法,围绕编制管理、人

事薪酬、财政投入、医保支付、队伍建设、绩效管理等方面出台支持基层医疗卫生机构发展的一揽子政策措施,并以3年为一个项目周期,连续滚动实施"强基层"三年行动计划,努力提升基本医疗和基本公共卫生服务能力,发挥好"健康守门人"作用,为分级诊疗提供有力支撑。

四是加强高地建设,建设高水平医院和临床专科。重点对标北京、上海、广州等城市全国前30名的医院和前10名的临床学科,聚焦居民疾病负担重的心脑血管病、肿瘤、重大传染病以及就医矛盾突出的儿科、产科、精神、病理等薄弱专科,借鉴广州、深圳等城市的做法,加大"双招双引"力度,加大高水平医院和重点学科资金投入,争取用3~5年的时间,达到济南市的医疗水平,用10年左右的时间,总体医疗水平进入直辖市和副省级城市前10名位次。

3. 推进系统整合,提高卫生健康服务总体绩效

落实党的十九大提出的"构建优质高效的医疗卫生服务体系"的任务要求,在持续推进县域医共体和城市紧密型医联体建设试点的同时,以价值医疗为目标,推进医疗卫生机构建立维护公益和健康、兼顾公平和效率的运行新机制,推动医疗服务体系和公共卫生服务体系有效融合,提高卫生健康服务总体绩效。

一是探索建立同质化的医疗服务补偿新机制。加快推进财政补偿和医保支付综合改革,对不同级别医疗机构提供的相同基本医疗卫生服务,不分机构性质,实行医保统一支付价,并给予相同的财政补助,破解公立和民营非营利性医疗机构二元制运行机制,引导资源合理配置和医患双方行为合理化。

二是探索建立"公益一类保障与公益二类激励相结合"的激励新机制。完善公立医疗卫生机构绩效评价体系,将维护公益性、提高人群健康水平、防控疾病风险、提高医疗卫生服务质量和水平作为核心予以考核评价,在加强监督考核的基础上,全面落实"两个允许"要求,赋予公共卫生机构和基层医疗卫生机构预算与结余分配方面的自主权,在保障医务人员合理基本收入的基础上,按照服务绩效给予激励,调动服务积极性,提高机构运行效率。

三是探索建立健康绩效提高、医疗卫生机构收益增大的运行新机制。建议学习借鉴深圳市经验,以补偿机制改革作为核心,在不断加大卫生投入力度的同时,注重投入机制改革,探索建立按基本医疗服务的数量和质量给予财政补助的制度,实行基本医保按医联体服务人口"打包付费",通过政府投入、医保支付、价格调整等共同改革措施,推动医疗卫生机构提升服务绩效。

（作者单位：青岛市卫生健康委员会）

# 2021

区（市）篇

# 2020～2021年李沧区社区卫生事业发展形势分析与展望

李培艳

李沧区地处青岛中心位置、市区北部,辖11个街道,2019年常住人口58.92万。李沧区以开展社区卫生服务机构标准化建设为抓手,不断加大对社区卫生事业投入力度,强化社区卫生服务机构规范化管理,通过加强社区卫生服务机构基础设施建设、积极推行国家基本药物制度、"十五分钟健康服务圈"、完善强化社区卫生服务机构内涵建设、建立亮牌警告和末位淘汰制度新举措,将公立医疗机构与民营医疗机构同部署、同要求,切实提高了基层医疗机构服务水平,为社区居民带来了"看得见、摸得着"的实惠。

## 一、2020年李沧区社区卫生事业发展状况分析

经过多年的建设,李沧区社区卫生服务机构不断健全,服务功能不断完善,服务水平不断提高,覆盖全区的基层医疗服务网络基本形成。截至2020年9月,全区共有社区卫生服务机构60家,其中社区卫生服务中心15家(含公立社区卫生服务中心5家)、社区卫生服务站15家;建成14处国医馆;"十五分钟健康服务圈"进一步完善。

### (一)2020年前三季度李沧区社区卫生事业发展状况

1. 开展疫情防控及重点人群管理,打好联防联控战役

2020年新冠疫情发生以来,李沧区深入贯彻落实上级防控工作部署要求,扎实有效地开展社区疫情防控工作。

(1)积极组织动员,提供相关保障。年初,李沧区对全区60家社区卫生服务机构下发通知,取消春节假期,于正月初三所有机构全部开诊,全区社区卫生服务机构按照"五步工作法",在门口设立预检分诊处,全力参与疫情防控工作。同时,及时为社区机构配发工作物资,积极招募社区执勤测温志愿者,并针对执勤过程中突发状况和存在的问

题进行专题研究、调度及解决。

进行发热哨点诊室建设。成立了领导小组,建立了专家队伍,进行了专项指导;针对部分社区卫生服务机构诊室面积普遍不足的问题,积极协调区综合执法局,在机构周边搭建40平方米的板房作为发热哨点使用。

(2)强化精准管理,严防疫情扩散。加强全区重点人群居家隔离和健康监测组织管理。一是制定下发了"关于严格落实重点人员居家隔离留观措施的通知",每天汇总全区各机构居家隔离工作数据,对管理人数较多的机构进行动态调整。根据属地化管理责任,坚持联防联控,组织全区60家社区卫生服务机构参与居家健康管理工作,并实行社区居委会—区社管中心—社区卫生服务机构联动管理模式,畅通沟通联络与信息共享机制,专人专管、一人一档。二是加强境外返青来青人员居家隔离管理,双向对比街道居委会及社区机构管理名单,查漏补缺。对外区转入的健康红黄码人员信息落实情况进行跟踪落实,对信息不准确的个案及时与转入区(市)联系,及时修正信息后转入相应社区卫生服务机构进行管理,确保不漏一人。对境外返青结束集中隔离后转入居家隔离人员及时做好信息对接,每天两次进行体温监测,严格14天管理。建立了相应的信息上报制度,每天收集汇总社区机构上报信息,进行工作督查。三是疫情期间为家庭医生签约的居民上门送药,针对老年人、慢性病患者等易感染人群、居家隔离的签约居民,以电话、微信、面对面等形式,进行疫情防控知识普及、健康教育与咨询、药品配送与用药指导、优先预约、心理咨询等方面服务。四是做好药店购药人员电话追访工作,制定并下发工作要求,对辖区药店购买发热咳嗽的居民划片追踪,每日汇总整理上级转入药店购药人员名单,及时转入相应社区卫生服务机构。

(3)强化宣传监督,保证引导到位。做好疫情防控宣传工作。一是通过微信、微博等方式宣传疫情防控信息180余条,并做好相关材料报送工作。二是对全区所有社区卫生服务机构发放疫情防控宣传海报和疫情防控宣传材料,督查全区所有社区卫生服务机构张贴发热门诊名单。

李沧区注重采取"四不两直"方式,分别对社区卫生服务机构的预检分诊设立、居家隔离人员健康管理及严重精神病障碍患者服务管理情况等防疫工作进行不间断督查,督促社区机构做好防控措施。严格社区卫生服务机构预检分诊管理,安排人员进行不间断巡查,切实落实各项措施。

2. 做细做实家庭医生签约服务,更好满足居民群众就近就医需要

转变基层医疗卫生服务模式,实行家庭医生签约服务,完善基层医

疗卫生服务网络功能,是深化医药卫生体制改革的重要任务,也是新形势下更好维护人民群众健康的重要途径。

(1)高度重视,精心组织。强化重点,挖掘亮点,全面提高签约服务质量和水平,扩大签约服务覆盖面。根据李沧区社区卫生服务网络格局变动,及时调整布局,完善网络;对工作开展不力的机构,结合年度基本公共卫生服务项目绩效考核情况,予以撤销;建立了相应的通报制度。制订下发了《青岛市李沧区基层医疗卫生机构实行首席全科医师和首席公共卫生医师制度实施方案》,在全区社区卫生服务机构中推行首席全科医师和首席公共卫生医师制度。截至2020年9月底,全区组建家庭医生服务团队164个,家庭医生签约服务累计覆盖21万余人。

(2)重点突出,措施到位。推行服务示范带动模式。选定基础设施及基本公共卫生服务项目开展较好的虎山花苑社区卫生服务站开展家庭医生试点,取得一定经验后,通过现场会等形式向全区卫生服务机构进行推广。一是设计了不同颜色的就诊排队手环,绿色手环的家庭医生签约患者,享受优先就诊。二是推行中医特色的家庭医生,召开社区居民座谈会,充分调研,以居民的需求为依据,根据不同人群和病种,设计了基础、中档、高档三类签约服务包。根据部分居民的个性化需求,推出了中医特色、内容多样的有偿服务包,如传统中医特色的针灸、推拿,现代康复技术的生物电疗法,中药熏蒸,中药贴敷,小儿中药泡脚等项目。三是从签约率、转诊率、健康讲座、慢病随访、预约分诊、居民满意度等方面,制订了签约团队的绩效考核方案,既激励工作积极性,又严格考核,避免签而不约,真正实现有效签约。

加大宣传力度,提高居民知晓率。通过强阵地(社区健康教育室)、建队伍(社区全科医师团队)、组讲团(专家讲师团、中医科普宣讲团)、辟栏目(报纸、广播电视、网站、微信、微博)、广宣传(健康教育大集、大型广场宣传活动)等多种措施,大力开展家庭医生签约服务宣传,向居民普及家庭医生签约的服务内容、优惠政策及服务方式等内容。以"携手家医 同心抗疫"为主题,组织开展了家庭医生签约服务宣传活动。

推动贫困人口签约服务全覆盖。充分发挥医疗扶贫服务合力,将贫困人口和计划生育特殊家庭作为家庭医生签约服务的工作重点,有针对性地向贫困人口和计划生育特殊家庭提供签约服务,实现贫困人口和计划生育特殊家庭与家庭医生"两见面",以及贫困人口和计划生育特殊家庭知晓签约服务优惠政策、签约医生知晓贫困人口和计划生育特殊家庭健康状况、贫困人口和计划生育特殊家庭知晓签约服务内容的"三知晓",提升贫困人口和计划生育特殊家庭签约服务获得感。

推行家庭医生签约服务惠民服务。一是家庭医生签约服务居民实行优先预约、优先看病、优先转诊、优先随访等"四个优先"。二是结合实际制订了"一般人群""孕产妇""0～6岁儿童""高血压""糖尿病""慢阻肺""老年人""高血压合并糖尿病"等8个服务包项目,8个服务包项目均含有基础签约服务包和个性化签约服务包。其中,基础签约服务包针对所有家庭及人群,不收取任何费用,个性化签约服务包还可以继续享受基础签约服务包服务内容。三是从治疗高血压、糖尿病的基本药物中,各自选定一品规向患有高血压、糖尿病和高脂血症的家庭医生签约居民免费提供,供签约居民自愿选择服用。

家庭医生签约服务有序开展。研究制订了摸底调查表,通过全区11个街道办事处,对全区政府机关办公楼、大型写字楼、学校等人群密集场所数量及人员情况进行调查,组织社区卫生服务机构通过各家庭医生工作室、家庭医生服务点和健康驿站等方式为机关工作人员、公司职员和在校学生提供家庭医生签约服务。

(3)加强监管,完善考核。进一步规范家庭医生工作室建设。组织全区社区卫生服务机构在醒目位置将签约团队、签约流程和签约居民就诊进展、家庭医生固定排班进行公示;家庭医生工作制度及职责在家庭医生工作室上墙;完善了家庭医生签约服务值班制度。

健全和完善社区卫生服务机构绩效考核办法,严格考核制度;规范考核结果运用,建立以服务数量、质量和患者满意度为主要内容的考核机制,以及亮牌警告和末位淘汰制度,对连续一年亮红牌警告的机构实行淘汰制。建立了专业人员长期蹲点指导举措,全面提升了社区卫生服务机构与人员的服务能力与水平。

3. 加强社区卫生服务管理,提高综合保障水平

社区卫生服务是城市社区卫生工作的重要组成部分,是在城市社区实现"人人享有基本医疗卫生服务"医改目标的基础环节。李沧区注重倾听百姓实际需求,促进社区卫生工作开展,进而提升居民对李沧社区医疗卫生工作的满意度。

(1)积极推进社区卫生服务机构标准化建设及优质服务基层行服务活动。截至2020年9月底,李沧区社区机构标准化建设达标率100%;优质服务基层行基本标准机构达7家,达标率46.7%,超过40%的年度指标;1家机构正在进行推荐标准创建,5家机构进行基本标准创建。定期对全区社区卫生服务工作进展情况统计分析,形成书面通报,截至2020年9月底,已下发《关于对社区卫生服务工作进展情况的通报》五期。

(2)深入开展系列便民利民服务。针对群众意见较多的问题,开展了系列便民服务,如社区卫生服务机构确定早8点到晚8点工作时间、为慢病病人提供部分免费药品、设置便民药箱等,把惠民服务、暖心服务送到老百姓的心坎里。大力推行"党员午间值班岗",由党支部书记

带头,设立"党员午间值班岗",全体党员作为午间值班电话值守人员,午间正常值班、受理业务,实现全日不间断服务,满足群众需求。并利用午间值班时间,对全区社区卫生服务机构公开电话进行电话跟踪调查,回访情况及时汇总上报。

(3)开展提升居民满意度系列工作。李沧区进一步搭建畅通沟通平台,听取居民对辖区社区卫生服务工作等多方面的意见与建议,及时了解存在问题并加以解决,切实改善群众的就医感受;同时,积极采取各种方式,提高居民对社区卫生服务的知晓率及参与度。组织社区卫生服务机构全面开展线上线下健康教育讲座,设立健康教育邮箱,由专人每月及时汇总各机构健康教育计划表并审核健康教育视频资料。组织60家社区卫生服务机构开展"向社区居民述职"活动,就本机构工作开展情况、存在的不足及今后的努力方向进行汇报。

4. 稳步推进基本公共卫生服务项目,扩大社区卫生服务覆盖面

基本公共卫生服务项目与人民群众的生活和健康息息相关,李沧区进一步规范落实国家基本公共卫生服务项目,强化社区公共卫生服务职能,发挥公共卫生服务网的作用。

(1)推进辖区60岁以上老年人健康管理工作。一是建立健全了65岁以上老年人免费健康体检各项规章制度,将免费体检范围扩大到60岁以上户籍老年人;完善15分钟服务圈,配齐配全相关仪器设备。在疫情期间,组织社区卫生服务机构采取预约的方式对老年人进行查体,自3月份开始实行月上报制度,对工作进展缓慢的机构实行亮牌警告,并组织专业人员对社区卫生服务机构的工作进展情况进行督查。截至2020年9月底,为60岁以上户籍老年人查体4万余人,其中,60~64周岁李沧户籍老年人免费体检8400余人。二是通过核实工作台账、电话回访、查验证明材料等方式,对2019年全区58家社区卫生服务机构开展60~64周岁户籍老年人免费体检工作及满意度等进行了考核。

(2)做好国家基本药物制度相关工作。安排专人每月汇总社区卫生服务中心国家基本药物使用销售情况。截至2020年9月底,全区国家基本药物销售3000余万元。

(3)严格基本公共卫生服务项目资金管理。组织人员对全区2019年国家基本公共卫生服务项目开展进行了考核,并按照时间节点完成了2019年资金清算及2020年资金预拨等工作。

**(二)2020年李沧区社区卫生事业发展存在的主要问题和面临的主要困难**

当前,制约李沧区社区卫生事业发展的主要问题和困难有以下几

方面。

### 1. 信息化建设滞后

目前社区医院与所有上级医院的信息不畅通,居民在社区的转诊记录、健康档案,无法上传给上级医院;同时社区医院也无法获悉上级医院的治疗方案。数据的不贯通,导致治疗不连续。卫生服务机构中信息化系统建设有待优化和整合,以实现医疗信息资源共享。

### 2. 双向转诊落实困难

上级医院因不缺患者,不给社区医院开放单独的挂号窗口并保留床位,导致患者向上转诊时需排队等候,延误了病情。患者出院后,上级医院不能转诊至社区医院,社区医院大夫不了解治疗方案,无法对病情做持续的跟踪。

### 3. 医疗保险政策亟待调整完善

医保政策对于社区医疗机构倾斜力度不大。一、二、三级医疗机构的住院报销比例差距没有拉开,不足以吸引社区居民优先考虑到社区卫生服务中心就诊,门诊就医更无任何倾斜政策。例如,家庭医生开展的健康管理、健康教育等公共卫生服务项目没有纳入医保范畴,有些服务项目尚无收费标准,导致工作开展被动。

### 4. 家庭医生队伍基础薄弱

全科医师总量不足及家庭医生能力不强是目前推行家庭医生签约服务的最大瓶颈。一是现有医生大多以临床诊疗和基本公共卫生服务为主,健康管理、营养咨询、心理服务等相关知识、技能欠缺,距离全科医生服务要求尚有较大差距。二是按照一个家庭医生团队服务人数不能超过 2000 人的要求,辖区覆盖人口数多的社区卫生服务机构全科医师配备不能满足人群需求。三是没有针对在社区卫生服务站执业的全科医师培训,目前省、市培训范围只到社区卫生服务中心。

### 5. 政府主导作用发挥不充分

目前,一些社区卫生服务项目还仅限于卫健部门倡导和主推,人社、财政、民政等部门相互协作力度不强,相关部门的支持力度有待进一步提高。基层社区卫生服务工作未纳入属地化管理,未与街道工作考核挂钩,有关工作开展较为被动。

## 二、2021 年李沧区社区卫生事业发展形势展望

2020 年第四季度和 2021 年,李沧区将全面推进健康李沧建设。落实健康中国行动、健康山东和健康青岛建设举措,制定实施健康李沧建设具体落实措施,健全完善协同推进机制,科学制定目标,逐级分解任务,层层落实责任,确保各项工作统筹开展。

发展社区卫生事业既是社区建设和社区服务的重要组成部分,也是推动整个社会事业繁荣进步的重要基础。依据功能定位,社区卫生服务机构应当提供"六位一体"的基本医疗卫生服务,其服务的内容应该是连续性的,涵盖人生的各个阶段和疾病发生、发展、转轨的全过程。李沧区将坚持以人为本,统筹区域经济社会全面协调可持续发展,努力落实"将健康融入所有政策"方针,大力发展社区卫生服务事业,着力构建覆盖全区、布局合理、管理规范、便民利民的社区卫生服务体系,有效提高群众对李沧区社区卫生服务的知晓率和认可度。

### (一)推进社区卫生服务能力和水平提升

2021年,李沧区将基层医疗机构公共卫生服务纳入公共卫生体系建设,夯实基层公共卫生服务,发挥健康"守门人"的作用。

一是针对抗击新冠肺炎疫情中暴露出的问题和短板,紧紧抓住预防和救治两个重点,完善联防联控群防群治工作机制,健全重特大疾病救助机制。健全公共卫生法治保障、人才保障、财政保障、应急物资保障,关心关爱医务人员,全面提升公共安全治理能力和水平。在疫情防控常态化情况下,根据《健康教育工作计划》,及时组织各社区卫生机构开展线下健康教育讲座。

二是继续推行60岁以上户籍常住老年人免费查体工作。将流动老年人纳入免费体检项目中,使流动老年人拥有同等的医疗服务待遇。

三是以高血压、糖尿病等慢性病管理为突破口,推广"三高共管、三级协同"一体化医防融合慢病管理模式。

四是在全区15家社区卫生服务中心实施国家基本药物制度,药品零差率销售。

五是继续推进家庭医生签约服务,为居民提供综合、连续、协同的基本医疗卫生服务,提高重点人群签约率,2021年全区总签约率将达到35%以上。协调并配合市级医保部门,做好家庭医生签约服务与门诊慢性病和门诊统筹等医保政策的衔接。采取有效措施激励基层做实家庭医生签约服务、强化慢性病管理,引导上级医院主动帮扶家庭医生提高服务水平。

六是积极推进信息化建设,打通信息瓶颈,实现与基本公卫服务、医疗服务业务系统、家庭医生签约服务数据的互联互通和信息共享,有力促进工作开展。

七是推进中医药服务创新。贯彻落实中共中央、国务院《关于促进中医药传承创新发展的意见》,全国中医药大会精神和省、市工作部署,出台李沧区中医药传承创新发展实施方案。大力发展社区中医药服务,积极开展中医药适宜技术和服务。到2022年,实现全部社区卫生服务中心设置国医馆,配足中医医师,并发挥好作用。

### (二)进一步提升社区卫生服务的居民满意度

2021年,李沧区将大力推行精细化管理,使机构环境、设施硬件、人员素质、服务质量等方面均有很大提高,居民满意度也将随之提升。按照国家指导意见,结合实际需求合理谋划工作,组织社区卫生机构提供好"六位一体"及其他相关服务,确保社区卫生事业的公益性及稳定性。充分发挥典型经验的示范、突破、带动作用,重点抓好社区卫生机构的服务质量和效率,及时细化政策措施,解决工作中的实际问题,支持鼓励基层创新,从制度设计上引导机构和人员提升效能,并通过与居民真诚的沟通联系,取得居民的理解、支持和认可,力争居民满意度保持在85%以上。

开展基本公共卫生服务项目满意度调查工作,对全区社区卫生服务机构按项目随机抽取一定数量居民健康档案,通过电话调查居民是否到机构内接受服务、居民对社区机构服务态度、服务质量等问题,对辖区内社区卫生服务机构的服务质量与服务水平进行测评,切实摸清情况,及时改进工作。

组织李沧区社区卫生服务机构负责人向居民代表公开述职,要求采取现场述职、集中评议的方式,全面征求、有效接受居民的评议和监督,并对居民提出的意见建议认真归纳提炼、作好后续答复,采取切实有效措施进行整改,提高居民对李沧区社区医疗卫生工作的满意度。

李沧区将把居民满意度调查、居民投诉等情况列入社区卫生服务机构绩效考核指标,直接与社区机构基本公共卫生服务项目资金拨付挂钩,督促社区机构服务质量与服务态度改进。

### (三)加强对社区卫生服务机构督查

2021年,李沧区将根据经济社会发展水平和社区居民的实际需求,合理界定社区医疗服务项目,完善社区基本医疗服务规范,制定相应的政策、办法,强化社区卫生服务管理,保障社区卫生事业持续健康发展。

落实国家基本公共卫生服务项目的各项内容,做好国家基本公共卫生服务考核工作,组织专业人员对全区社区卫生服务机构的国家基本公共卫生服务项目进行考核。建立健全各项规章制度,对工作进展缓慢的机构实行亮牌警告。要求各社区卫生服务站对督查中发现的问题立即整改,对玩忽职守、搞形式做样子、预检不规范、措施落实不到位的社区卫生服务机构坚决停业整顿,督促社区卫生服务机构将各项工作落到实处。

树立"以病人为中心"的服务理念,改进工作作风,提升服务质量。不定时对社区卫生服务机构公开电话进行电话跟踪调查,将电话回访情况纳入年终考核。针对社区机构上班时间的问题,要求各社区卫生服务机构严格执行早8点～晚8点工作时间,并在大厅及机构外醒目位置公示工作时间,杜绝因人员安排不合理出现不能及时为居民提供服务的情况。对不能落实工作时间的机构进行通报问责;对出现因不能有效提供医疗服务导致投诉的机构,按比例扣减基本公共卫生服务项目经费。

医疗安全工作是防范医疗差错、杜绝医疗事故的根本。2021年,将强化社区医务人员的医疗安全意识,严格贯彻执行医疗卫生管理法律、法规,做到依法执业、行为规范。及时督查、定期汇总各社区卫生机构学习、落实情况,排除社区基本医疗安全隐患,并进一步探索社区基本医疗安全更有效的管理手段和考核办法,对工作推进不力的单位进行通报并督促整改,加强跟踪问效。

(作者单位:中共李沧区委党校)

# 2020～2021年青岛西海岸新区影视产业发展形势分析与展望

王　欣　卢茂雯　孙德朋

　　青岛西海岸新区设立以来，坚持把"文化引领"作为推动新区高起点发展的"六大战略"之一，大力发展文化产业，建设"文化强区"。其中，影视产业被确立为新兴特色重点行业，并将"影视之都"作为新区四张国际化城市名片之首，全力打造工业化全球影视产业高地。制定了《青岛西海岸新区（黄岛区）影视产业发展规划》，提出了建成国际影视文化交流与合作平台、世界级影视文化创新基地、世界知名的影视文化旅游胜地、国家级影视产业实验区和"东方好莱坞"的发展目标。随着东方影都的建成和投入使用，新区影视产业发展的硬件水平和功能优势显著提升，吸引一大批影视项目进驻，产业发展步入快车道。2020年，受新冠疫情影响，影视产业和其他行业领域一样遭遇困境，青岛西海岸新区积极应对，及时出招，不仅在较短时间内使产业恢复活力，而且适应新形势新技术变革，推动新区影视产业向着高质量发展迈进。

## 一、青岛西海岸新区影视产业发展的基础优势和基本情况

### （一）青岛西海岸新区影视产业发展的基础优势

　　青岛与电影有着悠久深厚的历史渊源，是中国最早引入电影的城市之一，1898年就开始拍摄与放映电影。受惠于得天独厚的自然禀赋、积淀丰厚的人文历史、山海城相融的地域特色、"红瓦绿树、碧海蓝天"的城市风貌，青岛一直作为电影、电视拍摄的最佳"天然摄影棚"，在此摄制了大量优秀电影电视作品。同时，青岛还是影视明星的梦工厂，300多名知名演员、影视明星，都是从青岛走向全国、走向世界。良好的影视文化氛围为影视产业和影视人才培养打下了坚实的基础。

近年来,青岛市大力实施文化青岛发展战略,确立了打造世界级影视文化高地的目标,制定《关于促进影视产业发展的若干意见》,推动青岛从"天然摄影棚"向影视产业高地迈进。2017年,青岛从全球近20个申报城市中脱颖而出,当选联合国教科文组织的第九个"电影之都",也是中国首个"电影之都"。

青岛影视产业发展的重心在西海岸新区,新区的影视产业发展得到了山东省委、省政府的高度重视和支持,《山东省影视产业发展规划(2018—2022年)》明确提出"建设青岛影视产业基地",将青岛灵山湾影视文化产业区作为全省"1＋N"影视基地(园区)布局的核心园区。青岛市委、市政府也将新区影视产业发展和基地建设作为全市的重点工作,推出多项政策措施。

青岛西海岸新区影视产业以灵山湾影视文化产业区为核心集聚发展,其中,东方影都融创影视产业园是产业区的龙头。灵山湾影视文化产业区位于新区东西主城区的核心地带,是新区十大功能区之一,规划面积92平方千米,先行启动区44.63平方千米。2013年启动开发建设,集聚产业项目总投资2000亿元,其中东方影都融创影视产业园总占地约170公顷,总投资500亿元,按照全球设施最先进、功能配套最全的影视产业园区标准建设,成为国内首个具有影视外景、影视制作、影视会展、影视旅游综合功能,涵盖了影视全产业链的文化旅游项目。一流的影视硬件设施、一体化的影视服务体系以及与国际接轨的优惠影视政策,能够满足国际大片的各种制作需求。

东方影都2018年4月28日正式落成启用,经过两年多时间的运营,凭借其设施高端、技术领先、装备齐全的优势,得到了业界的好评,吸引大批影视剧组进驻和影视项目集聚,东方影都的龙头作用充分显现,带动新区影视产业全面发展提升。

**(二)青岛西海岸新区影视产业发展基本情况**

1. 影视产业园区综合优势和竞争力逐步显现

截至2019年底,灵山湾影视文化产业区累计完成固定资产投资900亿元,打造形成影视、科技、旅游三大产业板块。已有包括《流浪地球》《长城》《环太平洋2》《疯狂的外星人》《封神三部曲》等众多重量级国内外电影作品在东方影都取景拍摄,创造总票房超过100亿元。除电影外,《冰糖炖雪梨》《号手就位》《温暖的味道》等电视剧以及《创造营2019》《群演公社》真人秀等综艺节目入园拍摄制作。2018年以来,共有《人民的正义》《刺杀小说家》《甲方乙方2》《影都追梦人》等60余部影视作品在新区拍摄制作完成。影视产业区已聚集影视企业近300家,形成了覆盖影视后期、服装、道具等18个行业门类的影视配套体系,带动区内限额以上影视企业年营业收入达 2.15 亿元。新区影视产业加快发展,知名度显著提高,"影视之都"名片开始叫响,灵山湾影视文化产业区已经晋升为国内最具核心竞争力的新型工业化影视基地之一。

2. 具有活力的影视发展生态初步建立

一是硬件设施和技术装备世界领先。东方影都融创影视产业园是国内首个经英国松林认证符合国际标准的大型影视拍摄制作基地,截至 2020 年 9 月底,影视产业园建有 40 个国际顶级标准摄影棚,其中包括 10000 平方米的单体摄影棚、先进的室外水池和室内恒温水下摄影棚。32 个置景车间紧邻各个摄影棚区,呈组团式布局,提供服装、彩绘、喷涂、木工和磨机等功能支持。影视产业园设备设施均达到了国际最高标准,能够满足国内外剧组不同的拍摄需求。

二是打造形成多主题外景区。与室内影棚配套,打造多样化影视外景区,包含主题外景地服务楼、空置外景场地及藏马山外景地。主题外景地含 15 栋 3～5 层风格迥异的建筑立面,如民国上海、欧美风景场景。空置外景场地可定制布景,满足大规模专业搭景和拍摄需求。藏马山外景地距离融创影视产业园 33 千米,集影视拍摄、旅游、实景互动体验及商业功能于一体,先行启动区占地 500 亩,主要建设欧美街区、民国老北平街区和老上海及石库门街区、古装拍摄区五大功能版块,建成后将成为地标性拍摄外景地。

三是实现影视生产的全流程保障。融创影视产业园与国内外众多知名供应商合作,为剧组提供各类影视拍摄所需全套服务,涵盖群演、影视器材、服化道、布景、吊挂机械、各类特种车辆和集装箱仓储等服务。建成占地近 20000 平方米的国际一流的数字影音中心,包括声音楼、视效楼、剪辑楼三部分,混录棚获杜比全景声白金认证和杜比全景声混录棚认证,配备有先进的全流程后期制作设施,拥有雄厚的专注于高端影视制作的技术力量,提供音效、视效、剪辑、调色等多方面全流程后期制作服务,构建起一套完整的流水线式的生产环境。

四是配套综合服务日臻完善。针对不同摄制团队的多样化需求,提供管家式服务,量身定制团体食宿、交通、签证申请、海关清关、跨境转账及外联等全方位服务。融创影视产业园周边配套服务设施齐全,涵盖高中低端全类型酒店群、滨海酒吧街、融创茂综合体、国际医院、国际学校、大剧院、秀场、游艇码头等生活休闲服务业态。不断完善的服务满足了入驻剧组摄制活动和生活需求。

3. 产业发展的营商环境不断优化

一是探索建立专业化管理体制。参照法定机构的组织架构,创新影视行业管理体制,成立灵山湾影视文化产业发展理事会和青岛灵山湾影视局。灵山湾影视局是国内首个地方影视管理服务机构,承担区域内有关影视事务管理和公共服务职能，为剧组和企业提供便利化服务，推动形成"政府主导、市场主体、行业自治"的管理模式，用专业化市场化法治化的机制发展影视产业。

二是创新完善服务体系。推行影视"一站式""全流程"服务，搭建影视企业资源库平台，吸引80余家优质影视企业入驻，涵盖影视拍摄服务指南、影视后期制作、置景设计等七大类、30余分类服务项目。建立市场化影视服务资源信用评级和公开定价机制，构建规范透明、安全有序的营商环境。链接国家电影局、清华大学、北京电影学院，组建新区首批影视行业专家智库，引入并举办上合组织国家电影人研修班、山东影视新力量培训班等活动，实施"青漂"集聚培育计划，与北影青岛创意媒体学院、黄海影视与艺术学院等影视高校达成人才互培合作，汇聚起强大的影视人才支撑。

三是政策激励给力有效。落实青岛市《关于促进影视产业发展的若干意见》等优惠政策，青岛西海岸新区、融创集团设立总额50亿元的东方影都影视产业发展基金，对入驻产业园拍摄的全球影视制作团队和优秀影视作品最高给予制作成本40%的补贴。设立专项扶持资金，在东方影都融创影视产业园内注册的影视文化企业，包括影视拍摄、影视后期制作以及影视拍摄设施设备租赁等企业，可享受青岛灵山湾影视文化产业区影视产业发展专项资金补贴，补贴金额最高可达企业当年度营业收入的10%。2019年，已向《流浪地球》等五部作品发放5200余万元补贴。优秀电视剧同样享受政策支持，以献礼2022年冬奥会的电视剧《冰糖炖雪梨》为例，该剧获得了总计1300多万元的补贴。有力的产业政策大大降低了制作成本，留住了老客户，在业界引起较大反响，吸引了新的影视剧制作团队，产生了积极效应。

4. 影视产业发展新动能积蓄增长

2019年，由国家广电总局和山东省政府、青岛市政府三方共建的中国广电·青岛5G高新视频实验园区在西海岸新区落地，作为国家广播电视总局在国内布局的唯一的5G高新视频实验园区，肩负着广电供给侧结构性改革和5G高新视频先行先试的重要使命。依托这一平台，青岛迅速成为引领5G高新视频发展的全国高地，全年园区已签约引进高新视频企业共60家，同时产生辐射关联效应，带动山东省首家大数据交易中心运营，国际虚拟现实（VR）产业园、中昌数创智慧谷、山东联通大数据中心等项目的引进和开工，清华青岛艺术与科学创新研究院加速推进，中英文化创意产业园、山东艺术学院电影学院开工建设。通过促进5G及相关高新技术产业与影视产业融合，集聚影视产业发展新动能，助力新区电影工业发展，推动青岛东方影都打造"东方硅谷"。

5. "影视＋文旅"融合发展

在国家广播电视总局、国家电影局的指导下,西海岸新区邀请世界一流专业策划团队,瞄准"屹立东方,走向世界"的目标,对东方影都项目进行立体策划、立体包装,全力打造集影视体验、休闲度假、研学科普、购物娱乐等于一体的文化旅游度假目的地。依托高端先进的影视产业园、主题外景地、电影博物馆、北京电影学院等影视文化资源以及靓丽星光岛、"珊瑚贝"、"融创茂"、国际"酒店群"、西海岸生态观光园、环岛海岸商业带等休闲旅游资源,促进了"影视＋文旅"深度融合,海陆一体化发展,多业态集聚,开发"青岛影视精彩之旅",成为新区影视文化旅游的新标杆、新地标。

6. 多层次品牌影视展会效应显现

积极策划、举办影视展会和开展影视发展推介活动,吸引了优秀产业资源进驻。打造出西海岸新区独有的影视节会品牌,知名度不断扩大。成功举办了新中国成立 70 周年国产优秀电视剧电影大型集中展播展映暨 2019 青岛国际影视博览会、青岛电影交易博览会、中国电影表演艺术学会奖(金凤凰奖)、全国院线国产影片推介会等大型影视节会活动,获得国内外盛赞。举办全国第一个影视设计周,将中国电影美术学会的服装、化妆、道具等五大专委会引入新区,成立影视产业联盟。

## 二、2020 年青岛西海岸新区影视产业发展情况分析

### (一)2020 年前三季度青岛西海岸新区影视产业发展情势

进入 2020 年,突如其来的新冠疫情不仅严重影响了人们的正常生活,也对经济生产活动造成了极大干扰,特别是影视文化产业,由于行业的特殊性,第一季度拍摄制作活动陷于停顿。在影视行业遭遇寒冬和充满不确定性的情况下,西海岸新区灵山湾影视局等部门没有坐等转机到来,而是审时度势,积极应对困难,谋划持续发展。形势稳定后,新区影视产业迅速复工复产,切入正轨,同时着手部署 2021 年影视产业发展的重要工作和重大项目。

1. 做优增量,影视项目规模和品质提升

2020 年前三季度,新注册引进影视企业 138 家(其中注册资本 1亿元的 1 家,1000 万元以上的 12 家),5G 企业 27 家,提前完成影视企业招引年度任务。英皇电影、山影集团、欢喜传媒、墨镜天合等 10 家头部影视企业入驻,项目质量显著提升。慈文传媒集团等 36 家在谈项目有序推进。中国广电·青岛 5G 高新视频实验园区签约引进高新视频产业链企业 44 家,包括京东方、捷成世纪科技、浪潮等 18 家行业头部

企业。从当前情况看,预期 2020 年东方影都的影棚出租率有望达到 90% 以上,显示出新区影视产业的生机与魅力。

2. 积极应对,为企业纾困解难及时有效

在疫情防控形势稳定后,青岛西海岸新区全力做好影视企业(剧组)复工复拍手续办理、外景资源协调、现场防疫指导等服务协调保障工作,先后制定发布三版《影视剧组安全有序复工指南》,在严格防控的前提下,高效保障影视团队进入状态。在不到两个月时间里,服务保障国家百部重点电视剧之一《温暖的味道》等四部影视剧顺利杀青。针对疫情期间摄制组和制作方流动资金紧张的情况,青岛东方影都产业园主动为园区内所有剧组和入驻企业减免了疫情停工期间的租金等费用超 620 万元,惠及对象 52 家。同时,园区还积极接洽融创文化集团的项目投资渠道,为资金情况紧张的剧组提供投融资服务。第一时间为获得各种政策支持的影视企业和剧组发放补贴资金,为 44 家符合补贴条件的影视企业兑付了 419.32 万元青岛灵山湾影视文化产业区影视产业发展专项资金。

3. 制度创新,政策支持力度持续加大

5 月,青岛西海岸新区率先发布《关于促进影视产业发展的若干政策》,从鼓励影视企业集聚发展、支持影视重点项目建设、鼓励优秀影视作品创作生产、支持举办影视文化交流活动、鼓励影视文化人才引进和培育、鼓励金融支持影视产业、支持打造优质服务环境等八个方面提供全面支持。为细化措施,加速扶持政策的落地见效,经过周密调研,结合企业反馈,9 月 28 日,青岛西海岸新区对外发布了《促进影视产业发展的若干政策实施细则》,《细则》操作性强,对于申报条件、申报平台、申报时间和扶持标准,以及项目评审和资金拨付等措施规定清晰明了,便于影视企业对号入座。产业扶持系列政策与 50 亿元青岛东方影都优秀影视作品制作成本补贴互补叠加,对影视全产业链进行扶持,形成独特的政策组合优势,助力新区影视产业复苏重启和长期向好发展。

4. 搭建平台,优质资源集聚效应显现

疫情期间工作不停滞,积极作为,超前谋划,适应防疫时期的严格要求,以更高标准更细工作精心筹备影视博览会,及时将影博会方案上报省委、市委宣传部门,并与国家广电总局、国家电影局等主管部门以及中国电影家协会、影视工业网等权威平台就奖项背书、邀宾方案、重点环节等进行汇报沟通。2020 青岛影视博览会于 9 月 26 日至 28 日在新区成功举办,通过这一平台,掌握主动,产生了显著的招商推介效应。影博会期间,共有 19 个影视产业项目签约落户新区。其中,影视类有 4K 花园超高清视频彩铃项目、千秋岁综艺项目、神奇画笔项目、光星传媒 MCN 平台项目等;剧组类项目有院线电影《御兽少年》《731》

《世间有她》《天亮说晚安》;电视剧有《握住我的手》《锦瑟》《叱咤之城》《舍我其谁》;网络电影有《星门深渊》、网剧《飞行男女》《小哥哥怕是有毒吧》《鱼生知有你》;综艺节目有《次元舞见》等。青岛影视博览会正在成为西海岸新区推动影视产业发展的重要平台和对外交流窗口。

5. 整合资源,影视产业集群化发展

青岛灵山湾影视文化产业区牵头成立了山东影视摄制基地联盟,协力打造"1+N"影视产业基地。影视摄制基地联盟旨在进一步落实《山东省影视产业发展规划(2018—2022年)》中制定的相关产业目标,形成山东省"1+N"影视基地(园区)布局,即以青岛灵山湾影视文化产业区为龙头,华谊兄弟(济南)电影城、高密市红高粱影视城、沂蒙红色影视基地、郓城水浒好汉城、烟台1861影视基地、莱芜709文化产业园等全省影视摄制基地资源共享,放大特色优势,打造全国领先、世界水平的影视产业基地,辐射带动山东省内一批主业明显、特色鲜明的影视产业园区发展提升,在全省形成一核引领、多点发力、融合发展的影视产业发展新格局,共同推动山东省乃至全国电影产业的升级发展。

6. 创新提升,增强功能和技术优势

以东方影都为核心,在现有高水平硬件基础上,与国际同步,及时打造和引进最新尖端技术装备,保持产业区的领先优势,满足影视产品更高质量的需求。西海岸发展集团与东方影都产业园合作打造了数字科技影棚项目——西发智造影视虚拟化制作平台,平台坐落于东方影都5号棚,融合了动作捕捉、面部捕捉、光学空间定位等技术,可完成国内领先的专业影视虚拟化拍摄制作,尤其适合科幻电影等工业大片的制作。国内知名的影视团队——开心麻花已在使用该套虚拟化制作平台,完成科幻大片的前期预演工作。深度优化影视产业布局发展,加快建设藏马山旅游度假区内占地1500亩的影视外景地。至2020年9月,影视外景地欧美街区已竣工,老北京街区主体完工,累计入驻《鬼吹灯之天星术》《封神三部曲》等5个剧组取景拍摄。外景地全部建成后,将与东方影都影视产业园影棚内景拍摄、后期制作等功能形成配套互补,与灵山湾"双城联动"发展,实现"东有灵山湾、西有藏马山"的"大影视、大文旅"全产业链格局,为新区影视产业发展注入了新动力、新资源。

**(二)青岛西海岸新区影视产业发展存在的问题分析**

作为国内影视基地的新军,以东方影都为龙头的灵山湾影视产业区在两年多的时间成长迅速,成为行业里的后起之秀,带动新区影视产业取得了突出的发展成果。同时,也应该看到新区影视产业还面临着发展基础薄弱、环境不完善等不足,一些问题是因2020年的疫情显得突出,还需从内因着手,审视存在的问题和面对的挑战。

1. 产业集聚水平和综合效益不高

影视产业的"规模经济"效应明显,通过在一定地域内构建产业集群,形成生产规模,就能对资本、人才等生产要素产生明显的集聚效应,构成竞争优势。影视产业发达的美国、英国、加拿大等国的实践充分证明了这一点。从国内看,现有影视基地超过50家,其中横店、无锡、涿州等多家影视基地已经形成一定的群聚效应。以东方影都为核心的影视产业区作为行业新军,在行业认可度吸引力还不高,在企业整体质量、集聚度以及规模效应等方面还有一定差距。

2. 影视产业链亟待补充和完善

当前,国内电影行业全产业链布局向产业链上下游延伸发展、整合或合作的趋势日益明显。新区的影视产业园虽已经粗具规模,但主要功能和效应集中在影视拍摄环节,影视的后期制作、影视交易与发行、影视经纪、影视文化旅游、影视衍生产品开发等环节尚不健全,还未形成完整的影视产业链、价值链,制约了产值的增加和效益的提高。

3. 影视领域专业人才紧缺

亟须引进影视产业研究、影视科技创新、影视后期制作、影视动漫设计等高端和紧缺人才。在专业制片、服化道等细分领域的专业人才同样紧缺。在发展影视培训机构,专业化引进人才,促进影视人才培养与市场对接,进一步完善影视产业人才发展环境上亟待有所突破。

4. 东方影都品牌价值和效应有待提升

尽管从东方影都融创影视产业园走出了一批票房高、市场反响好的大片,但其与东方影都的形象促进和价值提升关联度不紧,知名度没有借势大力提升。现有影视产业园的功能主要集中在摄影和部分制作环节上,产业园内还缺少有知名度、有影响力的影视工作室,尚不能通过本地工作室,创作出影视精品和银幕形象。此外,在IP资源的开发与利用、文创产业等资源价值的深度挖掘上还处于空白。

5. 环境品质和专业保障仍有改进空间

影视制作特别是电影,投资方需要考虑的不仅仅是拍摄基地的技术条件及其硬件投资,还有基于硬件之上的各种环境、文化氛围的形成和相关品质服务的集成,能够解决投资方和影视剧组的全方位服务需求,解除可能的后顾之忧,形成较强吸引力。新区影视产业区在行业环境建设和服务环节上还存在短板,距离国际水准尚有差距。

# 三、2021年青岛西海岸新区影视产业发展形势展望

从影视产业大环境看,院线方面,根据灯塔专业版2020年10月

15 日的数据显示,中国电影市场累计票房达 129.5 亿人民币(合 19.3亿美元)。这一票房使中国正式超越北美,首次成为全球第一。数据反映了影视文化市场需求强劲,预示着 2021 年影视行业复苏进程将进一步加快,推动全产业复兴并发展壮大,新区的影视产业将继续充满活力,走在发展前列。

**(一)后疫情时代新区影视产业发展空间广阔**

大环境方面,影视文化消费已经成为大众消费的亮点,从发达国家的历程和经验看,仍有较大增长空间,产业动能和市场效益还未充分释放。近年来,影视产业一直得到国家政策的有力扶持,在审批、税收、土地、金融等方面陆续出台激励政策,地方层面也配套推出各具特色的支持办法。总体上,中国影视产业发展环境有利,影视产业仍然是充满生机活力、市场需求强大、发展前景广阔的朝阳产业。根据《猫眼娱乐2020 年中期业绩报告》调查分析,疫情之后观众对优质内容的需求依然旺盛,行业长期向好发展的根本驱动因素没有发生变化。后疫情时代必然重回往日繁荣,而且将发生产业的创新变革,面临新机遇呈现新面貌。从 10 月中旬统计的票房贡献看,国产片票房占比高达 84%,由此可见,即使国外因疫情延续耽搁影视片制作和供给,国产片也有实力和能力提供较高水准的电影,填补外片空白和其市场份额,这也将促进国产片的创作生产。鉴于国内外疫情反差,各类影视产品制作将更多在中国进行,包括灵山湾影视产业区在内的国内各大基地都将是影视公司的潜在选择。

**(二)影视基地之间的竞争格局将更加明显**

从国内看,横店影视城、象山影视城、无锡国家数字电影产业园、上海影视乐园等老牌影视基地继续保持良好发展态势,并进一步做大做强,如"影视宁波 2020"提出以象山影视城为核心,建设影视之城,创世界电影之都。此外,近几年新建投用和在建的同类电影基地都是东方影都的有力竞争对手。以长影的海南"环球 100"电影主题公园为例,无论是功能设计、投资金额还是占地面积,和东方影都几乎相当。其作为海南省文化产业一号工程,被列入国际旅游岛建设规划纲要,支持力度和重视程度空前,受惠于海南特殊的离岛免税和国家政策,加之长影作为老牌影视头部企业,掌握深厚的技术和资源优势,其未来实力不容小觑。值得注意的是,长影在其本部所投资 350 亿元的长春国际影都核心区项目已经开工,将建设由影视拍摄基地、5G 数字影视基地、影视文旅基地、影视教育基地、影视孵化基地、影视总部基地构成的"六大基地",由于同在北方,其建成后势必一定程度弱化东方影都现有的区位优势。类似级别的潜在对手国内还有多家。外部环境的变化使东方影都提升功能、打造内力和塑造特色的紧迫性显著增强。

### （三）统筹疫情严防严控与产业优质发展成为必要条件

严格行业疫情防控将继续成为常态。2020 年的新冠疫情对影视产业的影响表现在供需两个环节，供给侧就是影视拍摄制作，需求侧就是院线影片上映。两个环节都是人员集聚活动，现代影视摄制更多在影棚进行，属于封闭空间，防疫要求标准更高。国内各院线恢复营业是7 月 20 日开始，在各类服务行业中解禁最晚。因此，鉴于当前影视产业恢复发展的来之不易，抓好影视产业领域各环节的防疫成为产业安全顺利发展的首要任务。2021 年，灵山湾影视文化产业区的疫情常态化防控将更加严格，确保提供具有安全摄制、健康摄制的影棚和环境。基于存在疫情反复对产业发展带来的不确定性，新区影视局和产业区将超前谋划，做好应对方案。同时，主动研判市场变化和产业发展动态，创新运管模式，及时优化调整影棚规模、布局和功能，增强机动性适应性，满足多样化需求。

### （四）产业扶持和政策创新的广度和效应进一步扩展

2021 年是影视行业的恢复期，也是影视公司等主体的困难期和考验期，对其进行资金上的补助奖励是必要和有效的。2020 年，新区兑现出台的系列奖励支持政策措施，为符合条件的影视公司、剧组、摄制组发放了补贴和奖励，效应显著。2021 年，西海岸新区将继续落实政策，搭建促进影视产业发展扶持政策的网上申报平台，开通 PC 端和手机端两个申报端口，为广大的影视企业（剧组）提供便捷、实时的政策服务。预期，随着政策宣传推介的深入，以及在行业内的传播，特别是操作层面和细节的完善，将进一步产生积极的政策效应，有助于稳住留住存量，吸引扩大增量。同时，影视新政将与原有的产业发展基金和疫情期间的租金减免等措施搭配衔接整合，对影视产业链的不同环节，影视制作的不同阶段，形成力度相适、衔接有序、精准有效的扶持。在资金支持外，影视产业的服务保障将更加丰富细化，提升档次。通过多措并举，在头部企业引进和招商平台培育等方面实现新突破。预计 2021 年影视产业区影棚出租率有望达到 95％以上。

### （五）影视工业化生产体系建设取得成效

当前，影视产业跨媒体跨平台交互日益频繁，全产业链开发、跨媒体经营成为影视文化产业高端发展的必经之路。2021 年，灵山湾影视文化产业区将围绕影视投资、影视制作、发行放映、展示交易、教育培训、图书出版、影视娱乐、影视旅游以及衍生品开发的影视全产业链,打造影视工业化生产体系。一是在保持影视拍摄优势基础上,以东方影都数字影音中心为基础,丰富完善新型数字化影视制作设备,引进培育和发展一批特效设计、动漫制作、配光校色、音效、混录、配音、剪辑、后期合成、软件研发等企业,打造影视后期制作基地。二是加快培育影视衍生商业生态,鼓励开发影视音乐、动漫、游戏、定制用品等衍生产品和服务,开发新型影视互动娱乐产品,拓展产业领域和消费空间。三是推动"影视+旅游"融合发展。影视基地、外景区建设统筹影视和旅游功能纳入大旅游系统,新区山海岛滩滨海旅游资源和历史人文资源融入大外景基地,资源整合,产业融合,同步提升。预计2021年,通过多元化招商渠道和影视展会平台,聚焦全产业链大力"双招双引",引入优质影视上市企业资源,聚集影视文化、影视科创企业将超过200家,年拍摄制作国内外影视作品超过100部。影视衍生品开发收入占比超过20%,影视基地和外景区接待旅游人口超过800万人次,带动就业规模8万人。

### (六)影视产业区进入功能优化提升阶段

疫情时期,影院长期歇业,在线流媒体平台以及电视台对电视剧、娱乐节目的需求迅速增长,精制网剧和大型综艺节目收视率点击率居高不下。此外,10集规模的紧凑电视剧成为线上最受欢迎、收视率高的影视产品,显示出后疫情时代介于传统电影与传统电视剧的新影视品种开始兴起。此外,后疫情时代,新媒体影视产品不再是流水线生产而成,而是数据、策划、营销、后期、拍摄、导演、特效等中台能力的系统性建设,强调影视内容的标准化生产和品质把控。一系列变化反映出影视文化市场的需求强劲、影视产品的结构性调整和对品质的需求。对此,2021年灵山湾影视区将紧跟国际影视产业变革和前沿动态,动态优化,持续提升。一是引进应用最新影视功能设备和技术工艺,更新升级软硬件,增强功能的适应性,满足多样化影视产品生产需求。二是加速产业数字化、网络化进程,特别是电影预览、虚拟制片、后期特效制作、虚拟现实(VR)展映等影视科技的创新应用。三是以版权开发和泛娱乐的衍生产品孵化、开发和生产为核心,打造IP研发和衍生设计产业链。搭建剧本交流推介平台,建立签约编剧储备库,加大优秀剧本创作和储备力度,建设影视剧本IP孵化生产基地。

### (七)影视专业人才培育机制创新取得成果

2021年争取在影视产学研融合发展和创新专业人才培育机制上取得突破。加快建设青岛灵山湾产教融合基地。灵山湾产教基地总建筑面积约 5 万平方米,总投资为 6 亿余元,与清华大学美术学院、山东工艺美术学院、山东艺术学院、青岛大学、北京电影学院青岛创意媒体学院等多所知名高校开展合作办学、专业建设、技术创新、科研项目等多方面的合作,将为东方影都未来的人才培养提供重要支撑。建设"数字影视教学与制作云平台"。平台基于高新视频云进行设计,由华为提供云技术解决方案,可实现软件任务式教学、课程选修学习、行业专家直播教学、在线考试(作业)等功能,同时内置专业的项目流程管理软件,可以实现企业项目发布、学校承接项目、学生制作项目、项目费用结算等一站式的统一管理,为学校教学、学生实践、企业生产提供综合解决方案,有效提升高校学生技术应用和实战能力,推动高校教育与产业需求的接轨。

### (八)影视产业"新基建"项目加速推进

推动适应新媒体互联网变革的一批"新基建"项目加快布局发展。一是推进音效、混录、动漫设施、服装、道具、器材加工厂以及 IMAX 全球研发中心等建设与发展。适应后疫情时代多主题影院打造和智慧影院发展趋势,引进高端影院放映系统设备、激光数字放映机、4K 超高清系统、数字电影运营服务技术等研发生产企业和支撑平台。二是加快建设中国广电·青岛 5G 高新视频实验园区。按照合作协议要求,跟踪项目推进,推动 5G 高新技术产业云平台、中国影视工业化示范基地、中国影视数字化+4K 修复中心、5G 高新视频联合创新中心等四大影视产业平台落地建设,积极做好 5G 高新视频应用安全重点实验室、人民日报品牌研究院、华为、京东方、三维六度(北京)文化有限公司等国内 20 家行业头部企业和相关机构入驻 5G 高新视频实验园区的服务保障。三是引进虚拟预演与虚拟制作、实时渲染与云渲染、动作捕捉与数字资产采集、高新格式影像拍摄、制片管理与协同制作等技术设备、研发团队和企业,为提升国产电影创作设计、拍摄制作和发行放映等环节的水平和效率提供支撑。

(作者单位:中共青岛西海岸新区工委党校)

# 2020～2021年崂山区楼宇经济发展情况分析与展望

牟明明

在新发展理念的引领之下,楼宇的数量和楼宇经济的发展质量,成为衡量城市经济发展水平的重要指标、考量区域吸引高端要素资源的重要参数、评价地区经济活跃度的重要标杆。近年来,随着主城区的扩容及金家岭金融聚集区、青岛中央创新区、青岛崂山国际旅游度假区、王哥庄生态健康城等平台的发展,崂山区主动抢抓青岛建设国际大都市的新风口,牢牢抓住"发展楼宇经济就是发展高质量产业"的内在本质,让楼宇成为金融产业、战略性新兴产业、旅游产业等区内主导产业高质量发展的承载之地,不断吸引大量优质的金融、总部、科技类企业在辖区落户,税收过亿元的商务楼宇实现了从无到有、从大到强的跨越,楼宇经济已成为崂山区推进产业结构优化、经济高质量发展的关键一环。

## 一、2020年崂山区楼宇经济发展分析

近年来,崂山区楼宇经济开启了由自发跟进向自觉引领发展战略转型的进程,全区楼宇的主要分布地带为南北"纵向"的海尔路、深圳路、松岭路,以及东西"横向"的香港东路、银川路、辽阳东路、株洲路等干道周边。其中,金家岭金融区、株洲路片区、创智谷片区积极发挥示范引领作用,在金融业和战略性新兴产业领域,形成了具有一定集聚效应的商务办公楼宇群和都市型现代工业楼宇群。

中共崂山区委十二届八次全体(扩大)会议提出,开启"战略北进",实施"七大行动",加快建设开放创新怡居的山海品质新城,推动崂山各项工作率先走在前列。其中,高品质发展楼宇经济、打造崂山楼宇经济"升级版"、开展楼宇经济"固本强基"行动被列为2020年全区"七大行动"之一,构筑起崂山区实施"战略北进"的重要支撑。截至2020年9月末,崂山区已聚集130余座楼宇,总建筑面积约700万平方米,入驻

率达到80%。2019年税收过亿元的楼宇共27座(含20座商务楼宇和7座工业楼宇),总税收约183.6亿元,占全区总税收的六成以上,成为税源的重要组成部分,其中上实中心T3楼、裕龙国际中心税收突破10亿元大关。

### (一)2020年崂山区楼宇经济发展的主要特点

**1. 加强顶层设计统筹,发挥政策引导作用**

一是创新出台楼宇评价标准。于2020年5月发布了《崂山区商务楼宇等级评定规范》,作为全省首个区(县)级制定的商务楼宇标准,填补了青岛市楼宇经济标准化发展空白。围绕楼宇区位交通、硬件设施、运营服务、社会经济贡献等方面设置主要评定指标,制定了楼宇等级划分标准、"特色楼宇"认定标准。对经过等级评定,获得超五星、五星、四星级的楼宇,崂山区分别给予投资商或运营商50万元、30万元、10万元的达标奖励,推动存量楼宇向高质量发展"换挡"。

二是研究楼宇经济政策。于2020年初出台了《崂山区促进楼宇经济高质量发展若干政策》,围绕高标准投资建设、高质量产业招商、高水平运营服务三个方面13条具体内容,在打造等级楼宇、"特色楼宇"、亿元楼宇、重大项目招引、运营管理服务等方面给予楼宇开发商(业主)或物业运营商、协(商)会奖励补助,引领楼宇经济高质量发展。

三是积极开展对标学习。2020年,崂山区先后组织区楼宇经济工作领导小组成员单位业务骨干、楼宇项目代表等分批次赴上海、广州、深圳学习考察。通过在国内先进地区学习楼宇标准化建设、楼宇商协会构建及楼宇品牌打造等方面的成功经验及做法,在学习交流中查找不足,挖掘发展潜力,加快推进楼宇经济各项工作。

**2. 强化招商引资,集群化打造特色楼宇**

2020年,崂山区注重聚焦商务、商业、工业三类产业楼宇协调互动发展。率先发展商务楼宇,顺势发展商业楼宇,跨越发展工业楼宇,推进楼宇资源和项目资源精准对接、高效配置,促进行业链式集聚。其中,商务楼宇以金融财富、企业总部、会计律师、贸易物流、设计咨询、知识产权、人力资源、文化创意等各类法人服务业为主;商业楼宇以星级酒店、旅游服务、城市综合体、特色街区等业态为主;工业楼宇以微电子、智能制造、虚拟现实、生物医药、新能源新材料、检验检测、技术应用研发转化等高端研发制造业为主。

一是推进财富金融楼宇率先发展。加快推进全球创投风投中心、青岛金融科技中心、上实T3楼等楼宇的建设和扩容,完成金融科技赛道路演。大力引进创投风投、金融科技类企业,推动财富金融楼宇发展取得阶段性成果。

二是推进商业综合楼宇顺势发展。崂山区于疫情态势稳定后,推进商业楼宇开市复工,开展"2020崂山区消费季"活动,推动零售业、餐饮业有序复工复产,进一步恢复和振兴消费市场活力。提升金狮广场、丽达购物中心、金鼎广场等商业综合体楼宇品质效益。推进宜家家居开业运营,打造崂山商圈新地标。

三是推进创智产业楼宇跨越发展。制定出台《2020年崂山区战略性新兴产业高质量招商引资实施意见》,明确崂山区战略性新兴产业链招商重点目标,丰富产业业态,培育打造创智产业标杆楼宇。截至2020年9月末,新引进新水务产业化项目、迪生新星视觉等战略性新兴产业项目近40个。

四是推动传统工业楼宇集约发展。推动优势企业向工业综合体集中,重点发展新能源、新材料、生物医药等,着力引进培育了一批科技型、环保型、轻加工型等"专精特新"企业,推动中烟、特锐德等工业楼宇提质增效。

3. 优化营商环境,精细化提高楼宇配套品质

一是优化交通管理体系。完善提升道路交通、停车服务等配套,优化中心城区道路交通管理。探索建设、改造公共区域与楼宇内停车引导系统,推广共享停车场,预计2020全年将增加停车泊位1000余个。

二是加快信息智能建设。按照全市统一部署由市通信管理局负责,于2020年7月完成了主城区5G建设,协调各通信运营商按照电信行业要求和自身建设计划积极对接各商务楼宇,做好通信保障,加强了信号覆盖。加快5G试点运用建设,为楼宇单位提供物联网、人工智能、大数据等支持,将楼宇的结构、系统、服务和管理根据实际需求进行最优化组合,提供高效的通信网络服务保障。

三是提升景观生态设计。崂山区政府相关部门对新建楼宇项目研究提出楼宇产业定位、空间布局、建筑方案、公共配套、基础设施的管控和引导要求,在此基础上维系新建楼宇规划方案与公共空间之间的关系,推动产业楼宇、住宅小区、绿地景观、城市道路之间合理布局,形成景观宜人、特色鲜明的现代都市楼宇建筑群。

**(二)崂山区楼宇经济发展面临的困难与挑战**

崂山区楼宇经过十余年的发展,已打下良好基础,在楼宇品质、产业聚集度方面呈现出了明显的后发优势,已成为继市南区核心商务区后青岛市楼宇经济的新增长点。但和国内先进地区、自身资源禀赋相比较,仍存在南北片区品质不均、楼宇单位面积财税贡献不高、楼宇产业集聚力度不够、楼宇软硬件功能配套不完善、楼宇服务环境满意度不高等问题。

1. 楼宇品质南北片区发展不均

崂山区是一个具有明显城乡二元结构特征的区域,导致崂山区楼宇经济发展不平衡不充分的问题较为突出。崂山区楼宇经济目前已形成一定的集聚效应,重点布局了"三区两带"(金家岭金融区、株洲路转型升级片区、创智谷片区,新经济产业创业带、滨海旅游文化带)的楼宇经济架构。其中,金家岭金融区和株洲路片区分别以金融业和战略性新兴产业两大核心产业为支撑,形成了具有一定集聚效应的商务办公楼宇群和都市型现代工业楼宇群。但总体而言,楼宇经济区域发展不平衡问题在崂山区较为突出,金家岭金融区、中韩创新区、沙子口片区发展较好,但是北部的北宅片区、王哥庄片区发展缓慢。

2. 楼宇产业集聚力度不够

崂山区在青岛市区域内已经具备较为突出的商业聚集的优势,但是与北上广深等地区相比,差距还比较明显。第一,在楼宇总量规模方面,楼宇供应量不足,大型企业想到中心城区选址却找不到合适的用房。第二,缺乏特色楼宇,大多数楼宇产业布局比较分散,没有形成合力。第三,总部经济处于刚刚起步的阶段,行业聚集作用发挥不明显,缺少能带动本区产业发展的行业领军企业。

3. 楼宇软硬件功能配套不完善

第一,楼宇经济不仅仅是楼宇的培育,也不单单是产业的发展,而是不同参与主体间的协同合作,目前崂山区既有相关政策对配套设施、服务环境等方面的扶持引导作用不足,又有楼宇对企业、人才的吸引力亟待加强。第二,商务楼宇的国际化发展已经形成了量化标准,即"办公室5A标准评价体系",崂山区除了近几年相继建成的上实中心、裕龙国际中心等较高档次的楼宇外,大部分楼宇软硬件配套不完善,缺乏五星级标准配套,甚至部分楼宇存在停车难的问题,楼宇各方联动较差,生活配套设施不足。这些问题不仅影响了楼宇的整体形象,也影响了入驻楼宇企业开展高端商务活动、提高规模化现代化水平。

# 二、2021年崂山区楼宇经济发展展望

按照崂山区《关于进一步推动楼宇经济高质量发展的实施意见》,崂山区将开展楼宇经济"品质提升"行动。将通过进一步做精做细做实楼宇经济管理服务,打造一批相对集中、配套完善、管理成熟的特色商务楼宇子集群。2021年,在建、投用楼宇面积将累计达到约1000万平方米;着力引进大型法人金融机构总部、跨国公司总部、500强企业总部、国际品牌高星级酒店、高端生产性服务业和科技型高成长性企业,总部企业、独角兽企业将累计达到约100家和10家;亿元税收楼宇将

新增 10 座左右,总数将达到 35 座左右,楼宇经济总税收将达到约 260 亿元。

**(一)影响因素**

**1. 有利因素**

第一,愈发优厚的区位优势。崂山区是青岛市对外开放的窗口、高新技术产业发展的核心区域和新城区建设的重要示范区。崂山区交通便捷,市区有多条主干道贯穿而过、辐射全市,基本形成了从城区中心向东南西北放射延伸的形态,便利的交通条件降低了企业的交易成本。作为青岛市的开放前沿,崂山区优厚的区位优势增加了对企业的吸引力,更利于招商引资,为楼宇经济的发展奠定了坚实的基础。

第二,得天独厚的自然条件。作为中国海上第一名山,崂山集山、海、林、滩、水等优质资源于一身,拥有"顶级配置",在全国具有非常强的竞争力。崂山得天独厚的自然风光也是人才聚集、企业入驻的重要因素之一,为楼宇经济的发展提供了天然潜能。

第三,较为坚实的经济基础。自 1994 年建区以来,崂山区经济社会实现跨越式发展,经济总量实现指数级跨越。2019 年全区实现生产总值 818.14 亿元,同比增长 7.4%,居民人均可支配收入同比增长 8.3%,跑赢 GDP 增速。其中,第一产业增加值 6.63 亿元,同比下降 14.3%;第二产业增加值 255.82 亿元,同比增长 8.5%;第三产业增加值 555.69 亿元,同比增长 7.3%,占全区生产总值的 67.9%,形成了"三二一"的产业结构。崂山区第三产业的良好发展态势,为楼宇经济的发展提供了良好的经济条件。

第四,全区层面的"顶格"部署。通过成立崂山区楼宇经济工作领导小组,研究制定崂山区楼宇经济发展总体规划,对产业、空间、项目、政策、人才等各个分项提出具体要求,出台《崂山区关于进一步推动楼宇经济高质量发展的实施意见》等一系列政策,加强对楼宇经济发展的顶层设计,积极招商引资,制定激励和奖励措施。2021 年将是上述制度文件为楼宇经济提供政策红利的元年,必将更大限度激发崂山区楼宇经济发展潜能。

第五,宽松有利的环境机遇。目前,崂山区发展楼宇经济正处于战略机遇期,主要体现在三个方面:一是随着经济全球化和区域经济一体化的加强,中国市场在资本、技术、人才等方面潜力巨大,青岛作为北方对外开放的门户,有利于吸引各类资源;二是受国际金融危机的影响,区域传统产业受到冲击,新兴产业发展迅速,有利于推进产业结构完善升级;三是在青岛市层面,楼宇经济研究中心的成立及一系列优惠政策的出台,有利于崂山区乘势而上,抢占全市楼宇经济发展的制高点。

2. 制约因素

第一,兄弟区(市)的竞争压力。青岛市各区(市)楼宇经济竞争角逐日趋激烈,市南核心商务区、市北CBD正在推动新一轮改革发展,但崂山区与二者在方向上没有形成错位发展、互补共赢的局面。市南区招商力度大,在楼宇经济发展上时间长、基础好,具有很强的产业底蕴,入驻企业多是金融类、总部类、高端咨询服务类企业,总部、金融、科技、创新等楼宇业态成熟,对崂山发展商务楼宇和商业楼宇有一定的竞争压力;青岛西海岸新区主要发展工业楼宇经济,这与崂山株洲路转型升级片区、创智谷片区定位相近,势必会形成对企业资源的抢夺,对崂山区楼宇招商、企业落户形成挤出效应。

第二,现有企业的流失风险。因其他地区利好政策的吸引,现有企业的流失会造成楼宇空置率的上升,而楼宇的空置率被视为商业地产的风向标。目前,崂山区楼宇空置率为20%,随着政府规划的多个新项目的投入使用,楼宇空置率存在过高的风险。现有企业流失的问题,不仅影响楼宇经济的发展,对政府的财政收入也有重要影响。

第三,经济增长的放缓因素。当前,世界经济仍处在国际金融危机后的深度调整期,国际政经格局深刻调整,世界大变局加速演变,全球动荡源和风险点显著增多。尤其是,2020年遍及全球的新冠肺炎疫情引发了20世纪30年代以来最为严重的全球经济衰退。全球经济增长放缓,国际贸易受阻,投资受制,后疫情时代楼宇经济面临着新的困难和挑战,这成为影响崂山区2021年楼宇经济发展的最大不确定性因素。

### (二)2021年崂山区楼宇经济发展预测

2021年,崂山区楼宇经济将遵循"1334"的发展思路,锚定一个战略、夯实三个基础、聚焦三类楼宇、强化四个支撑,全面开展楼宇经济"固本强基"行动。

1. 楼宇经济发展品质将进一步提升

第一,推进在建待建楼宇项目加快建设。2021年崂山区将根据楼宇项目进度,梳理形成楼宇项目储备库,保证楼宇开发建设项目顺利推进。立足长远,布局建设数座超高层、地标性综合商务楼宇,一定比例的重荷载、大层高现代工业楼宇,数个满足商务活动需求的国际化、高品质高星级酒店,数片创意型、个性化特色商业街区,包括适当留存一些老厂房、老建筑,推陈出新发展创意产业。通过打造一批相对集中、配套完善、管理成熟的特色商务楼宇子集群,预计到2021年底,崂山区在建、投用楼宇面积将累计达到约800万平方米。

第二,盘活存量楼宇经济。2021年,崂山区将通过产业置换、建筑置换、拆低建高、投资装修等方式,提升楼宇价值,重视闲置楼宇资源的统筹利用和城市地下空间综合利用,协助楼宇业主对楼宇进行功能定位,促进相关行业向相邻楼宇聚集,打造专业化特色楼宇群。引入管理水平高、设计理念超前的投资主体和设计、施工单位,引导各类开发主体高起点、高标准规划设计建造楼宇。注重楼宇建设与公共空间的关系,保持楼宇单体建筑的多样性,产业楼宇、住宅小区、绿地景观、城市道路之间合理布局,追求山、海、城相得益彰,楼宇建筑群与生态保护区和谐共存。

第三,改善楼宇经济配套环境。2021年,崂山区将切实改善道路交通、信息通信、水电绿化、停车场等设施配套硬环境。努力完善中小学及幼儿园教育、健康体育、休闲娱乐、楼宇快餐、酒吧咖啡等生活配套软环境。积极提升人力资源、法律会计、金融服务、管理咨询、专利保护、风险投资、共性技术研发等中介服务环境。培育消费时尚街区、社群、空间,增加消费黏性增长,打造独具魅力的崂山特色"楼宇夜经济"场景。

第四,加强楼宇管理服务。2021年,崂山区将探索建立"楼长制",根据楼宇企业需求,建立网格化的楼宇企业服务工作机制,楼宇企业业主纠纷处理机制,及时妥善处置纠纷。引导商务楼宇经营主体提升物业品质,提高楼宇内部的智能化、信息化和便捷化程度。培育、引进具有一流资质的物业管理公司,推动物业服务向国际水准迈进,显现现代都市商务楼群风貌。

2. 楼宇经济的"双招双引"作用将进一步突显

2021年,崂山区将把"双招双引"作为发展楼宇经济承前启后的关键一环,突出招商重点领域,紧密围绕建设"两个高地""三类楼宇""六大中心"开展工作,包括写字楼建设、运营及入驻企业等,将着力引进大型法人金融机构总部、跨国公司总部、500强企业总部、国际品牌高星级酒店、高端生产性服务业和科技型高成长性企业。预计到2021年底,崂山区总部企业、独角兽企业将累计将达到75家和8家左右。

第一,在商务楼宇上,崂山区将围绕法人服务业率先发展,重点招引法人金融机构、会计师事务所、律师事务所、信息服务与软件业、设计咨询服务业、知识产权与人力资源服务业;积极发展总部经济,大力引进企业总部、研发中心、会计结算中心、营销中心、区域性总部;加快发展现代传媒业、文化创意业。预计2021年,崂山区新培育打造的财富金融标杆楼宇将不少于5座,新引进法人金融机构将不少于2家。

第二,在商业楼宇上,崂山区将注重顺势发展,重点引进大型城市综合体、高星级酒店、高端商务酒店、旅游度假街区、特色商业街区运营商等,提升城市综合服务功能。预计2021年,崂山区新培育打造的商业标杆楼宇将不少于2座。

第三,在工业楼宇上,崂山区将紧盯前沿注重跨越发展,聚焦战略性新兴产业,重点引进微电子、虚拟现实、区块链、云计算、生物医药等新兴产业以及科技研发、检验检测等产业创新服务平台,构建楼宇产业生态链,吸引上下游产业项目入驻,壮大产业规模,提升楼宇知名度,形成特色工业楼宇集群规模效应。优化招商生态结构,既要注重"顶天立地",又要注重"铺天盖地",抓大不放小。预计2021年,崂山区新培育打造的创智产业标杆楼宇将不少于2座。

3.楼宇经济的招商运作体系将进一步健全

第一,重视招商政策配套。崂山区综合运用土地、载体、订单、投资、基金、人才、服务等资源组合招商,让符合条件的所有入驻企业看得上眼,留得下来,投得放心,建得顺利,卖得出去,干得盈利,上得去市,进而实现企业、政府合作共赢。

第二,重视提高项目洽谈效率。2021年,崂山区将进一步理顺项目洽谈程序,明确项目洽谈、落地首接责任制,准确及时判断项目,热忱真诚对待客户,力求为客户提供最佳落地解决方案。探索与风险投资机构、律师会计师事务所、行业协会、优秀企业家等建立合作咨询关系,组成项目评估鉴定委员会,借外力提升对拟入驻企业和项目的专业鉴别水平和工作效率。

第三,重视招商引资与税源经济的有机结合。2021年,崂山区将通过制定楼宇产业指导目录,对占用楼宇资源的产业项目的生态和税源经济贡献评估,建立楼宇入驻企业准入评估制度和入驻企业调整更新制度,适时开展楼宇内入驻项目纳税后评估工作。将楼宇经济的供地、建设、租售、招商引资与企业纳税有机衔接起来,真正将楼宇经济变成税源经济。预计2021年,崂山区亿元税收楼宇将新增5座,总数将达到30座左右,楼宇经济总税收将达到230亿元左右。

# 三、崂山区楼宇经济发展的对策建议

## (一)建立楼宇经济数字档案,搭建智能化综合信息平台

为了给崂山区楼宇经济提供更好的智慧化服务,应当对全区楼宇入驻企业的详细信息、物管单位、税收归属、业绩变化等进行全面了解,以实现对楼宇经济的动态监管,分析楼宇经济发展的潜在趋势,开展科学招商、精准入驻,提高楼宇内部资源利用效率,发挥出楼宇经济体应有价值。

1.摸清楼宇数据信息,搭建楼宇数字平台

建议将单体面积1万平方米以上的楼宇及具有较大发展空间的重点楼宇实行"一楼一档"动态管理,全面掌握建筑载体、入驻企业、税源

贡献、产业形态等信息,建立楼宇数字档案。依托云商大数据综合监管服务平台、产业云图平台,采取智能化手段采集楼宇信息,形成科学有效、动态全面的楼宇资源共享平台,实现楼宇信息共享互通,提高精细化管理水平,高效传递投资意向,推动楼宇项目腾笼换鸟、档次提升。

2. 建立健全楼宇经济统计分析体系

建议对崂山区楼宇经济发展动态进行全面掌握,包括按楼宇用途和区域分布分类的楼宇销售价格指数、租赁价格指数、物业价格指数等,定期发布楼宇经济数据,分析楼宇经济走势,为驻区企业提供楼宇运行情况,提高政府和楼宇企业决策的科学化、规范化水平。

**(二)合理谋划楼宇经济发展布局,提升楼宇建设品质**

楼宇经济是楼宇载体和产业链条相结合的经济形态,要求载体供给与产业需求相适应。因此,崂山区楼宇经济的发展,要根据产业需求,围绕主导产业发展,提前做好楼宇整体规划。

1. 合理规划楼宇空间分布,壮大楼宇规模

楼宇经济破解的是城市空间不足的问题,是对土地的"深加工",甚至可以说一幢楼堪比一座城,实现了单位空间产出的最大化。因此,楼宇经济有了规模,就有了内生动力。崂山区应以"三区两带"空间布局为依托,聚焦重点区域,推进重点楼宇建设,全面做大楼宇经济规模,并在科学分析和规划的基础上,加强对空间布局体系合理模式的探索。

2. 精细化提高楼宇配套品质

塑造崂山楼宇品质形象,叫响崂山楼宇品牌,需要引入管理水平高、设计理念超前的投资主体和设计、施工单位,不断提高优质楼宇的设计水平和建设质量。一是不断优化交通管理体系,提升道路交通、停车服务等配套设施,优化中心城区道路交通管理。二是加大在楼宇餐饮、休闲娱乐、文化教育、健康体育等软环境方面的投入。三是积极提升人力资源、法律会计、金融服务、管理咨询等中介服务环境。培育、引进具有一流资质的物业管理公司,推动物业服务向国际水准迈进,从总体上提升楼宇品质。

**(三)拓展楼宇经济宣传推介,叫响崂山楼宇经济品牌**

当前,崂山区楼宇经济已粗具规模,有了一定的发展和积累。为了营造全社会支持楼宇经济发展的氛围环境,给已经入驻及待入驻崂山区的楼宇经济投资者和企业家提供更加优越的营商环境,有必要在楼宇经济宣传推广上下足功夫,打造崂山区楼宇经济的亮丽名片。

1. 宣传推介楼宇经济品牌

建议向全区普及楼宇经济概念,更加广泛深入地宣传产业楼宇及

入驻企业,提升崂山区楼宇经济的知名度和透明度。通过创意策划现有楼宇资源、楼宇特色,编印宣传手册,常态举办楼宇经济论坛、楼宇经济课堂、楼宇经济沙龙等活动,向社会各界展示楼宇经济发展建设成果,叫响楼宇经济品牌。

2. 搭建楼宇经济展示平台

建议加快推进城市楼宇经济展示中心的筹建工作,借助 3D、VR 的技术手段,通过实物、模型、图片、视频、文字等立体介绍全区楼宇资源、建设项目、经济运行情况,组织采编重点楼宇的案例,讲述属于楼宇自己的故事,使之成为楼宇经济知识的案例教材。

### (四)加强楼宇党建工作,深化楼宇组织建设

为了更好坚持"经济工作推进到哪里,基层党建工作就延伸到哪里",崂山区楼宇经济的发展应紧扣"抓党建就是抓全局"的党建理念,立足于将党的政治优势、组织优势、群众工作优势转化为楼宇整体联动发展优势,为崂山区楼宇经济高质量发展提供坚强组织保证。

1. 推动楼宇党的组织覆盖

崂山区应建立健全楼宇党建机制,坚持党建带群建、群建促党建,发挥工会、共青团、妇联等群团组织作用,引导群团组织积极开展各类助企服务活动。积极做好《关于加强楼宇(商圈)党建工作引领经济高质量发展的实施意见》(崂组〔2020〕13 号)的贯彻落实,推动区楼宇党建综合党委的接续成立。

2. 高标准建设楼宇党群活动阵地

建议在纳税 1 亿元以上楼宇实现党群服务中心全覆盖,以党组织为主渠道将党建、政务、便民、群团、社会组织等各类服务资源落实到相关楼宇,推动组织共建、党员共管、活动共办、资源共享,切实将组织优势转化为发展优势。加强对楼宇经济行业协会建设的规划、引导和政策支持。

3. 支持组建跨行业楼宇经济联盟

建议由崂山区政府相关部门、楼宇投资开发企业、物业服务企业、入驻企业、咨询中介顾问机构、研究机构、专家学者、金融机构、基金及其他促进楼宇经济健康发展的单位和个人组成全区楼宇经济联盟(协会),发挥联盟会员之家的作用,增强楼宇及入驻企业之间的工作联动、资源共享,逐步形成楼宇经济"生态圈"。发挥联盟政企之桥的作用,成为楼宇企业与政府之间的桥梁纽带。

(作者单位:中共崂山区委党校)

# 2020～2021年城阳区乡村产业振兴发展形势分析与预测

孙海燕　　彭孝锋

党的十九大报告提出实施乡村振兴战略,这是新时代"三农"工作的总抓手,是基于新时代我国社会基本矛盾的转变和经济社会发展的大局所作出的重大历史性战略决策。在乡村振兴战略20字的总要求中,产业兴旺被提到了关键首位。产业对于任何一个乡村来说,都是其实现振兴的基础和突破口,产业兴旺,则乡村兴旺;产业强大,则农民富有。城阳区坚持以智慧农业引领现代农业高质量发展,乡村产业振兴呈现旺盛发展势头。

## 一、2020年城阳区乡村产业振兴发展形势分析

### (一)2020年1～9月份城阳区乡村产业振兴的基本情况和主要特点

1. 城阳区乡村产业振兴工作的基本情况

2020年,城阳区按照上级工作部署要求,大力发展乡村产业,助推乡村振兴,坚持"特色化、智慧化、融合化",深化农业供给侧结构性改革,推进三次产业深度融合,充分挖掘乡村多种功能和价值,聚焦重点产业,聚集资源要素,强化创新引领,突出集群成链、延长产业链、提升价值链,培育发展新动能,着力构建特色鲜明、富有竞争力的现代农业产业体系、生产体系、经营体系,形成了一系列独具城阳特色、走在前列的产业优势。1～9月份,全区完成农林牧副渔业总产值19.90亿元,同比增长6%。其中林业产值达到840.25万元,同比增长20.17%;全区农村居民人均可支配收入约19398元,同比增长约为6.%;耐盐碱水稻亩产达到739.7千克,截至第三季度,海水稻全国推广面积达到10万亩。

2. 城阳区乡村产业振兴工作的主要特点

为推动乡村产业发展,城阳区确定了"两核驱动、三区共振"的整体布局,以智慧农业引领现代农业高质量发展,东中西各有侧重,多点带

动,融合发展的工作思路,着力构建以东部休闲农业、中部农业创新、西部智慧农业为重点的发展格局,以产业发展助推乡村振兴。

(1)坚持以优化农业结构为主线,发展方向明确,产业类型丰富。城阳区发挥好青岛国际农业生命智慧谷、华为"沃土云"等两大平台的科技驱动作用,推进农业、旅游、文化、节会深度融合,打造现代农业城阳样板。

一是以盐碱地稻作改良和青岛国际农业生命智慧谷为双核驱动,打造智慧农业产业发展新高地。2020年,城阳区积极响应袁隆平院士提出的"十百千"工程号召,启动"中华拓荒人——十百千工程",运用场景思维,打造盐碱稻作改良万亩示范,完成"海水稻"盐碱地改良种植面积5000亩,在全国完成推广种植"海水稻"10万亩,在探索盐碱地改良过程中,逐步构建起了"土地改良＋装备智造＋创新平台＋产业聚集"的智慧农业"城阳模式",发起了智慧农业引领乡村产业振兴攻势。青岛国际农业生命智慧谷孵化带动效果显著,"政产学研服"的纵深融合。围绕实现"智慧农业"新突破,启动"五大示范工程"。搭建了与城阳本土企业、各街道农户、合作社交流平台。截至9月底,已与20余家农户、合作社达成意向,签订合作协议10家。人才持续聚集,推动科技成果转化,截至9月底已累计吸纳43家涉农企业完成签约入驻,累计吸纳博士及以上创业人才70人,硕士110人,吸纳就业人数300余人;园区共有植物新品种权、发明、新型等专利90余项,其中Ⅰ类专利57项;实现产业化企业20余家,营业额1000万元以上企业9家;已接待国家、省、市各级交流访问200余次、7000余人。通过"少年队旗迎风飘、智慧农业普科教"研学活动、"走进身边科学家"主题教育活动,为3000余名市民普及农业科学知识,先后被评为"青岛市科普教育基地""城阳区青少年科普教育基地""青岛市农业农村干部学院"。

二是以自然资源和交通区位优势为撬点,打造东部休闲农业示范区。在东部山区以"万亩瓜果飘香、四季田园采摘"为主题,大力发展采摘体验类都市田园,打造休闲农业示范区。发挥岙峔樱桃山会、宫家葡萄节、少山红杏等精品节会品牌效应,大力发展庄园式休闲农业、园林式景观农业、参与式体验农业,打造强村富民新引擎。近年来,城阳区积极参与休闲农业和乡村旅游示范创建,棉花、青峰、上岙峔社区先后被评为全国美丽休闲乡村,截至9月底,20个示范主体被评为国家、省、市级休闲农业和乡村旅游单位,其数量位居全市前列。

三是以新旧动能转换为引擎,打造中部输出农业创新区。发挥好城阳蔬菜水产品批发市场"输出农业"辐射作用,完善批发市场升级提档,全力提升市场营商环境,交易量、交易额明显上升,综合竞争力越来越强。截至9月底,投资3050万元,农产品交易物流仓储产业园二期

17000平方米人车分流、车货分流、功能完善的蔬菜专业市场二期竣工交付并投入使用;投资1.62亿元,建设40000平方米的农产品交易物流仓储产业园二期网点及办公楼配套工程和投资1950万元,建设17600平方米的果蔬商城已经投入使用。已建成了全市最大的生鲜肉交易大厅、海鲜商城、花木交易市场、干海鲜市场、农产品交易物流仓储产业园,是全国农产品批发市场行业十强市场。

四是以盐碱地稻作改良和田园综合体建设为载体,打造西部智慧农业引领区。在西部地区以"十里桃源、万亩稻香"为重点,大力发展智慧农业引领区。以大农业、大健康、大环保为主导产业,建立以"智能、生态、精致、文创"为主题的各类农业产业示范园区、智能生态循环农业综合体、生态农业旅游胜地、先进农业技术培训中心,实现从科研技术、污染治理、生态种养、产品加工到市场化运营的一条龙产业发展体系,促进三产融合发展。截至9月底,被认定为市级田园综合体立项创建单位的青岛桃源智慧田园综合体项目已开工建设。全力建设上马盐碱地稻作改良基地项目,拓展智慧农业产业发展示范空间,截至9月底,已完成投资1.4亿元,完成5000亩海水稻插秧工作,全面打造海水稻智慧农业生态示范场景。

(2)多措并举,产业发展规模持续壮大。一是农业品牌建设不断推进。以农业产业化为导向,积极实施农业品牌化发展战略,农产品品牌进一步发展壮大。截至9月底,共培育市级以上农业品牌26个。其中蔬菜方面4个、果品方面7个、茶叶方面3个、畜产品方面5个、水产品等其他品牌7个,获国家地理标志认证产品3个,绿色无公害认证产品2个。2020年5月21日,青岛市茶文化节城阳区分会场在惜福镇街道成功举行。"东崂雪毫""茗寄春天"茶叶品牌获评第四届青岛知名农产品品牌。夏庄采摘节、岈峪樱桃山会、宫家村葡萄节、少山红杏节等生态旅游品牌深入人心。

二是以强化农业科技为支撑。充分利用青岛农业大学等科研院所力量,加快集聚一批乡村振兴高端人才和重点项目,为乡村振兴提供人才支撑。深入实施农业科技下乡活动,联系贫困村、困难家庭、家庭农场、种植大户,送技术、送项目、送政策、送信息,为农民致富插上科技的翅膀。以发展田园综合体为突破口,重点扶持一批经营规模大、市场效益好、示范带动强的都市农庄、田园综合体、农民合作社等,完善"农户+合作社""农户+公司"利益联结机制,让新型农业经营主体成为农民增收致富的纽带和平台。

三是加快发展农业"新六产"。深化农业产业化经营,加快推进农业"接二连三",推动农业产前、产中、产后一体化发展,延伸产业链、提升价值链、完善利益链。实施农产品加工业提升行动,支持发展农产品、林产品、水产品深加工和农村特色加工业,实现农产品多层次、多环节转化增值。健全农产品营销体系,鼓励推广农超对接、农产品配送、进社区直销等多种形式的产销对接。着力培育了青岛萌华生态科技有限公司、菜源公司、响石网络科技有限公司等企业,形成了一批销售收入1000万元以上的农超营销企业,并采取公司+合作社+农户的经营形式,形成产销一体发展。强化农业生产性服务业的引领支持作用,做大做强具备一定综合实力的农业服务龙头企业,如城阳农产品批发市场、德地得农化科技有限公司、民超有限公司等发展。积极建设农业"新六产"平台载体,创建农村融合发展示范园,为农业"新六产"发展创造良好条件。

四是培育壮大农村创业创新群体。扶持农村能人率先创业,引导大中专毕业生、青年农民工、退役士兵和科技人员进入农业领域,鼓励创办农业企业、专业合作社、家庭农场和社会化服务组织。以现代农业示范园区为基础,探索建立农业创客创业平台,孵化推广农业新成果,培育以大中专毕业生为主体的农业创新创业团队。实施新型职业农民培育工程,建设了一批农民培训实训基地,深化青农大与农业园区"一对一"的合作关系,设立专家工作站,建立技术指导的长效机制,促进乡土创新创业人才的大量涌现。认真落实城阳区乡村之星评选办法,激励农业创业者和农村带头人,激活农业创新群体的积极性和创造力。青岛国际农业生命智慧谷成为青岛市唯一推荐的全国创新创业园区。

(3)突出特色产业,加快培育龙头企业。实施规模以上农产品加工业和农业产业化龙头企业培育工程。积极创建和申报省、市级农产品加工示范企业,促进企业提档升级,培育壮大农产品加工企业。截至9月底,新增市级农业产业化重点龙头企业3家,申报省级农业产业化联合体1家、省级农产品加工示范企业1家。城阳区市级以上农业产业化龙头企业22家,规模以上农产品加工业企业98家(不含红岛、河套)。注重"小升规"企业培育,形成乡村产业领军企业"新雁阵",在规划拆迁减少的情况下,尽量确保原有数量不减。引导加工产能重心下沉,扶持青岛迎春乐食品有限公司等一批龙头企业牵头、农民合作社和家庭农场跟进、广大小农户参与的农业产业化联合体,带动农民增收致富。城阳区种子企业占青岛市的1/6,花卉生产展销享誉全市,是城阳区的特色产业。通过完善"育繁推"一体化种苗花卉体系,积极开展与青岛农业大学、青岛农科院的合作,推进产学研结合,提高种苗花卉生产创新能力。培育壮大了瑞克斯旺、登海种业正道、金海、花木大世界、葛家屯蝴蝶兰培育基地、紫薇园等种苗花卉企业。

(4)创新农业社会化服务,不断健全农产品质量监管体系。一是在城阳区棘洪滩街道试点成立农业社会化综合服务中心,制订《棘洪滩街道创新农业社会化服务实施方案》,统筹经管、农技、农机、水利、林业、农资等涉农服务资源,开展"耕、种、管、收、加、储、运、销"等农业社会化服务、农村产权交易信息发布和交易、乡村信用体系建设、农业大数据应用、农村金融保险服务等工作,实现农村社会化一站式、一条龙服务,构建主体多元、全程覆盖、综合配套、便捷高效的农业社会化服务体系,带动农民增收和社区增收。

二是农业生态环境改善和农产品质量安全监管力度有所加大。城阳区大力推广病虫害绿色防控、果实套袋、测土配方施肥等生态农业技术,落实全域禁止销售和使用高毒高残留农药制度,鼓励引导农民使用低毒低残留和生物农药。山区生态环境大力改善的同时,而且在源头上保证了农产品质量安全,促进了农业的可持续性发展。同时,推行农产品质量安全追溯体系,初步形成了农产品生产过程的全程质量监控,提高了农产品信息化水平。截至9月底,全区有26处园区基地建立了二维码追溯体系。此外,农业新品种新技术推广、农业科技培训等也取得较大进展,建成区农业综合信息服务平台,信息化建设进展明显。

**(二)城阳区乡村产业振兴面临的主要问题**

1. "多规合一"的国土空间规划与村庄规划在时间、空间上有冲突

乡村规划缺乏创新及特色,规划内容缺乏深度,对于特色农业产业发展布局指导、公共基础设施建设等内容的设计考量不足。规划缺乏前瞻性,没有实现"多规合一"。多数村庄规划没有与城镇体系总体规划、乡镇总体规划等上位规划有机结合,也没有与本地产业发展、自然禀赋、人文禀赋等充分融合,还没有完全实现乡村经济社会发展、土地利用、村庄建设的"多规合一"。

2. 可供流转土地少,大规模乡村产业项目无法落地

建设用地指标相对匮乏,设施农用地供给不足、管理弹性不够。一方面农业产业发展需要仓库、场地及管理用房等;另一方面,栽培模式的创新发展和智能化设施装备的广泛应用也需要硬化部分土地,但设施农用地供给相对不足。以花卉生产为例,城阳区花卉产业前途光明,现代化花卉生产需要硬化土地,但现有农业用地政策不准硬化,而设施农用地备案指标有限,制约了花卉产业旺盛发展。另外,随着青岛市城市化进程的不断推进且受到自然保护区等环保政策的影响,城阳区土地规模化经营面积达到5.02万亩,已占承包土地的76.6%,剩余可供流转的土地资源少且分散,导致规模较大、带动力强的乡村产业项目难以落户。

3. 农业产业结构有待于进一步优化

城阳区现有的乡村产业项目存在着规模小、产业链短、产业融合低

等问题。这既有受土地规模不集中、不成片的客观因素影响,也有企业前期发展不规范、受政策调整影响大,存在畏难情绪,缺乏发展主动性和积极性。在发展智慧农业上,一些干部群众的思想意识仍停留在传统农业上,还未提升到全区发展智慧农业的整体部署上来,对于智慧农业的概念认识不深,对物联网、云计算等新技术还感到很陌生,对智慧农业的发展缺乏足够的认识,对发展智慧农业的新业态、新模式缺乏研究和得力的措施,与城阳区的区位优势和经济发展水平还不相称。

4. 产业化发展融资困难

农村地区较常见的金融机构为农村信用社、农商银行、邮储银行、村镇银行等,对于农户贷款审批程序复杂,手续繁多,审核时间长,导致了农户贷款的交易成本较高。农户一般无固定收入和充足资产,且农地产权制度不明晰,使得农地难以成为贷款抵押品。如果农民不能提供有效的担保,贷款就很难批下来。此外,农民合作社等新型经济组织结构松散,资格门槛较低,成员加入和退出变动频繁,金融机构为规避可能的坏账风险,为这种不稳定经济组织提供贷款的意愿不高。

5. 乡村振兴人才相对不足

目前,各涉农街道农业产业发展仍然受限于农业从业人员匮乏、年龄老化、新型职业农民力量不足等问题。农业从业人员中,50 岁以上者占大多数。农业从业人员结构失衡,新理念、新技术、新模式推广运用受限,阻碍了现代都市农业发展。这种青黄不接和落后生产力水平的状况必须引起高度重视。人才面临着"招不来""留不住""上不去"等问题。

# 二、城阳区乡村产业振兴发展预测

## (一)影响 2021 年城阳区乡村产业振兴的因素分析

### 1. 有利因素分析

(1)宏观政策因素。2020 年新冠疫情对国内国际经济形势产生了深刻的影响,中央全面深化改革委员会第十五次会议强调加快形成以国内大循环为主体、国内国际双循环相互促进的新发展格局,提出要加快转变农业发展方式,在探索现代农业发展道路上创造更多经验;要完善农村产权制度和要素市场化配置,提高农村土地、资金、人才、技术等各类要素的配置效率,激发农村内在活力。可以预见乡村产业振兴将会持续得到重视和政策扶持。此前,国务院发布了《国务院关于促进乡村产业振兴的指导意见》、山东省制订下发《山东省乡村振兴战略规划(2018—2022 年)》《山东省推动乡村产业振兴工作方案》,青岛市也相应制定了相关政策和方案,并把"乡村振兴战略"作为十五大攻势之一,城阳区也把"智慧农业"作为五大高地建设重点推进,乡村产业振兴将会面临一定的转型发展机会。

(2)产业优势。城阳区委、区政府认真贯彻落实中央关于"三农"工作决策部署和省委、省政府,市委、市政府工作要求,以"阳光城阳"建设为总抓手,全区"三农"发展取得了积极成效,形成了一系列独具城阳特色、走在前列的产业优势。如智慧农业基本形成"土地改造+智慧农业+乡村振兴"的区域发展新模式,成为城阳区乡村产业新的发展亮点。"崂峪樱桃""少山红杏""夏庄杠六九"被列入国家农产品地理标志登记产品。城阳蔬菜水产品批发市场荣获"全国农产品批发市场十强"等十几项国家级荣誉称号。形成了崂峪樱桃山会、宫家葡萄节、少山红杏等精品农业节会。拥有国家级休闲农业和乡村旅游创建示范主体10处,数量居青岛市各区(市)首位。东部乡村已成为岛城市民休闲旅游的重要目的地。

(3)区位优势。城阳区地处青岛市区北部,两面平原,一面环山,一面临海,具有优越的区位优势和交通优势,是环胶州湾经济聚集带的中坚地带和青岛市最重要的工业发展腹地及农副产品供应基地。域内有流亭国际机场、国内最大的公路立交桥——流亭立交桥和国内最大的跨海大桥——环胶州湾高速公路跨海大桥,与全国著名港口青岛港和黄岛前湾港近在咫尺。胶济铁路、308国道、204国道、济青高速公路、烟青公路纵横交错,形成极其便利的立体交通网络,是青岛通向国内外的必经之地。

(4)基础设施优势。城阳辖区内基础设施配套完善,镇村道路、供电、供水、通讯配套均已达到了较高的水准。特别是远近闻名的青岛环海经济技术开发、城区工业园、青大工业园、红岛工业园以及各街道工业园区已基本达到道路自成网络,支线与干线对接,供电、供水、通信管线进区入园的标准。城阳区积极实施农村人居环境整治三年行动,启动农村生活污水处理、"四好公路"升级改造工程。27个农村社区接通天然气,天然气气化率达到90%。建成卫生院(社区卫生服务中心)6处,社区集体卫生室175处。创建国家卫生镇1个、省级卫生镇5个、省级卫生村77个,西后楼、中华埠社区被确认为首批山东省健康社区。改造提升薄弱社区文化中心80处。

2.不利因素分析

(1)成本上升带来的压力。城阳区属于青岛市近郊,交通便利,容易吸引市民消费,发展都市农业是必由之路。目前,城阳东部山区的土地租赁费用已达8000元/(亩·年),西部平原也在3000元/(亩·年)以上,人工成本120元/(人·天),青岛市偏远区市土地成本只有800

元/(亩·年)左右,人工成本只有 80 元/(人·天),城阳区发展乡村产业规模化面临着土地成本和人工成本较为高昂的不利因素。

(2)土地资源缺少的压力。单纯从事传统农业已经不足以支撑规模化发展,为了生存需要,绝大多数规模化经营主体只能走都市农业三产融和发展的道路,通过果、菜、茶种植带动采摘、产品加工、科普、农家宴、游乐等第二、三产业发展,同时用第二、三产业获得的收益反哺第一产业,但是受到现有土地政策的限制,这些乡村产业经营主体很难获得能够用于第二、三产业发展的土地建设指标,目前各村庄均需严格控制新增建设用地,在土地资源缺少、无优势自然资源情况下,如何确定乡村振兴发展方向是严峻的现实问题。

(3)东部规划限制、生态环境保护等因素,制约部分区域发展。首先是崂山风景区和崂山自然保护区的限制,城阳区东部山区大部分区域处于核心区(一级保护区)或缓冲区(二级保护区)。其次是区域内的崂山水库、书院水库均属饮用水水源地,很多社区处于饮用水水源地保护区内。这两方面的限制,导致城阳区王沙路以东区域无法发展产业项目,一些社区因规划受限难以启动旧村改造和产业开发。

(4)外部竞争加剧。相比于周边传统的农业优势区市,如平度、莱西、即墨、崂山等区(市),城阳区乡村产业品牌竞争力不强、规模化不大、产品服务同质化比较严重,如发展乡村休闲旅游相对于崂山得天独厚的山海优势资源,樱桃节会相比于北宅樱桃,宫家村葡萄相比于大泽山葡萄,城阳区的竞争力略显单薄,且一旦形成先发优势,追赶难度较大。

### (二)2020 年第四季度和 2021 年城阳区乡村产业振兴发展预测

城阳区乡村产业振兴工作发展既有发展机遇,又将面对一定挑战。2020 年第四季度和 2021 年,城阳区将会持续深入推动乡村产业振兴,乡村产业发展将会迎来发展的新局面和新阶段。预计 2020 全区农村居民人均可支配收入 27415 元,同比增长 6％左右。

一是传统主导农业将会得到进一步提升。进一步突出区域资源禀赋和产业比较优势,实施特色农产品提质增效转型升级行动,打造果、菜、茶和花卉苗木四大生产基地。预计 2021 年,水果栽培面积将会稳定在 1.6 万亩左右,郝家营社区、王家曹村社区、郭家庄社区等绿色优质蔬菜生产基地将会达到 1.2 万亩,设施蔬菜、速生蔬菜、特稀蔬菜将会得到大力发展;进一步大力推广无性系良种苗木建园、越冬防护技术,云头崮茶园、东崂茶园、鹏飞茶园等生态茶园预计达到 1000 亩规模,上马花卉市场和夏庄花木大世界的行业龙头地位将会进一步增强,花卉苗木种植面积将会达到 1.1 万亩。

二是现代乡村旅游业将会进一步壮大。2021 年,将会拉长消费链条,强化管理服务保障,深入挖掘乡土文化内涵,以实施休闲农业和乡村旅游精品工程,构建以休闲度假为主导、新型业态为特色、精品线路为依托的乡村旅游新体系;围绕"登山休闲、农业体验、滨河生态、历史人文"四大主题,探索完善"旅游＋电商＋节庆"和"农、节"融合模式,打造区域性乡村节庆旅游品牌。预计 2021 年培育举办特色农业节会 9 个以上,新增乡村旅游精品景点 2 处左右,乡村旅游将会克服疫情影响复苏明显,预计接待乡村旅游游客达到 400 万人次,乡村旅游收入 10 亿元左右。

三是智慧农业将会得到全面快速发展。2021 年,城阳区将会推进实施全区智慧农业整体规划,为智慧农业产业布局和发展提供方向性引领,开展编制"城阳区智慧农业发展总体规划",全面构建"海水稻种植＋盐碱地改良＋智慧农业＋田园综合体"产业链,实现现代农业技术领先和相关产业聚集带动,加快推进全区智慧农业的数字化升级改造、技术引进与革新。以上马万亩盐碱地稻作改良示范基地为样板,通过智能芯片、传感器、5G 基站等设施的布设,打造数字化土地示范基地,预计通过项目带动周边社区增产增收每年可达 1000 万元左右。智慧农业"双招双引"将会取得较大进展,国家耐盐碱水稻技术创新中心(青岛)——土地改良推广中心有望早日落户城阳,预计签约企业 30 家左右,引进国内外盐碱地改造、智慧农业领域专家学者 3 人以上;将完成科技成果 5 项,出版专著 2 部,申报专利 50 项,制定企业标准 6 项。青岛国际农业生命智慧谷将会进一步发挥增强粮食产能服务,加快推进特色农业产业园培育,农业科研成果将会加快转化,加快农业科技创新。预计智慧谷将会新增涉农企业 10 家左右,新增博士及以上创业人才 7 名左右,硕士 15 名左右,预计吸纳就业人数达到 380 人左右。预计形成智慧农业创新科技成果不少于 3 项,申报发明专利不少于 100 项,制定智能芯片应用标准或农业云平台服务标准等行业标准 1 项以上。

四是支持乡村产业振兴平台效应将会持续放大。将积极创建和申报省级、市级农产品加工示范企业,拉动加工企业提档升级,实现农产品多层次、多环节转化增值,预计 2021 年市级农业产业化重点龙头企业达到 16 家以上,充分发挥农产品附加值提升平台作用。农产品市场体系转型升级将会加速发展,跨区域冷链物流体系和交易流通网络将会不断完善健全,电商、物流、商贸、金融等企业参与将会深度融合参与涉农电子商务平台建设,电商将会迅猛发展,京东鲜直客青岛特产馆企业预计将增加到 70 家左右。实施品牌强农工程,积极建设"青岛农品"公用品牌和"三品一标"基地,实施"互联网＋""供销 e＋"农产品品牌营销行动,进一步发挥农业特色品牌推广平台作用,预计市级以上农业品牌达到30个左右。

五是农业开放合作将会进一步加强。依托"中国—上合组织地方经贸合作示范区"和中日韩地方经济合作示范区建设,拓展与"一带一路"沿线国家农业合作空间,提升企业适应国际规则、拓展国际市场能力,特色优势农产品出口将会进一步扩大。依托智慧农业全球联合创新中心,农业合作示范区建设力度将会加快,全面拓展智慧农业产业对外输出规模,实现"中国芯、中国技、中国粮、中国梦"走出国门。2021年,城阳区袁隆平海水稻团队将作为山东省唯一一家企业参展迪拜世博会,城阳区"智慧农业会客厅"将会在对外宣传展示城阳区智慧农业形象方面发挥重要作用。

六是农业经营管理体系将会进一步完善。将会加快建立新型经营主体支持政策体系和信用评价体系,落实财政、设施用地、保险、信贷等支持政策。预计2021年,市级以上农民专业合作社示范社达10家左右,市级以上规范化家庭农场达30家左右。引导经营性服务组织发展,培育壮大一批新型农业生产经营服务主体,农业社会化服务组织将会得到进一步发展壮大,农业社会化服务组织突破10家左右。实施农产品质量安全提升行动,质量安全管控将会得到进一步完善。环保型农药使用率有望达到100%,地产农产品检测合格率稳定在99%以上。

### (三)加快城阳区乡村产业振兴的建议

#### 1. 强化规划引领,大力促进产业融合

严格落实乡村规划"多规合一"。提倡公众参与,建立村庄规划互动机制综合社会各层面的意见,掌握村民意愿,总结规划需待解决的问题,实现有的放矢,使村庄规划变为体现他们生活、生产意愿的规划,同时有利于今后规划的实施。强化村庄特色与产业特色,体现村庄规划的因地制宜,体现农业及农特产的地域性,把先进的农业生产(模式一技术等)、乡村文化、乡村社区等,经过技术组装与体系建设,规划出一系列适应于区域特点的乡村发展模式、产业带动模式及生态循环农业模式。注重城乡融合,坚持村庄规划与城镇规划相互衔接,综合考虑产业发展需求、土地集约利用、生态环境保护、交通网络组织及旅游资源开发等因素,依托资源禀赋,提高乡村产业的关联度和互补性,谋划构建区域经济发展的产业集群,形成城乡融合的产业体系,做到城乡发展相互协调、相互促进。

#### 2. 促进产业融合发展,加快农业转型升级。

农业与第二、三产业的融合发展是实现乡村产业振兴的重要路径之一。要加快城阳乡村产业振兴的发展步伐,必须改变单家独户的传

统低效的小农经济生产经营方式,延长乡村产业链和价值链。优化产业链条,提升产业链。结合城阳区资源环境条件和农业生产的实际情况,具体问题具体分析,采用向前、向后或者增加中间生产环节的延伸方式延伸农业产业链,通过加大科研投入、设备工艺更新等一系列措施改善提高现有产业链的质量水平,提高附加值,有效发挥农业的经济、生态、文化等多重功能,加深农业与第二、三产业的融合程度吸引更多要素的流入,形成产业发展的良性循环。提升价值链。大力发展现代农产品加工业,提升农产品加工业的水平,进行农产品的精深加工,提高资源的利用效率,增大农产品的附加值,增加农产品加工业的产业收益,实现农村产业发展由量到质的转变。拓宽增收链。充分挖掘城阳区所拥有的丰富的历史文化资源和旅游资源,积极发展休闲农业、乡村文化旅游业,开展农耕体验、民俗文化节等乡村旅游活动,依托本地区的特色文化元素,设计开发文化旅游周边产品,提资源附加值,充分发挥农业的多重功能。深化农业供给侧结构性改革,实施农业新旧动能转换,巩固提升特色农产品品牌优势,打造休闲农业示范区和智慧型农业创新区,坚持科技创新、品牌引领、融合发展,构建特色鲜明、富有竞争力的现代农业产业体系、生产体系、经营体系。

3. 保障乡村产业发展的土地供给

一是完善农村土地利用管理政策体系,激活农村土地资源。加快"房地一体"的农村宅基地和集体建设用地确权登记颁证,探索农村集体经济组织以出租、合作等方式盘活利用空闲农房及宅基地,探索依法征收集体土地新路径,以"凤凰涅槃"精神盘活老旧工业园区闲置、低效土地资源。调整优化村庄用地规划,建立自然保护区、基本农田、生态功能区保护补偿机制,让自然保护区、湿地、基本农田成为农村经济发展的有效资本。

二是加强发展用地保障。制定更加符合地区发展实际的规划,必须充分吸纳村庄居民对未来村庄发展的诉求,建议开展"接地气"社会学调查研究,规划专家下乡进村,充分摸清当前乡村社会的生产、生活方式,为编制村庄规划做好社会调查工作基础。做好各项规划有效衔接。当前村庄规划都是基于国土空间规划体系,建议做好村庄规划与城乡规划、土地利用总体规划、风景名胜区规划和林业规划等专项规划。强化监督管理,建议从国家层面出台土地供给、产业落位、金融引导、建设运营、文化弘扬、生态治理、组织架构等政策,保障村庄布局调整可落实和可实施。

4. 引导多元主体投资,统筹整合乡村产业振兴资金

一是加大乡村振兴财政投入保障。完善财政支农投入稳定增长机制,确保支农投入力度不断加大、总量持续增加。优化资金支出结构,

健全以绿色生态为导向的政策体系,增量资金要向资源节约型、环境友好型农业倾斜,提高农业补贴政策效能。充分发挥财政资金的引导和杠杆作用,通过政府与社会资本合作(PPP)、担保贴息、以奖代补、民办公助、风险补偿等措施,鼓励金融机构、社会资本和各类新型农业经营主体积极参与农业绿色发展和乡村振兴建设。目前涉农资金分散在各个行政主管部门,乡村产业发展资金使用形不成合力,建议由乡村产业发展主管部门统筹、整合乡村产业发展资金。

二是完善乡村金融服务体系。可以考虑积极争取国家开发银行、农业发展银行在乡村振兴方面的中长期信贷支持。在现有银行网点基础上,进一步引导涉农银行机构在镇村扩大覆盖面,引导其他商业银行和符合条件的地方金融组织有重点地在相关街道、村增加网点数量。探索设立农业担保公司,对符合条件的农业信贷项目给予担保。发挥民间资本积极作用,吸引更多的民间资本充实到地方金融机构发展中来,通过信贷、担保、投资等多种方式加大对农村地区的金融支持力度。鼓励和引导各金融机构将全国或全省首创的金融产品在城阳先行试点应用。积极推进开展"财政＋银行＋保险＋基金＋担保"融资试点,支持经济薄弱村(社区)经济发展等。

5. 加大科技推广力度,壮大乡村产业人才队伍

一是加快推进农业产业发展,带动招才引智新突破。农业招才引智工作是与农业产业发展密不可分的,只有良好的产业发展环境,才能吸引企业安家落户,也才能促进高新技术和高素质人才的引进。为此建议:一方面通过城阳国际生命智慧谷的建设引领,重点吸纳现代生物育种、绿色生物制品、生态高效农业、智能装备制造等相关领域科技型、创新型企业入驻,建设国际一流的农业智慧成果转化平台、农业高层次人才创业平台;借助袁隆平院士研发团队及合作项目,以盐碱地稻作改良技术和深圳华为"沃土"计划为依托,拉动智慧农业产业集群发展,通过引进发展优质产业项目引进落户高端人才。另一方面,通过强化农业生产性服务业的引领作用,做大做强具备一定综合实力的农业服务重点企业,推进电商平台与农村合作社对接,健全农产品营销体系,在大力发展新型业态过程中引进培育新型经营主体。

二是构建乡村本土人才队伍。以家庭农场、农民合作社、农业企业等新型农业经营主体领办人和骨干为重点对象,围绕发展现代都市农业建设,创新培训模式,分类型、分层次开展培训,大力培育新型职业农民;开展"技能培训进社区"工程,对具有劳动能力和一定文化素质的农村实用人才开展就业创业能力培训,提升农村技能人才就业创业能力,重点培养农村实用人才;实施"政府搭平台、院校引人才、双方共用才"模式,加大科技领军人才和海外高层次人才的引进力度,实施"领头雁"

计划,聚力引进农业科技人才。

三是支持青年人才返乡创新创业。实施"村村都有好青年"选培工程,对到新型农业经营主体就业的毕业生给予一定程度政策倾斜,引导人才向基层流动,吸引各行各业优秀青年到农村创新创业在一线成长成才;全面建立城区医生、教师、文化、科技、乡村规划等方面人才和青年志愿者定期服务乡村机制,推动科技、教育、文化、医疗人才城乡间交流,鼓励社会人才投身乡村建设;制定鼓励引导工商资本参与乡村振兴的实施意见,通过项目建设带动人才回流农村,培养本土人才,为乡村振兴注入现代生产元素和人力支撑,引导社会工商资本下沉乡村。

(作者单位:中共城阳区委党校)

# 2020～2021年即墨区新旧动能转换重大工程推进情况分析与预测

丁爱梅　潘　琳

习近平总书记在党的十九大报告中明确指出："我国经济已由高速增长阶段转向高质量发展阶段。"实现经济发展阶段的转变，关键在于经济发展动能转换。加快传统动能改造提升，积极培育新动能，促进新旧动能接续转换，对于增加有效供给、带动就业、支撑经济发展、促进结构调整具有重要意义。近年来，即墨区将新旧动能转换作为统领经济发展的重大工程，聚焦重点产业、重大项目、载体平台、要素保障等方面，全力扩增量、提存量、强支撑、优环境，为全域全面高质量发展提供了强劲动力。

## 一、2020年即墨区新旧动能转换重大工程推进情况

2020年，面对新冠肺炎疫情带来的严峻挑战，即墨区在扎实做好疫情防控的前提下，突出目标导向、问题导向、结果导向，以"机遇"应对"挑战"，集中抓好经济领域恢复性增长，持续稳妥推进企业复工复产，上半年全区实现生产总值555.76亿元，同比增长1.0%，分别高于国家、山东省和青岛市2.6个、1.2个和0.9个百分点。其中，第一产业增加值32.45亿元，同比增长0.6%；第二产业增加值273.08亿元，同比增长3.7%；第三产业增加值250.23亿元，同比下降2.2%。随着国内疫情防控形势持续好转，即墨区工业生产秩序逐步恢复正常，规模以上工业增长回升加快，上半年规模以上工业增加值同比增长6.3%，分别高于国家、山东省、青岛市7.6个、6.4个、7.4个百分点，居青岛10区（市）前列，全区经济运行加快恢复。

### （一）2020年即墨区新旧动能转换工作的主要特点

2020年，即墨区积极探索优化存量资源配置和扩大优质增量供给并举的动能转换路径，全力全速推进新旧动能转换，荣获山东省政府

"新旧动能转换重大工程"专项评价先进县称号,标志着全区新旧动能转换取得积极成效。

1. 加大工业互联网赋能,激发传统产业活力

2020年,即墨区着力通过工业互联网手段赋能传统产业改造升级,推进互联网、大数据与传统制造业深度融合。即墨区围绕纺织服装、汽车及零部件两大特色产业集群,形成酷特智能数字驱动的大规模定制模式、即发织染缝一体柔性化制造模式、正大食品安全可追溯的供应链深加工模式等9种智能制造模式,破解传统产业升级掣肘因素,实现传统产业新旧动能转换。

即墨区作为全国首个"互联网+"中小企业创新发展示范区,将工业互联网作为新旧动能转换的切入点和传统产业改造提升的重要抓手,设立"两化"融合及产业赋能工作专班,设立1亿元互联网工业发展专项资金。截止到九月末,即墨区已有1200余家企业纳入工业互联网改造项目库,225家企业完成初期改造,规模以上企业改造数量占到规模以上企业总数的一半,政企携手不断推动企业向数字化、智能化加快升级。将纺织服装产业作为试点和突破口,围绕科技、电商、IP、设计、人才等全方位赋能,即发集团、雪达集团、红妮制衣、酷特智能、红纺文化等5家企业入选省纺织服装行业新技术名单,占全省总量的16%。疫情期间,即墨区组织5000余家服装市场商户学习由快手组织的在线直播带货技巧,2000余家直播商户日销售额突破2000万元。6月份即墨区首届企鹅直播购物节暨首届"非童凡享"童装直播特卖会在即墨国际商贸城举行,销售的产品全部来自即墨本地服装企业,5万余人次通过腾讯、淘宝、抖音、快手等平台观看直播,500款商品被抢购一空,为即墨本地企业进行直播电商业务和实现数字化内容营销转型奠定了基础。

2. "海陆空铁"四港联动,立体化物流"领跑"复工复产

2020年,即墨区把物流业作为重点发展产业之一,制定了《关于加快物流业发展的意见》,积极扶持物流企业高质量发展,激发行业发展新动能,物流业信息化和智能化显著提升。截止到九月末,即墨区物流企业累计达600余家,规模以上企业31家,国家2A级以上物流企业12家。其中青岛日日顺供应链有限公司于9月18日获批成为即墨首家"5A级物流企业";一汽物流零部件物流基地、青岛中通物流中心等过亿元在建物流项目5个,1~9月份累计完成投资9.4亿元。在抗击新冠肺炎疫情加快复工复产的进程中,即墨区充分发挥物流业优势,"点线面"结合,不断织密经济发展和城市生活物流网,使得城市活力得到迅速恢复。

疫情期间,即墨国际陆港作为海陆空铁"四位一体"的多式联运国际物流枢纽,搭建起立体式、全天候的综合物流大通道,打通上下游产

业链,助力货运畅通,全力稳市场、畅物流、降本增效。青岛顺丰华骏物流分拨中心承担着整个青岛市顺丰物资的流转,2020年春节以来一直保持运营,日均处理快递业务20余万单,保障防疫物资和生活必需品在疫情期间通行无阻;即黄班列采取现场全程无接触作业,疫情期间一直确保每天2列从青岛港即墨港区直达黄岛前湾港码头,助力即墨及周边出口企业货物顺利运输出口;青岛港即墨港区全面推进向贸易港、枢纽港、金融港转型升级,打造具有国家示范意义的"公、海、铁"联运枢纽和贸易金融聚集中心;济铁物流园作为中国铁路总公司规划布局的全国42处一级物流基地之一,也是青岛规划区域内最大的货运及集散中心,已开通辐射全国22个城市的一汽大众商品车运输专列,疫情期间一汽大众华东生产基地70%的车辆通过铁路运输发往全国各地。7月27日,山东省港口集团中国北方生活消费品(青岛)分拨中心签约青岛港即墨港区,真正把港口搬到内地企业和消费者的"家门口",国际陆港"四港联动"多式联运国际物流枢纽体系日渐完善。

3. 创新招商体制机制,切实增强经济发展后劲

2020年,即墨区结合山东省10强产业、青岛市"956"产业,聚焦先进制造业、高技术产业、现代服务业和传统优势产业等四大主攻方向,创新建立16个专业招商事业部、10个现代产业招商发展办公室、5个以上市场化招商公司的"16＋10＋5"招商工作体制,大力实施专业化、市场化、产业链化招商,切实引进一批技术水平高、产业关联性强、发展空间大的优质重点项目。2020年上半年,全区新签约重点项目128个,计划总投资1757.5亿元。其中投资1亿元以上项目95个,占项目总数的74.2%,为新旧动能转换注入强大动力。

疫情防控期间,即墨区坚持队伍不散、力度不减、标准不降,大力开展网络招商,推动招商引资不停顿、不停滞。2月15日,在即墨区重点项目网上签约仪式上,22个重点产业项目集中落地;3月18日,青岛即墨国际陆港、即墨区蓝村镇2020年"双招双引"首批重点项目在线上进行集中签约,总投资20亿元的23个项目落户即墨区,涉及大宗贸易、轨道交通、跨境电商等五大领域,达产后可实现贸易额100亿元;4月29日,万达广场项目、拼多多直播平台产业带项目、昱心(北方)腾讯直播基地等8个项目集中签约落户国际商贸城,为即墨区纺织服装产业和市场商贸业的发展注入新的发展动能;7月17日,即墨经济开发区举行2020年招商推介会暨重点项目集中签约仪式,签约项目21个,投资额达135亿元,涵盖数智科技、生物医药、基金平台等多个领域。其中,总投资100亿元的青岛国际生命谷项目由诺贝尔奖获得者科学家团队和中国院士团队联合发起成立,拟建设"一院、三中心、一基地",打造国际知名、国内领先的细胞治疗及基因治疗特色产业集聚区和产业

新城,为区域高质量发展注入新动能。

搭建基金平台进行资本招商,构建起"基金+产业"招商体系,激发经济发展新活力。2018 年设立的全国首家由区域性股权市场运营机构控股的基金孵化基地,截至 2020 年 9 月末,已累计吸引 160 多家基金及管理公司落户,资金管理规模近 1000 亿元。青岛五道口新能源汽车产业基金企业(有限合伙)成为奇瑞控股、奇瑞汽车的新股东,持股比例达到 51%,将实现奇瑞整车厂及相关配套项目在即墨落户;民和德元、中经合等产业基金招来聚能晶源半导体、泰睿思微电子、修正药业等项目;科技基金"天奇创投"落户即墨半年引进小飞鱼、完美志愿和飞榴科技华北运营总部项目。截止到 9 月末,全区各类金融机构和金融组织达 275 家,涵盖银行、保险、证券、基金等十几类业态,构建起完善的金融组织体系,荣获全省金融生态环境建设模范奖,是全省首批 8 个金融创新试点区(市)之一。

4. 全力抓好园区建设,打造产城融合发展高地

即墨区作为支撑青岛未来发展的重要一极,不仅要有强大的产业基础作为增长极,还要有强辐射力、强带动力的空间承载潜力。即墨区将 2020 年作为"园区建设突破年",聚力突破汽车产业新城等 8 个现有重点功能区和青岛国际职业教育科技产业城等 4 个新兴重点功能区建设,促进全区土地、资金、人才等资源向重点功能区倾斜,确保年内"8+4"重点功能区固定资产投资增速达到 30%、税收增速达到 20% 以上,工业项目亩均投资达到 300 万元、产值达到 400 万元以上,全面构建新旧动能转换的载体支撑。

青岛汽车产业新城是青岛市发展汽车及零部件产业的唯一专业功能区,也是山东省最大的汽车整车及零部件研发、制造和销售基地。在一汽大众、一汽解放、解放新能源三大汽车"巨擘"的牵引下,青岛汽车产业新城现已落户企业 400 余家,其中重点汽车企业 130 余家,在汽车零部件和物流产业的服务配套下,初步构筑起完整汽车产业链条。1~6 月份,汽车产业产值同比增长 22.5%,占规模以上企业 53.3%,拉动规模以上工业增加值增长 10.5 个百分点。1~6 月份,一汽解放产量12.8 万辆、产值 255 亿元,同比分别增长 19.5%、21%,销量 14.76 万辆,占全国牵引车市场总销量的 34.3%;一汽大众产量 10.8 万辆、产值92 亿元,为推进完成全年任务目标夯实了基础。青岛国际职教城是即墨 2020 年聚力攻坚的"8+4"重点功能区之一,也是青岛打造"人工智能+互联网教育+教育装备制造"千亿元级产业集群的重要载体。8月 11 日,青岛国际职教城开工奠基暨签约仪式举行,青岛国际职教城教育及实训中心、联合国教科文教育信息化大会永久会址、国际职教城基础设施和生态环境综合治理工程等四个项目同时开工,青岛国际职

教城建设全面启动,实现了青岛教育体系升级与迭代。

5. 全力优化营商环境,助力企业高质高效发展

2020年,即墨区坚持把优化营商环境作为经济高质量发展的基础工程,深入推进"放管服""一次办好"等改革,不断提升建设项目审批速度和群众办事效率,为企业发展营造良好环境。

即墨区民营经济活跃,市场主体数量繁多,聚焦企业和群众办事需求和热点,即墨将涉及工商、税务、公安、社保等业务的单个事项按环节进行关联性整合,探索"零基础、零跑腿、零距离、零费用"的政务服务新路径,申请人只需到一个窗口、填写一套表单、提交一套材料就能得到"一整件事"的审批服务,有效避免办事群众多头跑来回跑、反复交重复交等问题。该举措6月份实施以来,全区"一事全办"主题式服务审批环节和申报材料分别压缩50%和35%以上,区、镇两级联动高效办理事项近1000件,促进了民营经济健康快速发展。即墨区为重点项目审批畅通"绿色通道",对全区重点项目通过容缺受理、并联审批、秒批秒办、远程踏勘、双向寄送、远程评审等措施,实现涉企审批事项100%网上可办,并在青岛市率先启用"工程建设项目审批管理平台",极大优化了企业营商环境。

### (二)即墨区新旧动能转换面临的挑战

即墨区的新旧动能转换工作取得了一定的成绩,同时也面临战略性新兴产业规模偏小、本土企业创新发展动力不足、重点功能区尚需优化、借势青岛发展不足等诸多困难和挑战。

1. 传统产业转型升级需加大力度

目前即墨区主要经济贡献来源于纺织服装、机械制造、商贸物流等传统优势产业,共有规模以上工业企业302家,占全区规模以上工业企业的58%。虽然传统产业近几年在工业互联网改造方面取得了一些成效,但在运用新技术、新模式、新业态,实现品牌化、国际化、智慧化方面还需进一步加大力度。即墨传统产业本身有较大的提升空间,产业链条的拓展和产业技术的提升,可以较大程度拓展传统产业的发展空间。

2. 新兴产业发展支撑不足

产业发展既需要传统动能,也离不开新功能驱动。过于依赖传统动能驱动,会出现新动能动力不足,发展乏力,影响经济健康发展。近年来,即墨区着力培育的汽车及零部件、通用航空、集成电路、人工智能等新兴产业中,汽车及零部件产业已初步形成集群化发展态势,产值占工业总产值比重近50%,而其他产业仍处于培育期,虽然已经引进了惠科6英寸晶圆、聚能晶源半导体、泰睿思微电子等龙头项目,建成全省首条5G重要材料氮化镓产业化生产线,但产业链条还不够完善,短

期内难以形成产业集聚效应。

### 3.创新驱动力量不足

目前,以资本和劳动投入为支撑的旧动能依然是即墨经济增长的主要动力,而技术进步和结构调整等新动能对经济增长的贡献始终较低。一是企业创新主体地位不突出。在即墨传统产业中,中小企业较多,很多中小企业处于产业链末端,创新驱动意愿不强烈,只求能勉强生存,无力进行技术改造和管理创新。二是人才支撑不够。新旧动能转换根本上是创新驱动,而创新驱动实质上就是人才驱动。近年来,即墨区不断加大人才引进力度,把"招商引资"和"招才引智"作为新旧动能转换的"第一战场",大力营造有利于高层次人才及团队创新创业的良好环境,但是新旧动能转换领军人才缺乏、高端人才和专业技能人才不足的现状依然严峻。

## 二、2021年即墨区新旧动能转换重大工程推进预测

2020年第四季度及2021年,即墨区将深入贯彻习近平总书记视察山东、视察青岛重要讲话、重要指示批示精神,围绕青岛市建设开放、现代、活力、时尚国际大都市目标和区委"13456"总体发展思路,坚持新发展理念,以供给侧结构性改革为主线,持续推进新旧动能转换重大工程。2020年第四季度,即墨区将深入推广工业互联网等新业态新模式,预计全年完成工业互联网改造企业总数将达到280家;强化企业创新主体地位,预计年内新增市级以上企业技术中心5家、技术创新中心6家,高新技术企业突破400家;加快重大项目引进,预计全年引进重点项目200个,积极引进世界500强企业、行业领军企业等高质量项目;打造全国重要的汽车产业基地,预计年内汽车产业产值突破900亿元;新规划建设一批特色新型园区,年内盘活闲置低效用地1万亩以上;加大专业投资公司和持牌金融机构引进力度,年内新增各类基金50只以上、资金管理规模突破1000亿元;优化人才服务环境,预计年内新引进硕士及以上人才500人,人才活力竞相迸发。

2021年是"十四五"规划开局之年,即墨区将继续贯彻落实省、市决策部署,聚焦特色优势产业集群培育、重点项目引进建设及政策试点争取落实等重点工作,加快实施新旧动能转换重大工程,预计高新技术企业将达到500家,完成工业互联网改造企业总数达到400家,新增各类基金50只以上,全年引进重点项目280个,汽车产业产值突破1000亿元,集聚100名"两院"院士等顶尖人才、1000名国内外知名专家学者、10000名国内和留学归国硕博毕业生、100000名本科大学毕业生及基础支撑人才,深入推进"双招双引"、壮大民营经济、高端制造业

十人工智能等攻势,不断提升产业链现代化水平。

### (一)支持传统产业优化升级

即墨区将深入贯彻落实青岛市《关于推动传统产业高质量发展的意见》,大力支持传统产业优化升级,以供给侧结构性改革为主线,以提高传统产业有效供给能力、更好满足消费升级需求为导向,通过实施工业互联网赋能、科技研发创新驱动、品牌营销能力提升等措施,推动纺织服装、机械加工、商贸物流等传统产业向现代制造转变,为推动全区经济高质量发展奠定坚实基础。

1. 培育传统产业工业互联网生态

发展工业互联网,打造世界工业互联网之都,是青岛的重大历史性机遇。即墨区将紧紧抓住这一历史机遇,借助海尔卡奥斯跨行业跨领域国际工业互联网平台,推动传统产业企业与全国工业互联网知名平台、服务商加强对接合作,帮助传统企业找准改造升级方向;推广酷特云蓝 C2M 大规模个性化定制平台、雪达 D2M 全球化批量生产定制平台,引导具备条件的企业建立个性化定制平台,做优工业互联网的"即墨模式"。

2. 强化企业创新研发能力

将加快建设产业创新公共服务平台,创建市级以上企业技术中心、制造业创新中心、企业工程(技术)中心、技术创新中心、创新创业共同体等创新载体,提升产业新技术、新产品研发能力和水平;强化企业创新主体地位,鼓励企业加强与高校、科研院所合作,瞄准各产业前沿技术和高端产品开发,促进研发设计企业与制造企业嵌入式合作,促进传统产业全面提升科技创新和产品研发能力,推动创新成果商品化、产业化。

3. 提升企业市场营销能力

引导企业创新营销模式,实现线上线下融合发展,帮助企业拓宽营销渠道。鼓励企业利用互联网平台开展网络营销,加强与阿里巴巴、京东、拼多多等电商平台合作,大力推进地产地用,发挥即墨海关和外贸服务平台作用,多渠道帮助企业开拓国内外市场;鼓励企业通过网店直销、网红带货、抖音短视频促销等新营销模式,培育"网红"产品,2021年争取实现线上销售年增长 20%;加快推进即墨家居博览中心网红直播基地建设,助推即墨纺织服装产业和市场商贸业加快转型。

### (二)推动新兴产业高质量发展

2020 年 4 月,习近平总书记在浙江考察时提出:"要加快 5G 网络、数据中心等新型基础设施建设,抓紧布局数字经济、生命健康、新材料等战略性新兴产业、未来产业,大力推进科技创新,着力壮大新增长点、形成发展新动能。"加快新动能培育是推动新旧动能转换的必然途径,即墨区将进一步扩大战略性新兴产业投资、培育壮大新的增长点增长极,推动通用航空、大健康、轨道交通、微电子、新材料、人工智能等新兴未来产业发展,加快构建现代化产业体系。

1. 加快发展新一代信息技术

新一代信息技术产业是战略性新兴产业发展的排头兵,成为推动传统产业转型升级、引领新兴产业发展壮大的重要驱动力。一是将稳步推进工业互联网、人工智能、大数据、云计算、区块链等技术集成创新和融合应用。加快区块链、5G等新技术应用和产业项目引进,推动腾讯智媒体创新中心、思爱普创新云中心尽快运营,华为科技园开工建设,促进区块链技术在政务服务、食品安全等领域广泛应用。加快人工智能产业发展步伐,与清华启迪、航天科工开展深度合作,挖掘创新奇智、影创科技、国科创融等项目潜力,加快进化者等机器人项目落地建设。二是将加快企业数字化转型,重点在智慧广电、媒体融合、智慧物流、智慧旅游、在线消费、在线教育、医疗健康等诸多领域推动中小微企业数字化转型。实施中小企业数字化赋能行动,推动中小微企业"上云用数赋智",有效推动制造业质量变革、效率变革、动力变革,培育形成一批支柱性产业。三是实施数字乡村发展战略,加强数字乡村产业体系建设,实施"互联网+"农产品出村进城工程,推进农业农村大数据中心和重要农产品全产业链大数据建设,加快农业全产业链的数字化转型。

2. 做大做强高端装备制造业

制造业的高质量发展需要高端装备制造业的强力拉动。2021年,即墨区将立足海洋、通用航空、汽车、轨道交通制造等产业,加快推进制造业转型升级。一是大力发展海洋装备产业,借助蓝谷海洋科研资源,瞄准海洋船舶、无人船、潜航器、设备检测、观测探测等领域,提高海洋高端装备和关键系统创新研发能力,突破一批关键技术、核心产品,强化海洋高端装备研发和制造项目引进。二是大力发展汽车制造产业,完善提升中高端乘用车、商用车和专用车等汽车整车及零部件制造体系,延伸汽车科研、物流、贸易等产业链。三是大力发展轨道交通产业,全面启动城轨配套基地建设,加强与青岛地铁、中车集团等龙头企业合作,加快引进专用车、导轨电车、弱电设备等核心装备和关键零部件制造企业,拓展系统集成与服务,发展研发、制造、检修、服务等全产业链,强化轨道交通装备领先地位。

3. 发展壮大生物医药产业

生物医药产业是战略性新兴产业,要把生物医药产业发展放在更加突出位置,加快产业创新发展步伐,培育经济高质量发展新引擎。一是打造生物医药研发制造集聚区。即墨区将继续把生物医药产业作为全区重点发展的主导产业,吸纳产业园区、产业基金、已落户骨干企业等"协同作战",加快青岛肽谷、修正海洋科技谷、瑞利国际生物医药产业园建设,支持蛋白质药物国家工程研究中心设立生产基地,建设国际一流的蛋白质药物研发创新平台,打造国内生物制药领域研发、生产、销售龙头企业。二是深度融入健康中国发展战略,加快医疗康护与养老、旅游、互联网、体育休闲等业态融合发展,引进高端医疗资源,促进飞利浦健康研究院等项目签约,推进中韩医养合作示范、英派斯体育产业园建设,构建以康养医疗、器械研发制造为核心的全链发展格局。

### (三)加强载体平台建设

2021 年,即墨区将聚力攻坚"8＋4"重点功能区和镇街新型产业园区,强化各功能区产城融合、区域联动、功能互补,全面构建新旧动能转换的载体支撑。

1. 巩固提升八大原有功能区

青岛汽车产业新城将围绕汽车产业集群化发展,促进一汽解放新能源轻卡基地、一汽大众零部件物流基地等重点项目加紧建设,加快智能网联示范基地建设,打造全国重要的汽车产业基地。鳌山湾未来城将承接蓝谷科研成果转化,积极培育文化旅游、信息技术、生命健康、高端制造等产业,打造全国海洋经济融合发展先导区。经济开发区将大力发展总部经济、健康医疗、音乐文化等产业,构筑城市发展新中心。国际商贸城将促进时尚创意产业园、童装设计交流中心发展,推行网红直播等营销模式,推进万达商业综合体等配套设施建设,构建青岛现代商贸聚集区和新型居住区。即墨古城及周边将持续引进知名品牌商家,常态化举办民谣季、啤酒节等主题活动,打造青岛文化旅游新地标。国际陆港及蓝村区域将加快陆港新城规划建设,发展贸易金融、企业总部、交通物流等枢纽门户经济,打造青岛高水平开放新门户。大沽河流域现代农业示范区将促进中国种子集团、武汉汉研种苗等龙头企业落地,引进农产品物流贸易、农业旅游等业态,打造青岛国际种都核心区和现代农业新都心,重点功能区成方连片融为一体。

2. 高点突破四大新兴功能区

将发挥综合保税区引领作用建设通航小镇,推进通用航空产业,培育整机及部件研发、设计、制造等上下游企业,协同发展检验检测、融资租赁、保税维修等业态,打造产城融合发展的开放高地。加快国际智慧新城项目进度,强化新材料产业园基础设施配套和新兴都市产业培育,打造面向青岛主城区的城市新名片。高水平规划建设国际职教科技产业城,整合青岛相关职业学校和区属中职学校集中建设职教园,支持青岛技师学院"专升本",建成青岛最重要的工匠培养基地。加快莲花田园示范区建设,推动现代农业与田园休闲、康养度假、文化创意深度融合,打造乡村振兴齐鲁第一样板。

**3. 加快建设镇街新型产业园区**

按照模块化、社区化标准,完善提升北安智能装备、金口智造园等启动园区,配套基础设施和公共服务。通过项目腾笼换鸟、老旧园区升级等方式,新规划建设一批特色新型园区。强化区属国有公司责任担当,运用市场化手段收储存量土地厂房,为项目落户预留空间。鼓励民营企业参与新型园区建设,汇聚更多社会资源和力量。

**(四)强化要素支撑保障**

2021年,即墨区将进一步推进要素市场化配置改革,推动创新链、产业链、人才链、政策链、资金链深度融合,激发项目和企业投资潜力,构建高质量发展的动力系统和产业生态。

**1. 强化人才支撑**

深入实施人才集聚计划,加快人才综合体建设,筹建人才住房,开通子女入学、医疗保健等绿色服务通道,建立完善有利于人才创新创业的培养、使用、激励、竞争机制。一是围绕科技及龙头企业引进人才,推广复制深圳等地人才引进和培养经验,加快引进培育一批高水平研究团队、高层次创新创业人才和团队,在住房、户籍、配偶就业、子女教育、父母医疗、生活配套等方面采取便利措施,吸引人才带项目、带技术、带资源来即创新创业。二是加强企业用工对接,加快实施产业工人培育计划,通过产教融合,拓展多元化职业发展空间,培育一批新时代的产业工人。结合生产装备的智能化升级,切实提高一线工人薪资待遇水平。

**2. 强化科技支撑**

一是高效利用专项资金,从研发平台、知识产权、科技金融等方面加大支持力度,充分发挥青岛蓝谷智力优势和国家海洋技术转移中心等平台作用,落实成果导入、主体培育、平台链接等措施,促进更多科技成果在即墨转移转化。二是支持大中小企业和各类主体融通创新,引进国际专利库和创新孵化、成果转化等专业机构,建设国际技术转移创新中心,加强企业全链条、全过程科技服务。积极探索"企业为主导+科研院所和高校为主力+贯通产业链上下游+政府支持+开放合作"的组织模式,激发本土企业创新活力。

**3. 强化金融支撑**

即墨区将坚持金融引进与项目引进相结合、金融发展与产业发展相融合,以推进"333"金融与产业发展计划为引领,建立"引进金融、繁荣金融、以金融促产业"的良性发展机制。一是加快金融要素聚集,多层次引进和培育金融业态,着力丰富银行、证券、信托、基金、保险等传统金融业态,创新发展互联网金融、科技金融、普惠金融、融资租赁等新兴金融业态,努力形成高端金融服务聚集区和金融人才高地。二是建立健全"金融＋产业"引进机制,加快资本招商步伐,加大专业投资公司和持牌金融机构引进力度,利用投资机构优质项目资源的储备优势和遴选项目的专业优势,充分发挥资本对产业的"选择器""放大器""加速器"作用,更好地发挥金融对经济社会发展的支撑保障作用。三是实施金融服务"阳光计划",开展无还本续贷转贷、"政银保"小额贷款保证保险等业务,研究措施帮助银行机构降低放贷风险。

4. 强化政策支撑

一是坚持抓好政策对上争取。加大对设立综合保税区、国际市场采购贸易试点等已明确尚需部委批复的黄金政策和产业、财税、金融、土地、人才、创新等先行先试政策试点的争取,最大限度用好用足扶持政策。二是坚持抓好政策向下落地。做好省、市动能转换政策文件和配套推进举措的梳理归纳,对已出台的促进企业高质量发展等政策持续抓好推进落实,发挥鼓励引导作用,推动动能转换提质增效。

(作者单位:中共即墨区委党校)

# 挖掘名人故居和博物馆价值，提升市南区城区品质研究

潘晓璐

市南区名人故居和博物馆种类丰富、数量较多、建筑文化研究价值较高，但仍存在整体知名度较低、开发利用不足等问题，未能有效释放公共文化空间促进城区品质提升。因此，应坚持"保护为主、抢救第一、合理利用、加强管理"的文物工作方针，多措并举做好市南区名人故居和博物馆保护开发利用工作，进一步提升城区的文化创新力、产业竞争力，不断为"魅力青岛，时尚市南"贡献文化软实力。

## 一、市南区名人故居和博物馆发展现状

### （一）类型丰富，数量较多

市南区共有名人故居 58 处，占全市名人故居总数的 96.7%。名人故居数量较多且建筑保护等级较高，市级及以上文物保护单位达 30 处（其中全国重点文物保护单位 10 处，省级文物保护单位 2 处，市级文物保护单位 18 处）。名人类型主要涉及文化、政治、军事、经济、科学等领域。注册博物馆 20 家，每 3 万人拥有一座博物馆，涵盖特色文化、建筑艺术、革命历史、城市历史、美术馆、民俗等多个类型。

### （二）开发利用价值较高

建筑文化研究价值较高。市南区名人故居的建筑文化研究价值展现了中国近代建筑历史的东西文化融合。如康有为故居，原为德国总督副官的宅第，带有欧洲古典三段式建筑风格，创造出青岛独特的建筑文化，充分展现了中西生活方式的碰撞与交融。名人故居因文化内容挖掘而形成的产业价值丰富，通过挖掘名人生活时代背景及在青岛的成就，可形成可视、可感、可触摸，具有丰富表现形式的文化旅游产品，不断推动市南区文化旅游产业的升级。名人故居和博物馆的进一步合

理利用能够充分发挥文化旅游产业的乘数效应，不断释放经济与社会效益，以文化赋能、实施文化精品工程，持续创造和输出优秀文化产品和服务，对市南区文化经济的繁荣与社会的稳定产生巨大的推动作用。

### （三）周边配套设施相对成熟

市南区名人故居和博物馆紧邻青岛市主要交通道路（主干道、次干道或地铁沿线（地铁 2、3 号线），且在直线距离 1 千米以内（步行 15 分钟之内）拥有至少两处公交站点，本地市民乘坐公交或地铁较为便利。餐饮娱乐设施分布均匀且类型多样，尤其是小鱼山文化名人街区、青岛1907 电影博物馆周边，餐饮娱乐设施类型多样，已形成一定规模和集聚效应，能够极大满足城区居民和外地游客休闲娱乐需求；公共卫生等配套设施数量多且配套完备，名人故居和博物馆周边或内部公共卫生服务设施、服务半径符合相关公共服务要求，能够满足游客需求。

## 二、市南区名人故居和博物馆开发利用存在的问题与不足

通过对市南区名人故居和博物馆开发利用现状进行摸底调查，发现其存在以下问题和不足。

### （一）建筑文化研究价值利用不足

由于时代背景原因，市南区名人故居和多处博物馆的建筑样式均保留德式建筑风格，建筑文化研究价值丰富。但受限于对外开放程度较低、宣传手段传统等因素，大多数建筑未能充分发挥其建筑文化研究价值，阻碍了青岛建筑文化历史、建筑文化传承与文明发展的探究。

### （二）保护开发利用程度较低

大多数名人故居建筑年代久远，使得保护成本较高，加之产权关系复杂等因素导致大多数名人故居建筑仍处于年久失修状态。58 处名人故居中仅有 4 处对外开放，其余名人故居或为私宅或为公租房、事业单位所用，不对外开放，限制了名人故居的合理利用。

### （三）名人故居缺少突出的核心竞争力

对标济南市中区老舍名人故居和淄博淄川区蒲松龄名人故居，由于功能丰富多样、产业链条齐全、宣传推广方式新颖等原因使得其知名度、影响力、客源市场规模等在一定程度上超过了市南区大部分名人故居，对市南区名人故居形成了一定比较优势，而市南区名人故居尚未形

成较强的核心竞争力。

### (四)业态及经营管理模式相对单一

博物馆经营业态较为传统单一,大部分博物馆经营业态主要为门票、博物馆商店和餐饮,过分依赖财政拨款来维持自身运营,造成了自我造血能力不足,生存能力较差;经营管理模式较为传统单一,较少引入专业人员、品牌托管等现代博物馆和文化中心经营管理方式,博物馆的发展缺少活力和创新管理能力。

### (五)城区居民满意度相对较低

问卷调查结果显示,城区居民中仅有约 1/3 的人群对市南区名人故居和博物馆发展现状表示满意。名人故居和博物馆内目前的体验活动项目、现有展品或藏品的教育功能体现形式、解说方式、宣传推广形式等并未达到大部分城区居民的满意标准。

### (六)开发与保护的资金来源单一

市南区博物馆资金来源主要依靠政府拨款、企业运营收入及少部分民间资本有偿捐助;名人故居则主要依靠政府拨款定期进行保护、修缮等工作。单一的资金来源一定程度上制约了文化项目的创新、保护和发展水平。

### (七)名人故居整体知名度相对较小

市南区名人故居的知名度与市南区文化旅游产业发展的匹配度、市南城区整体知名度存在相当大的差距。通过调查,来访青岛的外地游客中,熟悉市南区名人故居的游客仅占总游客量的 1/4。除老舍故居、康有为故居及洪深故居外,其他名人故居鲜为游客所熟知。

### (八)产权关系复杂,统一管理难度大

名人故居产权关系较为复杂,包括私有产权、公有产权、混合产权等多种类型,复杂的产权关系对腾退搬迁、整修建筑、治理周边环境等相关管理提升工作造成了诸多限制,遏制了名人故居的合理保护与有效利用。

### (九)新挖掘的名人故居亟须得到认定和有效保护

随着文物保护工作的深入推进,市南区新挖掘出多处名人故居,其中包括清朝遗老遗少移居青岛后居住的处所,如杨浩然宅第,溥伟、周馥、吕海寰、吴郁生、劳乃宣等人的旧居。但在现行的青岛市名人故居

认定标准下，保留有晚清风韵的名人处所未能得到及时有效认定，这在一定程度上阻碍这些历史遗存的有效保护和文化价值、科研价值的充分发挥。

# 三、市南区名人故居和博物馆开发利用的对策建议

## （一）创新方式方法，全面做好市南区名人故居和博物馆的普查登记工作

一是开展名人故居和博物馆资源普查和信息管理工作。成立名人故居和博物馆资源普查摸排专项小组，对市南区现有名人故居和博物馆进行全面普查和规范登记，建立权威且完整的市南区名人故居和博物馆名录。实现名人故居保护管理的数字化，通过大数据与数字技术建立数据库，动态化真实反映建筑现存状态，为建筑的存档和施工改造、修复提供基本依据。二是创新普查的方式方法。以"发现市南""寻找市南故事""市南文化地图"等主题为依托，吸引多元化主体单位和社会各界力量参与摸排。设立候审机制，强调在摸排普查过程中筛选符合弘扬社会主义核心价值观的名人故事和名人故居。三是完善地方性法规，权责界定清晰，使用保护一致。严格执行国家文物保护相关法律法规。通过法律明确名人故居和博物馆相关管理部门的权力，并确立责任清单，提高各级单位对名人故居和博物馆的保护和利用意识。四是理清产权关系，明确保护开发思路。积极探索城市"微更新"模式，创新模式、业态和手段，推进功能填补和空间织补，以点带面，激发建筑活力，提升城区品质，复兴市南老城区的经济社会活力。

## （二）分级保护、分类开发，有序推进开发利用

一是构建多层次名人故居保护格局。根据名人故居建筑实际，分级保护、分类开发，将修缮、修复、还原、扩建有机结合，引导相关单位对名人故居因地制宜地进行挂牌保护、修缮性保护或翻新扩建。二是推动名人故居和博物馆可持续发展。将名人故居和博物馆的保护和开发纳入城市微更新模式中。切实将名人故居和博物馆的保护与利用纳入市南区经济和社会发展规划、建设规划、财政预算以及各级领导工作任务清单中。三是打造不同等级、形态各异的文化资源空间载体。本着"先易后难，分步实施"、阶梯式推进等开发利用原则，多层次、多模式、分期进行综合开发。对现存建筑良好、史料丰富的名人故居，结合名人类型、名人知名度、史料丰富度、空间规模等分期、分批次地有序开发成休闲文化沙龙、沉浸式纪念馆、多元文化综合体等不同类型的文化资源空间载体。制定市南区《名人故居和博物馆开发利用中长期发展规

划》，结合市场需求重点培育网红经济商铺、办公场所、康养场所、酒店民宿、书店、咖啡屋、博物馆、艺术中心、纪念馆、儿童娱乐设施及其他创新型空间等文化空间利用形态。

### （三）夯实硬基础、丰富新业态，大力发展文化旅游产业

一是升级现有业态，稳定原有消费市场。依托数字新媒体技术，打造沉浸式体验场馆，实现展陈业态的升级，丰富参观体验内容。提升衍生商品的质量和审美价值，实施衍生商品开发计划，满足怀旧复古旅游纪念、文玩收藏等消费需求；运用衍生商品新品支持性补给策略，多渠道公开采购富有创新创意内容的优质产品。二是培育新兴业态，满足文化消费新需求。培育"食"的业态，重点推动市南区"老字号"与名人故居的深度结合；培育"住"的业态，引导或鼓励住户将闲置的名人故居开发成民宿及可进行 24 小时持续服务的新业态；培育"研"的业态，以名人故居、博物馆为平台，联合中小学，打造爱国主义教育基地或研学基地。三是发展文化休闲服务业，构建多元文化旅游产业格局。充分发挥"电影之都"的影响力，培养成为热门的影视取景地和网红直播地；构建名人故居或博物馆为引导的艺术品交易集散地，发展艺术收藏品研究、艺术收藏品鉴定、艺术品拍卖等高端艺术品交易产业；拓展名人故居及博物馆开发深度，引导和鼓励住户开发文艺沙龙、文化咖啡屋等休闲旅游产品，引导旅行社开发名人故居、博物馆主题旅游线路，推出个性化旅游产品。

### （四）实施精品工程，加强品牌建设，增强核心竞争力

一是大力推动文艺精品创作生产。加大文艺精品创作扶持力度，形成专项资金实施文艺创作奖励制度，运用"以奖代拨""定向扶持"等方式，支持和鼓励创作，推动和繁荣创作；完善文艺精品创作机制，加强对重点作品创作的投入，通过委约合作等方式，吸引文化领军人物参与；与国内外知名大师建立友好合作关系，打造市南文艺精品；积极引导群众自主参与各种形式的文艺创作活动。二是持续输出优质文化服务及产品。打造常态化的博物馆活动品牌。按照年、季、月等时间周期，面向不同年龄的受众群体，定期开展不同类型的展览和活动；增强博物馆的吸引力和影响力，强化各类陈列展览的专业性、知识性、趣味性和互动性，充分体现服务内容的丰富性和多样性；采用"博物馆＋文创"模式，推动文化价值和产业价值互相赋能，以社会公众的需求为导向，打造一批文化价值高、社会反响好、经济效益高的文创产品；培育建设新型博物馆，丰富现有博物馆类型。重点对中山路商业街等市南特色街区现存建筑进行深度考察研究，规划建设银行博物馆或商业贸易

博物馆等契合中山路商街特色的博物馆类型。

### （五）实施按需招商策略，不断增强"自我造血"能力

一是按公共服务项目采购需求招商。以市场需求为导向，制定并形成市南区公共文化服务设施供给计划表。扎实推进公共文化基础设施运营社会化，采用招标等形式引入投资团队，制定投资合作计划。政府为投资企业提供名人故居公共空间，企业组织公共文化服务设施项目的实施和运营。二是实行重大工程招商。以推进名人故居和博物馆科学保护、合理利用为目的，在名人故居保护性修缮、故居场景还原、博物馆改扩建等重大工程项目上做好招商引资工作。以区属固有平台为基础，成立"名人故居和博物馆重大工程项目招商小组"，制定招商任务和计划书，采用利润分成和政策倾斜等灵活多样的招商形式，不断为市南区名人故居和博物馆修缮、改扩建等重大项目提供资金支持。三是以产权托管形式招商。以名人知名度高、发展潜力大、可利用空间充足的名人故居为试点，以托管形式吸引旅游企业加入对其进行投资运营。区政府创立良好的招商投资环境，鼓励投资企业按照"讲好市南故事、传递市南声音"等要求深挖名人故事，形成以名人为文化根脉的特色文化旅游产品。

### （六）创新宣传和推介手段，提高知名度和影响力

一是切实提高传统媒体传播范围。积极开展创意展览进校园、进社区等活动；推动各级各类名人故居和博物馆建立门户网站，以数量庞大的网民用户为重要依托搞好名人故居和博物馆的宣传推广工作；与报纸杂志、广播电视、主流网站等媒体建立良好的平台合作关系，扎实做好外宣工作；不断开发设计名人故居和博物馆宣传作品，用群众喜闻乐见的方式制作推出可视化宣传内容。二是广泛应用新媒介传播途径。每年定期推出有关主题活动，通过活动快速集聚人气，提高名人故居和博物馆的知名度和影响力。用新媒体开拓市场，形成一批网红打卡地。让"老古董"融入"新潮流"，走入新兴媒体推广路径。使用"微博""公众号""抖音""B站"等新兴宣传渠道，进行线上运营产品、推送相关服务。三是突破区域界限，发挥集群效应。与相关旅行社签订深入合作计划，将市南区名人故居和博物馆与青岛市其他知名景点串联，推出不同主题的精品旅游线路，逐步实现海洋科学文博矩阵景观、文学名人矩阵景观、红色教育基地矩阵景观等现象级景观群。

### （七）提高产品附加值和转化率，延长文化产业链条

一是提升文化服务产品附加值。积极开发深度体验型文化活动。

采用公开招投标、建议征集等多种形式面向社会征集有文化、有内涵、有创意的创意性文化体验活动项目,鼓励企业通过开拓高端文化服务产品等形式稳定自身收入,维系经济收支的动态平衡。二是与旅游企业深度合作,拓展和延伸文化空间载体的服务功能。采用名人故居和博物馆提供文化体验活动空间、旅游企业负责具体活动创意策划执行等形式展开合作,盘活文化空间、提高利用效率,用好名人故居和博物馆"少人流"的防疫优势,形成新动能。三是提高文化成果转化率。借"天然摄影棚""电影之都"等自然优势,大力促进文学作品的影视化制作。按照一年一部或两部影视作品产出的目标,重点拍摄反映市南区人文精神、名人思想内涵,彰显市南区魅力的多题材影视作品;做好"互联网+"文章,着力构建"名人故居和博物馆专题数据库"。将名人故居和博物馆文献资料、馆藏品、纪念品等统一纳入专题数据库,逐步实现文物史料由纸质向电子化、数字化方向转变。

### (八)统一产权管理,实现名人故居管理规范化

一是有序实现名人故居产权关系的统一管理。产权归属为企事业单位所有的名人故居,经与现产权单位协商以移交或完全托管方式交由市南区专职管理部门统一管理,由该部门结合名人故居使用现状、建筑价值等开展名人故居后期保护和开发利用工作;混合产权中的公租房产部分以试点方式托管至市南区专职管理部门统一管理;属于私有产权的名人故居,可对其中建筑保护等级较高、可开发利用价值较高且闲置的故居,通过有偿购买、长期租赁等方式交由资质良好的企业运作管理,为老建筑寻找一个修缮保护及合理利用的责任主体,名人故居的开发运营仍由市南区专职管理部门统一管理。二是制定完善的管理标准,逐步实现名人故居管理规范化。由相关部门聘请专家团队,在对市南区名人故居(包括58处已被认定并被列入名人故居名录的和尚未被认定的名人故居)现状进行翔实全面的调查之后,编写市南区名人故居日常修缮保护和开发利用指导手册或规范等,交由市南区专职管理部门组织实施管理,尽快实现名人故居从保护修护到开发利用等全方位的规范化管理。

(作者单位:市南区发展研究中心)

# 市北区老商圈迭代升级研究

## ——以台东步行街为例

孙　岩　修丰东

城市商圈,特别是商业步行街,是一个城市经济发展和商业繁荣的直接体现,它记载着城市发展的历史传统,凝聚着城市商业发展的精华,对一个城市、地区乃至一个国家的经济发展步伐和后劲起着至关重要的作用。为推动我国城市商圈实现迭代升级式发展,培育一批具有国际国内领先水平的步行街,满足人民日益增长的美好生活需要,2019年,商务部以北京王府井、上海南京路等老商圈为主体,在全国范围内开展了第一批步行街改造提升试点工作。2020年7月,商务部公布了第二批步行街升级改造试点名单,市北区台东步行街赫然在列,它是目前山东省唯一入选国家级步行街改造提升试点的街区。此前2019年5月,台东步行街已经入选山东省公布的首批步行街改造提升试点名单。在国家和山东省步行街改造提升试点的双重加持下,台东步行街迅速开启了百年老商圈的迭代升级蝶变之路。

## 一、台东步行街迭代升级的宏观背景

世界贸易局势紧张,出现历史性下滑。虽然经济全球化依然是当今世界经济发展的重要趋势,但在逆全球化、贸易保护主义和新冠肺炎疫情等诸多因素的影响下,全球贸易往来的活跃度大幅下降,全球贸易局势持续紧张。在2019年全球货物贸易量下降0.1%,全球货物贸易额下降3%的基础上,2020年8月世界贸易组织(WTO)发布的全球贸易趋势评估报告显示,2020年第二季度,全球货物贸易出现历史性下滑。当月全球"货物贸易晴雨表"读数为84.5,较100的基准值低15.5个点,较2019年同期下降18.6个点。这是2007年以来的最低数据,与2008年国际金融危机时的谷底相当。从国际比较看,我国外贸表现好于全球主要经济体平均水平,2020年8月,出口同比增速高达11.6%,创2019年3月以来新高。但因全球新冠肺炎疫情尚未得到全面有效控制,国际市场需求严重萎缩,单边主义、保护主义上升,不确定、不稳定因素明显增多,外贸形势依然严峻复杂,发展趋势仍具有高度不确定性。

国内消费正崛起为全球最大消费市场。在世界处于百年未有之大变局的同时,我国已经进入高质量发展阶段,正处于近代以来最好的发展时期,在具有全球最完整、规模最大的工业体系的同时,拥有包括4亿多中等收入群体在内的14亿人口所形成的超大规模内需市场,消费潜力巨大。近年来,我国经济发展的内需驱动特征日益显著,消费对经济增长的拉动作用持续增强,已经连续6年成为经济增长的第一推动力。2019年,我国社会消费品零售总额突破41万亿元,成为全球第二大消费市场。在此基础上,2020年5月,我国进一步提出要构建以国内大循环为主体、国内国际双循环相互促进的新发展格局。"国内大循环"占主体地位,意味着在未来一个时期内,我国经济发展的一个十分重要内容就是释放消费活力。有专家预计,在乐观情况下,"双循环"将促进居民消费意愿回升,对GDP的最大拉动效果约为1.3%。专家的预测已经得到了有关数据的有力支持。国家统计局公布的数据显示,2020年8月,我国社会消费品零售总额达33571亿元,同比增长0.5%;据中国银联统计,2020年"十一"黄金周的前7天,银联网络的交易金额达到2.16万亿元,同比增长6.3%。这些数据清楚地表明:在全球新冠肺炎疫情尚未得到全面有效控制的情况下,我国在世界范围内率先实现消费市场的复苏增长。中新社预计,2020年中国消费市场规模将达到45万亿元,有望超越美国成为全球第一大市场。

## 二、台东步行街迭代升级的优势与问题

### (一)台东步行街迭代升级的优势

历史优势:台东步行街是百年青岛的商业本源。1899年台东镇建置,1900年台东镇商业街诞生,自此,台东步行街便以台东三路为主线向四周辐射,是青岛唯一120年来从未间断的商业街区,最能代表百年青岛的商业本源。早期,台东三路上的商铺主要是小杂货铺、烧饼铺等,以及贩卖蔬菜、水果和烟酒的小商贩。20世纪30~40年代,台东三路已聚集着兴华银楼、聚福楼、市场楼(现在千川百货的前身)等50多家较大商铺。每年的大年初一,人们到此赶庙会大集,台东三路则人头攒动、人满为患。新中国成立后,市场楼成为青岛北部最大的商场,此外还有利群绸布百货店、正大食品店、新新照相馆、孚德女鞋店等商铺。这些商铺的名字也成了老青岛人难以忘却的记忆。改革开放以

来,台东步行街始终是政府发展经济的一个重要增长点。1993年、2004年、2008年、2014年,政府对台东步行街及周边环境先后进行了多次大规模的整治改造,使其商贸氛围不断得以明显有效的提升。2000年8月,台东三路被青岛市经贸委命名为"青岛市台东三路商业步行街";2006年10月,台东三路步行街被青岛市政府正式命名为"青岛市台东商业步行街";2009年3月,进一步被中国城市发展研究院和国际金街联盟共同认证为"国际金街"。

区位优势:台东步行街地处青岛市中部,辐射力强。台东步行街位于青岛市主城区市北区,当前,其核心是台东三路商业步行街。该街东起延安三路,西至威海路,全长1000余米,并与人和路、长兴路等道路十字相接,形成一个大约2平方千米的商圈,周边威海路商业街、延安二路商业街、利津路文具街、登州路啤酒街环绕,共有39条公交线路可以通达。台东还是青岛地铁的五大换乘站之一,规划有地铁1、2、4号线等多个地铁站和换乘线路,地铁线路途经区域覆盖青岛大部分区域。其中,地铁2号线已于2019年12月开通。地铁2号线将台东步行街与香港中路、崂山商圈和李村商圈连接起来,进一步拉近了青岛市东、西城区的距离,为台东步行街带来"地铁活力"。此外,台东步行街同火车站、机场、邮轮母港等交通枢纽通畅可达,辐射人口达100万以上。这让台东步行街拥有了巨大的人流量,每天的人流量达20万人次,最高达50万人次。

企业优势:世界品牌500强从台东步行街走出。诞生于1903年的青岛啤酒,是我国最早的啤酒生产企业,也是从台东步行街走出的世界品牌500强。青岛啤酒百年前的老厂房——青岛啤酒博物馆,在最新的规划中已经纳入台东步行街未来发展的大框架之中。"中华老字号"企业——青岛利群集团,更是直接诞生、成长、壮大在台东步行街之上。20世纪30年代以来,台东步行街见证了利群集团由德源泰百货店、国营利群、青岛利群百货股份有限公司到2020年中国民营企业500强的发展全过程。除了这两大"硬核"企业之外,台东步行街近年来还一路"招兵买马",已把市民广场、商务广场、大悦城商业综合体等周边项目纳入整体规划范围。截至2020年9月底,台东路步行街街区内共聚集了利群商厦、万达购物广场、万佳广场等大型商贸企业以及个体工商户325家,长兴路、和兴路夜市摊位300余户。

人文优势:台东步行街是青岛的"城市记忆之地"。以"台东三大怪"为代表的人文印象——"教堂建成中国样,图画也能爬上房,东西南北掉了向",是台东步行街留给人们最深的城市记忆。始建于1900年的清和路基督教堂,位于台东步行街北侧,是一座中国宫殿式的礼拜堂,其独树一帜的中国寺庙式教堂建筑结构,在国内外都极其罕见。始于 2004 年的临街彩色壁画一直是台东步行街的一个亮点,鲜艳的撞色、流畅的线条,为步行街增添了别样魅力。多年来,在进行了 3 次补绘后,台东步行街彩绘在彩色壁画的基础上又增添了彩绘古力井盖,更增添了别样风味,吸引着越来越多的游客。台东的街道采用棋盘布局方式,并总体偏转 45 度,呈东南、西北取向,这顺应了青岛地区夏季刮东南风、冬季盛行西北风的气候特点,有利于街衢间空气流通,但当外地人走在街上时,却总是找不准东南西北。这"三怪"只是台东步行街人文印象的冰山一角,近年来,市北区进一步打造了一条展现台东百年变迁的"台东老街",重现台东步行街历史上的经典街景风貌。"台东老街"里既有台东开镇时的情景,也有日耳曼啤酒厂景象,还有早期台东闹市的场景还原,记录着这里曾经的繁荣景象,承载着青岛人的永久记忆。

网红优势:台东步行街是名副其实的网红打卡地。在当下的网红时代、直播时代,每个城市都有几个必去"打卡"的地方。而在青岛,有一种时尚、有一种"打卡"就叫"逛台东"。这里聚集着年轻人喜欢的时尚流行品牌、人气餐饮品牌、小众原创品牌,拥有一大批网红店、网红景观。"幻光之城"时光星空艺术馆、"放松之旅"采耳匠体验馆、"女生天堂"口红学院、"嗅觉盛宴"气味博物馆……一个个刷爆抖音、小红书的"网红"打卡地标持续在台东步行街出现。在众多网红当中,最火的网红就是长兴路美食小吃街。一条 5 米宽、长仅数百米的小巷子,却以各具特色的美食强烈挑逗着年轻人的味蕾。再配以有青岛"西单"之称的台东夜市,衣服、包包、鞋子、首饰、化妆品……各种小商品应有尽有。华灯初上,夜景景色迷人,熙熙攘攘的人们在台东步行街,吃着小吃,逛着夜市,感受着其独特的情怀,有年轻人的浪漫,有一家人的亲情,更有最为浓郁的人间烟火气息。夜经济演绎的繁华都市剧,展现的时尚与浪漫,正是台东步行街最能吸引人的特色。也正因此,"没在台东步行街逛两圈,别说你来过青岛"这句话才成了很多旅行博主的固定台词。

### (二)台东步行街迭代升级的问题

作为百年商圈,特别是经过改革开放商业发展的历史积淀,台东步行街已经进入成熟发展阶段,作为城市核心区,周边规划布局难以发生较大改变,土地空间的开发建设因有关附带问题成为"老大难",城区面貌老旧,基础设施不堪重负,特别是交通拥堵和停车难问题,多年来一直是困扰着台东步行街发展的重要问题;商圈固有的传统模式尚未打破,至今没有一所商业综合体,现有商业形态较为单一,依然偏重传统商贸服务业,且主要为中低端消费,对高端品牌没有过多的追求;商业区与居住区混杂,城市治理难度较大。同时,近年来,李村商圈的崛起,香港中路和崂山商圈的高端,中央商务区和新都心商圈的新兴等,使台东步行街面临着越来越激烈的人流、商流竞争。如何破解百年商圈发展之困,探索发展新路,是台东步行街面临新发展的关键所在。

## 三、台东步行街迭代升级的当下行动

早在入列国家级步行街改造提升试点之前,台东步行街的升级改造工作就已连续多年在有条不紊地推进,有效促进了商圈的持续繁荣发展。入选"国家队"的利好消息传来后,青岛市和市北区更是进一步加大了台东步行街的迭代升级工作力度。

政府重视方面:近年来,青岛市一直在积极推进高品位步行街的培育建设。2019年成立由市长任总召集人的步行街改造提升工作联席会议,并把步行街改造提升工作列入全市"十五个攻势"中"国际时尚城市建设攻势"和"城市品质改善提升攻势"组成部分。《青岛商业步行街改造提升行动方案》预计2020年底或2021年初出台。在青岛市的若干步行街当中,台东步行街是青岛市委、市政府领导高度关注、顶格推进的重点工作。市北区对台东步行街的迭代升级更是高度重视,2019年就已明确建设青岛市开放发展的"城市名片"和"国际客厅",全力打造国家级步行街的工作目标。目前,在区委、区政府主要领导任总指挥的改造提升指挥部的领导下,市北区已按照"1253"(一个定位、两条主线、五项原则、三年攻坚)行动方略,全面实施台东国家级步行街改造提升工作。"一个定位"就是坚持"百年青岛商业本源,国际都会时尚地标"定位,打造"一街一园",即打造台东国家级步行街,建设台东老城复兴国家级产业园区。"两条主线"就是以时尚为明线,推进"总规+环境、业态、交通"改造提升项目,全力打造时尚地标;以文化为暗线,着力推进台东商圈百年商业文化复兴,将台东文化元素全面贯穿融入改造提升项目之中。"五项原则"就是:一体化,即台东国家级步行街与台东老城复兴国家级产业园区一体化规划,一体化建设,一体化发展;系统化,即改造提升工程从商业、文化、业态、交通、环境、生活、科技、时尚等方面进行综合施策、系统改造提升;智慧化,即以大数据分析为基础研究规划设计方案,全面引入5G技术,用智能技术对产业园区进行管理,形成商圈云端生态;市场化,即以市场为导向推进打造提升工程,运用社会资本推进重点工程项目;迭代化,即按照总规确定的蓝图,用迭代方式分时期、分领域推进各项工程,各项工程均预留迭代升级"端口",为下一步改造提升预留空间。"三年攻坚"就是计划用三年的时间基本实现台东商圈的迭代升级。

交通改造方面:针对交通拥堵和停车难这个关键性"痛点",市北区于2020年7月26日开始了威海路平战结合地下工程的施工,主体工程现已完工。该工程为平战结合一体化工程,是一个充分利用地下资源并集环境提升、交通治理、商业提档于一体的地下空间综合体示范性项目。该工程是青岛市第一个配备行车道的地下综合体。工程主体沿威海路南起宁海路,北至长春路,支线为台东三路、人和路及台东八路地下。地下共四层,地下一层至三层为商业和停车场,地下四层为长度约1.3千米的南北双向四车道城市地下道路,可使通过车辆迅速驶离台东步行街,减少地面交通压力,将极大缓解台东步行街的交通拥堵状况。同时,工程可为周边居民和商户提供800余个停车位,并将实现与周边停车场的互联。该工程还在台东一路、台东三路、台东八路、延安二路、长春路规划了5条24小时地下过街通道,同时与台东地铁换乘站连接,将人流成功引入地下,发挥台东地铁换乘站辐射功能,实现步行街周边客流与地铁客流互动,共享工程区间的所有出入口。随着工程的完工,台东步行街交通拥堵和停车难问题会明显缓解,将有力提升台东区域的整体形象,加快推动台东步行街的迭代升级。

商圈扩容方面:在许多人看来,台东步行街基本上是处于一个单核驱动的状态,即以台东三路为核心的主商圈,大型商业体主要是利群商厦、万达广场。实际上,根据国家级步行街改造提升计划,在市北区的推动下,台东步行街的总占地面积已达到约1平方千米,青岛啤酒原厂址(啤酒博物馆)周边片区正在成为台东步行街的第二个核心,将以青岛啤酒品牌的影响力,打造世界一流、中国唯一的啤酒元素步行街。该片区的青岛啤酒博物馆和正在建设的市民广场、商务广场、大悦城商业综合体等已经进入台东步行街的商圈范围。市民广场、商务广场、大悦城商业综合体总占地面积约143亩,建筑面积约22万平方米,总投资约55亿元。其中,市民广场作为连接青岛啤酒博物馆与台东三路步行街的枢纽,融合百年啤酒文化与市井烟火,与青岛啤酒强强联手,打造高端城市啤酒会客厅,让市民游客在畅饮中感受"永不落幕的啤酒节"。商务广场集甲级写字楼、特色主题酒店、精装公寓于一体,是文旅休闲产业的重要一环。大悦城是中粮集团精心打造的国际化青年城市综合体,以"18～35岁"为核心消费群体,涵盖购物、娱乐、观光、休闲、餐饮等诸多功能。此外,威海路平战结合地下工程将提供商业面积约62517平方米;地铁2号线台东站A出口之上正在规划建设的地铁和商业共用项目,可提供商业面积约2082.9平方米。这些都将让台东步行街新增不少的逛街好去处。

业态升级方面:台东步行街是一处天然的直播电商应用场景,商圈业态丰富、年轻客群居多、网红商户集聚等特点,让"电商＋直播"的"在线经济"在这里能够得到蓬勃发展最急需的丰厚土壤。特别是新冠肺炎疫情背景下,市北区在台东步行街大力推动"在线经济"的发展,使之迅速成为赋能商圈最强的新业态。2020年5月,市北区打造"云逛台东"商圈直播品牌,采用直播探店为主、兼顾线上销售的形式,将台东步行街搬到了线上。6月,与阿里巴巴本地生活、青岛广播电视台联合打造的山东省首条"饿了么口碑街"暨超级直播间正式落地台东步行街,通过"直播带货""大咖探店"等活动带动商圈300余家餐饮商户复苏振兴。7月,会同支付宝开展了"717生活狂欢节"活动,数亿元消费券带动消费回暖。8月,在山东省商务厅统一组织下,台东步行街成为"新消费·爱生活——山东消费年"活动的启动仪式连线地,在世人面前展示了全新的消费模式。目前,在台东步行街这片商业沃土上,市北区正在将"电商+直播"进行常态化运营,每月推出新策划,持续"炒热"台东步行街。"政府+直播机构+电商平台+主播+商家"这一模式,让台东步行街品牌IP化,形成了政府引导、市场主导、政企联动的"在线经济"发展局面。此外,利群集团、青岛啤酒这些台东步行街"硬核"资源,也在借助"在线经济"不断迭代,提升品牌形象,创造时尚价值。下一步,市北区还将与腾讯、网易、京东等有实力的企业开展战略合作,引导传统市场转型升级,发展网订店取、智能配送、先行赔付等新型商业形态。

文化丰富方面:在最大程度突出历史人文基因,通过老故事、老建筑、老字号等串联起青岛市井文化的同时,在市北区的引导和推动下,时尚文化、夜色文化、青年文化等文化类型,不断注入台东步行街,让百年老街始终保持着旺盛的青春活力和强劲的发展动力。近年来,时光星空艺术馆、气味博物馆进驻之后,很快就变身为"流量小生",很快就运用各种沉浸式网红主题,成功打造为青岛的时尚IP和网红新标杆。2019年,青岛啤酒博物馆1903音乐餐吧的开业,让登州路啤酒街在啤酒文化的基础上,拥有了活力时尚新项目,很快成为最具时尚的城市夜色文化聚集地。有了该餐吧的助力,2020年8月,啤酒街荣获"齐鲁饮食文化示范地"称号。2019年5~10月在每个月的第二周和第四周的周六晚上,"青岛夜色美·HOT音乐微演艺"微演艺都在台东步行街精彩上演。2020年9月,市北区首届青年文化艺术节开幕,台东步行街是说唱音乐、街舞、街头篮球、长板、潮牌市集等活动的主要承载场所之一。这些活动聚集了大量的年轻群体。目前,市北区正进一步在台东步行街打造集阅读、展示、影音、沙龙、休闲于一体的时尚阅读体验中心,积极引入艺术创作和体验消费融合的场景,用艺术滋养商圈建设。2020年底要将完成的台东步行街改造提升一级项目,将在台东三路打造一条文化轴,通过台东大事记以及百年商贸文化地刻,体现台东步行街历史文化特色。总之,今天的台东步行街老字号、新网红相得益彰,相映成趣,让"逛台东"本身成为青岛的时尚文化。

运营管理方面:近年来,市北区在台东步行街的运营管理上,把商圈产业发展和一流营商环境的打造作为两大重点。2019年9月,在原有的市北区特色街管理委员会的基础上,进一步实施了平台化管理,以利群集团为核心,打造台东商圈迭代升级平台,对步行街的发展进行再策划、再提升。这种平台化的管理把与台东步行街相关的信息、资本、市场、人脉等优质资源都集聚起来、整合起来,实现了各种要素在平台上的组合互动,有效推动了台东步行街的进一步发展。2020年,市北区在全区尝试推行产业发展的新加坡经济发展局(EDB)模式,对包括台东商圈迭代升级平台在内的各产业发展平台进行优化升级。新加坡经济发展局在新加坡产业发展中,主要扮演"催化剂"和"助长者"的角色,它在与企业的紧密合作中,为其提供信息,搭建伙伴关系,并为企业在新加坡的投资提供政府优惠政策以及转型和增长的动议等等。这一模式重在营造一流的营商环境。

# 四、台东步行街迭代升级的对策建议

探索公司化运营管理模式。目前,在台东步行街的运营管理中,无论是市北区特色街管理委员会、台东商圈迭代升级平台,还是新加坡经济发展局模式都是政府机构在起着强势的主导作用。虽然已有商会的介入,但更多的是在商圈治理、行业自律等方面发挥重要作用。在市场经济高度发达、市场已对资源配置发挥决定作用的今天,可探索公司化运营管理。特别是,在消费成为拉动我国经济发展的主要动力情况下,商业步行街的打造不同于传统的单一商业项目,而具有社会和商业的双重属性,其打造、发展显得愈加重要,强化经营城市的观念,把原有的运营管理模式转向由公司主导的市场化、资本化运作就成为必然的选择。比如,成都宽窄巷子步行街就是由成都文化旅游发展集团有限责任公司(即文旅集团)负责整体的商业化运作。该公司按照市场化运作,对宽窄巷子进行商业规划和评估,运用市场融资手段开发和运营商业项目。这样既解决了宽窄巷子商业运作的融资问题、商业营销问题,又提高了宽窄巷子各种相关产业的准入机制,使街区得到了较快的发展,成为首批全国示范步行街。

进一步强化旅游体验功能。商业步行街是"买买买",但更重要的是旅游休闲。青岛啤酒博物馆是台东步行街旅游团体的最主要参观景点,美食小吃街是青年人在台东步行街最喜欢逛的地方。但从总体上看,台东步行街对外地游客,特别是旅游观光团的黏性不够强,让他们"停下来"变成顾客,仍是一件比较困难的事情。在瞄准游客需求、进一步强化旅游体验功能、进而提升商业消费方面,西安大唐不夜城步行街为台东步行街做出了很好的典型示范。大唐不夜城于 2009 年 9 月建成运营,仅用不到 11 年时间就发展成为全国示范步行街。其最为成功之处在于规划设计和后期发展均突出强调文旅特征,不仅建设伊始即严格对标国家 5A 级旅游景区标准,建有仿古建筑景观、文化雕塑群、大型演艺场所、商业购物场所等等旅游设施,在后期发展中,更是高度重视步行街的旅游体验功能,不断开发各类旅游景观和产品,使大唐不夜城客流量迅速增大,很快成为西安唐文化展示和体验的首选之地。比如,引发轰动效应的网红"大唐不倒翁",就是大唐不夜城精心设计并在各类社交平台上大力推广的旅游互动体验产品。诸多此类的旅游体验产品,让大唐不夜城 2019 年的客流量达到了约 7860 万人次,平均每月客流量超过 650 万人次。

深化与周边资源的协调联动。任何一个商业体都不是一座独立的孤岛,都是城市商圈整体发展的一个构成部分。它必须与同一区域内的相关资源协调联动,有着较强的互动、互补关系,整体商圈形成点、线、面的发展格局,才能健康持久的发展。在这一方面,台东步行街可借鉴重庆解放碑步行街先进经验做法。解放碑步行街,也位列首批全国示范步行街,其成功经验之一就是以"点"连"线"扩"面"。在"点"的打造方面,解放碑步行街重点引进了重庆乃至西部首个阿迪达斯品牌中心店、首个 GIADA 精品旗舰店、首个麦当劳全新风格概念店,移动智能 5G 体验馆等一批首店,升级了英利大融城、大都会 1089 艺术美丽中心等存量商业,打造了鲁祖庙、戴家巷两个巴渝文化展示地;在"线"的建设方面,解放碑步行街打造了名品大道、时尚大道、记忆大道、艺术大道等四大主题大道,把周边的 10 家驻渝总领事馆、78 家世界 500 强企业、700 余家外资企业汇集了起来,集知名景点、文化场馆、历史遗迹、商务楼宇于一体;在"面"的建设方面,解放碑步行街积极推进五一路、大同路、青年路等周边慢行道路的建设,进一步扩大商圈慢行区域范围,形成了步行街网络化、立体化的发展格局。台东步行街在利用点、线、面来加强各重要商业体之间的联系方面,未来还有许多工作要做。

明确主题合理布局业态结构。目前,台东步行街强调打好"青春牌""特色牌",与各条全国首批示范步行街相比,主题特色偏弱。西安大唐不夜城步行街以"唐文化"为主题和主线,重庆解放碑步行街突出"名品、时尚、记忆、艺术"四大主题,成都宽窄巷子以老成都的"闲生活""慢生活""新生活"为主题,南京夫子庙步行街主打"文字头+潮流店""老字号+新零售""日观光+夜体验"三大主题,天下无双的西湖是杭州湖滨步行街的天然主题。这些步行街的主题地方特色十分明显。台东步行街在此方面需要进一步挖掘。与此同时,台东步行街应对商业结构和业态进行精心的配置安排。目前,国际通行的商业区结构和业态的分布为:购物占30%～35%,餐饮占20%～25%,休闲、娱乐、酒店、服务等占30%～40%。我国步行商业街业态结构调查结果,购物普遍占到总业态的50%以上。台东步行街的发展规划已经把市民广场、商务广场、大悦城等在建项目纳入范围,相关业态也将会在现有的比例基础上进一步改善,但仍然需要在发展过程当中,对商业结构和业态进行科学管控。

建设新兴商业模式第一场景应用地。在网购、直播等新兴商业模式的冲击下,人们的消费形式已经发生较大的变化。作为百年老商圈的台东步行街正面临着巨大的挑战,比如,曾经的延安一路夜市已风光不再,现有的台东夜市也被新兴业态不断蚕食着客源。在此情况下,台东步行街应当发挥自己聚人气、聚商机的优势,积极主动地与腾讯、阿里巴巴、网易、京东等新兴业态高端企业合作,不断追寻新的商业模式。特别是在进入21世纪20年代后,应当抓住人群经济、数据经济、智能经济、体验经济等创新型商业模式,第一时间与相关实力企业开展合作,主动以各种最新的迅速聚人气、聚商机形式开展营销,把自己打造成为各类新兴商业模式的第一场景应用地。比如,借鉴北京王府井步行街打造"和平菓局"再现老北京城的做法,在台东步行街建设老青岛或者胶东半岛风物身临馆,与阿里巴巴、京东等平台合作,在"双十一""618"等节点大规模多批次举办5G直播"云逛街"和在线消费节,通过线上线下相结合、电商与线下实体商业相融合,以精准化、体验为主的模式满足并引导消费者的消费需求。

(作者单位:中共市北区委党校)

# 胶东临空经济示范区发展研究

刘骏骎

　　青岛胶东临空经济示范区(以下简称"胶东临空经济示范区")位于青岛胶州湾北岸,总规划面积 149 平方千米,是全国首个"国家级临空经济示范区"。其核心区位于胶州市域,规划面积 139 平方千米,规划范围东至大沽河胶州段,西至沈海高速、胶平路,北至青银高速,南至胶济铁路、兰州东路,包括李哥庄镇部分区域。胶东临空经济示范区是在 2014 年 10 月 11 日胶东国际机场获批同时,胶州市按照山东省、青岛市"机场和临空经济示范区同步规划、同步建设"的部署同步申报的,2016 年 10 月 20 日获得国家发改委、中国民航局联合批复。随着 2018 年 1 月《山东新旧动能转换综合试验区建设总体方案》获国务院批复,山东新旧动能转换综合试验区建设正式成为国家战略,胶东临空经济示范区与青岛市"一谷两区"并肩,成为青岛市新旧动能转换重大工程四大国家战略承载区之一。胶东临空经济示范区是山东省唯一的集海陆空铁立体化交通优势于一体的功能区,将在山东省新旧动能转换综合试验区建设中发挥战略平台引领作用,凸显"新动力源"的引擎效应。在青岛发起的十五个攻势中,胶东临空经济示范区成为国际航运贸易金融创新中心建设攻势中的两大率先启动区域之一。

## 一、青岛胶东临空经济示范区发展概况

### (一)高标准定位绘制发展蓝图

　　一是根据国家发改委、民航局《关于支持青岛胶东临空经济示范区建设的复函》要求,明确了临空区四大发展定位:区域性航空枢纽、高端临空产业基地、对外开放引领区、现代化生态智慧空港城。

　　二是坚持世界眼光、国际标准、青岛特色、高点定位,高质量推进临空经济区规划。邀请国际航空大都市创始人卡萨达作为规划设计顾问,科学编制了临空区概念性总体规划及各类专项规划 12 项,按照"整体规划、分步实施、集约开发、弹性发展"的原则,确立"一核两翼、两心

双轴、五片两港"的空间布局,其中,"一核"即临空经济区核心区,"两翼"即东翼李哥庄空港新市镇、西翼陆港产业区;"两心"即综合服务中心和生活服务中心,"双轴"即站前大道城市发展轴、机场南快速路交通轴;"五片"即国际机场片区、保税物流片区、临空服务片区、通航机场片区、商务配套片区,"两港"即国际机场和通航机场。

### (二)高起点确立总体发展目标

围绕发展定位,临空经济示范区立足高起点,积极对标荷兰史基浦机场、韩国仁川机场空港城,树立"全球视野、生态智慧、高端高效"理念,坚持世界坐标,确立"三步走"战略:

近期目标(2016—2020年)。全面运营胶东国际机场,基本建成连接区内外的主要通道,初步完善基础设施和公共服务体系,航空物流、通用航空、航空制造与维修等航空产业链加快发展,集聚一批具有国际竞争力的知名企业,示范区建设发展框架初步形成。

中期目标(2021—2025年)。示范区功能基本完备,营商环境与国际全面接轨。以航空核心产业、高科技制造业、高端服务业为支撑的产业体系基本完善,对区域发展有显著带动辐射作用的生态智慧型空港城初步建成。旅客吞吐量达到3500万人次,货邮吞吐量达到50万吨,人口规模达到25万,区域性国际航空枢纽基本建成。

远期目标(2026—2030年)。建成连通全球的国际航空枢纽,成为自主创新和全球合作的国家航空产业创新区,构筑大科创、大商务、大贸易、大交通等四大平台,成为东北亚最具影响力的航空大都市,航空旅客吞吐量达到5500万人次,机场航空货邮吞吐量80万吨,人口规模达到30万。

### (三)高质量打造世界一流智慧空港城

胶东临空经济示范区获批以来,胶州市以"打造世界一流智慧空港城"为目标,按照青岛市委"坚持世界坐标,高质量建好临空经济区"的指示要求,全力保障机场和配套交通工程建设,全力推进临空区基础设施规划建设,全力抓好高端临空产业项目招引,推动临空经济示范区实现高质量发展。

1. 机场外围配套和临空区基础设施建设全速推进

2018年8月,青岛市成立市长挂帅的新机场转场工作领导小组,下设8个由分管副市长任组长的专班工作组,其中外围配套专班工作组由胶州市政府牵头负责、临空区具体承办,着眼实现临空区基础配套与机场同步衔接,按照"同步规划、同步建设"的目标,快速启动临空经济区水、电、路、气、通信等重点配套工程。对照青岛市提出的新机场转场制约因素清单,机场外围配套工程共计 16 项(其中胶州市主办 13 项、协办 3 项),2019 年底前全部完工,为新机场转场运营奠定基础。全力推进总投资 300 亿元的"四铁两高两桥"("四铁":青连铁路、济青高铁、胶济胶黄铁路连接线、地铁 8 号线;"两高":机场高速、济青高速;"两桥":互联互通立交桥、跨海大桥连接线)重大交通工程建设。截至 2020 年第三季度,济青高铁、青连铁路、胶济胶黄联络线 3 条铁路和青银高速改扩建工程竣工通车;作为青岛胶东机场的重要配套工程,青岛新机场高速公路主线 2019 年 12 月正式竣工;青岛海湾大桥胶州连接线于 2020 年 3 月 30 日正式开通;青岛地铁 8 号线北段"穿山越海"2020 年 5 月 7 日顺利洞通,至此,胶州北站至青岛北站 48.3 千米的地铁线路全部贯通。加速推进全长 45.5 千米,总投资 14.52 亿元的"一横五纵"机场应急保障道路建设,完善机场集疏运路网体系,将于新机场转场运营前全部完成。加快构建核心区路网体系,全力推进潍蓝路改扩建、李陆路改扩建、航空大道建设、机场南快速路地面道路以及潍蓝路综合管廊等重点工程,将实现临空区基础配套与机场同步衔接,进一步提升园区承载力。

2．"一带五区"推动园区开发建设全面起势

根据青岛市委"坚持世界坐标,高质量建好临空经济区"的要求,全面启动了临空国际高端消费区、临空贸易金融创新核心区、临空 TOD 双创生态智慧生活、临空对外贸易综合保税区、国网泛在电力物联网示范区、临空绿色生态活力带建设,着力构建"一带五区"空间发展新格局。一是着眼突出优势,发挥国际机场"新动力源"引擎效应,在航站楼南部建设总面积 1300 亩、投资规模 1000 亿元的临空贸易金融创新核心区,打造汇集商贸服务、金融服务、总部办公等多功能于一体的现代化核心商圈。二是着眼留住客源,化"流"量经济为"留"量经济,建设占地面积 22 平方千米、投资规模 2000 亿元的临空国际高端消费区,打造中国北方独具航空特色、各类高端消费业态集聚的空港商务区。三是着眼以人为本,打造产城融合"胶州范本",在胶州北站周边布局规划总面积 3000 亩、投资规模 1500 亿元的临空 TOD 双创生态智慧生活区,打造汇集生态双创空间、孵化培训基地、高端人才公寓、智慧生态社区等功能的"生态双创综合体"。四是着眼扩大开放,强化平台支撑,加快建设总面积 2200 亩、投资规模 1000 亿元的临空对外贸易综合保税区,打造功能齐全、运作高效的对外开放新高地,提升开放发展能级。五是着眼创新引领,不断开拓新兴产业集聚发展新路径。胶东临空经济区聚焦云计算、大数据和物联网等新一代信息技术产业,加快推进总面积 500 亩、投资规模 500 亿元的国家电网泛在电力物联网示范基地项目,建设国网泛在电力物联网示范区,打造智慧能源综合服务平台。六是

着眼生态优先,打造临空绿色生态活力带。按照"机场带动产业发展,产业带动城市发展"的思路,突出了大沽河生态轴带功能,启动了建设总投资 13.58 亿元机场防洪堤和环机场景观廊道,新机场和临空经济区环境品质不断提升。

3. 项目建设推动园区发展新动能加快集聚

聚焦山东省新旧动能转换"十强产业",围绕青岛新旧动能转换"956"产业体系,着力构建"3+4+4"现代临空产业体系(航空保障、航空物流、航空维修制造等三大航空服务业;高端制造、新一代信息技术、生物医药、科创研发等四大临空高新技术产业;会展商务、金融贸易、文化旅游、健康医疗等四大临空现代服务业),瞄准世界 500 强知名临空关联企业,开展了定向招商、精准招商,打造汇集航空科研、航空制造、航空运营、航空维修和航空偏好型产业为主的千亿元级临空产业链。截至 2020 年 9 月底,临空经济示范区在建项目总计 25 个(其中机场红线内项目 8 个),总投资 183.47 亿元,总占地面积 2930.3 亩,总建筑面积 214.6 万平方米。截至 2020 年 7 月,共招引项目 36 个,总投资 1688 亿元,已达到千亿元级产业规模。

# 二、青岛胶东临空经济示范区发展机遇与制约因素

## (一)胶东临空经济示范区发展的主要机遇

### 1. 国家宏观政策调整带来的机遇

我国疫情防控和复工复产之所以能够有力推进,根本原因是党的领导和我国社会主义制度的优势发挥了无可比拟的重要作用。2020年,国家出台了一系列宏观政策对冲疫情影响,中国经济在与疫情斗争中率先复苏。当前,国家的财政政策更加积极有为,如地方政府专项债券发行速度全面加快;稳健的货币政策更加灵活适度,如国家继续大规模减税降费,2020 年 3 月 16 日央行定向降准,释放长期资金 5500 亿元,中国经济从 3 月份主要经济指标降幅明显收窄逆周期调节的效果逐步显现。2020 年 5 月 11 日,《关于新时代加快完善社会主义市场经济体制的意见》颁布,首次提出了市场经济的三大基础性制度——产权制度、准入制度和公平竞争制度,勾画了更加系统完备、更加成熟定型的高水平社会主义市场经济体制的宏伟蓝图,也为 2021 胶东临空经济示范区发展提供了优越的宏观政策大背景。

### 2. "新基建"加快布局带来的机遇

习近平总书记指出,要加快 5G 网络、大数据中心等新型基础设施建设进度。2020 年 4 月 20 日,国家发改委首次明确"新基建"范围,包

括信息基础设施、融合基础设施、创新基础设施三个方面。相关机构预测，未来 3～5 年，新基建在总基建中的比重将达到 15％～20％,蕴含着万亿元乃至数十万亿元的大市场。胶州市早年已成立了大数据和智慧城市建设中心，专门推进全市智慧城市建设，强化大数据对政府治理、经济转型、社会服务的支撑，推动大数据产业融合创新发展。胶州市于 2019 年 10 月份开始建设 5G 基站,2020 年上半年已建设完成 5G 基站 682 处,年底将建成 5G 基站 928 处。胶州市智慧城市建设的目标是:到 2023 年,新型智慧城市建设走在全国前列,达到城市"慧"思考、产业"慧"融合、社会"慧"协同的发展目标,实现城市云脑"一体贯通"、公共服务"一网通办"、社会治理"一网通管"、基层社区"全线联动"、数字经济与实体经济"全面融合"、城市物联感知体系"全域感知"。面对新基建的新风口,胶东临空经济示范区可以抢搭顺风车,围绕空港经济,加快谋划、加速打造新基建"产业链""投资带",深度融入地方发展,借势起飞。

3. 青岛胶东国际机场转场带来的机遇

青岛胶东国际机场是胶东临空经济示范区的发动机。截止到 2020 年 9 月底,青岛国际机场已经完成转场运营准备,以机场为核心布局的高铁、城轨、地铁、高快速路综合交通体系日趋完善,区域综合交通枢纽地位基本确立,"空中丝绸之路"即将形成。2020 年底或 2021 年初胶东国际机场一旦转场运营,根据国际先进地区经验,机场投入产出比高达 1∶8,胶东国际机场前期投入 400 亿元左右,意味着可以产生 3200 多亿元的经济效益。届时,人流、物流、资金流、信息流高效流动,枢纽经济、门户经济、流量经济协同发力,航空制造维修等先进制造业与现代物流、金融、会展等现代服务业相互融合、互相叠加、互相渗透,必将产生 1＋1＞2 的集聚效应。根据国际机场理事会（ACI）模型推演,机场每服务 100 万旅客就可直接提供约 1000 个工作岗位,每 100 万旅客可为周边区域创造 1.3 亿美元的经济效益。据此,新机场转场后,旅客吞吐量将突破 2600 万人次,可为胶州增加 2.6 万个就业岗位,创造 33.8 亿美元的经济效益。

4. 胶东经济圈一体化发展带来的协同机遇

胶东概念古已有之。早在秦始皇统一中原六国后,就在山东设立胶东郡。今日的胶东,狭义上指山东青岛、烟台和威海,广义上则包括潍坊、日照。山东省印发的《贯彻落实〈中共中央、国务院关于建立更加有效的区域协调发展新机制的意见〉的实施方案》中明确提出,胶东经济圈包括青岛、烟台、威海、潍坊、日照 5 市,重点发展现代海洋、先进制造、高端服务业等产业,打造全国重要的创新中心、航运中心、金融中心和海洋经济示范区。地处山东对外开放最前沿的胶东经济圈,是海上丝绸之路与新欧亚大陆桥经济走廊交会的关键区域,也是沿黄(黄河)省份和上合组织国家主要的出海口。胶东经济圈作为山东三大经济圈中经济体量、开放程度和发展活力最好的经济圈,中国(山东)自贸试验区、中国—上海合作组织地方经贸合作示范区(以下称上合示范区)、山东半岛国家创新示范区、新旧动能转换综合试验区等多个国家战略在这里叠加实施,使得胶东经济圈成为山东经济发展的火车头、对外开放的领头雁。2019 年,胶东五市指标占全省比重为:人口占 31.6%,生产总值占 42.2%,对外贸易占 64%,利用外资占 67.3%,财政收入占43.3%。2020 年 5 月 7 日,山东召开胶东经济圈一体化发展工作推进会,标志着胶东经济圈一体化发展各项工作全面启动。胶东经济圈一体化发展重要内容之一是依托青岛胶东国际机场高水平建设胶东临空经济示范区。胶东经济圈一体化发展工作推进会议召开后,威海、烟台、日照、潍坊先后派出党政考察团赴青岛对接并签订合作协议。2020年,胶州市成立了"青潍一体化"对接小分队,到潍坊诸城市、高密市、寿光市等地考察对接,在人员交流、基础设施、产业发展、科技创新、对外开放、生态环境、文化旅游、公共服务等方面探索互动合作渠道。上合示范区、胶东临空经济示范区等胶州域内重要平台可以在探索胶东经济圈一体化发展中率先蹚出一条路子,在推动各地产业、人才、技术等资源要素互动耦合、产生乘数效应方面探索可复制、可推广的经验。胶东经济圈一体化发展将逐步实现胶东经济圈基础设施互联互通、产业创新协同共进、对外开放携手共赢、生态环境共保联治、公共服务便利共享、要素资源高效配置的大胶东格局,也必将牵引青岛胶东临空经济示范区走上协同快速发展道路。胶东临空经济示范区可以依托胶东国际机场建设东北亚国际航空枢纽,共筑国际供应链、价值链、服务链中心,深度融入胶东经济圈一体化发展圈层。

5. 工业互联网带来的智造机遇

互联网的前半场是"商业互联网",下半场是"工业互联网",工业互联网被认为是第四次工业革命的重要基石。青岛以先行者的角色自我定位,提出"发展工业互联网,打造'世界工业互联网之都',是青岛的重大历史性机遇"。打造"世界工业互联网之都"的奋斗目标,这是青岛的重大历史性机遇,自然也是胶东临空示范区发展的重大机遇。2020 年4 月,青岛市召开工业互联网专项工作组第一次(扩大)会议,担纲青岛市工业互联网专项工作组组长的山东省委常委、青岛市委书记王清宪指出:"以数字化、智能化为核心的工业互联网,是新型基础设施支撑下,工业生产方式和工业形态的深刻变革,当前疫情给全球产业链、供应链和市场格局带来新变化,工业互联网正迎来加速起势发展的重大'窗口'机遇。青岛工业基础良好,应用场景丰富,已经具备在工业互联网领域领先一步、率先突破的有利优势。"《青岛市工业互联网三年攻坚实施方案(2020—2022年)》提出,力争到2022年,建成核心要素齐全、融合应用引领、产业生态活跃的世界工业互联网之都。2020年9月21日,2020世界工业互联网产业大会胶州论坛举行,会上发布了《胶州市支持工业互联网高质量发展的若干政策措施》,揭牌了胶州市工业互联网人才学院,与苏州市工业互联网产业联盟签订了战略合作框架,在青岛各区(市)先行一步。2020～2022年这个时间段的核心节点年份就是2021年。在此背景下,2021年,胶州市将把青岛胶东空港经济示范区当作工业互联网发展的一个重要平台,推进国际工业互联网标识服务平台落地,加快工业互联网标识解析国际根节点建设,加快构建工业互联网产业链、资金链、人才链、技术链"四链合一"的生态,加快培植壮大先进制造业新动能,全力打造要素资源齐全、融合应用引领、产业生态活跃的"智造之城"。

6. 国家战略强力加持带来的机遇

上合示范区作为习近平总书记亲自宣布、亲自谋划、亲自部署的国家战略,是全国唯一一个与上合组织国家开展地方间经贸合作的新平台。胶州作为上合示范区核心区的所在地,是胶州对外开放的优势、特色和重大机遇。2020年,胶州市瞄准打造"一带一路"国际合作新平台目标不动摇,高频次会见大使、走访部委、宣传推介,高标准规划核心区10平方千米,高质量推进五大中心和青岛·上合国家客厅建设,初步叩开与上合组织国家地方间政策沟通、设施联通、贸易畅通、资金融通、民心相通的大门。青岛"一行三局"(一行指的是中国人民银行在当地的分行、支行,三局指的是银监局、证监局、保监局)、中国银行等15家金融机构也将创新金融产品,支持上合示范区、胶州市发展。上合示范区必将成为政策的高地、人才的洼地、优质要素的集聚地,将为区域发展提供前所未有的机遇,为临空经济示范区的发展提供强大助力和依托。上合示范区向北站前大道连接青岛胶东国际机场,开通中亚、中蒙、中欧等16条国际国内班列,全面连通了"一带一路"的沿线国家。胶东临空经济示范区以空港作为多式联运的重要一极,借助上合示范区这个国际大平台,必将通过临空经济深度融入"一带一路"国际经贸大舞台。

7. 胶州市厚实的工业基础带来的机遇

胶州工业基础厚实,有622家规模以上工业企业。2020年1～8月份,胶州规模以上工业增加值同比增长10.3%,规模以下工业增加值前两季度同比增长9.9%,前三季度同比增长7%左右。GDP第一季度同比增长-6.6%,第二季度同比增长3%,比第一季度增加了9.6个百分点,增速列青岛十区(市)第一,占青岛GDP总量约9.85%,对青岛的贡献率正在逐步提高。2020年胶州市存贷比持续上升,不良率呈下降态势,截至8月底,存贷比90.62%,新增存贷比131.5%,分别较上年同期提升10.5个、85.32个百分点;不良率0.76%,低于青岛市1.39%的平均水平,比年初下降0.44个百分点。存贷比的改善说明外地资金流入胶州,出现了经济繁荣的征象。2020年1～8月份,胶州市参保企业及人数、用电量、"三证"核发面积等指标保持了较高增幅,参保企业15609家,同比增长48.2%;参保人数19.5万,同比增长12.3%;在为企业减免社保费6.25亿元的情况下,收缴社保基金17.13亿元,同比增长10.2%;累计完成全社会用电量26.8亿千瓦时,同比增长3.45%,工业用电量15.9亿千瓦时、同比增长0.36%;核发"三证"面积846.76万平方米,占青岛十区(市)的13.55%。核发施工许可证建筑面积675.62万平方米,占青岛十区(市)的15.55%;新增市场主体24812家,总数达19.22万家。因为有833个项目支撑,胶州市前三季度固定资产投资同比增长10%,预计全年确保增长18%,可期增长20%～25%。这些数据都可以说明胶州市虽受疫情冲击但稳住了经济发展基本盘,为青岛胶东临空经济示范区发展提供了底气。

**(二)青岛胶东临空经济示范区发展的主要制约因素**

1. 青岛胶东国际机场转场时间未定

青岛胶东国际机场和胶东临空经济示范区同步规划、同步建设,国际机场是青岛胶东临空经济区的发动机。虽说目前机场运营前的准备工作已经就绪,受国际、国内大环境的影响,青岛胶东国际机场一夜转场的时间尚未最后敲定,胶东临空经济示范区依托机场进行的项目难以开展。

2. 智力支撑不足是重大短板

做好招才引智、强化智力支撑一直是胶东临空经济示范区不懈的追求。自胶东临空经济示范区获批以来,胶州市委、市政府认真贯彻落实省"双招双引"会议精神,在注重招商引资的同时,面向世界招才引智。胶州市先后制定出台了《胶州市引进"柔性人才"智力服务暂行办法》《关于人才支撑新旧动能转换工作实施意见(人才新政20条)》,邀请国际航空大都市创始人卡萨达作为规划设计顾问,聘请中国民航大学教授、中国临空经济研究中心创始人曹允春挂职胶州市科技副市长,聘请沈阳航空航天大学校长杨凤田院士为航空产业发展高级顾问,聘请清华大学教授李乐飞挂职临空区管委副主任。胶州市还通过引进优质项目带入人才团队,其中"国网芯片"项目落户后,组建起近百人的芯片研究团队。但从胶州全市来看,截至2020年9月,胶州全市共有"两院"院士10人(院士工作站),千人计划专家18人,省级以上高层次人才45人,博士133人,硕士964人,与发达地区相比不可同日而语,与临空经济发展需求相比差距甚大。除此之外,胶州籍各类大学毕业生回乡比例较低,特别是"985""211""双一流"胶州籍大学毕业返乡比例更低,2019年,胶州全市人口增量不足10000人。人才集聚困难是胶东临空经济示范区高质量发展一个难以逾越的瓶颈。

# 三、青岛胶东临空经济示范区发展的几点建议

紧紧围绕"加速打造千亿级产业链",强化临空指向,港城联动,圈层结合,继续坚持"强保障、打基础、广招商、促开工"的工作思路,推动胶东临空经济示范区开发建设尽快出形象、成规模、见成效。

## (一)全力打造多元综合型空港经济,加快建设"世界一流智慧航空城"

临空经济的发展不仅要考虑在青岛的发展,而且要谋划联系环渤海湾地区、全国乃至整个东北亚的发展,还要谋划与同在胶州市域内的上合示范区同频共振,积极融入"一带一路"建设当中去。胶东临空经济示范区应把握好增量与存量的关系,既推动增量崛起,又实现存量变革。牢牢抓住各类机遇,坚持更大格局、更宽视野,实现航空资源有序外溢和周边区域资源共享,不断放大平台优势,全力打造以现代物流、航空工业、高科技制造、休闲会展等为主导产业的"多元综合型"空港经济,构筑高端临空产业基地,推动区域产业链迈向中高端。在发展过程中,坚持以产促城,以城兴产,产城融合,按照世界上机场城市发展理念,推动从"城市的机场"到"机场的城市"转变,加快建设"世界一流智慧航空城"。

## (二)持续发力崛起临空项目群落,集聚临空经济发展新动能

一是应继续强化大项目支撑,不断壮大临空经济产业链。坚持"世界眼光,国际标准,胶州优势",突出"建链、补链、延链、强链",瞄准世界500强及关联企业,大力开展精准产业链招商,加快集聚壮大千亿元级临空产业链,打造航空经济"隆起带"。促成重点项目早落地。加快推动空客总装线、中邮综合邮件处理中心、国网能源互联网创新基地、航空物流产业园等重点在谈项目落地。

二是应全力推进项目建设。推进签约项目快开工。通过建立专班工作机制,围绕项目手续办理、要素保障、施工推进等关键环节,加强靠前服务,推动中远海运空运山东总部基地等已拿地项目2020年前全部开工建设。坚持在建项目赶进度,推动在建项目满负荷施工,把受疫情影响的工程进度"抢"回来。加快推进综保服务中心、宇培、汇通丰源、

成龙国际、北站地下空间等项目建设,确保年 2020 年前完工。实施"一个项目、一名领导、一支队伍、一抓到底"的项目包挂责任制,针对项目实际,制定推进路线图、时间表,明确目标路径、完成时限、责任人,坚持问题导向,敢于攻坚克难,将项目的"问题清单"转化为"责任清单"。对于汇通丰源供应链管理、宇培电商产业园等开工在建项目,应持续跟进、持续发力,保证项目建设进度,争取早见收益,尽快崛起临空项目群落,集聚航空经济发展新动能。

### (三)加快基础设施配套,夯实临空经济发展平台

一是打好机场服务保障攻坚战,确保胶东国际机场顺利通航。围绕新机场转场运营目标,全力保障机场工程顺利施工,协调推进航空保障项目建设,配合机场集团做好行业验收,确保新机场顺利通航。加快完善新机场各项工程供地、规划建设手续,保障机场转场验收;协调推进东航、山航、青航基地项目和空管、航食等航空保障项目建设,确保尽快完成竣工验收;跟进做好机场通航应急保障、城市管理等常态化的后续服务保障工作;配合青岛机场办和青岛机场集团,启动机场二期工程前期工作;积极对接青岛机场集团、航空公司和驻场单位,推进机场集团相关公司、东航、山航、青航、首都航及航油公司的注册地迁移入胶工作。二是争取在新一轮国土空间规划调整中,进一步优化完善临空区总体规划,拓展发展空间,扩大建设用地规模,保障急需落地项目的用地需求。三是抢抓国家财政政策和货币政策加大经济刺激的有利时机,充分利用融资宽松的窗口期,积极争取政府专项债和金融机构信贷支持,提高平台运营公司的资信评级,积极拓展资本市场,破解发展瓶颈,加大基础设施建设和片区开发力度。四是继续推进临空南部商务区核心区村庄、企业的片区拆迁和机场北部噪音影响区村庄拆迁,为临空经济发展腾出空间。

### (四)加强人才建设,为临空经济发展提供智力支持

千秋基业,人才为本,引进人才就要不断突破人才引进的政策瓶颈。从当前胶州市乃至整个青岛地区来看,人才的引进主要受到两个方面的约束:一是薪资水平较低,与青岛地区的发展不匹配;二是平台较少,缺乏容纳人才的优质企业。这就需要我们一方面通过政策和市场化手段提高引进人才薪资水平,另一方面要通过全产业链项目集聚为各类人才搭建平台。建议对标深圳、上海、江浙等地先进的人才政策,打造人才洼地,逆转本地人才的流出和吸引外地优秀人才的流入。要少设或者不设门槛,引进青岛发展有用的各类人才满足经济和社会发展的需求。对于胶东临空示范区建设而言,产业人才的培养也迫在

眉睫。应抓紧促成中国民航大学、沈阳航空航天大学、滨州学院等航空类专业院校在胶州落地，争取在临空区设立校区、研究院，尽快实现临空区航空类教育资源新突破。根据国家发展改革委、教育部等部门2019年10月公布的《国家产教融合建设试点实施方案》，自2019年起5年内我国将试点布局50个左右产教融合型城市，打造一批产教融合型行业，并在全国建设培育1万家以上的产教融合型企业，对试点企业可按规定纳入产教融合型企业认证目录，并给予"金融＋财政＋土地＋信用"的组合式激励。胶东临空经济区应尽快把塑造产教融合性临空经济提上日程，以国家政策和财力作为支撑，塑造青岛胶东临空经济的特色，培养各类急需临空经济人才，为区域引进其他各类人才提供平台和助力。

（作者单位：中共胶州市委党校）

# 平度市城乡社区治理发展研究

贾晓峰

2020年，是极不平凡的一年，面对近百年来人类遭遇的影响范围最广的新冠疫情，中国采取最全面最严格最彻底的防控措施，疫情防控取得重大战略成果。此次疫情，不仅是对我国公共卫生防疫体系的考验，还是对治理体系和治理能力的实战大考。社区作为社会治理的基本单元，在整个疫情防控中发挥了重要作用。而基层党组织发挥战斗力和凝聚力，运用区域化党建组织动员多方资源，同时依靠网格化的管理和技术条件，在精细化管理中形成了群防群治的抗疫格局。但是，社区抗疫中也暴露出一些问题。"后疫情时期"如何突破这些治理短板和面临的挑战，是未来一定时期进一步推进社区治理体系和治理能力现代化的重点方向。

## 一、2020年平度市城乡社区治理的主要做法

### （一）新冠肺炎疫情防控过程中平度市社区应对举措

疫情当下，一个完备的社区治理体系，能够加固社区疫情防控堡垒作用。城乡基层社区是疫情联防联控的第一线，各个社区、各个小区防控好了，全社会防控就有了扎实的基础。社区虽处基层，但往往涉及组织、民政、发改、财政、住建、人社、司法等多个分管部门，工作千头万绪。2020年在疫情来临时，平度市在上级党委、政府的坚强领导下，构建了市、镇（街道）和社区三级运行体系，通过统一指挥，激活各社区人、财、物等资源，成为"纵向到底、横向到边"防控网络坚实的制度保障和执行保障。

党建引领增强社区战斗力，是疫情防控的坚强保障。基层党组织的领导越坚强，社区的战斗力就越强。在2020年疫情突袭之下，平度市严格落实落细外防输入、内防扩散的各项举措。在党建引领下，广大城乡基层社区工作人员和志愿者在宣传排查、病员防控、清洁消毒、路口查守、保障服务等方面做了大量细致工作，得到广大群众的配合和支

持。例如,在开发区前八里村爆出平度新冠肺炎第一例病例后,相关人员迅速投入排查工作。经过开发区党工委和社区工作人员耐心细致做工作,很快查清了与确诊患者密切接触人员并迅速进行隔离。在该社区封闭排查期间,党工委组织志愿者和社区工作人员将居民所需生活物资如蔬菜、消杀药品等及时送至定点取放处。组织社区工作人员动员群众做好监督,及时将有过湖北等疫情高发地区旅居史及与疫情高发地方人员接触史的人员上报相关信息,减少了潜在风险和隐患。各级党组织和党员志愿者在疫情防控工作中,身先士卒,主动出战,担当作为,发挥先锋模范作用。即使严寒和风雪天气,依然坚守值守岗位,守护辖区群众的生命安全。

扎实做好信息摸排等社区治理基础性工作,是疫情防控的坚实基础。社区既有大量常住居民,也有不少流动人员。掌握常量,清楚变量,才能做到有的放矢。通过社区充分发挥社会宣传动员功能,对外地户籍、湖北等疫情重点地区、近期来平返平人员、居家隔离观察人员等重点人员底册动态管理进行全覆盖,前后进行了地毯式滚动摸排,为全市群众筑起了一道社区防疫"长城"。在平度市出现确诊病例后,做到了迅速排查密切接触者并第一时间隔离观察。2020年10月又在短短一周时间迅速对全市社区居民完成核酸检测。

坚持科学分类治理精准施策,是疫情防控的关键。疫情防控是一个系统工程,对于有着137万人口的大市,防控疫情,不仅要严防死守,更要讲究科学精准施策。2020年春季,平度针对不同社区、不同人群的实际情况,在科学研判疫情形势、稳步防控疫情大前提下,充分尊重社会多元化、多样性,进行规范化管理、精细化治理、人性化服务,严禁层层加码,擅自封闭小区(院落)、单元、楼层、住户等行为。在流动人口较多区域,以防输入为重点做好防控工作,在有确诊病例社区,则以防止内部交叉感染为重点做好防控工作。针对居家隔离观察人员,通过社区与医务人员积极配合,做好对象随访以及生活物资代买、日常事项代办等服务工作,确保隔离人员严格居家隔离、正常生活。而对于老年、残疾人群,则充分发挥社区的宣传动员功能,在确保其刚性服务需求的前提下,引导其少出门,有效控制风险。对于生活困难人群,加强关心关爱,定期探访,温暖人心。通过这些举措,不断增强群众的安全感,逐渐引导社会回归理性、有序,尽可能减少疫情对群众正常生活的干扰。

### (二)平度城乡社区治理的主要做法

平度市在疫情防控中能迅速取得显著成效,有赖于长期以来平度城乡社区治理的经验积累。

**1. 不断完善的政策,为社区治理提供有力保障**

为加强城乡社区治理,平度市从 2019 年开始先后出台了《关于加强和改进城市社区居民委员会建设工作的意见》《平度市社区建设工作考核暂行办法》《关于进一步加强城市规划建设管理工作的实施意见》等规范性文件,基本形成了党政领导、民政牵头、相关部门配合、社会力量有序参与的社区治理工作体制机制,社区管理服务进一步完善、规划建设保障和考核督查等专项机制,为社区治理提供了重要的制度保障。

**2. 规范制度程序,治理能力进一步提升**

一是基层党建与基层治理深度融合。党建统领机制不断完善。2020 年,平度市不断扩大党在基层的组织、工作和活动覆盖,推广党员线、自治线、社团线、志愿线、服务线社区党建"五线工作法",充分发挥社区党组织组织动员和整合资源作用。推动党的组织体系向社区末端延伸,创新找党员、建组织、优机制、抓服务、植文化社区党建工作法。大泽山镇东岳石社区 2020 年不断强化社区治理措施,构筑以社区党组织为核心、充分发挥党支部和党员在社区治理中的重要作用。社区党群服务中心建有便民服务大厅和便民"加油"站。便民"加油"站主要依托无职党员设岗定责,每天安排 4 名党员坐班值班,重点提供中午、晚间、周末等非工作时段的便民服务,如帮忙解决突发问题、照看卫生室中正在输液的村民、晚间全程维持文化广场秩序等等,打造形成全方位、无缝隙、无死角的立体式便民服务体系。社区每年还从集体收入中拿出占比 65% 以上的专项资金,发放学龄儿童专车补助、老人节福利、春节福利等,保障居民福利。社区治理同时理顺社区党组织、业主委员会、物业公司权责关系,推动居民小区事务部门共管、居民共商、社会共促。发挥基层党组织服务群众主渠道作用,整合政策、资金、项目集成投放到社区,实现资源要素统筹、社区集成,推动基层治理重心真正落到城乡社区。凤台街道星光社区 2020 年按照"党建统领、社区主体、多元参与、社会共建"的原则,以"区域党建和社会联动"为支撑,积极推行"12345"社区党建工作机制,即以社区党委为"一个统领",实现党群共融共建、邻里和谐满意"两大目标",确保制度、人员、经费"三种保障",开展便民、文化、志愿、自治"四项服务",建立文艺宣传、医疗服务、环保志愿、治安联防、法律援助"五支队伍"。党委按照"党建统领、文化提升、服务为民、多元参与、共治共享"的发展理念,社区以"我爱我家"社区品牌为抓手,着力打造和谐、幸福、美丽、有活力、人气旺的高品质社区,实现了社区组织网格化、人员管理信息化、社区活动志愿化、文化生活特色化。

二是健全基层治理机制。突出"一核三治、共建共治共享",构建以基层党组织为核心、自治为基础、法治为根本、德治为支撑的新型基层治理机制。健全基层党组织领导的居民自治机制,搭建以居民议事会为主体的多方议事协商平台,推动社区事务共商共议共管。平度市走过一条从村规民约规约到"道德银行"自愿的推进路子。长期以来,农村社区的村规民约发挥重要作用并且呈现良好效果。以田庄镇南坦坡社区为例,在《村规民约》制定中,以村庄生态宜居为导向,以规范言行为重点,教导居民养成良好生活习惯,增强居民自我教育、自我管理的自制力。在开展的"十星级文明户"、"五好文明家庭"、"好媳妇好婆婆"和"最美孝星"等活动中,发挥了榜样示范、自我教育、自我评价的作用。2020 年,通过探索推行"道德银行",提升自治水平。"道德银行"在新河镇成效明显。新河镇道德银行参照银行运行模式,建立镇级总行统筹服务、社区支行分片管理的服务机制。把居民在环卫整治、移风易俗、公益奉献等七大方面 29 项日常表现量化积分,存入各家庭账户,积分能换道德币,可以从社区道德超市兑换物品或者社会化服务。道德行为—积分—道德币—实物或服务—道德行为的闭环式道德正向转化生态,倒逼了居民作风、行为、素养极大提升。同时,深化"诉源治理"为重点的社区法治建设,建立社区法律顾问制度,发挥人民调解员作用,推动居民循法而行、社区依法而治。强化中华优秀传统文化、社会主义核心价值观"以文化人"的德治支撑作用,将文化融入社区发展和居民生活,塑造共同精神家园。

3. 研究探索,不断创新治理模式

一是积极推进社区网格化管理。将组织党建、司法调解、综治维稳等事项纳入网格化管理。将全市社区治理网格纳入全市社会治理大数据平台。2020 年前三季度,举行了全市网格化信息平台培训班和专职网格员培训班,全市 2042 名网格员手机安装 APP。形成党建统领,人在格中游,事在格中办局面。凤台街道星光社区建立了社区党委—网格党支部—楼长—单元格长"四级"管理模式。根据楼座位置、居民户数把整个社区划分了 9 个网格党支部,每个党支部有网格长、网格员和党员中心户。通过实行网格化管理,让社区的每一名党员都能找到一个"家",并通过他们把党和政府的好政策、好声音、好故事及时传达给居民。居民的意见、建议和需求也会通过党员中心户及时反馈到社区,便于社区更好地为居民服务。李园街道小庄子社区创新推行"党建＋网格"服务管理模式,社区党支部 30 名党员,其中 27 名党员联系帮包社区 162 户居民。将全社区划分为 5 个管理网格,每个网格设一名网格长负责全部工作,两名网格员各联系近 20 户居民,建立"支部—网格—党员"三级管理架构。网格员负责将上级政策和相关文件传达给居民,建立定期走访了解居民情况和需求、及时帮办和向上反映到网格长。党组织能解决的立即解决,不能解决的发送到相关职能部门,处理后一次反馈。自建立网格以来,家庭邻里关系协调、纠纷处理、环境卫生督查、流动人信息摸排、社会治安管理以及社区重大工作的推进中的思想工作,包括拆违和人口普查工作都是由网格员责任帮包到片到户。网格管理使工作的布置更迅速、完成更及时,对村民情况的掌握更全面,第一时间了解居民动态。网格治理平台的建立,使居民大小事事事留痕,各类服务在网格中落地落细,社区实现了由"乱"到"治"。

二是探索开展"四社联动"社区治理创新实践。初步形成了以社区为平台、以社会组织为载体、以专业社会工作为支撑、以志愿者服务为补充的四社联动新格局。星光社区居民还自发组建了文艺演出队,已从最初的十几人,发展到现在的50余人,他们经常自编自演文艺节目,弘扬社会新风尚。同时,开设社区大讲堂,聘请社会上有经验的教师负责课堂日常运转,通过播放中华优秀文化故事、红色影片等,并定期聘请教师现场授课,开展普通话培训、读书交流会、心理辅导等学习,引导居民崇尚积极健康向上的美好生活。社团活动更加专业。每月社区党委制定活动课程表,做到月月有计划、天天有活动。活动的组织依托志愿者,组织开展文化、科普、教育、娱乐、互助等主题的活动。如传统文化培训、合唱团排练、乒乓球比赛、消防演练、志愿者培训、书画展等30余项,以供居民按照各自的兴趣和爱好选择,为社区居民营造相互沟通、相互交流、和谐温馨的良好氛围。

4.统筹各类资源,进一步提高服务能力

各相关部门能够结合各自职能,以"便民、利民、为民"为出发点,将各类公共服务向社区延伸,形成了社区治理的合力。扎实推进智慧社区建设。社区通过微信群、电子屏、网络、呼叫系统等现代化手段宣传政策、发布信息,社区服务效能明显提升。2020年,徐福社区主动拥抱"后峰会时代"智慧警务实战应用成果,整合视频监控、微卡口、WIFI嗅探、人脸识别等科技手段,布健全覆盖、立体防控的社区智慧网。推广安装智能感知前端,将社区内所有实住人员信息接入公安平台。建设"平度市三维立体地图动态管控系统",平台上能动态显示实有房屋、实有人口信息,如车辆、手机号码、人员图像等,实现"见房知人、见人知房、查房知人、查人知住"。建立流动人口信息库,所有新增流动人口实时比对公安系统违法犯罪人员、在逃人员、重点人员等信息底库,确保底子清、情况明。通过监控车辆、手机号码定位和人脸识别等手段,实施动态治理和服务,做到基础信息网上录入、办事服务网上管理、工作过程网上监督、责任目标网上考核。网格员手机移动终端采集、上报处理各类信息,使工作情况"全程留痕",使各类信息一点式查询、重点目标一键式查控、隐患问题一站式解决。

# 二、平度市城乡社区治理暴露出的问题

加强和改进社区治理是一项复杂的系统工程,涉及领域广、范围大、内容多,需面对方方面面的问题和挑战。

## (一)社区基层组织悬浮,居委会承担较多行政工作

城乡社区作为治理体系末梢,需要应对自上而下的不同部门各个条线的大量检查、督查、评估,不仅要承担各种自上而下的目标任务考核压力,还有各种评比、创建活动,社区干部在应付各种检查、做表格,想方设法搞特色、搞活动以及办事留痕方面就要耗费较多精力。

## (二)群众缺乏参与意识,居民自治难以激活

在疫情防控中,联防联控、群防群治发挥了重要作用。但也有这样一些现象,如社区居民对测体温一开始存在抵触情绪,不配合。有干部说:"疫情需要群防群控,而不应该出现党员干部干、群众揣手看的尴尬局面。"社区工作得不到积极响应,也是有原因的,如有的社区干部平日与居民根本不熟悉,社区出现情况无法第一时间掌控。居民对社区的归属感较差,对社区工作缺少了解的途径,社区组织的活动居民响应度较低。居民自治一直是社区基层工作的难点,也是社区基层改革一直力图突破的地方。激活居民自治的关键还是要从群众生活的小事、细节出发,想方设法将社区居民组织起来。

## (三)社区物业管理服务能力滞后,社区物业参差不齐

社区服务能力薄弱。在此次疫情防控工作中,社区的任务十分繁重。2月初上级下发文件规定可以五天外出采购一次生活必需品,一般家庭没有问题,但对于部分仅剩老年人的家庭就不是很方便了,尤其是老年人需要的医疗、送餐、购物等需求不能得到很好满足,凸显了社区服务能力的薄弱。此次疫情还暴露出应急物资储备不足问题。几乎每个社区都没有准备应急防护的意识。当前,城乡社区的基本运转主要由物业公司维持。一些开发较好的商品房小区,物业管理及服务能力还好,但物业服务的范畴主要限于公共环境及基本公共设施的管理维护。物业公司很难直接对接社区居民日常生活的细碎小事,诸如小区居民乱停车、乱占停车位这些社区常见的事情,物业公司管理人员通常避之不及,认为是社区居民自己的事情,他们不愿意为此与居民发生矛盾或口角冲突。协调不好的情况下,物业、居委会相互推诿也时有发生。一些老旧小区、安置房小区,物业费收缴困难,物业公司难以为继,

不少老旧小区物业外包,有些老旧小区工作人员极少,人员结构极其不稳定。防疫抗疫特殊时期,一些老旧小区物业难以发挥最基本的作用。有的社区物业管理跟不上,消毒、防护、隔离措施不到位,社区防疫把关不严,致使居民安全感降低。

### (四)公共服务供给模式长期存在偏差,社会组织关键时刻掉链子

政府购买服务逐渐成为一种社区治理时尚,一些项目资金交给专业的社会组织供给服务,政府省心,服务相对专业,似乎是两全其美的事。而事实上,这些所谓的专业社会组织真正能做到为民服务、为民着想的相对较少。并且,部分社会组织过度依赖行政支持,参与社区治理的过程中发展能力较弱,且自主性并不强。社会组织普遍规模较小,一些社区社会组织缺乏较为完备的组织结构以及制度建设,在人才招募以及考核的过程中并不具备健全的流程,还有一些社会组织虽然具备较为健全的机制,却缺乏创新,很难跟随时代发展脚步,因此也很难在社区治理过程中提供优质的服务。

### (五)过度依赖技术治理,社区网格面广而内空

技术治理近年来被各方推崇,都指望新型治理手段能够化解问题于万一。在流动性较大的城市陌生人社区,技术治理手段必不可少。社区 APP、微信平台、社区网格等等,在问题查找、信息统计、民意反馈等方面都发挥着不可替代的作用,但如果过分依赖这些技术手段,甚至试图从这些技术手段上不断创新寻求新意,社区治理效果恐怕就不尽如人意。就调研来看,有的社区网格仅发挥搜集问题、发现问题、上报问题的有限作用,产生的治理效果与网格投入不成比例。能把社区网格做到实处的通常是利用了社区本身存在的熟人社会网络,如我们所调研的一个村改居社区,将楼长、老党员、拆村之前的小组长、退休干部、妇女主任、居委会、物业公司等等都纳入网格,以纵向层级关系填充横向网格,实现上下互动和多方联动,增加了社区治理的能动性和主动性。

## 三、提高城乡社区治理水平的思考

"基础不牢,地动山摇。"社区是基层治理的重心,也是党的执政基础所在,必须采取有效措施,进一步加强和完善城乡社区治理,探索完善党组织领导下的自治、法治、德治相结合的基层治理体系,全面提升城乡社区治理法治化、科学化、精细化水平和组织化程度,促进城乡社区治理体系和治理能力现代化。

### (一)坚持以高质量党建为统领,确保社区治理有方向

基层党组织是加强社区治理的坚强保障。一个组织就是一座堡垒,一名党员就是一面旗帜。基层党组织的领导越坚强,社区的战斗力就越强。强化党建统领,构建从党组织全覆盖到治理全覆盖,在社区大网格和便民小网格中实现党建工作与社会治理的无缝衔接:一是做好组织发动。在各项工作特别是面对突发事件时,能迅速把各方面力量集中并组织起来。做好统筹协调。二是"统"得起,"分"得下,让方方面面的资源最优化、最大化,集中到工作目标上。三是做好宣传教育。及时把政策宣传和思想教育贯穿于每一项工作的全过程,特别是针对突发事件,应能够及时跟踪社会舆情动态,以保持社会稳定和人心安定。

### (二)坚持依法治理这个关键,确保社区治理有遵循

城乡社区治理迫切需要注入法治化动能,通过加强法治建设,提高城乡社区的自治能力,依法协调基层矛盾纠纷,密切干群关系,以法治精神与文化疏导群众情绪,破解城乡社区治理的法治难题。一是加快城乡社区治理法治建设步伐,加快修订相关法律法规,研究制定符合社情民意的各项规章制度。二是完善城乡社区民主选举制度,进一步规范民主选举程序,通过依法选举选出居民群众心中的社区居民委员会。三是充分发挥警官、法官、检察官、律师、公证员、基层法律服务工作者作用,深入开展法治宣传教育和法律进社区活动,推进覆盖城乡居民的公共法律服务体系建设。

### (三)坚持群众参与这条主线,确保社区治理有合力

一是增强群众的社区共同体意识。疫情防控期间,居民隔离在家,限制出行,各小区、各社区居民既是利益的共同体,也是命运共同体。社区和物业等工作人员为居民提供必要的生活物品采购,保障居民的健康与安全,社区的凝聚力和向心力得到了提升,这为接下来构建社区共同体奠定了很好的基础。二是应充分相信群众、尊重群众和依靠群众。社区居委会应进一步鼓励居民群众参与民主议事和决策,加强与居民群众的沟通,逐步实现群众参与社区治理在理念和体制上的推广。坚持依靠居民、依法有序组织居民群众参与社区治理,实现人人参与、人人尽力、人人共享。三是应真心深入群众。疫情防控做得好的社区的重要秘籍是社区干部和网格员深入社区逐户统计摸排汇总信息。社区干部平时应多接触居民群众,了解居民群众情况与需求,既增进与群众感情又掌握社情民意。尊重居民群众的主体地位和首创精神,谋划创新路径要向居民群众问计,落实创新举措要靠居民群众参与,衡量创

新成效要由居民群众评判。四是在群众中广泛弘扬民族精神、传承中华传统美德,通过设立道德讲堂、开展优良家风建设,发挥德治在社区治理的重要作用。

### (四)坚持社会组织自育培养,确保社区治理有抓手

确保社区治理效果,除了社区工作人员的努力外,专门的社会组织必不可少,在引进社区组织服务过程中,社区要积极培养熟悉情况、了解需求、服务专业的自育社会组织。应制定完善扶持政策,大力发展在城乡社区开展纠纷调解、健康养老、教育培训、公益慈善、防灾减灾、文体娱乐、邻里互助、居民融入及农村生产技术服务等活动的社区社会组织和其他社会组织。积极推进社区、社会组织、社会工作"三社联动",完善社区组织发现居民需求、统筹设计服务项目、支持社会组织承接、引导专业社会工作团队参与的工作体系。鼓励和支持建立社区老年协会,搭建老年人参与社区治理的平台。

### (五)加强社区治理平台建设,推进社区治理智慧化

科技是提升基层治理效能的动力,社区治理要适应信息化带来的变革,把科学治理、科技治理作为主攻方向,通过搭建社区治理平台建设,优化社区治理信息平台和网格化管理,实现智慧化、现代化社区治理。一是将大数据、人工智能等现代化信息技术应用于社区治理,掌握智能手机应用程序和物联网等所反馈的数据,提高突发公共事件防控和日常社区治理的精准性与前瞻性。二是优化社区网格化体系,完善"纵向到底、横向到边"的责任体系和工作格局,加强网格化管理。依托微信公众号、微信群、智慧社区、APP等信息化手段,畅通信息化联络渠道,利用技术手段代替人海战术,准确掌握常住人口特别是流动人口的活动情况、需求情况等,让居民群众与社区联系互动不再限时、限地、限人。

### (六)坚持人才培养这个内因,确保社区治理有创新

应不断建立健全社区工作者培养、评价、选拔、使用、激励机制,持续提升社区工作者能力和水平。一是通过理论学习、实践锻炼,着力提升社区工作者的群众工作能力,培养有思想、有担当、有本事、想干事、能干事、干成事的社区工作者。二是加强对社区工作者的教育培训,提高其依法办事、执行政策和服务居民能力。力争做到刚性管理和柔性服务结合,提升精细化治理和服务能力,不断满足社区群众差异化的合理需求。三是配优社区工作者队伍,破解社区干部人手不足问题。对已有的社区工作者队伍进行科学合理分工,让更大一部分人把主要精

力放在社区,主动化、常态化下沉社区,掌握、了解群众利益诉求并积极回应。四是应完善社区工作者激励机制。通过精神关爱和物质激励,鼓励更多的优秀人才投身社区工作。

（作者单位：中共平度市委党校）

# "莱西会议"召开30周年专题研究

孙玉欣　赵　枫

1990年8月5日～10日,中央组织部、中央政策研究室、民政部、共青团中央、全国妇联在莱西召开全国村级组织建设工作座谈会,史称"莱西会议"。会议总结和推广了莱西市(原莱西县)加强以党支部为核心的村级组织"三配套"经验(即莱西经验:以党支部为核心搞好村级组织配套建设,强化整体功能;以村民自治为基础搞好村级民主政治配套建设,启动内部活力;以集体经济为依托搞好社会化服务配套建设,增强村级组织的凝聚力),从理论、政策和制度上确立了以党支部为领导核心的村级组织建设工作格局,在党的农村基层组织建设史上具有里程碑意义。

## 一、继承弘扬"莱西会议"精神,深化拓展"莱西经验",以组织振兴统领乡村全面振兴

2020年是"莱西会议"召开30周年。"莱西会议"召开以来,"莱西经验"在青岛大地不断继承发扬、深化拓展。从"三配套"到"一统领三融合",青岛市走出了新时代农村基层党建工作新路,探索出以组织振兴统领乡村全面振兴的"青岛打法"。莱西市适应农村改革和发展的新形势,与时俱进地探索加强以村党支部为核心的农村基层组织建设,总结形成了2000年的"三结合"、2005年的"三三制"、2010年的"五化五机制"、2015年的"三体系一机制"、2020年"一统领三融合"的工作思路,为推动全市农村改革发展提供了坚实的组织保证。

2013年11月,习近平总书记视察山东时指出,发端于莱西的村级组织配套建设经验,在全国起到了很好的示范引领作用,要求增强进取意识、勇探新路。省委常委、青岛市委书记王清宪在"莱西会议"召开30周年纪念座谈会上指出,青岛深入落实习近平总书记重要指示精神,沿着"莱西会议"确定的方向,深入挖掘"三配套"经验时代内涵,以组织振兴统领乡村振兴,探索走好以农村基层党组织统领乡村发展融合、治理融合、服务融合"一统领三融合"的新时代农村基层党建工作路

子。这是"莱西会议"经验永葆生机活力的崭新"齐鲁样板"。

近年来,莱西市认真落实省委、市委决策部署,坚持把深化拓展"莱西会议"经验作为一号工程,按照"以农村基层党组织为统领,推进乡村发展融合、治理融合、服务融合"思路,边探索边实践,重点实施了重塑基层组织体系、土地规模化经营、优化村庄布局三项工作,初步构建起土地规模化经营、村庄布局调整、土地资源整理、美丽乡村、田园综合体建设与乡村"五个振兴"统筹推进机制。加快推进乡村治理和农业农村现代化,乡村振兴纵深突破,获评国家城乡融合发展试验区、全国乡村治理体系建设示范试点市;相关做法以第1名成绩获评全国基层党建创新30个最佳案例、入选农业农村部27个乡村振兴典型案例,为打造乡村振兴齐鲁样板贡献了莱西方案。

### (一)纪念"莱西会议"召开30周年系列活动

10月13日上午,纪念"莱西会议"30周年座谈会在济南举行。会议深入学习贯彻习近平总书记关于农村基层党的建设和乡村振兴的重要论述,座谈交流深化拓展"莱西会议"经验,以组织振兴为统领,推动乡村全面振兴的思路举措。省委书记刘家义,全国党建研究会会长、中央党校原常务副校长李景田出席座谈会并发言。刘家义在发言时总结了山东省深入挖掘"莱西会议"经验新的时代内涵:注重加强党对农村工作的全面领导,注重抓实建强基层党组织,注重创新优化党组织设置,注重提升党组织服务能力,注重深化村级组织配套建设,以党建引领推动乡村善治,以组织振兴统领乡村全面振兴。

在莱西市,还有11处各具特色现场观摩点,展示了深化拓展"莱西经验",以组织振兴统领乡村全面振兴的典范。其中,组织的力量——"莱西会议"专题展最有吸引力。"莱西会议"专题展建筑面积590平方米,展览分为"农村改革 伟大实践"、"莱西经验 探索创新"、"莱西会议新的里程"和"锐意进取 勇探新路"四个部分,主要采用图片、视频、音频、实物等方式,全面展示1990年8月"莱西会议"召开的时代背景、会议实况和历史地位,以及会后30年来山东各级党组织积极适应农村生产生活方式发生的深刻变革,紧紧围绕坚持和加强党对农村工作的全面领导,大胆创新突破,持续深化拓展,不断开创新时代农村基层党建工作新局面。2017年8月9日"莱西会议"专题展建成开放以来,2.5万余名党员干部来此参观学习。该专题展被命名为全省党史教育基地,先后被青岛广播电视大学、青岛农业大学、青岛市委党校等多所院校确定为党员教育基地。

另外,"三合"走出振兴路——日庄镇沟东新村,党建统领践行"两山"理念的生态文明新村——水集街道产芝湖新村,强村带动、融合发展、共同富裕的幸福新村——沽河街道庄扶新村,共建共治共享的农村区域化党建新路子——姜山镇垛埠新村,"百年家训"铺就乡村善治之路——夏格庄镇双山村,党建统领 整镇推进 融合发展——店埠镇"沽水菜乡·萝卜小镇",与时俱进提升组织力——莱西经济开发区南龙湾庄,带领村集体和农民闯市场的又红又专产业服务平台——青岛广大果蔬专业合作社,党建统领 合作社抱团发展——院上镇"葡萄小镇"和党建统领乡村全面振兴的示范新村——河头店镇龙泉湖新村等,都是创新性拓展"莱西会议"精神的典范,成为现场观摩的典型案例。

### (二)深化拓展"莱西经验"的主要做法

"莱西会议"以来,随着工业化、城镇化的快速推进,农村的社会结构、经济结构、组织结构都发生了深刻变革,农村空心化、农户空巢化、农民老龄化日趋明显,农村新型农业经营主体和各类社会组织大量涌现。各类组织、各类群体已打破地域限制,交织分布、相融共生的趋势日益明显,各种要素、各种资源已打破城乡限制,双向流动、合理配置的趋势也愈加凸显。在这一过程中,少数农村基层党组织的组织力和政治功能有所弱化,主要表现在政治统领、引领经济发展、推动乡村治理、服务群众等方面的能力还不强。单纯依靠传统的理念和办法开展农村基层党建工作,已经难以从根本上解决这些问题,迫切需要以自我革命的精神,打破就农村抓农村、就党建抓党建、就村庄抓村庄的惯性思维和路径依赖,运用区域统筹的办法勇探新路。

1. 打破"就村抓村"路径依赖,重塑基层组织体系

实现乡村振兴,组织振兴是保障。这些年,在基层组织建设上投入不少,但基层组织软弱涣散的问题始终存在,原因就是药不对症,存在"就村抓村"路径依赖。在推动乡村振兴进程中,充分发挥基层党组织战斗堡垒作用,打破"就村抓村"路径依赖,坚持抓镇促村、整镇推进、全域提升,确保党在推动乡村振兴中始终总揽全局、协调各方,为实施乡村振兴战略提供坚强政治保障。一是压实镇街党委主体责任。把乡村振兴的主体责任落到乡镇,建立"镇呼市应、上下联动"机制,为镇街赋能,明确了60项"属地管理"事项主体责任和配合责任,将城乡规划、民生保障等17项管理权限下放镇街,建立"镇呼市应、上下联动"响应平台,昂起镇街党(工)委基层治理龙头。坚持以区域化党建整合各类资源,在镇、新村全面建立区域化党建协调议事机制,将75项镇级管理的"一次办好"公共服务和行政审批事项全面下放新村,推动基层组织设置从"有形覆盖"向"有效覆盖"转变。统筹县域编制资源,为12个镇街新增345个事业编制,全部用于保障新村党委,确保每个新村党委专职工作人员不少于6人。二是率先实施新村党组织融合。综合考虑户籍

人口、地理位置、历史沿革、产业布局等多方面因素,撤销原建制村党组织,设立新村党组织、网格党支部、党员中心户,构建"镇党委—新村党组织—网格党支部—党员中心户"的组织链条,因地制宜设置产业、治理、服务、群团等专业型党组织,巩固和扩大"两新"组织党的组织有效嵌入和工作有效覆盖,推动党组织触角向乡村治理、产业发展、社会服务一线延伸。选拔 1732 名党员干部充实农村基层党组织班子,公开遴选 30 名村党组织书记、选派 55 名专业党建工作者到村任职,从根本上解决了村庄无人可选的问题。比如,马连庄镇草泊社区原辖 11 个村党支部,打破以原有村庄为单元的党组织设置模式后,新设立组织管理、产业发展、综合治理、文明实践、群团组织 5 个功能党支部和 2 个网格党支部,根据农村党员的特点,分别将党员组织关系转到功能支部"攻山头"、转到网格支部"稳阵地",促进了治理水平和党员管理质量提升。三是依法依规优化村庄建制。按照原村干部和村民的待遇、债权债务、资产资源资金"三个不变"原则,经镇政府提出、户代表会议表决、市政府批准,依法依规撤并村民委员会。自 2019 年 3 月份开始,利用 3 个月时间,撤销村民委员会 832 个,新设立新村村民委员会 113 个,全市行政村数量由 861 个减少到 142 个,户代表参与率达到 80% 以上、同意率达到 95% 以上,村均人口规模从 512 人增加到 3728 人。自 2019 年 9 月份开始,启动新村村民委员会选举,截至 2020 年 9 月底,已完成选举 104 个。四是健全新村运行机制。出台加强新村党委建设的意见,突出新村党委统领作用,全面厘清村民委员会、村务监督委员会、集体经济组织、群团组织等各类组织责任边界,强化新村党委对各类组织和各项工作的统一领导。健全完善新村党委领导的村级议事决策、发展融合、治理融合、服务融合等机制。具体说来:健全发展融合机制。发挥新村党委平台作用,推进"土地集中流转—整理—再流转",提升生产组织化水平,推行"党组织＋公司＋合作社、村集体、农户"土地经营模式,努力实现整村、整镇"一块地"。2019 年至 2020 年 9 月底,全市新增土地流转面积 12.3 万亩,规模化经营率达到 65.1%,比全省高出 27.8 个百分点,实现从"分散经营"到"抱团发展"的转变。健全治理融合机制。把加强党的领导写入村民自治组织、村级集体经济组织章程,搭建"三会一约"治理平台,深化村民自治实践。健全普法调解、矛盾多元化解等机制,推进"一村一法律顾问",综合运用"约谈谈话、重点管控、行政处罚、刑事追究"四种形式,深化扫黑除恶专项斗争,打造基层社会治理的"莱西模式"。健全服务融合机制。突出新村党委"一线主阵地"的地位,除 5 万元以上资金、合同项目及党组织调整等重大事项外,镇街其他管理服务职能全部下放,实现了职能下放、服务下沉、阵地前移。依托新村党群服务中心,推动 75 项镇级公务服务和行政审事项"一竿子插到底",直接下沉新村党委,切实缩短服务群众半径,让群众办事"最多跑一次""最远跑到新村党委"。在全国首创新村党员议事代表制度,按照党员数 20%～30%的比例设立党员议事代表,参与新村事务决策、管理和监督,推动新村高效运转。例如,日庄镇沟东新村推动新村组织融合,增强"统"的功能。沟东新村党总支成立后,充分整合村庄党员干部力量,不断强化班子配备,推动组织融合,推动村党组织在重大任务落实中发挥战斗堡垒作用。村庄结构优化调整后,设立沟东新村党支部,设置乡村旅游、社会治理等 5 个专业型党小组,优化组织链条,强化班子配备,把党的领导贯穿基层党建、产业发展、村庄建设、乡村治理等各方面,增强党组织政治功能和组织力。强化村党组织书记"领头雁"作用,新村党组织书记由工作能力强、群众威望高的沟东自然村党支部书记高维玉担任,新班子成立后,仅用 2 天时间就收缴玉池村陈欠 20 万元,先后破解玉池集体资产管理混乱、南埠党组织软弱涣散等难题。

2. 坚持"平台思维做发展乘法",以党建统领乡村产业提档升级

实现乡村振兴,产业振兴是基础。牢固树立平台思维、强化融合理念,坚持"组织力＋市场力",充分发挥各级党组织的组织、宣传、凝聚和服务群众功能,利用组织的力量、市场化的手段,把农村分散的资源整合起来,有效对接市场,吸引资本、技术下乡,着力实现土地规模化、组织企业化、技术现代化、服务专业化、经营市场化。一是加快村庄"三资"融合,夯实产业发展基础。健全新村集体经济组织,由农村基层党组织牵头对原行政村债权债务进行全面清理,让新村"轻装上阵"抓发展。主要采取一次性融合、差异化融合和渐进式融合三种方式,对村级集体资产进行融合。一次性融合。对涉及建制优化的村庄之间集体净资产总额或人均集体净资产额相差不大,或现有净资产虽有差异但可以通过资源配置实现优势互补的,可把原村庄的资产、负债及所有者权益直接合并形成新村的资产、负债和所有者权益,原村庄的债权、债务关系也随之转移,由调整后的新村承担。差异化融合。对涉及建制优化的村庄之间集体净资产有差异的,在充分考虑优化后新村集体经济的发展需要,同时兼顾原村庄之间利益平衡的基础上,采取差异化融合的方式融合集体资产。待条件成熟后,最终实现完全融合。渐进式融合。对涉及建制优化的村庄之间人均集体净资产额悬殊,一时难以融合的村,可继续按照原方式核算。由各镇街结合实际研究制定引导、激励、约束政策措施,按照优化建制要求,逐步实现完全融合。如日庄镇整镇推进"三资"清理,不到 2 个月时间就清缴陈欠 1300 万元。二是推进土地规模化经营,切实强化产业支撑。充分发挥镇、村两级党组织的引导服务作用和党员干部的示范带动作用,通过党组织把村集体与农

户利益联结起来,构建"1+12"经营体系,即在莱西市级成立青岛惠泽农业投资开发有限公司,在 12 个镇街成立分公司,推行"党组织+公司+合作社、村集体、农户"土地运营模式,通过各级党委、政府背书和赋能,运用市场化的手段,引导农村土地经营权有序流转、农业适度规模经营,把农民带到市场经济的大潮中去。突出抓好整镇、整村土地流转,其中,马连庄镇 2018 年以来,全镇流转土地 2.3 万亩,建设规模园区 16 个,2019 年增加集体和农民收入 1150 余万元,镇级平台公司也实现长足发展,2020 年预期赢利 1000 万元。店埠镇流转土地 5 万亩,打造胡萝卜规模种植核心区,依托有田农业公司提供"育苗—种植—加工—销售"一体化服务,带动全镇蔬菜年销售额达到 30 亿元,实现产、农、文、旅一体化发展。对于不愿流转土地的农民,提供社会化、专业化托管服务。如院上镇丽斌合作社,以大田合作托管为切入点,通过村级合作组织将土地统一托管给综合农事服务中心,在不改变土地承包权、经营权的前提下,将农机、人才、技术等要素整合到一个平台上,提供一站式服务,实现半托和全托土地 3 万余亩,加快实现整镇"一块地"。截至 9 月底,全市土地规模化经营面积 64.39 万亩,土地规模化经营率达到 66.8%。这些措施,有力推动了农业产业化项目的批量落地,2019 年引进了总投资超过 200 亿元的农业产业化项目。其中,总投资 40 亿元的新希望六和 200 万头生猪一体化项目,总占地 10702 亩,仅用三个月时间就完成清障倒地进入施工阶段,其中育肥场于 2020 年 5 月 1 日投产。三是推动农业现代化与工业化、城镇化协同发展。通过土地规模化经营,更多劳动力得以从土地上解放出来,为第二产业、第三产业发展拓展了空间,优化了全市产业布局,"双核驱动、两带展开、八区支撑"的产业格局更加明晰。2019 年全市过 1 亿元项目实现新签约、开工、竣工各 100 个以上目标,2020 年力争签约过 1 亿元项目 200 个、5000 万元以上项目 100 个,开工、竣工、投产过 1 亿元项目各 100 个以上,固定资产投资增长 35% 以上。姜山片区,新能源汽车产业快速壮大,集聚了北汽、国轩等一批行业龙头企业,加快智能网联新能源汽车基地和国家级研发中心建设,打造世界级汽车产业高地。经济开发区,融入胶东经济圈一体化发展先行示范区建设,着力培育壮大新一代信息技术、高端装备和智能制造等战略性新兴产业,打造智能制造与新一代信息技术产业发展增长点。夏格庄片区,绿色建筑产业从无到有,获评青岛市示范产业基地,打造全国首个石材行业"工业互联网+智能制造"应用示范绿色产业园区、青岛建材行业"国际客厅",建设全国领先的绿色建筑示范基地。店埠片区,建成全省首个航空文化小镇,2020 年将启用通航机场,落地一批通航产业项目,打造国家级通航产业示范区。南墅片区,聚焦打通"技术研发—项目落地—尾矿处理—产品贸易"全链条,重振南墅石墨辉煌,打造国际知名的石墨产业发展高地和矿产文化小镇。

3. 积极稳妥推进村庄布局调整,着力改善群众生活条件

一是优化村庄布局。坚持一体规划、分类推进、逐步实施,抓住国家城乡融合发展试验区建设有利时机,出台强化片区示范引领深入推进美丽宜居乡村建设意见,不设定时限、不设定目标、不纳入考核,充分尊重群众意愿,引导农民向中心城区、镇驻地、中心村集聚,加快构建1个中心城区、9处镇驻地、34个美丽宜居乡村示范片区的"1+9+34"三级城镇体系。首批规划建设7个示范片区,涉及56个自然村、8539户、30672人。其中,河头店镇龙泉湖片区,整合12个自然村,已搬迁两个自然村589户、2062人,2020年续建三期、四期工程,再安置9个自然村、1388户。南墅镇东石片区,依托中国五矿土地综合整理等项目,整合9个自然村、安置1103户,探索农村宅基地自愿有偿退出和集体经营性建设用地入市。马连庄镇洼子片区,依托马连庄红色教育基地,整合6个自然村、安置787户,建设"红色教育实践""高效农业示范""美丽宜居乡村"三大板块。水集街道产芝湖片区,依托大架山旅游区、自行车训练基地等,大力发展乡村旅游产业,整合3个自然村、安置300户。二是改善农村人居环境。坚持生态优先、绿色发展,充分尊重村庄自然原生态,加快推进农村基础设施提档升级,深入开展农村环境综合治理,优化农村人居环境,着力构建人与自然和谐共处的乡村发展新格局。截至2020年9月底,全市累计建成美丽乡村示范村38个,创建美丽庭院3.2万户;水集街道产芝新村、日庄镇沟东新村获评山东省美丽村居;以"三清一改"为重点,接续发起村庄清洁行动、"百村千巷万户"百日攻坚行动,建立健全农村人居环境整治监管考核机制,完成卫生改厕12.5万座,完成农村污水治理村庄211个,农村垃圾无害化处理、农村生活垃圾分类水平明显提升。三是加快补齐农村基础设施短板。将2020年作为"基础设施突破年",建立重点项目、重点工程信息公开机制,向社会发布总投资573亿元的27项重点基础设施建设目录,在更大范围内寻找合伙人。加快构建现代化路网体系,实施国道308、躬崔路拓宽改造工程,加快推进国道204城区段改线,高标准推进700个村庄"户户通"工程,年内农村公路中等以上占比达到75%以上,切实解决群众出行难问题。实施旧城改造四年行动,组建高铁新城、姜山新城、旧城改造3个作战指挥部,启动夏屯、隋家屯等4个片区旧城改造,加快推进姜山新城、高铁新城建设,不断提升承载能力和城市品质。启动小沽河治理工程,加快解决南墅岳石矿坑水环境隐患,争创国家"绿水青山就是金山银山"实践创新基地。

### (三)深化拓展"莱西经验"取得的成效

基层党组织政治功能和组织力明显增强。通过基层组织重塑,重点解决了三个问题:一是理顺了基层组织架构,强化了农村基层党组织的领导地位。二是有效破解了农村党组织带头人无人选、后继乏人等问题,推动农村干部队伍整体提升。三是打破了农村根深蒂固的小农文化和家族宗派意识,打破以血缘为联结纽带的宗族关系的束缚,有效防范了宗族势力对基层组织的渗透。

农业农村发展提速增效。通过从"分散经营"到"抱团发展"转变,在促进工商资本下乡的同时,也给农村带去技术和人才,解决了小农户生产分散、规模小、组织化程度低等问题,建立起小农户与大市场利益联结机制,为实现农业生产规模化、机械化、信息化提供了条件。通过土地规模经营,吸引了新希望六和、中建材智慧农业小镇等一批农业领军项目,推动全市农业投资实现"爆发式"增长。截至2020年9月底,全市形成了以大沽河生态农业发展带为轴线,国家现代农业示范区为核心,9个镇级特色农业园区为支撑的"一带一核九园区"现代农业产业格局,打造了牛奶、肉鸡、生猪、蔬菜、果品、花生六大产业链,将全市80%以上的农户纳入了农业产业化经营体系,90%以上的村庄集体经济收入达到20万元以上。

基层治理能力进一步提升。通过优化村庄布局,有力促进了基层矛盾化解。农村基层的和谐稳定,带动全市形成了心齐气顺、风正劲足的良好氛围。日庄镇沟东新村在村庄建制优化调整的基础上,把乡风文明建设作为乡村治理的重要抓手,通过党支部示范引领、党群合力共治,选树培育典型,推动公序良俗步入良性发展,真正把一个经济弱、环境差、民心散的贫困村,转变成一个组织强、产业兴、治理好、民心聚、环境美的示范村庄。

干部干事创业精气神全面提振。通过深化拓展"莱西经验",全市上下担当作为、奋发有为、比学赶超的氛围日益浓厚。

## 二、存在的问题及对策

深化拓展"莱西经验"是全面深化农村改革、推进乡村振兴的迫切需要。

莱西是传统农业大市,农业产业化优势突出,培育出马连庄甜瓜、店埠胡萝卜等"三品一标"农产品208个,拥有九联、万福等国家级农业产业化龙头企业5家,形成了牛奶、肉鸡、生猪、蔬菜、果品、花生六大产业链,肉蛋奶总产量稳居山东省县级第一,鸡肉产品、花生产品出口超过全国 1/4,是首批国家级农业产业化示范基地、全国农业全产业链开发创新示范试点市。但随着工业化、城镇化快速推进,农村的生产力和生产关系发生了深刻变革,社会结构、经济结构、组织结构发生了巨大变化。从产业上看,统分结合的双层经营体制存在只分不统、有分缺统、分易统难的问题。农村土地等各方面经营分散、规模不大、分工不细、专业化程度不高,莱西全市耕地 107 万亩,人均约 2 亩,还有一些村人均不到 1 亩,而且每户的耕地并不集中,一般根据地力水平划分为 2~3 块。从农村发展看,村庄布局过于分散,包括生活服务在内的配套难以实施,不能满足群众需求。特别是在城市虹吸效应的作用下,农村人口特别是青壮年劳力及乡村人才加速向城区集中。优化村庄建制之前,莱西 861 个村庄有 50% 的村不到 200 户,25 万处宅基地有 10 万处无人居住,空置率达到 40%,有的村甚至高达 50%。农村资源要素流失、老龄化以及村庄规模小、布局散、空心化等问题阻碍了城乡融合发展,制约着乡村的振兴。从组织上看,党员队伍老化、村级班子"选人难"问题突出,一些基层党组织弱化、虚化、边缘化问题突出,服务能力严重不足,难以有效把农民组织起来。同时,集体经济薄弱,有些村庄没有收入来源。

未来,莱西市应以"莱西会议"召开 30 周年为契机,紧紧抓住国家城乡融合发展试验区、胶东经济圈一体化发展先行示范区等重大机遇,按照"一统领三融合"的总要求,突出"工业集群化、集群园区化、园区社区化、社区城镇化"和"土地规模化、组织企业化、技术现代化、服务专业化、经营市场化"两条线,加大工作力度,为打造乡村振兴齐鲁样板贡献莱西力量。总的思路是:聚焦把农民组织起来,坚持以镇为着力点、以村为操作点,充分发挥各级党组织的组织、宣传、凝聚和服务群众功能,利用组织的力量、市场化的手段,把农村分散的资源整合起来,有效对接市场,吸引资本、技术下乡,构建土地规模化经营、村庄布局调整、土地资源整理、美丽乡村、田园综合体建设与乡村"五个振兴"统筹推进机制,推动城乡融合发展,为国家城乡融合发展试验区建设提供"莱西样板"。到 2022 年,莱西全市将基本完成整建制农村土地规模流转。同时,充分考虑集中居住后群众的个性化需求,灵活采取土地互换、协商转包等流转形式,满足新建集中居住区内农民个性化需求,实现有地可种、就近生产。目前,全市 861 个行政村已撤销村民委员会 589 个,新设立社区(新村)村民委员会 80 个,行政村数量减少 68.4%。远期目标,打造 100 个左右大社区,推动社区内村庄逐步合并,形成村合心合、融合发展格局。

1. 加强新村党委建设,强化党对农村工作的全面领导

推动市级领导包联新村、市直单位包联新村、村企联建、专业党建

工作者"四个全覆盖",充分整合资金、政策等资源,支持保障新村党委发挥作用。强化新村党委在"镇党委—新村党委—网格党组织—党员中心户"组织链条中的重要作用,不断优化组织设置,除规模较大、隶属镇"两新"综合党委以外的经济组织、社会组织,其他党组织均由新村党委领导。实施新村党组织书记职业培育工程,推进优秀人才归"莱"计划,拓宽新村党组织书记来源。健全选拔任用、教育培训、监督管理、激励保障的机制,落实好村党组织书记任职县乡两级联审、县级备案等制度,着力建设职业化新村党组织书记队伍。实现新村党组织书记和村民委员会主任"一肩挑"。充分发挥新村党委作用,打造区域决策、融合、服务平台,推进党群服务中心规范化建设,推动职能、人员、资源、服务下沉,提升公共服务事项下沉数量和质量,增强新村党委服务功能。

2. 推动网格化治理落地落实,推进治理融合

以农村基层组织体系为骨架,推进党建网格与社会治理网格"多网融合",按照"边界清晰、全域覆盖、规模适度、功能完整"的原则,科学设置治理网格,对网格内人、地、事、物、组织进行全方位动态服务管理,整合自然村的交通协管员、远程教育管理员等"六大员"力量,依托骨干党员、党员集中家庭,逐个网格精准设置党员中心户,选优配强网格党组织负责人及网格管理员,明确目标职责,统筹使用经费,构建"多网合一、一网统筹"的工作格局。运用信息化手段,把网格党组织做精做细做强,把网格做成集成式治理服务平台,形成"纵向到底、横向到边"的网格治理体系。充分发挥妇联作用,推动团的工作下沉,领导群众自治组织、群团组织和"两新"组织依法发挥作用,不断健全基层民主制度。

3. 加快镇村集体经济转型升级,推进发展融合

积极推进新村"三资"完全融合,最大限度整合区域资源,推动抱团发展。创办镇级合作社,实现股份制管理、企业化运营,建立镇党委(合作社联合社)——新村党委、自然村(合作社)工作体系,推动镇村集体经济转型升级。探索新村产业发展路径,确保114个新村都有一条健康发展的产业路子,开创乡村振兴蓬勃发展的局面。创新农村资源配置方式和经营机制,有效盘活农村集体资源,推进土地、砂石等资源资产化、资产资本化,增强村级集体经济实力和发展活力。深化"党组织+公司+合作社+村集体+农户"土地流转模式,发挥党组织和国有公司的平台作用,推进"土地集中流转—整理—再流转"。深化与中国社科院的合作,推广院上、马连庄、沽河、南墅4个镇试点经验,培育新型集体经济组织,提升农村社会化服务水平。

4. 积极稳妥推进美丽宜居乡村示范片区建设

对镇域内建设用地、闲置房屋和宅基地进行综合治理,提前规划布局基础设施配套,运用好市场化办法,把养老、道路、医疗等公共设施与

乡村振兴结合起来,统筹推进城乡基础设施一体化建设。

5. 推进城乡融合发展

需要以更宽的视野、更高的标准、更大的力度搭建平台、整合资源、突破重点。应坚持市镇(街道)联动,一体规划、一体实施、一体推进,在构建城乡融合发展的体制机制上积极探索、大胆创新,力争到2022年,乡村振兴实现全方位突破,城乡融合发展取得明显成效,群众生产生活条件显著改善,努力创出可复制可推广的经验。

(作者单位:中共莱西市委党校)

# 2021

「攻勢」篇

# 2020～2021年青岛市壮大民营经济发展攻势分析与预测

毕监武

民营经济和中小企业是国民经济和社会发展的主力军,是建设现代化经济体系、推动经济高质量发展的重要基础,是扩大就业、改善民生的重要支撑,是企业家精神的重要发源地。2020 年,青岛市继续发起壮大民营经济攻势,形成支持民营经济和中小企业发展的常态化、长效化机制,对于做好"六稳"工作、落实"六保"任务有重要意义,为实现青岛市高质量发展和建设开放、现代、活力、时尚国际大都市提供了重要保障和动力支持。

## 一、青岛市壮大民营经济攻势成效分析

2019 年以来,在青岛市委、市政府的正确领导下,壮大民营经济攻势全面起势,尊重企业、尊重企业家日益成为社会共识,民营企业家信心持续增强,民营经济主要指标强劲增长。国务院促进中小企业发展工作领导小组办公室《中小企业》专报以"创新体制搭建平台促进民营经济和中小企业高质量发展"为题推广青岛典型做法。

### (一)主体规模不断扩大

2020 年上半年,全市新登记民营市场主体 16.16 万户,同比增长 7.02％,占全市新登记市场主体总量的 99.29％。其中,新登记民营企业 6.53 万户,同比增长 19.91％,占全市新登记企业总量的 98.27％。截至 2020 年 6 月,全市实有民营市场主体 162.84 万户,同比增长 15.38％,较 2019 年末增长 7.70％,占全市市场主体总量的 97.98％。其中,实有民营企业 57.75 万户,同比增长 18.05％,较 2019 年末增长 9.42％,占全市实有企业总量的 94.50％。截至 2020 年 6 月,全市实有民营市场主体 162.84 万户,每万人拥有民营市场主体 1714 户,位于深圳(2478 户/万人)、西安(2195 户/万人)之后,居副省级城市第三位。5

家企业进入中国民营企业 500 强,营收规模创历史新高。8 家企业进入山东省民营企业 100 强,实现了大幅度、跨越式增长,达到历史最好水平。

### (二)经济贡献更加突出

2019 年,全市民营经济实现税收 1132.7 亿元,占同期全市国内税收总额的比重达到 64.2%,2020 年上半年,全市民营经济实现税收 560.7 亿元,较上年同期下降 13.1%,减收幅度小于国内税收降幅。5 月份以来,税收降幅逐渐收窄。延期纳税、减免税费、优化退税等宏观对冲政策有力,企业负担减轻,宏观调控持续发力显效,为稳定就业、促进税收发展提供内生动力。全市民营经济和中小企业新吸纳就业 60.96 万人,占城镇新增就业总量的 81.81%,民营经济和中小企业已成为青岛市吸纳就业的"主力军"。全市民营工业企业涉及 36 个行业大类,其中电、石化、服装、食品、机械装备、电子信息形成千亿元级产业链。农业生产标准化率达到 73%,地产农产品合格率达到 99%,全市累计有万里江等 20 个中国驰名商标,黄岛蓝莓等 38 个省级知名农产品品牌,马家沟芹菜等 52 个国家地理标志农产品,居全国同类城市首位。

### (三)创新能力进一步增强

到 2019 年底,全市有 4 个国家级、24 个省级、79 个市级企业技术中心;青岛市 5 家企业入选国家专精特新"小巨人",6 家企业入围"2019 全球独角兽企业 500 强"榜单;8 家企业获评省"瞪羚企业",总数达 10 家;新评选"隐形冠军"企业 22 家,总数达到 79 家。在"2020 年山东省民营企业 100 强榜单"中,青岛市共有 12 家民营企业上榜,较上年同比增长 50%,占全省比重超 1/9。新认定 1521 家企业为 2020 年度青岛市"专精特新"企业,全市"专精特新"企业总数达到 3274 家,较上年认定数量同比增长 66.3%,呈爆发式增长态势。

### (四)开放型发展实现新跨越

2019 年,全市民营企业进出口总额 3532.5 亿元,占全市外贸进出口总值的 59.6%。2020 年上半年,全市民营企业进出口总额 1817.8 亿元,比上年同期增长 10.9%,高于全市进出口增速 9.1 个百分点,占同期全市外贸总值的 63.5%。其中,出口额 1128.8 亿元,增长 14.9%;进口额 689 亿元,增长 4.8%。从贸易类型看,民营企业贸易自主性较高,一般贸易进出口额 1405 亿元,增长 24.7%,占同期全市民营企业进出口总值的 77.3%。从主要贸易对象看,市场布局更加多元,对主要贸易对象进出口均增长,对"一带一路"沿线国家进出口增幅明显。2020 年上半年,青岛市民营企业对东盟、欧盟、美国、日本和韩国进出口额分别为 291.3 亿元、260 亿元、202.3 亿元、147.2 亿元和 109 亿元,分别增长 38.4%、21.3%、6.8%、18.1%、6.6%;对上述五者进出口额合计占全市民营企业进出口总值的 55.5%。此外,民营企业加大力度投入到"一带一路"建设中,对沿线国家进出口额 598 亿元,增长 24.3%,所占比重由上年的 29.3% 提升至 32.9%。2020 年前三季度,青岛市民营企业进出口额 2952.3 亿元,增长 16.9%,占全市进出口总值的 64.5%,有力推动青岛市经济稳步提升。

### (五)投资作用得到广泛认同

2020 年上半年,青岛市民间投资增长 12.2%,高于全市固定资产投资增速 8.2 个百分点,高于全省民间投资增速 12.6 个百分点,高于全国民间投资增速 19.5 个百分点,民间投资占全市投资的比重达到 56.3%,较第一季度提高 1.2 个百分点,较 2019 年底提高 3.8 个百分点。全市民间投资在建项目 3018 个,拉动全市投资增长 6.37 个百分点。自 2019 年起,对被认定为青岛市"隐形冠军"、山东省"专精特新"、山东省"瞪羚"和山东省"独角兽"的企业,分别奖励 50 万元、30 万元、50 万元和 300 万元;对工信部认定的专精特新"小巨人"企业按照省级补助标准给予奖补,并按省级政策相应调整。鼓励民营企业积极参与共建"一带一路"、黄河流域生态保护和高质量发展等重大国家战略,体现了发展目标的长远性,体现了青岛愿意提供一个国际合作的新平台,成为"独角兽"茁壮成长的"热带雨林"的愿景。

### (六)体制机制逐步完善

2019 年,成立和市民营经济发展局,健全工作机构。发挥市民营经济发展工作领导小组作用,出台民营经济议事规则,梳理完善涉及民营经济发展的各项制度和政策体系,有效夯实壮大民营经济攻势体制机制的"四梁八柱",做到宏观把握、整体布局。首次搭建全市"民营经济"运行监测平台,建立"青岛市民营经济发展运行监测指标体系",重点确定民营主体、税收、就业、GDP、投资、进出口等 14 类 136 项运行监测指标,为科学决策提供数据参考。

发展环境不断优化。2020 年,壮大民营经济攻势更有成效,尊重企业、尊重企业家日益成为社会共识,民营企业家信心持续增强。从社会环境、政商环境、市场环境、法治环境入手提振信心,提升全要素率和供给效率,实现整体环境优化和整体供给充足。形成全社会支持民营经济和中小企业发展的良好氛围和环境。在国家营商环境评价的 18 个指标中,达到优良以上水平的有 14 个,其中保护中小投资者、劳动力市场监管、知识产权创造保护和运用等 3 个指标已作为标杆在全国推广。

搭建发展平台，整合资源赋能发展。一是搭建"双湾行动"平台。开展"胶州湾对接深圳湾"民营和中小企业行动计划，举办战略合作签约、行动启动、项目路演、融资洽谈等活动。组建青深企业家联谊会，举办产业合作推介和企业家创意会等多场活动，持续开展两地产业及资本对接交流。二是搭建创意平台。组建民营经济专家咨询委员会，定期举办"民营经济创意会"。三是打造民营网上服务平台。在青岛企业家暨"双招双引"大会上启用公共服务、政策通查询和企业大数据平台。公共服务平台集三级平台网络、三类服务资源、三个服务系统、三种访问方式于一体，可为企业提供政策、融资等十二大类服务，已集聚专业服务机构 100 多家，推出首批服务产品 600 多个。开发建设跨部门的"政策通"平台，汇集政策信息 7000 余条。搭建企业大数据服务平台，共享采集涉企政府部门信息数据 1500 万条。四是启动"运行监测"平台。建立"青岛市民营经济发展运行监测指标体系"，重点确定十四大项、136 小项运行监测指标。建立定期发布机制，已形成 6 期民营经济监测指标数据。五是深化"新生代民营企业家培养工程"平台。成立"青深"青年企业家联盟，举办"青年企业家创新创意汇"，选派第 6 批 30 名青年企业家到市场关联度高的政府经济部门挂职锻炼。六是搭建全市民营经济"双招双引"线上服务平台。依托市中小企业云服务平台搭建全市民营经济"双招双引"线上服务平台，联合区（市）进行靶向招商、科学招商、协同招商和高效招商，初步实现线下线上互联互通、牵头单位和各区市同步推进的全市民营经济招商新局面。累计引进民营 500 强企业投资项目 44 个、"四新"企业项目 648 个、"独角兽"投资项目 6 个。

## 二、壮大民营经济攻势中存在的主要问题

青岛市民营经济和中小企业当前的突出矛盾和问题主要表现在：民营企业规模不大、实力不强，引领创新型企业少；民营企业融资难、用地难、人才缺乏等问题尚未得到有效解决；发起壮大民营经济攻势，推动青岛市民营经济实现新突破，对进一步扩大攻势战果提出了更高要求，推进民营经济攻势发展壮大还有很大提升空间。

### （一）国际政治经济形势和新冠肺炎疫情影响的新挑战

当今世界正经历百年未有之大变局，新冠肺炎疫情全球大流行使这个大变局加速变化，国际经济、科技、文化、安全、政治等格局都在发

生深刻调整,世界进入动荡变革期。这意味着,今后一个时期,我们将面对更多逆风逆水的外部环境,必须做好应对一系列新的风险挑战的准备。新冠肺炎疫情发生后,对青岛市民营企业直接影响主要表现是市场变化加剧,订单明显减少,销售不畅,给企业带来较大不确定性,部分行业和中小企业要有更多的支持措施。

### (二)产业结构不适应新发展阶段的新要求

未来五年,我国将逐步形成以国内大循环为主体、国内国际双循环相互促进的新发展格局,从经济循环的生产、流通、分配、消费等主要环节看,目前循环不畅的主要表现是企业的供给质量不高,难以有效满足居民对优质商品和服务型消费的需求,产业的智能化、高端化、绿色化和服务化水平不能满足消费者消费升级的要求。青岛市民营企业技术和管理相对落后,产品趋同,国内市场同质化竞争和不公平竞争现象没有根本转变,部分领域政府及国有投资的扩大,对民间投资和民营经济和中小企业发展存在挤出效应。

### (三)要素质量亟待提高

多年积累的结构性和体制机制性矛盾需要调整,发展中不平衡、不协调、不可持续问题仍然突出。劳动力和融资成本的上升大大压缩了民营企业的赢利空间,技术、土地、人才等要素的相对缺乏仍是民营经济和中小企业发展的主要"短板",与民营企业规模化、国际化、现代化发展趋势相适应的具有较强创新意识和创新能力的高素质企业家群体明显不足,与产业升级要求和建设先进制造业基地相适应的专业技术人员、高素质技工人才较为稀缺。自主创新能力较弱,高新技术企业数量少、规模小、产值低等问题仍较突出。

### (四)民营企业竞争力需提升

青岛市大部分民营企业缺乏自主品牌、核心技术和创新能力,增加值小,利润率低,抵御市场风险能力弱。企业的创新意识与发达地区相比有较大差距,企业研发经费和研发投入不足,许多企业尚未意识到研发投入的重要性,对企业转型升级的积极性不高。同时青岛市企业研发投入普遍偏低,很多企业的产品以模仿为主,缺乏自主研发能力,没有自主知识产权,缺乏核心竞争力。部分民营企业采用家族式管理模式,不利于长远规划和发展,难以适应当前管理创新、技术创新和人才创新的发展需要,成为制约民营企业发展的"瓶颈"。

与上海、深圳等先进城市相比,青岛市的民营企业在制造业和服务业的国际化程度还有较大差距,利用国际、国内两个市场拓展发展空间的能力需进一步加强。从制造业方面看,青岛市工业制成品的主要销售市场是国内,青岛市工业企业出口交货值占工业销售产值比重为15.8%,而深圳的这一比重为43.2%。利用国际市场提升制造水平存在差距,青岛市高新技术产品进口比重较低,全市高新技术产品进口占全市9.7%,而全国高新技术产品进口占比为31.5%,深圳的这一比重超过60%。涉及中美贸易摩擦的企业,预期今明两年出口、订单和投资增加的家数均有明显下降。贸易摩擦加剧了国际环境的不确定性,在上游成本压力加大的同时,下游需求端也面临风险,企业发展信心受到较大影响。

### (五)营商环境与国内同类城市有较大差距

根据《后疫情时代中国城市营商环境指数评价报告(2020)》青岛只排第13位(济南排第20位),市场环境、创新环境、生活环境、政务服务、监管执法与法制保障环境等指标均未进入前10位。在2019年中国营商环境评价中,18个一级指标中仅保护中小投资者、劳动力市场监管、知识产权创造保护和运用这3个指标排名进入前10位,其他指标需要进一步提升,特别是获得信贷、政府采购、获得用水用气、政务服务等指标仅处于良好等次,与先进城市相比差距较大。现有平台之间需要进一步对接衔接、优化组合,促进信息沟通、服务合作等多层次多角度的内在融合,真正让平台之间实现乘法联合,充分释放倍增效应。

政策支持需进一步加强。各责任部门密集出台的若干扶持民营经济发展的政策措施,因制定主体不同,扶持政策和措施还较为分散,需要以系统化思维宏观统筹资金、人力等要素配置,加强政策协调配合,进一步发挥政策正向叠加效应。对风险保障基金设立、融资担保和融资风险补偿、银行业对中小企业金融服务考核激励机制等民营企业普遍关心难题尽快破题。

## 三、2021 年青岛市壮大民营经济发展攻势预测与建议

### (一)预测

2021年,青岛市将按照《青岛市壮大民营经济攻势作战方案(2019—2022年)》总体要求,坚持以习近平新时代中国特色社会主义思想为指导,深入贯彻习近平总书记在民营企业座谈会上的重要讲话精神和《中共中央、国务院关于营造更好发展环境支持民营企业改革发展的意见》《中共中央办公厅、国务院办公厅关于促进中小企业健康发展的指导意见》等文件精神,坚持目标导向、问题导向和结果导向,以

"民营经济示范城市"创建为主线,坚持"两个毫不动摇",坚持新发展理念,积极应对疫情造成的影响,化危为机,坚定信心、决心,顺势而为、乘势而上、聚势而强,持续推动壮大民营经济攻势,不断优化营商环境,着力推动民营企业创新创造、转型升级、健康发展,让民营经济创新源泉充分涌流,让民营企业创造活力充分迸发。

2021年,民营经济吸纳新增就业占比达到82%以上,民间投资增长20%左右,国家级高新技术企业总量突破4000家,民营经济税收占比达到65%,完成企业规范化公司改制300家,完成"四上"企业改制为股份公司60家,新增境内外上市民营企业10家,新登记民营企业10万家。

当前矛盾集中在优化外部环境和创新发展方面,受内外多种因素影响,推进的难度较大;对外贸易投资继续保持全国前列水平没有问题,且必须成为青岛民营经济最大亮点和新动力,风险主要存在于投资的区域结构和行业结构,应加强指导予以规避。

**(二)建议**

1. 提振信心,重视民营企业家队伍建设

全面贯彻习近平总书记关于"民营企业和民营企业家是我们自己人"的重要指示,深入做好中小微企业防疫复工达产及维护其正常运营,不断优化社会环境、政商环境、市场环境和法治环境,坚定企业家信心,服务企业渡过难关。进一步做好民营企业家政治安排和获得政治荣誉工作,严格标准和程序,推荐更多优秀民营企业家参评中央和省、市表彰活动,选配一批优秀民营企业家充实到工商联执常委队伍中。加强舆论引导,对接中央、省主要媒体,调度市内媒体,组织开展民营企业媒体行活动等专题报道,加大宣传力度,讲好民营企业和企业家故事,打造典型,充分展示民营企业和民营企业家风采。全面贯彻落实中央、省、市有关政策,完善抗击新冠病毒疫情全力支持民营和中小企业发展的惠企政策体系。

2. 以营造亲清新型政商环境为重点,大力营造尊商重商社会环境

认真贯彻落实《中共中央、国务院关于营造更好发展环境支持民营企业改革发展的意见》和省工作要求,研究制定青岛市具体工作措施,为民营企业高质量发展提供制度保障。设立"青岛企业家宣传周"和"青岛企业家日",召开2020年全市企业家大会,宣传、表彰和奖励优秀企业家。完善企业家参政议政制度。邀请行业协会和企业家代表参加经济工作或涉企政策会议,研究制定有关涉企政策、规划计划、行业标准时要充分听取其意见建议。

加强政务服务,推广电子营业执照应用,优化升级企业开办全程电

子化系统,全面推行容缺受理、并联审批等审批方式,升级改造中介超市平台,推行"一事全办"主题式服务,建立政务服务"好差评"制度。优化办理流程,疫情期间,进一步深化工程建设项目审批制度改革,建立疫情防控建设项目环评手续办理"绿色通道",进一步简化进出口业务办理,保障企业及时顺利申办各类原产地证书。

### 3. 优化布局、突出重点发展领域

打造特色鲜明的新一代信息技术产业新高地。瞄准人工智能、5G通信、大数据、区块链、VR/AR、高端软件等领域,引育一批民营骨干企业,促进融合创新应用,高水平建设中国软件特色名城、国家人工智能创新应用先导区和5G产业发展先行城市。重点突破集成电路,立足本地整机(终端)和新能源汽车应用需求,扩大芯恩、惠科等集成电路制造规模,建设国家"芯火"双创基地(平台),形成集成电路设计、制造、封测、装备、材料全产业链发展格局,力争产业规模达到300亿元,打造中国北方集成电路产业发展高地。

打造国内知名的海洋生物医药研产基地。依托黄海制药、杰华生物、易邦生物、海尔生物等骨干企业,实施"蓝色药库"开发计划,重点突破蛋白质药物、细胞药物、基因药物、微生态药物等方向,加快发展创新药物、高端仿制药和现代中药,培育壮大海洋生物医用材料、高性能影像设备、植介入产品等医疗器械产业,布局智能诊疗和精准医疗产业,力争产业规模达到600亿元,基本建成国内一流、国际先进的海洋生物医药产业研发、孵化和生产基地。

打造国内重要的智能制造装备产业基地。重点发展智能成套设备、智能仪器仪表与检测设备、智能电网装备等优势行业,培育壮大机器人、增材制造装备等产业规模,突破高档数控加工中心、热冲压力成型生产线等重大装备短板,加快关键零部件制造技术的攻关创新,提升智能制造装备集成创新能力,推动装备制造业由数字化单机向智能化制造单元和成套设备转型,力争民营智能制造装备产业规模达到500亿元,打造国内重要的智能制造装备产业集群。

加速"新基建"布局建设。推进5G基站建设、人工智能、工业互联网、特高压、城际以及城轨交通等方面布局建设。加快特锐德新能源汽车充电桩生产。提升武晓集团、汇金通等特高压生产企业产能。抢抓工业互联网发展机遇,加快索为工业云网APP、华为(青岛)智谷等工业互联网项目建设,推广海尔卡奥斯工业互联网平台改造环球服装柔性生产成功经验,引导企业与海尔卡奥斯工业互联网平台对接改造。

传统支柱产业集群转型升级。以全产业链工业互联网赋能为核心,加快工业互联网在研发设计、生产制造、运营管理各环节融合应用,

规模以上企业全部完成工业互联网转型升级,推动纺织服装、食品饮料等产业提高创新能力、提升品牌价值、改善产品结构、优化产业生态,实现生产制造向智能化个性化转变、产品供给向品牌化高端化转变、产业生态向特色化时尚化转变,在全球价值链中向中高端迈进,力争纺织服装产业规模达到500亿元,食品饮料产业规模达到600亿元。

推进工业互联网平台建设。以新一代信息技术与应用为支撑,以提升中小企业可持续发展能力为目标,集聚一批面向中小企业的数字化服务商,培育推广一批符合民营和中小企业需求的数字化系统解决方案、产品和服务,助推民营和中小企业通过数字化、网络化和智能化赋能增添发展后劲,提高发展质量。加快提高中小企业对工业互联网的认知水平和应用基础能力,为中小企业融入工业互联网应用提供各类资源和平台支撑,力争到2022年,建成面向中小企业培训提升有效、应用场景丰富、示范引领凸显、平台支撑有力、大中小企业融通发展、政策环境优良的工业互联网服务生态体系,有效引导青岛市中小企业全面融入青岛市世界工业互联网之都建设。

拓展乡村特色产业。以拓展第二、三产业为重点发展全产业链,建设"一村一品"示范村镇、农业产业强镇、现代农业产业园和优势特色产业集群,构建乡村产业"圈"状发展格局,培育知名品牌,深入推进产业扶贫。优化乡村休闲旅游业。聚焦重点区域,注重品质提升,突出特色化、差异化和多样化发展,打造精品工程,建设休闲农业重点镇、美丽休闲乡村和休闲农业园区,推介乡村旅游精品景点线路,提升服务水平。

4. 加大投入,全面推进民营经济和中小企业创新发展

推动民营企业建立健全现代企业制度,引导民营企业进行股份制改革,优化股权结构。鼓励民营企业通过出资入股、收购股权、认购可转债、股权置换等多种方式,参与国有企业混合所有制改革。支持民营企业与国有企业开展深度合作,探索民营企业与国有企业合作发展的途径和模式。推动以科技创新为核心的全面创新,破除制约民营企业创新的思想障碍和制度藩篱,激发全社会创新活力和创造潜能,支持民营企业设立院士专家工作站、重点实验室、工程(技术)中心等研发机构,牵头承担重大科技项目,组建产业与技术创新联盟。与高校和科研机构推进协同创新,鼓励有实力的民营企业与科研院所合资建设关键技术、核心产品的研发中心,促进科技成果转化与产业化发展。

完善"专精特新"发展机制。健全"专精特新"中小企业、专精特新"小巨人"企业和制造业单项冠军企业梯度培育体系、标准体系和评价机制,引导中小企业走"专精特新"之路。完善大中小企业和其他主体协同创新和融通发展制度,发挥大企业引领支撑作用,提高中小企业专业化能力和水平。

**5. 分类指导，做大做强民营骨干企业**

加大对骨干企业支持力度，鼓励大型企业与中小企业开展生产经营合作，支持建立本地大企业的民营配套企业。支持民营企业开展强强联合、上下游整合等多种形式的并购重组，扶持民营企业通过合资合作、资本运作和挂牌上市等方式扩大规模，鼓励符合条件的民营企业依法出资兼并和重组国有企业，形成一批跨行业、跨地区、跨所有制的大型民营企业集团。建立完善的驰著名商标品牌梯次培育发展机制，打造具有较强竞争力和影响力的民营企业商标品牌。努力培育 60 家国内知名、行业领先的民营品牌企业，企业创新能力和品牌培育能力显著增强；引导中小企业逐步向品牌产业链和品牌聚集区发展，重点打造"十类标志性品牌产品"、"十强优势品牌产业链"和"十大重点品牌聚集区"。

做专做精民营小微企业。引导中小微企业加快专业化、精细化、特色化、创新化发展，认定培育一批"专精特新"示范企业。重点帮扶培育一批"专精特新"中小微企业发展壮大，对企业在转型升级、创新发展中需要的管理咨询、股份制改造、工业设计、技术服务、教育培训等专业化服务，政府通过购买服务方式依法予以优先支持。支持优势传统产业小微企业通过技术改造向高端化发展，运用智能化、信息化、网络化等先进适用技术以及新工艺、新设备、新材料，改造传统产业，提升智能制造水平。

**6. 对接国际标准水平，全面推进民营经济和中小企业国际化发展**

探索建设中小企业海外服务体系，夯实民营中小企业国际化发展服务机制，在国际商务法务咨询、知识产权保护、技术性贸易措施、质量认证等方面为中小企业提供帮助。支持有条件的地方建设民营中外中小企业合作区，完善评价激励机制。推进关税保证保险改革。鼓励跨境电商等新业态发展，探索建立 B2B 出口监管制度，支持跨境电商优进优出。

积极支持民营中小企业参与上合示范区建设和中国（山东）自贸试验区（青岛片区）建设，充分利用境外国际合作园区，构建与国际投资贸易规则相对接具有区域特色的中国新范例。积极支持民营中小企业全面融入区域经济一体化，用足用好双边和多边自贸协定政策，深化与日、韩经济合作。依托"一带一路"建设新优势，在主动融入、主动对接、主动推进跨国产能合作、技术合作、投资贸易合作和跨国产业联盟等方面有新作为。依托各类高新技术开发区、产业集中区、自由贸易试验区、综合保税区、保税加工区和高峰论坛等开放平台，大力提升持民营中小企业活力。

用好跨境电商零售出口退税"无票免税"政策，推动青岛市民营企业纺织服装、家具、假发等优势产品扩大跨境电商出口规模。推动民营企业跨境电商海外营销网络建设。鼓励跨境电商企业建设"海外仓"和海外运营中心,带动出口企业融入境外零售体系。促进民营外贸综合服务企业保持快速增长,增强外贸综合服务企业服务民营中小外贸企业能力。培育民营贸易总部企业、交易平台型企业,壮大贸易主体规模。利用青岛西海岸新区"国家进口贸易促进创新示范区",打造一批民营贸易中心优质载体,激发进口潜力。

(作者单位:青岛市社会科学院)

# 2020～2021年青岛市交通运输形势分析与预测

柳　宾

2020年,青岛市贯彻落实中央、省、市工作部署,按照"系统性、整体性、协同性"总体要求,围绕推动形成"东西双向互济、陆海内外联动"的开放格局、胶东经济圈一体化发展和培育青岛都市圈,不断完善现代化国际化一体化综合交通运输体系和高品质高效能高融合城市交通运行体系,打造具有全球竞争力的国际性综合交通枢纽城市,推动交通基础设施建设攻势向纵深突进。

## 一、2020年青岛市交通运输发展状况分析

2020年以来,青岛市坚持固定资产投资增长目标不动摇,1～8月,全市交通基础设施累计完成投资308.36亿元,同比(下同)增长4.39%;引进内资60.04亿元,完成全年目标任务(65亿元)的92.3%。交通基础设施建设加快推进,为全市经济社会发展作出了交通贡献。

### (一)加快打造世界一流海洋港口

1～8月,山东港口集团青岛港货物和集装箱吞吐量实现难能可贵的"双增长",其中,港口吞吐量40075.32万吨,增长5.45%;集装箱吞吐量1413.18万标准箱,增长1.64%。青岛与世界主要国家和地区的国际运输服务保持平稳运行,有力保障了企业复工复产达产和经济社会秩序有序恢复。

1.董家口港区原油码头二期工程主体完工

7月25日,山东港口青岛港董家口港区原油码头二期工程主体完工,该工程包括30万吨级油品泊位1个,设计年通过能力1800万吨;10万吨级油品泊位1个,设计年通过能力750万吨;全长456米的引桥1座。

### 2. 青岛港自动化码头工程荣获詹天佑奖

9月22日,"第十七届中国土木工程詹天佑奖"评比结果揭晓,山东港口青岛港前湾港区迪拜环球码头(即青岛港自动化码头)工程荣获詹天佑奖。青岛港自动化码头岸线长度1320米,设计年通过能力320万标准箱,共建有4个泊位,高度融合了物联网、智能控制、信息管理、同心导航、大数据、云计算等技术,计算机系统自动生成作业指令,现场机器人自动完成相关作业任务,实现了码头业务流程全自动化。该码头作为全球领先、亚洲首个真正意义上的全自动化集装箱码头,也是当前世界最先进的集装箱自动化码头,平均作业效率36.2自然箱/小时,超过国外自动化码头作业效率50%以上,并在商业运营条件下不断刷新着由自己创造的集装箱装卸世界纪录,最高作业效率达到44.6自然箱/小时。

### 3. 集装箱港铁联运持续增长

1~6月,新增海铁联运集装箱班列5条,总数达53条;完成集装箱海铁联运量82万标准箱,同比增长20.5%;开行"齐鲁号"欧亚班列163列,同比增长5.2%。前湾港、董家口港均已实现铁路进港,开行"胶黄""即黄"班列,在西海岸新区、胶州、即墨之间形成"前港后站、三点支撑"的海铁联运格局,连接城市内各个组团及经济区,打通了内部物资流通的薄弱环节,进一步完善了多式联运通道网络。联通前湾港和胶州铁路中心站的集装箱"海铁公"多式联运工程成为山东省唯一、全国12个"国家多式联运示范工程"之一。依托山东港口集团青岛港建设生产服务型(港口型)国家物流枢纽,由集装箱航线、海铁集装箱班列和内陆港组成的航运物流网和陆域物流网连通。至9月底,共开行海铁联运集装箱班列54条、国际班列6条。其中,上合示范区多式联运中心业务办理覆盖全国600多个站点,"齐鲁号"欧亚班列"上合快线""日韩陆海快线"实现班期化、常态化运营,中亚班列每周开行6~7列。

### 4. 国际航运中心地位进一步提升

7月11日,在上海举行的2020年中国航海日论坛上,2020新华—波罗的海国际航运中心发展指数报告发布。报告显示,2020年全球航运中心城市综合实力排行榜中,青岛列第15位,较2019年的第17位、2018年的第19位再次提升。

### (二)加快建设面向世界的东北亚国际机场

胶东国际机场建设稳步推进,但受新冠肺炎疫情影响,航空运输业受到巨大挑战,1~8月,青岛航空旅客吞吐量890.67万人次,下降47.87%;航空货邮吞吐量12.53万吨,下降22.31%。至9月底,青岛的空中航线达到 203 条。

### 1. 胶东国际机场竣工验收

6 月 22～24 日,青岛胶东国际机场先后完成航站楼房建工程和民航专业工程竣工验收;至此,胶东国际机场工程全面完成竣工验收。7月,对青岛空管新机场工程的主、备份自动化系统,场外二次雷达,甚高频和胶东导航台,胶北导航台,上马导航台等空管设施,按照行业标准进行了严格的校验飞行;空管自动化校飞的完成,标志着胶东国际机场空管设施全面具备竣工验收条件。9 月 18 日,胶东国际机场空管工程工艺设备安装工程(一阶段)顺利通过竣工验收,这是胶东国际机场空管工程建设取得的关键性成果,标志着青岛地区民航空中运输的新"大脑"建设完成,为机场顺利转场和转场后的日常运行提供了重要保障。

### 2. 积极开展"客改货"航空运营

针对疫情期间国际航线停飞带来的货运运力不足问题,青岛市主动服务航空企业,积极对接物流企业,减免出口防疫物资地面操作费,在全国率先开展"客改货"运营,利用客机腹舱带货,自 3 月初至 9 月底,共执行"客改货"航班 1500 余架次、货量 1.6 万余吨,并组织临时国际货运包机 12 班、货量 560 吨,航线通达日韩及欧美等国家和地区,保障了国际供应链稳定,促进了国内国际双循环。

### 3. 青岛航空正式"回青"

2014 年,青岛航空开始运营,6 年来,共执行航班 11 万架次、承运旅客 1200 余万人次,累计安全飞行超过 23 万小时,未发生公司责任原因的事故征候,安全指标在行业名列前茅;航线拓展到 70 余条国内航线和 20 余条国际航线;运营资产规模由创立时不足 10 亿元增长到超过 130 亿元,成为山东省服务名牌企业。但自 2015 年底,青岛航空股权结构就调整为南山集团 80%、新南山国际控股 20%,国有资本陆续撤出后,南山集团显得有些"独木难支",持续亏损。2019 年 12 月,青岛城投集团与南山控股及其关联公司签署《航空板块收购框架协议》,对包括青岛航空在内的航空板块相关资产进行收购;2020 年 9 月 16日,青岛城投集团与南山控股举行青岛航空股份有限公司战略重组交接仪式,青岛航空从全资民营航空企业正式转型为全资国有企业,开启了新的发展征程。

### (三)加快推进国家沿海重要的铁路枢纽建设

铁路建设项目加快推进,上半年完成投资 20 亿元。铁路客货运量一降一升,1～8 月,青岛铁路客运量 761 万人次、下降 55.9%,客运周转量 191514 万人千米、下降 51.8%;货运量 5544 万吨、增长 22.5%,货运周转量 452131 万吨千米、增长 20%。至 9 月底,货运铁路营业里程达到263.5千米。

1. 潍莱高铁全线贯通

潍莱高铁自济青高铁潍坊北站引出,向东经昌邑市、平度市、莱西市,引入青荣城际铁路莱西北站,全长125.7千米,双线高速铁路,设计行车速度350千米/小时,总投资161.33亿元;全线设潍坊北、昌邑南、平度北、莱西北4个车站,设王伯村线路所、郎家庄线路所、莱西东线路所、红旗线路所4个线路所。5月9日,实现正线铺轨贯通,标志着山东省内"三横"快速铁路网的"中部通道"全线贯通。8月1日,潍莱高铁引入青荣城际铁路电力、通信、信息、信号等"四电"相关工程相继启用,标志着潍莱高铁接入青荣城际铁路打通"四电"通道。8月21日,潍莱高铁正式启动为期两个月左右的联调联试。

2. 莱荣高铁获批立项

莱荣高铁作为山东省"四横六纵三环"高速铁路网的重要组成和山东省2020年重大项目,是2020年山东省高铁建设领域的重头戏。线路起自青岛莱西市,经烟台莱阳市、海阳市,威海乳山市、文登区至荣成市,共设莱西北、莱阳丁字湾、海阳、乳山南、威海南海、文登南、荣成7站,全线192.36千米,设计速度350千米/小时。5月初,该项目正式获得山东省发改委立项,相关前期工作开始启动。

3. 青岛西至京沪高铁二通道建设启动

青岛西站至京沪高铁二通道联络线是青岛西站与京沪高铁二通道之间的连接线路,设计时速350千米。3月21日,前期工作正式启动;至9月底,可研报告已编制完成,前期相关工作正在加速推进。

4. 胶州火车站改造提升工程完工

胶州火车站始建于1901年,1983年在原址新建。随着时代发展,胶州老火车站的承运功能有所弱化,尤其是站房等基础设施老旧,明显滞后于胶州日新月异的城市发展,与胶州市交通综合枢纽地位也有着明显差距。2020年3月13日,胶州市交通运输局启动改造提升规划;5月底,施工全面展开;9月2日,改造完成并正式交付启用。改造后,胶州火车站广场、售票与候车大厅、站房、周边环境、反恐防暴功能等得到全面提升。

5. 莱西北站已具雏形

莱西北站位于莱西市望城街道,2014年建成并开通运营。为适应铁路运输快速发展的需要,自2019年7月停运进行改扩建。2020年3月30日,站房结构主体顺利封顶。至9月底,广场工程地下车库土方开挖及地下车库基础完成,地下车库主体已完成90%,站前疏散路雨污水管道铺设及沥青铺装已完成;卫生间、照明及公用设施配套工程正在建设,整体形象进度已完成工程量的50%。改造完成后,莱西北站将停靠青荣城际、潍莱高铁、莱荣高铁及蓝烟铁路等多条铁路干线上运行的列车,成为潍莱高铁乃至整个胶东半岛重要的铁路客运枢纽站,届时莱西北站到北京只需要 2.5 小时,到济南只需要 1 个多小时,到青岛北站最快的一班车只需要 25 分钟。

### (四)完善四通八达的现代化公路体系

重点公路项目加快推进,上半年完成投资 35.15 亿元,13 个项目续建,7 个项目新开工,8 个在建的普通国省道大中修项目主体完工;"四好农村路"建设完成 824 千米、完成年度任务的 67.3%,1352 个行政村完成农村通户道路硬化、完成年度任务的 69%、累计完成 73%。至 9 月底,青岛市公路通车里程达到 14696.3 千米。

**1. 济青高速中线(胶州段)建设拉开帷幕**

济青中线潍坊至青岛高速公路及连接线工程是山东高速公路网"九纵五横一环七射多连"的重要组成部分,也是青岛市推进交通基础设施建设谋划推进的"半岛战区"重要支撑项目,西起潍日高速,途经潍坊安丘市、峡山区、高密市、昌乐市、坊子区、昌邑市及青岛胶州市等 7 个市区,与胶州湾高速相接(营海口南 3.5 千米处),全长约 130 千米,主线采用双向六车道高速公路标准设计,设计速度 120 千米/小时。其中,济青高速中线(胶州段)长 23 千米,2020 年 8 月正式启动建设。

**2. 前湾港区 2 号疏港高速公路大中修工程完工**

青岛前湾港区 2 号疏港高速公路大中修工程是青岛市委、市政府确定的交通基础设施建设攻势重点项目,也是青岛市公路局确定的 2020 年度重要工程。该工程起于 K0+000(黄岛立交附近),止于 K26+027(黄岛西枢纽立交附近),路线长 26.027 千米,路基宽度为 28 米;建设内容主要包括对 26.027 千米的主线路面进行大中修,对黄岛立交、隐珠立交、黄岛西立交匝道和灵珠山收费站站房进行维修,对桥梁等结构物进行桥面铺装维修,对改造范围内的桥梁护栏、路基护栏、标志、标线等交通安全设施进行更新改造;工程计划工期 180 天。至 9 月 28 日,历经四个半月的紧张施工,提前圆满完工并顺利通车,实际工期 133 天,比计划工期提前了整整 47 天。此次大中修工程的顺利完工,大大提升了行车安全性及舒适性,进一步改善了道路技术状况,有效提高了通行能力和服务水平。

**3. S61 青岛机场高速照明提升改造二期工程完工**

该工程位于城阳区机场高速路(双流高架连桥),起于双埠立交,止于银盛泰立交,全长 6.387 千米。此次提升是在一期工程基础上对照明设施进行补充设置,共计安装单臂路灯 307 盏,灯头采用 140W LED 灯头,灯臂长度 1.5 米,路灯间距 25 米,被列入 2020 年青岛市人民政府办公厅"关于群众关注的 10 个领域涉及市交通运输局问题清单"问题之一。9 月 15 日工程主体完工；9 月底调试完成，全部亮灯，顺利完工。工程的实施，弥补了一期工程的不足，大幅改善了城市基础设施和城市形象，有效保证了车辆夜间出行安全，满足了人民群众出行需求。

4. 新机场高速连接线开建

新机场高速连接线（双埠—夏庄段）工程西起女姑口大桥，东至青银高速，全长约 9.8 千米，自双埠收费站西侧接拟拓宽的女姑口大桥，向东以地面形式穿越双埠立交后，继续向东高架跨越既有铁路线及沿线道路后接入青银高速。规划方案显示，工程同步实施青银高速互通立交 1 座，双流高架连接匝道及重庆路西侧临时接地匝道 2 对，高架辅路位于南流路东侧接地，预留远期重庆路互通立交和黑龙江路匝道建设条件；高架主路为城市快速路，全线为双向 6 车道，设计速度 100 千米/小时。截至 9 月底，项目主线桥梁桩基、承台和墩柱等下部结构基本完成，盖梁完成超过八成，预制箱梁架设完成近半，防撞体等桥面系施工全面展开。

5. 普通国省道大中修和农村通户道路硬化工程顺利推进

为了人民群众安全便捷舒适出行，在 8 个普通国省道大中修项目推进中发起"百日会战"，8 个项目合计里程 133 千米，完成投资 6.7 亿元，至 8 月底全部竣工，项目工程质量、工期进度、疫情防控、安全生产、环境保护、廉政与营商环境等各项指标均取得良好效果，达到预期目的。同期，农村通户道路硬化工作已完成 93.5% 的年度任务，超额完成前三季度目标。

**（五）健全内畅外达的市政路网体系**

1. 双元路与双积路节点工程进展顺利

双元路与双积路节点工程位于白沙河南岸、双埠立交北端落地点以北 300 米处，项目采用"双跨线＋定向匝道部分互通"方案；双元路主线设计为双向 6 车道，南端引桥与现状双埠立交下桥点衔接，主线高架跨越双积路、滨河路、宝陆莱路后落地，与现状双元路地面路衔接，预留远期继续高架条件。9 月 30 日，双积路跨线桥正式贯通，该跨线桥采用一级公路兼城市主干路标准，全长 1.28 千米，双向 4 车道。

2. 市政道路改扩建工程加快推进

1〜6 月，完成杭鞍高架二期（南京路至福州路段）绿化迁移手续办理和高架桥调流方案，绿化和管线迁移、拆迁腾地工作有序推进；劲松四路（合肥路至滁州路段）建成通车，太原路东延段跨越胶济铁路第一联桥梁完工，环湾路与长沙路立交项目完成立项批复、可研报告专家评审、代建单位招标，莱阳路过街通道完成项目立项、特许经营方案、文保单位建设控制批复等。

### 3. 胶州湾第二条海底隧道确定

胶州湾第二条海底隧道定位于连接青岛主城区与西海岸城区的又一条全天候跨海通道,以通行客车为主,兼顾货运交通功能。隧道全长近 18 千米,采取双向 6 车道标准,设计车速 80 千米/小时。上半年已完成特许经营单位招标。

### 4. 公共交通持续优化

一是调整优化公交线路。2020 年,青岛计划调整公交路线 75 条,至 9 月中旬已优化调整 60 条,完成年计划的 80%,解决了李沧区惠水和苑、万科未来城、十梅庵社区等区域的公交出行难问题。二是更新新能源公交车。更新市区新能源公交车 616 辆以及提升公交服务能力为 2020 年市办实事,8 月 21 日发布招标公告,9 月 15 日进行公开招标,车辆将于 11 月底前陆续到位并投入运营。三是强化交通运输管理。截至 7 月底,青岛市交通运输综合行政执法支队共查处各类违章 1879 起,执行罚款 235.48 万元,其中查处黑出租 180 部、不合规网约车 1023 部、黑班线及黑旅游车 26 部、出租车违章 433 起、客运班车和包车违章 59 起、货运车辆违章 168 起。数据显示,2020 年上半年,出租车绕道、高收费投诉下降 67.8%,满意率 99.2%,较上年同期上升 1.2 个百分点。

### (六)推进引领城市发展的地铁建设

2020 年以来,面对新冠肺炎疫情冲击,青岛市统筹推进疫情防控和复工复产,奋力推进地铁建设项目,在确保施工安全和质量的前提下,实现了各条在建线路的有序推进。

### 1. 1 号线北段工程通过验收

青岛地铁 1 号线全长约 60 千米,共设车站 41 座,为南北走向,南起西海岸峨眉山路站,北至城阳区东郭庄站,是一条过海线路,为连接胶州湾西岸城区、东岸城区和北岸城区的南北向快速轨道交通走廊,可与轨道线网中的多条线路进行换乘。其中,北段长约 21.3 千米,南起青岛北站,终至东郭庄站,设车站 15 座;1 月 20 日,北段顺利轨通,随后实现电通;8 月底,北段工程通过验收,标志着工程大规模施工建设基本完成,同时开始了为期 3 个月的空载试运行。

### 2. 2 号线西延段有序推进

青岛地铁 2 号线西延段起于市南区轮渡站,在市北区泰山路站与 2 号线一期工程连通,全长 3.84 千米,设轮渡、小港、国际邮轮港 3 站。至 9 月底,所有工点均已开工建设,正在进行车站主体工程围护结构及土方开挖施工,土建工程施工已完成 10%。

3.4 号线进展顺利

青岛地铁 4 号线起自人民会堂站,主要沿太平路、江苏路、热河路、辽宁路、华阳路、内蒙古路敷设,经过海泊桥后,向东沿鞍山路、辽阳西路、辽阳东路、规划长沙路、李宅路(S296)、李沙路(S214)到达沙子口,然后向东沿崂山路至终点大河东站,全长约 30 千米,共设 25 个车站。9 月 28 日,劲松三路站—劲松四路站区间右线小里程顺利贯通。至 9 月底,7 个车站实现主体结构封顶,车站开挖工程已完成约 83%。

4.6 号线一期工程加快建设

青岛地铁 6 号线是贯穿西海岸新区中心城区的大运量骨干线路。根据规划,一期工程起点为辛屯路站,终点为生态园站,全线长 30.8 千米,共有 21 座车站,全部为地下站,平均站间距约 1.496 千米,工程设抓马山车辆基地一处,由抓马山站南端接轨。至 9 月底,全线 8 个工区、45 个工点已全部开建。

5.8 号线北段开始空载试运行

青岛地铁 8 号线起自胶州北站,终至五四广场,全长 61.4 千米,其中地下线长 54.5 千米;设车站 18 座,其中高架站 1 座、地下站 17 座,是连接胶州北站、胶东国际机场、红岛火车站、青岛北站、五四广场站五大交通枢纽的快速骨干线路。其中,北段(胶州北站—青岛北站)48.3 千米,设车站 11 座,5 月 7 日顺利洞通,7 月 5 日实现电通。8 月底,北段工程通过验收,随后开始了为期 3 个月的空载试运行。

# 二、青岛市交通运输发展趋势

根据《青岛市交通基础设施建设攻势作战方案(2019—2022 年)》(以下简称"《方案》"),青岛市将围绕"市内交通畅通,中心市区与各区(市)畅通,青岛与周边城市畅通,青岛在东北亚等更大范围更高层次上畅通"目标,着力补齐短板,集中突破一批重大项目,推进交通基础设施互联互通,搞活城市交通系统,畅通对外辐射通道,提升枢纽功能定位,不断完善以空港、海港为核心,以高速铁路、高速公路、轨道交通为骨干,与城市交通系统紧密衔接的现代化综合交通体系,形成空地一体、陆海联运、通达全球的立体运输网络,为加快建设开放、现代、活力、时尚的国际大都市,打造山东面向世界开放发展的桥头堡、长江以北地区国家纵深开放新的重要战略支点,提供强力支撑。

## (一)世界一流的海洋港口建设

《方案》提出"努力打造特色鲜明、设施先进、功能完善、高效便捷、绿色智慧、港城协调的世界一流海洋港口。到 2022 年,全市生产性泊位增加到 131 个,万吨级以上泊位增加到 93 个;港口货物吞吐量、集装箱吞吐量实现新突破,加快由门户港向枢纽港、由物流港向贸易港转型"的发展目标,在现有基础上,青岛港将加快转型发展步伐。

**1. 港口基础设施建设将加快推进**

2020 年底,董家口港区原油码头二期工程将投产运营,该港区原油码头年通过能力将达到 5000 万吨,实现倍增。在此基础上,"一湾两翼辖六区"的青岛港总体发展格局将加快形成,港行运输能力也将大幅度提高。按照 2020 年 5 月印发的《青岛市交通物流业发展三年行动计划(2020—2022 年)》(以下简称《三年行动计划》),2020～2022 年,港口货物和集装箱吞吐量年均分别增长 0.2 亿吨、100 万标准箱,2022 年达到 6.5 亿吨、2400 万标准箱。2020～2022 年,集装箱航线年均新增 5条,2022 年达到 190 条。

**2. 港铁联运将快速发展**

《三年行动计划》提出,推进中铁(胶州)物流园、上合示范区多式联运中心和董家口、即墨、黄岛铁路物流园等枢纽扩能升级。2020～2022年,海铁联运量年均增长 10%,2022 年达到 180 万标准箱;上合示范区多式联运中心作业量年均增长 20%,2022 年力争达到 100 万标准箱;董家口港区铁路货运量年均增长 20%,2022 年达到 1700 万吨。

### (二)面向世界的东北亚国际枢纽机场建设

**1. 胶东国际机场将开通运营**

胶东国际机场拥有国际上最高飞行区等级,是山东首座 4F 级国际机场,目前已经进入转场准备阶段,在前期校飞的基础上,再经过试飞、综合演练、试运行等阶段后,将具备投入使用条件。山东省及青岛市正在加大工作力度,力争机场在 2020 年底之前投入运营。

**2. 航空运输业将快速拓展**

青岛胶东国际机场是我国"十二五"规划研究建设的四个大型机场之一,定位为面向日韩地区门户机场以及区域性枢纽机场,也是国内首个集航空、铁路、公路、城市轨道等多种方式于一体的"全通型"综合交通枢纽。开通运营后,青岛将持续拓展航空网络辐射能力,努力增开全货机航线及国际货运中转航班,加密或开通至亚洲、欧洲航线,布局至上合组织国家和"一带一路"沿线国家航线,建立"空中丝绸之路"航线网络。按照《三年行动计划》,2021 年,青岛将开通至欧洲货运航线;2020～2022 年,全货机航线年均新增 1 条,2022 年达到 10 条。同期,机场货邮吞吐量年均新增 1.5 万吨,2022 年达到 30 万吨。此外,根据规划,到 2025 年,胶东国际机场可满足年旅客吞吐量 3500 万人次,货邮吞吐量 50 万吨,飞机起降 29.8 万架次的保障需求。

### （三）国家沿海重要的铁路枢纽建设

《方案》确定了"打造国家铁路沿海通道重要枢纽，实现向南快速融入长三角城市群和华中腹地，向西北连接京津冀及沿黄流域，向北连接烟台、威海和环渤海高铁通道"的攻坚目标。据此目标，相关铁路建设项目将加快推进。

1. 潍莱高铁将正式开通

按照计划和工程进度，2020 年底，潍莱高铁将具备开通条件，并将适时开通运营。潍莱高铁是山东省"四横六纵三环"高速铁路网布局中济青高铁通道的重要组成部分，同时兼顾平度至青岛市域（郊）铁路功能，主要承担烟台、威海地区与潍坊及以西地区的旅客交流。项目建成后，将结束平度不通高铁的历史，成为胶东半岛东部地区至内地的便捷通道，对强化区域联系，拉动沿线中小城市发展，推动区域城市群形成，完善城市群产业合理分工和结构转型升级具有重要意义。

2. 莱荣高铁将加快建设

莱荣高铁是高铁通道向山东半岛地区的延伸，线路主体工程 2020 年 11 月正式动工，力争 3 年时间建成通车。项目建成后，将成为胶东半岛南部沿海地区对外客运交流的主要通道，为青岛北部地区增加一条时速 350 千米的高铁，为青岛市突破平度莱西攻势提供重要的交通要素支撑。

3. 潍（坊）烟（台）高铁和青岛西至京沪高铁二通道将开工建设

潍烟高铁是国家"八纵八横"高铁网中沿海高铁通道的重要组成部分，全线位于山东省内，线路起自潍坊昌邑，终于青荣城际烟台南站，正线长 237 千米，全线设昌邑、平度新河、莱州、招远、龙口、蓬莱、大季家、福山南、芝罘、烟台南 10 座车站，设计时速 350 千米，总投资 442 亿元；其中平度境内约 14 千米，新建平度新河站。按照计划，潍烟高铁主体工程 2020 年 10 月正式动工，力争 3 年时间建成通车；建成后，对于改善平度西北部交通条件和促进青烟潍一体化发展均具有重要意义。同时，青岛西至京沪高铁二通道项目拟于 2020 年内开工，建成后，青岛西海岸新区将近距离接入国家高铁"主干道"，直接联通京津冀、长三角两大经济圈，青岛都市圈将与京津冀、长三角两大经济圈无缝连接。

4. 亚欧双向铁路通道将加快形成

《三年行动计划》提出了亚欧双向铁路通道建设的方向和目标：推动中亚、中俄、中白俄、中蒙、东盟、中韩等六大国际铁路通道建设，培育通达欧洲中部的国际铁路新线路，打造"陆上丝绸之路"；2020～2022 年，国际班列运量年均增长 10%，2022 年达到 5 万标准箱。

### (四)四通八达的现代化公路体系建设

《三年行动计划》提出了"构建'五横五纵六连'高速公路网"的发展目标和2020～2022年重点推进沈海高速(胶州至日照段)、济青中线高速(潍坊至青岛段)、明村至董家口高速、董家口至梁山高速等项目的工作任务。此外,根据《方案》,青岛市将不断"提高公路技术等级,提升路网通达能力,畅通拥堵路段节点,完善安全防护设施"。到2022年,四通八达的公路路网体系更加完善,路网通达能力进一步提升,公路技术等级明显提高。高速公路6车道及以上比例将提高到24%以上,优良路率提高到93%;普通国省道一级公路比例提高到45%,优良路率提高到90%;县乡道中等路以上比例提高到85%。

1. 济青高速中线(胶州段)将加快推进

济青高速中线(胶州段)长23千米,涉及胶州市胶西、三里河、九龙3个街道,共设互通立交5个,其中包括三里河和九龙东2个枢纽,胶西、杜村和九龙西3个落地互通,概算总投资约52亿元。按照计划,济青高速中线(胶州段)将于2023年完工,项目建成后,对完善山东半岛城市群发展的交通支撑骨架,带动上合示范区和青岛都市圈发展具有重要意义。

2. 青兰高速(双埠至河套段)拓宽改建工程将启动

青兰高速公路双埠至河套段拓宽改建项目是胶东国际机场道路集疏运体系的重要组成部分,主线东起现状青兰高速双埠收费站,沿既有青兰高速向西拓宽改造,止于河套枢纽互通立交,长约16.7千米,拟按双向8车道高速公路技术标准改扩建,设计速度为100千米/小时。同步建设南北走向的红岛连接线改扩建工程,起自前阳枢纽互通立交青兰高速北设置的主线收费站,向南经华中南路,与胶州湾大桥红岛连接线衔接;拟按双向6车道(大洋一路以南为4车道)高速公路技术标准建设,设计速度为80千米/小时,长约6.9千米。该项目力争于2020年内启动,建成后可通过新机场高速公路将胶东机场与胶州湾大桥、青银高速公路等连为一体,进而形成青岛主城区通向胶东国际机场最便捷、最畅通的高速通道;同时,项目建设对完善全省高速公路网络、提高畅通水平、服务沿线发展等将起到重要促进作用。

3. 相关道路拓宽改建工程将适时启动

"沈海高速(胶州至日照段)拓宽规划研究和国道309(即墨至胶州段)贯通扩容""省道219(青新高速至青银高速段)拓宽改建""省道310(国道204至龙青高速段)改建工程""省道209拓宽改建、国道204(大场段)改线""国道228拓宽改建"等工程均已列入《方案》,随着形势发展将适时启动。

### (五)内畅外达的市政路网体系建设

#### 1. 双元路与双积路节点工程将建成通车

双元路与双积路节点工程计划2020年年底前建成,投入使用后,将有效改善城阳到高新区的交通环境和附近居民出行条件,促进双积路与东岸城区快速路网的互联互通,同时将实现东岸城区与胶东国际机场、高新区、红岛经济区之间的密切联系,有力推动区域经济的快速发展。

#### 2. 蓝谷至胶东国际机场将建东西快速路

蓝谷至胶东国际机场快速通道项目位于青岛市中心城区北部,东起滨海公路,西接沈海高速公路,止于胶州马铁路,预留向西连接的条件,全长约68.5千米,是连接蓝谷、即墨城区、城阳区、胶州市的快速通道,也是胶东国际机场集疏运的重要组成部分。其中,蓝谷段东起滨海公路,与蓝谷快速路立体交叉,沿鹤山保护区北侧布设隧道穿越台子山后继续向西,全长约7.8千米,设计采用双向6车道一级公路标准建设,设计速度100千米/小时。目前,工程规划初步方案和项目建议书已经编制完成,前期工作已经展开。下一步,沿线区(市)将根据成熟一段实施一段的原则组织实施。项目建成后,将带动沿线经济,推动半岛一体化发展,对支撑和引导新的城市空间塑造具有重要意义。

#### 3. 城阳到胶东国际机场再添快速路

岙东路改扩建项目(一期)是连通城阳区与胶东机场的快速通道,项目南起凤仪路北约950米处,北至G204以北约350米处,全长约7.1千米;建设内容包括道路工程、管线工程、综合管廊工程、景观工程、路灯工程及交通安全设施工程等,路面宽度50米,两侧绿化带各15米,路基断面宽度为80米,主路双向6车道,辅路双向2车道。计划工期21个月,于2021年11月竣工交付使用。道路建成后,将缓解春阳路至204国道南北方向交通压力,对于提升动车小镇城市品质等也具有十分重要的意义。

#### 4. 胶州湾第二条海底隧道将建成

根据规划,胶州湾第二条海底隧道工程主线起点位于西海岸新区淮河东路千山南路路口以东,终点位于市北区杭州支路新冠高架路口以东,全长约17.9千米,其中隧道长约15.9千米(海域段11.2千米+陆域段4.7千米),是主线双向6车道的城市快速路(兼一级公路)。工程力争2020年年底开工,到2026年或2027年建设完成。第二条海底隧道黄岛端设三个出入口,青岛端设四个出入口,建成后,来往两岸将更加便捷,周边环境也将大大提升。

### (六)引领城市发展的地铁建设

《方案》提出,到 2022 年,每年开工一条地铁线、每年开通一条地铁线,初步建成城市轨道交通骨干网,串联起主要对外交通枢纽,实现内外交通一体化、中心城区运营网络化。到 2022 年,开通 8 条轨道交通线路,运营里程达到 330 千米,日客运量达到 200 万人次,地铁出行占公共交通出行总量比例达到 35%。

1. 1 号线北段和 8 号线北段

青岛地铁 1 号线北段和 8 号线北段计划 2020 年年底通车,正式运营后将串联起胶州北站、胶东国际机场、红岛火车站、青岛北站、汽车北站、流亭机场、五四广场站等大型交通枢纽,对于加强胶州市、城阳区、李沧区与主城区的联系,带动沿线区域土地开发和社会经济发展将发挥重要作用。

2. 2 号线西延段

青岛 2 号线西延段连接大港、小港、金茂湾等重要功能区,在市北区泰山路站与 2 号线连通,对于国际邮轮港区突破胶济铁路、新冠高架交通瓶颈制约,带动西部老城区发展和实现海陆空交通一体化具有重要战略意义。

3. 4 号线

青岛地铁 4 号线作为贯穿市区中部的东西向骨干线路,途经市南区、市北区、崂山区,预计于 2022 年底通车。建成运营后,可与现已通车的地铁 2 号线、3 号线、11 号线以及建设中的地铁 1 号线、8 号线实现换乘,覆盖众多人口密集区和客流集散点,成为青岛地铁线路成网运营的重要支撑。

4. 6 号线

青岛地铁 6 号线与 1 号线可在峨眉山路站点实现换乘,与 13 号线可在朝阳山路站点实现换乘,预计将于 2024 年底建成。通车后将串联起灵山湾影视文化产业区、经济技术开发区、国际经济合作区三大功能区,使西海岸地铁线路初步结网,实现地铁换乘与极速到达,从而弥补西海岸内部沟通的交通短板,实质带动灵山湾、长江路、新街口以及中德生态园等片区快速发展,对实现西海岸新区与青岛主城区和北岸城区间的快速联系、深化区域经济协调发展意义重大。

(作者单位:青岛市社会科学院)

# 2020～2021年高效青岛建设攻势推进情况分析与展望

青岛市社会科学院课题组

2020年以来,按照市委、市政府工作部署,市政府办公厅会同市发展改革委、市司法局、市行政审批局、市大数据局,在全面总结高效青岛建设攻势2019年成效的基础上,放大坐标找不足、提高标准找差距,印发《高效青岛建设攻势2.0版作战方案》。《方案》对攻坚队伍、攻坚目标、攻坚任务等进行了整体扩充,新增了数字政府建设攻坚战,最终确定了优化营商环境、审批提速增效、法治政府建设、诚信政府建设和数字政府建设五大攻坚战、43个攻坚目标、167项攻坚任务。截止到2020年6月底,40项任务已完成,127项任务按时间节点推进,没有不达进度事项。为充分发挥智库作用,青岛市社科联(院)组织全市部分专家对高效青岛建设攻势的推进情况进行了调研,全面掌握了基本情况,发现存在的主要问题,提出了建议并对2021年攻势发展趋势进行了展望。

## 一、2020年高效青岛建设攻势的进展情况及创新性成果

从总体上看,通过以事项为载体撬动跨部门的流程再造,倒逼各部门减少行政权力,在推动简政放权、规范行政权力行使等方面成效显著,在基本医疗、居住环境、社会治安、文化生活多方面群众获得感、幸福感、安全感进一步增强,应得到充分肯定。

1. 以提升发展境界为重点,再造决策运行流程

高效青岛建设攻势理论内涵有创新性,目标设计科学合理,得到市民、企业和服务对象的高度认同,在推进过程中,既促进了各区(市)高效青岛建设,也为"十五个攻势"顺利完成创造了有利条件。

2. 建立顶格协调推进机制

各区(市)全部出台了"贯彻落实《高效青岛建设攻势作战方案》的

行动方案",并针对各自承担的落实大项及分解小项等任务积极落实、推进,除个别项目要求 2020 年 12 月底完成外,其余各项已全部按期完成,有些目标任务提前完成。区(市)级层面成立高效青岛建设工作组,有的成立专班抓推进,建立起"市级层面抓统筹、各攻坚队抓推进、部门区(市)抓落地"的工作推进机制。

3. 形成制度链条

各区(市)在系统梳理旧规章、陈制度、老政策的基础上,制定了一些新制度,并形成制度体系,确保营商环境持续优化。如平度市印发《关于建立"无事不扰、有事必到"精准服务企业工作机制的实施意见》,坚持"无事不扰、有事必到、精准服务"企业工作理念,建立市级领导"'一帮十'和'一包到底'"工作机制,及时协调解决企业经营发展中遇到的困难和问题,切实促进企业提质增效。

4. 突出问题导向,解决痛点难点

在制订《高效青岛建设攻势作战方案》时,青岛市梳理了存在的主要问题:政务服务智能化水平有待提高,暂未引入"秒批"概念,落后于深圳;综合类自助终端设备覆盖范围小,可提供便民服务功能较少;"青岛政务通"APP 尚处在项目立项、资金申请阶段,移动端服务整合程度及应用水平不高;市民"电子卡包"没有具体应用场景,未对电子证照的合法性、规范性进行界定;建设工程电子交易系统尚未实现市、区一体化,存在交易规则、业务流程、管理制度、服务标准、信用考评等方面全市不统一现象;帮办代办人员专业化水平有待提高,现有帮办代办人员由各级大厅工作人员兼任,无专门的编制和队伍。目前,这些问题全部得到解决,有些领域还实现了全国领先。

5. 服务效能持续提升

优化服务平台,创新服务模式,综合窗口无差别受理行政许可和公共服务事项,由系统智能化分派办理,形成了"前台综合收件、后台分类审批、统一窗口出件"的集成服务模式,真正实现了"一窗多能、一人全能"。莱西市入驻事项"一窗受理"率达 100%。胶州市以"P+4C"工作法为主线,全面步入"一窗式"改革新时代。

6. 突破部门管理壁垒,促成合作动力

各区(市)主要采取一机多办、一网通办等方式,推动多项程序合并、优化办理流程,提高办事效率,特别是在办事流程、环节中,做到及时提供明白纸、帮您办、咨询服务以及履行告知承诺等,满足办事人员需求,通过"一次办好""最多跑一次""零跑腿""秒批"等方式实现优化营商环境。

7. 贴近身边生活,提高市民幸福感

完善青岛政务通 APP 中的"电子卡包"应用,完成身份证、驾驶证等 13 类证照信息进驻"电子卡包",增加电子身份证扫码共享功能,并已在 200 多项政务服务事项中试点。

### 8. 全面提升政务公开水平

围绕强化权力监督推进公开,切实做到决策公开和执行公开,建立健全并落实企业家参与涉企政策制定机制、重大行政决策预公开制度和利益相关方列席政府有关会议制度。政府全体会议和常务会议讨论决定的事项、政府及其部门制定的政策,除依法需要保密的信息外,都依法公开。开展重大行政决策执行结果评估,公开问责情况。

## 二、调研中发现的问题和原因分析

通过一年的跟踪调查,专家组发现 10 个区(市)形成了许多领跑山东省乃至领先全国的经验做法,但部分事项也存在落实难的问题,以及一些体制机制问题。

### 1. 再造工作流程需加强

各区(市)按照统一部署,创新性实践较强,但工作导向和方法出现误差。如有的区(市)片面理解先行先试,一些做法成了"盆景",没有推广意义;有的区(市)考核思想有偏差,夸大取得的工作效果。由于组织实施和推进力度等方面的差异,导致取得的实效明显不同,服务对象满意度清楚显示自外围区(市)到中心城区取得实效方面存在差异。

表 1　青岛各区(市)四维度高效青岛建设满意度调查统计表

| 排名 | 区(市)名称 | 政务服务 | 营商环境 | 法治政府建设 | 诚信政府建设 | 总分 |
|---|---|---|---|---|---|---|
| 1 | 莱西 | 100.0 | 100.0 | 99.1 | 100.0 | 99.8 |
| 2 | 城阳 | 99.7 | 99.1 | 99.4 | 99.4 | 99.4 |
| 3 | 平度 | 99.6 | 99.3 | 99.6 | 98.5 | 99.3 |
| 4 | 胶州 | 99.7 | 98.3 | 99.3 | 97.6 | 98.7 |
| 5 | 李沧 | 98.7 | 98.4 | 98.7 | 98.7 | 98.6 |
| 6 | 西海岸新区 | 99.3 | 98.3 | 98.0 | 98.3 | 98.5 |
| 7 | 即墨 | 98.7 | 97.1 | 98.6 | 98.3 | 98.2 |
| 8 | 崂山 | 98.2 | 97.9 | 96.7 | 97.6 | 97.6 |
| 9 | 市南 | 98.3 | 96.6 | 97.2 | 97.0 | 97.3 |
| 10 | 市北 | 97.9 | 96.4 | 96.0 | 97.9 | 97.1 |

## 2. 技术手段有制约

在高效青岛建设各项任务和"放管服"改革任务推进落实中,数据系统、操作平台的不健全、不完善在一定程度影响了改革举措的落实。例如,行政许可和行政处罚信息100%"七天双公示"方面,目前,全市统一的行政许可和行政处罚平台处于转网过渡期,影响数据的统一性和时效性,给职能部门落实该项举措带来困难,造成实际情况与录入情况不符。优化营商环境攻坚战8个方面的攻坚目标中,用水报装、用气报装、用电报装、不动产登记、项目报建等大部分职能都在市级部门,区级没有审批权限和业务职能,但是对区(市)的考核主要采取组织市有关部门集中填写调查问卷、随机抽取各区(市)企业填写调查问卷等方式进行,涉及11个一级考核指标,市级部门的服务质量直接决定各区(市)该项指标评价成绩,区(市)难以把控。

## 3. 法治化是最好的营商环境,标准化、信息化还有待于提高完善

上位法未修改,形成市、区改革的法制制约。法律、行政法规与部门规章未能同步修改,导致地方改革面临合法性风险,如《农业法》《食品安全法》等法律授权原职能部门行政审批权限,规定原职能部门为审批事项法律责任主体,而审批事项集中到行政审批服务局后缺乏法律法规支撑,造成权责矛盾与相互推诿问题,不利于企业和群众办事。

国家和省级未成立行政审批服务机构,造成市级向上多头对接。由于国务院和省级均未成立统一的行政审批机构,审批事项依然分布于上级各主管部门,一方面造成市级向上多头对接、效率不高,另一方面缺乏对区(市)行政审批机构的业务指导与培训,阻碍了工作质量提升。

行政审批服务局与监管部门之间存在权责划分不清、业务衔接缺乏制度规范等问题。成立行政审批服务局后,审管职能分离,出现权责划分不清与业务衔接不畅的问题,部分事项审批与监管环节联系较紧密,彼此依存配合,需要在审批中实施监管,一旦划分,将产生职能断裂的问题,部分事项审管之间容易产生法律责任不清的问题。建设项目审批相关中介机构缺乏规范。项目规划审计过程中,需要中介机构出具的报告、图纸、方案较多,相关中介机构出具材料时限较长、服务质量参差不齐,影响项目审批速度。

## 4. 法治政府建设短板突出

青岛市在全国率先探索建立镇街重大行政决策重大项目合法性审查和行政执法指导监督机制。这一举措的推进主要依靠各镇街工作人员予以开展,这就对镇街工作人员的法律专业素养提出了新的要求。在调研过程中,各区(市)也反映各镇街部分工作人员存在法律专业素养不高的问题,通过短时间的培训想要较快提高他们的法律专业素养,具备较高的履职能力是不现实的。合法性审查以及行政执法指导监督

需要具备较高法律专业素养以及丰富实践经验的人员来进行,从现今相关镇街工作人员的整体情况来看,仅仅依靠镇街工作人员来进行合法性审查和行政执法监督是不切实际的。所以,各镇街亟须专业法律人才,全面推进公共法律服务基层基础建设,做到法治政府建设全贯通。

相关举措落实不到位。青岛市政府全力发起高效青岛建设攻势,大力建设法治政府,目的在于提高政府依法执政的能力与效率,更好地为市民服务。因此,青岛市政府针对现阶段法治政府建设存在的问题,提出强有力的措施来解决,不断提高政府依法行政水平。但在具体推行过程中政府部分工作人员认识不足,认为采取相应的措施,问题就能解决,并没有积极地推动相应措施落到实处,导致相应措施没有得到很好的贯彻执行,问题也没有得到很好的解决。

5. 诚信政府建设相对滞后

有的区(市)对诚信政府的理解比较模糊,往往把企业信用、个人信用和政务信用都纳入诚信政府范畴,提供的工作材料大多数是如何对企业信用和个人信用监测的内容,诚信政府行动方案所列的有些攻坚目标任务的设定尚需根据形势的发展进一步斟酌。比如,清理食品药品生产、统计信息、环境保护、安全生产方面的政务失信行为,在目标任务方面却是设定打击企业在这些领域的违规行为,这就把政务诚信和社会信用混为一谈了,影响到诚信政府建设的力度和成效。对政府失信行为的监测和预警机制则没有予以重点关注,对违法违纪等敏感性较高的信息政务失信如何准确研判和归集,都需要慎重对待。

公共信用信息收集仍存在"数据烟囱"。公共信用信息平台在与青岛市级平台、部门行业专网、业务系统的信用信息共享及业务协同方面仍未完全实现,影响"双公示"信息归集和信用联合奖惩实施。

# 三、推进 2021 年高效青岛建设攻势的建议与趋势展望

## (一)扎实推进高效青岛建设持续攻势,以实现短期目标推动长期任务完成

从 2019 年发起到 2022 年结束,时间跨度较大,总体方案规划科学、思路清晰、目标明确、可行性强,为长期工作指出明确方向,提出意见指导。在短期任务上,需要进一步细化 2021 年具体目标和任务举措。结合山东省、青岛市关于深化"放管服"改革优化营商环境重点任务的分工方案要求,对标深圳,进行流程再造,超前谋划 2021 年"放管服"改革重点任务,把持续推进高效青岛建设攻势作为"放管服"改革的重中之重,扎扎实实抓好各项工作推进提升。建议山东省和青岛市从

资金、设备、技术、力量方面给予大力支持,建好规章制度,做好整体设计。

### (二)推动行政审批效能进一步提速

通过流程再造和机制优化,建立完善"一事全办"综合管理平台,推动"一事全办"和"一业一证"等改革。全面推行"互联网+审批"机制,积极推行网上申报、一链办理,实现工程建设项目审批与相关系统平台互联互通。试点启用区(市)行政审批大厅智能引导系统,并向镇街延伸布设,全面提升企业和群众办事智能化、便利化水平。

### (三)进一步精准优化营商环境

对照国家、省营商环境评价指标体系,全面对标京、沪两地在优化营商环境方面典型经验做法,做好复制推广借鉴工作。确定优化营商环境重点任务,破解一批营商环境痛点难点。建议由青岛市市场监管局牵头,各职能部门配合,加大现有行政执法人员业务素质培训力度,强化综合监管、分类监管和智慧监管能力,确保跨部门、跨行业的监管到位,发挥大数据的集成功能,做到线上线下一体监管。

### (四)持续加强政务服务平台一体化建设

建议市级部门组织梳理各服务事项需要群众提交的申请材料,对于能够通过政府内部数据共享查验的(如户口本、残疾证、出生医学证明等),继续在审批平台等业务系统中增加数据共享验证查询功能;对基层单位发现的系统功能问题和提出的创新功能需求,请上级系统平台主管单位安排经费及时优化完善,以技术创新推动业务创新。

### (五)进一步促进法治政府与诚信政府建设再上新台阶

打出法治建设"组合拳",建设"职能科学、权责法定、执法严明、公开公平、廉洁高效、守法诚信"的法治政府;建立完善事前防范、事中监督、事后救济的履约管理机制,以及失信责任追究和责任倒查机制,打造群众满意、社会评价度高的诚信政府。做好重点目标任务的攻坚方案的实施。在制订2021年诚信政府建设攻坚任务时,一是不要再列调研和计划编制之类的任务,即使需要做这些工作,也把其作为日常工作对待,二是对诚信政府的任务不要平均用力,而是选取每项任务中难度较大的具体指标,尤其是企业和公众对诚信政府意见最大、关注度和期待值最高的领域,力争在该年内取得明显成效。比如"新官不理旧账"导致政府"双招双引"中政策不兑现的陈年旧账、社会对政府采购和招投标反映强烈的严重政务失信行为,要痛下"刮骨疗毒、壮士断腕"的决心予以解决。

关注和积极参与国家层面关于诚信政府建设评估,力争取得较好排名位次,同时与各副省级城市诚信政府建设情况进行比较分析,学习其他城市的经验做法,找出在诚信政府建设中存在的问题和不足,并不断加以改进和完善,形成诚信政府建设的"青岛模式"。

### (六)以改变群众观念推动服务型政府转变

高效青岛建设攻势中的许多创新举措、便民举措,在群众看来接受度不高。例如,企业一个工作日办结、"秒批"等便民利民的好做法,由于宣传力度不够、宣传渠道较为单一,同时,群众对全程网办、自助智能化办理等创新做法的接受度有限,习惯于传统"面对面"的办事方式,在一定程度上影响工作推进的广度和深度。建议加强宣传引导,改变群众(尤其是中青年群体)面对面办事的观念,优化服务,增强"网上办事"信任度,真正提高群众办事效率。

### (七)进一步强化进度督查与评价

一方面,加强各区(市)自行督促与攻势调度,督促相关单位做好日常工作及考核评价,强化落实效果和推进质量,同时,结合本地区实际,采取问卷调查、好差评、电话回访等多种方式,提高服务对象满意度,特别是各区(市)工作典型经验做法,通过各级媒体加强宣传,营造良好舆论氛围,提高青岛美誉度。依托现有的专家组,广泛激发专家学者的想象力、创新力,从决策、落实、督导三个方面深度介入,加大投入、持续跟进、长期研究,提供智力支持。对评估工作进行总结,检验完善评估体系,为今后科学评估奠定基础。加大评估力度,对涉及企业、群众的所有办事流程,逐一开展便捷度、满意度评估。

课题组组长:毕监武　青岛市社会科学院
课题组成员:金　花　中共青岛市委党校
　　　　　　张翠英　山东汉通律师事务所
　　　　　　张洪慧　青岛大学

# 乡村振兴齐鲁样板青岛模式研究

青岛农业大学课题组

近年来,青岛市按照党中央和山东省委的要求,把乡村振兴作为新时代"三农"工作的总抓手,坚持农业农村优先发展,明确了率先走在前列的目标,将乡村振兴作为"十五个攻势"之一,扎实推进,全面攻坚,不断完善城乡融合发展机制,全市农业农村工作迈上了新的台阶。2020年以来,青岛市以发起乡村振兴攻势为总抓手,奋力打好乡村产业、生态、组织、人才、文化、改革等六大攻坚战,乡村振兴全面起势。2020年1~9月,乡村振兴攻势18项重点作战任务已完成8项,10项正在有序推进。西海岸新区、莱西市入选省部共建的乡村振兴齐鲁样板示范县,青岛市成为全国第一个国家深远海绿色养殖试验区,莱西入选第三批山东省特色农产品优势区,胶州市和平度市入选省级农村改革试验区。莱西市"一统领三融合"乡村治理经验入选全国首批乡村振兴典型案例。

## 一、乡村振兴的青岛实践

### (一)产业振兴方面

1. 主攻土地规模化经营,不断优化生产组织模式

推广"平台+""项目+"等模式,截止到2020年9月底,全市农民合作社1.4万家,服务带动近40万户农户,户均年增收近4000元。全市土地规模化水平达到64.5%。莱西市所有镇街都成立了国有农业投资平台,采取"平台公司+村集体"模式,引导规范流转、规模经营。

2. 大力发展产业载体和新型经营主体,不断优化产业经营模式

青岛市出台《关于加快乡村振兴平台项目建设的实施意见》《关于促进农村党支部领办土地股份合作社的实施意见》。目前,全市创建省级农业产业化联合体8个,培育发展党支部领办土地股份合作社328

个;培育国家产业强镇 2 个、特色农业小镇 10 个,2 个镇创建省级乡村振兴齐鲁样板示范区,创建省级田园综合体 2 个。胶州市获批国家特色农业优势区,平度市获批国家级农村产业融合发展试点示范县。

3. 积极推进产业转型升级,推动农业高质量发展

引进瑞克斯旺、先正达、登海种业等国内外知名种业企业,累计引进国内外优良品种 1600 多个、先进技术 100 多项,小麦、花生、蔬菜、畜禽、水产等种业领域走在全国前列。出台《关于加快推进畜牧业规模化发展促进转型升级的意见》《青岛市现代海洋渔业绿色发展攻坚方案》。截止到 2020 年 3 月底,全市新建高标准农田 29 万亩;新建改建畜禽养殖标准化示范场 50 处,畜禽规模化养殖达到 88%;新建现代化国家级海洋牧场 2 个。

### (二)人才振兴方面

1. 健全乡村人才振兴机制

制定了乡村人才振兴行动计划,实施乡村人才引育十大重点工程,把农村创新创业人才、新型经营主体带头人、乡村治理人才等五方面人才纳入乡村人才扶持范畴,全面落实乡村人才振兴激励措施 20 条。实施乡镇专业技术人才直评直聘政策,已有 59 项专项职业能力考核项目纳入就业技能补贴范围,招募"三支一扶"人员 71 人。

2. 加强人才培训基地建设

积极推进"创新团队＋基层农技推广体系＋新型职业农民培育"的新型农业科技服务模式。目前,已建设农业科技示范基地 16 个,4 个培训基地已申报省级服务乡村振兴继续教育基地。

3. 以新型职业农民培育引领乡村人才集聚

截止到 2020 年 9 月底,推进农民教育培训三年提质增效行动,开通农民培训云直播,培训新型职业农民 15360 人;首批 319 人获得新型职业农民职称,评审规模位居全省前列。实施乡村技能人才培育工程,支持参保企业以工代训开展培训,完成农村转移就业劳动者职业技能培训 1.98 万人。

4. 全面推行科技特派员制度,开展"专家服务基层"活动,

目前,已组织 100 余名农业科技特派员,组成 23 个乡村振兴联镇帮村科技服务队,走村入户开展技术指导 600 多人次,开展技术服务 800 多次。

截止到 2020 年 9 月底,开展"专家服务基层"活动,服务农民对象 3.5 万余人次。扩大基层科协覆盖面,将医院院长、学校校长、农技站站长和科技人才纳入基层科协组织,目前全市成立镇(街道)科协组织 84 个。

（三）文化振兴方面

1. 坚持以新时代文明实践中心引领乡村文化兴盛，全域推进新时代文明实践中心建设

出台服务手册，推进新时代文明实践中心试点标准化建设。加强基层文化设施建设，截止到2020年9月底，新建、改扩建社区服务中心、文体活动广场、村史馆等90处。

2. 深入推进移风易俗工作，着力培育乡村文明新风尚

截止到2020年9月底，组织开展"感党恩、听党话、跟党走"宣讲活动167场次、36万人次收听收看。推进移风易俗，为奋战在抗疫战线上的新人举办婚礼；倡导丧事简办，推进散乱坟墓整治，全市重点区域散乱坟墓整体率约94％。出台青岛市禁止焚烧抛洒丧葬祭奠物品规定、完善惠民殡葬政策的实施意见、深化生态殡葬改革的实施意见等政策，强化惠民殡葬服务。

（四）生态振兴方面

1. 坚持规划先行，加快推进村庄规划编制工作

目前，已完成了6015个市域村庄调查摸底，建立了青岛市美丽宜居乡村规划设计单位资源库，完成市、区（市）两级村庄布局概念性规划，村庄规划应编尽编率达到30％。

2. 稳步推进合村并居，以村庄结构优化调整引领农村生活方式转变

青岛市相继出台《关于推进村庄结构优化调整的指导意见》《全市合村并居村庄规划编制工作实施方案》《全市合村并居规划编制导则（试行）》。莱西市以组织融合为引领，将861个行政村压减到142个；胶州里岔镇探索"四合"模式，将41个行政村压减到16个。

3. 实施美丽乡村"十百千"工程，大力推进农村基础设施建设和人居环境整治

按照生态美、生活美、生产美、服务美、人文美"五美融合"标准，实施片区化规划、标准化建设、景区化提升。截止到2020年9月底，100个美丽乡村示范村全部开工、完工73个，完成投资9.36亿元；10个美丽乡村示范镇、28个美丽乡村示范片有序推进。第二批美丽村居建设省级试点设计方案及试点工作方案备案工作有序开展。全市美丽庭院示范户创建率达到25.18％，美丽庭院示范户村庄覆盖率已达到100％。

深入推进农村人居环境突出问题整治清零行动，组织开展市级验收工作，确保高质量完成三年行动任务。截止到2020年9月底，全市1670个行政村实现农村通户道路硬化，占年度任务的85％；2513个行

政村完成生活污水治理,治理率达到 46.8％;建成农村改厕服务站 100 个,完成年度计划的 100％;5057 个村庄(社区)开展垃圾分类,覆盖率 93％,生活垃圾无害化处理率达到 100％;本年度 560 户农村危房改造全部完工;开展农网升级改造,完成新建改造 10 千伏线路 342.85 千米、配电变压器 310 台。

### (五)组织振兴方面

1. 坚持以组织振兴统领乡村振兴,构建农村基层区域化党建工作格局

结合村庄布局调整,撤销农村社区党委,构建"镇党委—农村社区党委—村党组织—网格党支部(小组)—党员中心户"的组织链条,充分发挥村级党组织的战斗堡垒作用。目前,新培育基层党建示范镇 5 个、示范农村社区 15 个、示范村 35 个。开展"四个一"整顿工作,全面整顿软弱涣散村级党组织。

2. 深化拓展新时代"莱西经验",全面加强村级党组织书记队伍建设

在继续深化乡村振兴工作队联镇帮村和第一书记驻村帮扶工作的基础上,以打造一支过硬的村党组织书记队伍为目标,出台《关于加强村党组织书记队伍建设的意见》,面向全市公开遴选了 200 名村党组织书记;成立青岛农村干部学院,培训 94 名涉农镇街党委组织委员和 1500 名村党组织书记。

截止到 2020 年 9 月底,拓宽来源渠道,选派 121 名乡村金融助理,到镇村服务乡村振兴;确定 43 名商协会企业家会员到村担任村党组织副书记。加强教育培训,选派 100 多名村党组织书记分三批赴宁波体悟实训,组织全市 200 名优秀村党组织书记赴浙江大学开展专题培训,实地解密浙江乡村振兴"密码"。

3. 积极推进村集体产权制度改革,加大集体经济扶持力度

出台《关于进一步促进村级集体经济发展壮大的实施意见》《关于创新发展农业社会化服务壮大村级集体经济的实施意见》,目前,全市 97％的村庄完成集体产权制度任务,94％的村庄完成集体经济组织登记赋码,累计量化集体资产 302 亿元。选择 160 个村开展中央财政资金扶持发展壮大村级集体经济试点,每村补助 50 万元,38 个扶持项目已全面开工。全市已消除村级集体经济"空壳村",集体经营性收入 3 万元以上的村庄占比达 60％以上。

截止到 2020 年 9 月底,稳步推进 90 个村庄的 14 个集体经济项目。出台《关于以党建统领合作社抱团发展的指导意见》,引导镇党委领办 79 家合作社联合社,整镇推动合作社抱团发展。放大 128 个乡村振兴工作队帮扶效应,确定联镇产业项目 105 个、投资 257 亿元。

# 二、乡村振兴齐鲁样板青岛模式阶段性总结

## (一)以"攻势"为推进方式

把乡村振兴确定为全市攻坚克难的"十五个攻势"之一,坚持以土地规模化、组织企业化、技术现代化、服务专业化、经营市场化"五化"引领都市现代农业实现新突破,着力打赢乡村产业转型升级攻坚战、深化拓展"莱西经验"暨基层党组织振兴攻坚战、乡村生态宜居攻坚战、乡村人才集聚攻坚战、乡村文化兴盛攻坚战、农村改革创新攻坚战等六场攻坚战,多管齐下,全面铺开,统筹协调,积极构建工农互促、城乡互补、全面融合、共同繁荣的现代新型城乡关系。

## (二)以组织振兴统领乡村振兴为基本路径

在全国率先提出"以组织振兴引领乡村振兴"的路径,赋予"莱西经验"新的时代内涵。在抓好乡村振兴工作队、乡村振兴技术服务队和"第一书记"帮包队三支队伍建设的同时,不断拓展"莱西经验",出台了加强村党组织书记队伍建设的 20 条意见和激励广大干部到村担任村党组织书记的若干政策,面向全市公开遴选村党组织书记,健全"镇党委—农村社区党委—村党组织—网格党支部(小组)—党员中心户"农村基层组织链条,充分发挥村党组织书记和村党组织在乡村振兴中的领头雁作用和战斗堡垒作用。

## (三)以打造农业"国际客厅"为推动产业转型的抓手

出台了《青岛市打造农业"国际客厅"三年行动计划(2020—2022年)》,加大面向全球"双招双引"的力度,加快汇聚人流、物流、资金流、信息流、技术流,搭建以"四大基地、五大高地、三大中心、六大展会"为核心的开放型合作平台,打造农业"国际客厅",培育形成千亿元级农业"国际客厅"产业链,推进农业产业更高水平对外开放和全面转型升级,助推全市农业经济高质量发展。

## (四)以合村并居为改善农村居住条件重要措施

以青岛市乡村振兴的主战场之一的莱西市为试点,以土地规模经营为突破口,打破"就村抓村"路径依赖,加快推进村庄建制调整,引导群众搬离空心村、搬迁合并小村,推动集中居住区和产业园区"两区共建",形成集中化居住、规范化管理、社会化服务的乡村发展格局,全面提升农村生活服务配套设施,从根本上改善农村居住条件,加快构建

# 三、青岛市推进乡村振兴过程中存在的主要问题

## （一）产业方面

一是农业基础设施较为薄弱。全市中低产田占比 60％以上，中低端拱棚和塑料大棚占设施农业面积的 75％以上，农田水利设施有待于进一步完善，农业抵抗自然灾害能力依然比较弱。二是规模经营程度不够高。土地流转率虽有较大幅度提高，但仍低于江浙等地近 10 个百分点，农户分散经营的模式还没有从根本上改变。三是农村三产融合不够深入。全市农产品精深加工率不足 10％，加工利润率较低，乡村特色产业、乡村旅游业、乡村服务业、乡村信息产业等新业态发展不够充分。四是产业发展质量不高。全市农业标准化生产比重不足 40％，传统产业比重偏高，资源依赖度高，产业活力较弱，区域特色不够明显，同质化现象依然突出，农业企业规模普遍较小，国际竞争力较弱。

## （二）农村方面

一是农村基础设施较为薄弱。全市农村小而散现象明显，截止到 2019 年底，农村供暖供气覆盖率不足 7％，污水处理覆盖率仅为 10％左右，美丽乡村示范片区、美丽乡村示范村创建率较低，美丽庭院示范户创建率不足 10％。二是农村公共服务依然不足。农村文化、教育、医疗、卫生、保险、治安等公共服务资源较为缺乏，公共设施利用率较低，公共服务产品类型较少、针对性不强。三是农村社会原子化现象依然明显。农村社会治理体系不健全，自治法治德治载体较为缺乏，团结组织广大农民的有效途径不多。四是农村人才依然匮乏。驻村选派人才覆盖率较低，乡村本土人才严重不足，各类专业人才极度匮乏，农村集聚人才的环境氛围还远未形成。五是村集体经济组织作用缺失严重。多数村集体经济组织名存实亡，村集体经济资产流失较为严重，村集体经济普遍较为薄弱。2019 年农村集体经济组织年度负债仍超过 300 亿元，无经营收益的村占比超过 30％。

## （三）农民方面

一是农民文化素质普遍偏低。全市从业劳动力初中及以下文化程度占比仍超过 70％，参加过专门职业技能培训人员仅占不足 15％。二是农民的归属感不够强。多数农民的大局意识、集体观念较为薄弱，参与乡村振兴的积极性和主动性不够高。三是农民增收较为乏力。城乡

居民收入比居高不下,2019 年全市城乡居民收入比为 2.41,仍高于 2.38的山东省平均水平,比浙江省高出 0.4 个百分点。近五年来,农村居民收入增幅仅有两年高于城镇居民收入增幅,城乡居民收入差距持续缩小的趋势不够明显。

# 四、高质量推进青岛乡村振兴的对策建议

## (一)健全发展体系,推动转型升级,促进产业振兴

### 1. 健全现代产业体系,推动高质量发展

一是进一步优化全市"一轴三片、四区多点"的农业产业布局结构。以粮油生产功能区、高效设施农业生产功能区、现代畜牧业发展区和现代海洋渔业发展区为重点,加大农业基础设施建设,稳住"金色粮仓"、提升"绿色粮仓"、调优"蓝色粮仓",保障粮食安全和农产品有效供给,打造一批国家级标准化规模养殖基地、出口产品生产基地。二是积极推动农村三产深度融合。大力实施"种业提升"工程,支持育繁推一体化种业龙头企业,打造国际种都。加大农产品精深加工龙头企业培育,提高农产品精深高值加工水平,提升农产品生产加工效益和国际竞争力。加快构建中心市场、专业特色市场、田头市场三级产地市场体系,完善农村电商公共服务体系市镇村三级农村物流服务体系,推进农村流通现代化。积极推动景点旅游与农业和乡村旅游融合发展,结合农业特色产业,打造农业和乡村旅游精品线路,融入景点旅游范畴,共享游客资源,以景点旅游带动农业和乡村旅游发展。三是丰富乡村产业类型,推动乡村产业协同发展。在发展现代种养业、农产品加工业、乡村旅游业的同时,充分挖掘乡村产业资源,大力发展乡村特色产业、乡村新兴服务业和乡村信息产业,积极构建乡村产业发展体系。四是大力推进与其他产业间的跨界融合发展,立足现代信息、人工智能、生物制造、生命健康、文化创意、休闲康养、军民融合等区域产业优势,加大与农业产业的交叉融合发展力度,培育新产业、新业态,推动农业产业转型升级和高质量发展。

### 2. 健全现代生产体系,提高科技供给质量

一是整合集聚科技资源,全面提升农业科技创新能力。坚持人才团队—基地平台—科研项目—科技成果一体化协同推进模式,全面整合农业科技资源,优化科研组织模式,开展协同攻关,进一步提升农业科技创新供给质量。二是加大农业设施装备的研发和支撑力度,改善农业生产条件,提高生产全程机械化水平。加大设施农业发展力度,提升以设施农业、立体农业为基础的工厂化农业发展水平,积极推进农业

工业化进程。在积极推进粮油作物全程机械化生产的同时,加大山地农业、设施农业生产机械装备研发和应用力度,全面提升区域特色农业全程机械化生产水平。三是进一步实施"互联网＋"现代农业行动计划,加快发展智慧农业。依托城阳智慧农业产业园,推进大数据、云计算、物联网、人工智能等技术在农业领域的应用,打造全国智慧农业先行区。四是健全和完善农技推广体系,进一步提升农技服务水平。全面整合区域高校、科研院所技术人才资源,构建专兼职结合的农机推广服务队伍,完善农技推广机制,发挥各级农技推广信息服务平台的作用,全面提高全市农业服务质量和效能。

3. 健全现代经营体系,优化产业发展模式和利益联结机制

一是充分发挥区位优势,积极推动农业国际化和融合化发展。发挥中国(山东)自由贸易试验区、中国—上海合作组织地方经贸合作示范区、国家军民融合创新示范区等多区叠加的区位优势,抢抓"一带一路"倡议发展机遇,推动农业"引进来"由产品技术向高端人才团队的转型升级、农业"走出去"由产品输出向技术和模式输出的转型升级,实现军队高端产品有效供给和军用先进技术转移承接的有效互动和深度融合发展。二是坚持"五化"引领,进一步优化生产组织模式。加大土地规模化、组织企业化、技术现代化、服务专业化、经营市场化的农业产业化推进力度,积极构建适应农业现代化发展的生产组织模式。三是健全完善产业发展政策体系,引导各类经营主体错位互补发展。引导和鼓励农业产业化龙头企业逐步转向农产品精深加工、农业投入品和设施设备生产、农业海外输出等产业领域,把农民合作组织和家庭农场能够从事的农产品收储运输、初级加工等产业领域让渡给农民合作组织和家庭农场,形成各类经营主体错位互补发展、利益共赢共享的格局。四是积极引导国有企业投资农业农村领域,构建乡村振兴新型利益联结机制。借鉴江苏江宁、青岛西海岸新区等地的经验,充分发挥青岛市国有企业数量多、规模大的优势,突出国有企业公益法人的作用,赋予国有企业特定的政策性使命,引导和鼓励国有企业投资农业农村领域,积极探索国有企业投资建设、村集体经济组织租赁经营的乡村产业和农村基础设施管理运营模式,全面构建乡村振兴新型利益联结机制,把更多的发展红利让渡给农村和农民,从根本上解决乡村振兴资金投入、国有资产保值增值、村集体经济发展壮大和广大农民增收致富的一系列问题。

**(二)聚焦三类人才,加强选派培育和引进,推进人才振兴**

1. 加大乡村人才选派力度

向乡村派驻各类人才,是充分发挥制度优势、弥补乡村振兴初期人

才极度匮乏、推动乡村人才良性循环的重要措施。认真总结乡村振兴工作队、第一书记和农村基层党组织派驻工作,打破"就村庄抓村庄"的惯性思维和路径依赖,坚持"跳出村庄看村庄"理念,有效统筹区域内各类优秀人才资源,健全各类人才定期服务乡村的长效机制,加大选拔管理、科技、教育、文化、医疗等人才驻村服务的力度,创造农村引才聚才的良好环境,推动乡村人才振兴。

2. 加强乡村本土人才培育

一是深入推进新型职业农民培育示范市建设,改进新型职业农民培训方式,增强培训效果。二是实施农村实用人才培养工程,开展新型农业经营主体带头人轮训计划和现代青年农场主培养计划,培育一批"土专家""田秀才",扶持一批农业职业经理人、经纪人,培育一批乡村工匠、文化能人和非物质文化遗产传承人,支撑乡村产业发展。

3. 加强专业人才引进

一是加大农村科技特派员的选派力度,健全完善科技特派员农村创新创业机制,鼓励更多的科技特派员带技术和成果下乡。二是加大免费农科生、免费医科生、免费师范生的培养力度,逐步增加农村专业人才队伍。三是制定鼓励能人回乡政策,打好"乡情牌",引导村内老党员、老干部、人大代表、退伍军人、经济文化能人、进城务工人员等群体回乡服务创业。四是充分发挥驻青高校、科研院所、涉农企业等单位高端专家人才的作用,加强青岛市乡村振兴智库建设,推动乡村人才全面振兴。

### (三)大力弘扬时代文化,传承优秀传统文化,推动文化振兴

1. 加强以社会主义核心价值观为核心的时代文化建设

以新时代文明实践中心为载体,坚持教育引导、实践养成、制度保障"三管齐下",深入开展中国特色社会主义和中华民族伟大复兴中国梦宣传教育,大力弘扬民族精神和时代精神,推进移风易俗,培育社会主义农村新风尚,团结农民,凝聚人心,提高乡村善治水平。

2. 挖掘保护和弘扬传承优秀传统文化

一是保护乡村历史文化遗产,留住乡村记忆。建立乡村记忆工程档案库,制订文物古迹、传统村落、传统建筑、农业遗迹等保护方案。二是振兴乡村特色文化。实施滨海历史文化长廊规划,推进"蓝谷文化带""沽河历史文化轴""崂山文化带"等建设,实施乡村传统节日、传统文化振兴工程,保护传承胶州大秧歌、平度木版年画等优秀传统文化。积极打造内涵丰富的胶东特色文化,充分发挥青岛动漫和影视文化产业优势,加大高质量乡村文化作品的制作力度,培育区域乡村文化品牌,全方位提升青岛乡村文化的综合竞争力。

### 3. 加大红色文化的挖掘传承力度

加快胶东红色文化遗址建设，深入挖掘刘谦初故居、"红色马连"、石河头敌后武工队等红色文化资源，建设红色文化教育基地，讲好红色故事，传承红色基因。

### (四)坚持绿色发展，加强农村环境整治，推动生态振兴

#### 1. 推动农业绿色发展

实施化肥、农药使用减量化行动，推广种养全程绿色防控和节本增效技术，加强畜禽养殖规模化、标准化、生态化建设，推进种养结合、农牧循环的农作模式，加大农业废弃物资源化利用力度，推广全生物量利用的"吃干榨尽"式农产品加工模式，建立健全农业面源污染监测防控体系，加强土壤保育和污染修复，推广岸基循环水生态养殖和近海生态海洋牧场养殖技术，以技术创新和制度监管，推动农业产业绿色可持续发展。

#### 2. 加大生态环境保护力度

充分发挥青岛市森林、湿地、海洋等优势自然资源，统筹山水林田湖草生态系统，持续开展"绿满青岛"国土绿化行动，统筹实施北部绿色生态屏障建设工程、退耕还果还林工程、森林生态修复与保护工程、农田防护林建设工程、森林生态廊道建设工程、森林质量精准提升工程、城乡绿化美化工程，提高国土绿化水平，增强森林生态功能，提升生态环境承载力。

#### 3. 全面提升农村人居环境

持续实施农村人居环境整治行动，以农村生活垃圾、生活污水治理、村容村貌改善、基础设施提升为重点，不断深化农村"七改"建设，进一步推进农村路、水、电、气、房、厕、暖等基础设施扩面提档，促进农村人居环境质量全面提升。全面推行农村垃圾分类，实现农村垃圾的集中统一处理。推进农村厕所革命，全面完成农村厕所无害化卫生改造。大力开展农村生活污水治理，逐步实现农村生活污水全收集全处理。

### (五)坚持组织统领，深化"莱西经验"，推进组织振兴

#### 1. 健全基层党组织制度体系

全面贯彻落实《中国共产党农村基层组织工作条例》，结合农业农村发展实际，优化党组织设置方式，加大在新型农业经营主体中建立党组织力度，调整优化合并村、村改居社区、跨村经济联合体党组织设置，持续推进农村基层区域化党建工作，构建上下联动、条块结合、融合发展的区域化党组织网络。坚持党建带群建，依托农村社区党委健全区域化群团组织。加大农村基层党组织制度建设，持续整治软弱涣散党

组织,积极开展优秀农村党组织评选活动,充分发挥农村基层党组织在乡村振兴中的战斗堡垒作用。

### 2. 加强村级党组织带头人队伍建设

全面落实青岛市《关于加强村党组织书记队伍建设的意见》,健全完善村党组织书记选拔任用、教育培养、管理监督、激励保障、组织领导、支持机制、后备队伍建设等方面的政策措施。加大公开遴选村级党组织书记力度,扎实推进村党组织带头人队伍整体优化提升行动,着力建设一支过硬的村党组织书记队伍,充分发挥村级党组织书记在乡村振兴中的领头雁作用。

### 3. 健全农村组织体系

深化拓展新时代"莱西经验",全面落实《中国共产党农村工作条例》,进一步健全以农村基层党组织为代表的乡村领导组织、以村集体经济组织和合作经济组织为代表的乡村经济组织、以村民委员会和村务监督委员会为代表的乡村自治组织,明确各类组织的职责,施行村党组织书记应当通过法定程序担任村民委员会主任和村级集体经济组织、合作经济组织负责人,推行村"两委班子成员交叉任职"的三类组织融合发展模式,充分发挥村基层党组织统领下的村集体经济组织、合作经济组织推动村集体经济发展和农民增收的作用和村民委员会、村务监督委员会在乡村治理中的作用,进一步增强村集体自我发展能力,促进农民和集体"双增收",完善党组织领导的自治、法治、德治相结合的乡村治理体系,提升乡村治理现代化水平。

### (六)加大改革力度,增强政策供给,优化振兴环境

#### 1. 推动农业转移人口市民化

以人的城镇化为核心,进一步深化户籍制度改革,完善居住证制度,加快推进城中村和城边村人口市民化,稳步推进农民就地就近市民化。建立农业转移人口市民化激励机制,完善财政转移支付同农业转移人口市民化挂钩机制,建立城镇建设用地增加规模同吸纳农业转移人口落户数量挂钩机制。

#### 2. 深化农村土地制度改革

积极开展土地资源整理试点,探索闲散土地盘活利用方式。进一步完善和全面推行农村承包地和宅基地"三权分置"制度,稳妥推进农村集体建设用地入市试点。深化农村集体产权制度改革,总结推广资源变资产、资金变股金、农民变股东典型经验,逐步扩大村集体经济和农民的土地股份收益。

#### 3. 深化农村金融支农制度改革

加快建立健全政策性农业农村信贷担保体系和贷款体系制度,推

动致力于农村金融事业的市场力量下乡。积极开展农村土地经营权、农民住房财产权、大型农机具、在产农作物及订单、活体畜禽、各种有价票据等抵押、质押贷款业务，促进抵押方式的多元化。大力发展农村合作金融，引导供销合作社、农村信用合作社充分、有效发挥自身优势，鼓励农民合作社积极开展内部信用合作、资金互助合作。开展集体资产股权质押贷款试点和农村"政经分离"试点，全面提高农业农村金融产品供给。

课题组组长：王兆华　青岛农业大学
课题组成员：吕菲菲　青岛农业大学
　　　　　　王伟然　青岛农业大学
　　　　　　刘艳娣　青岛农业大学
　　　　　　李　琪　青岛农业大学
　　　　　　王艺杰　青岛农业大学

# 谋划交通强市战略，支撑青岛提升半岛城市群和胶东经济圈龙头地位和桥头堡作用研究

山东科技大学课题组

城市发展，交通先行。系统谋划、全面推进交通强市战略，一要强交通，推动青岛交通全方位、高质量、现代化发展，加快建设现代化国际综合交通枢纽、多式联运国际物流中心，增强城市辐射带动功能，构筑陆海丝路门户，更好发挥沿黄流域桥头堡作用，纵深推进"一带一路"建设，实现交通综合实力国际领先；二要强城市，有效发挥交通先行官作用，建设国家沿海枢纽经济先行区，建成交通强国示范城市，打造全球贸易节点城市，拓展蓝色发展空间，建设海洋强国战略支点，促进城市高质量发展，提升半岛城市群和胶东经济圈龙头地位和桥头堡作用，带动东部地区率先转型发展，成为国家东部地区优化发展的增长极。

## 一、交通强市建设基础条件

近年来，青岛城市综合实力、竞争力和交通影响力持续提升，为实施交通强市战略奠定了坚实基础。

### (一)交通设施网络不断健全

青岛以建设"一带一路"双节点城市和全国重点综合枢纽城市为目标，加快完善交通基础设施网络，加速构建对外运输通道和立体化交通网络，交通枢纽建设取得新突破。公路网密度和高速公路网密度均居山东省前列。目前，公路总里程14869千米，密度达到134.4千米/百平方千米；高速公路15条860千米，居全省第一位、副省级城市第四位；普通国省道29条2227千米，居全省第一位、副省级城市第二位；所有乡镇实现半小时可以上高速公路，市域1小时交通圈基本形成。济青高铁、青连铁路、董家口疏港铁路建成开通，潍莱高铁预计2020年底建成，目前，市域铁路11条、总里程576千米，密度5.57千米/百平方千米，铁路车站18个，铁路网络体系初步形成，基本实现对半岛城市群各

地市全覆盖,青岛由传统意义上的铁路末端逐步成为沿海重要的铁路枢纽。

2020年1~9月,通过交通基础设施攻势强攻,"十四五"交通运输规划、胶东经济圈交通一体化、交通物流业发展三年行动计划等事关全市交通长远发展的蓝图已经绘就;董梁高速、潍莱高铁、董家口港区原油码头二期工程等一大批交通基础设施重点项目强力推进;关系人民群众切身利益的农村通户道路硬化、市区公交车辆更新、出租汽车行业监管,以及牵头的交通运输、海港口岸、机场口岸疫情防控工作取得重大成效。

### (二)海港空港实力持续增强

基本形成了"一湾两翼"港口布局,老港区向国际邮轮母港转型,前湾港区成为国内最大集装箱码头群、亚洲首个全自动化无人码头,董家口港区已形成3亿吨通过能力。2020年9月,青岛市港口货物吞吐量、集装箱吞吐量实现难能可贵的正增长,承担的其他市级主要经济指标均呈稳步增长势头,为全市经济社会发展作出了交通贡献。2020年1~9月,青岛港完成货物吞吐量45,274万吨,同比增长5.5%。流亭机场是我国十二大干线机场之一,2020年,随着新冠肺炎疫情得到控制,空港旅客吞吐量和货邮吞吐量正在恢复中。胶东国际机场预计2020年底投运,可满足年旅客吞吐量3500万人次、货邮吞吐量50万吨的保障需求。

### (三)综合运输能力大幅提升

青岛处在沿海和青岛至拉萨两大全国综合运输通道交会处,以空港海港为辐射中心、以铁路和高速公路为骨干的综合运输能力大幅提升,已被列为首批国家物流枢纽城市、国家首批现代物流创新发展试点城市、全国首批多式联运示范工程及国家公交都市建设示范工程创建城市。目前,海铁联运集装箱班列增至48条,海铁联运箱量完成138万标准箱、同比增长20%,已开通青岛—明斯克、青岛—塔什干等中欧中亚国际班列6条。董家口港区物流园、即墨国际陆港物流园等五大物流园区建设正加快推进。市域综合交通网覆盖范围不断扩大,网络结构不断优化,城际铁路网从无到有,地铁开通运营4条、运营里程176千米。

## 二、交通强市建设仍有明显短板

结合新时代城市发展的新定位、新功能,对标上海、深圳等城市交通状况,青岛交通发展还存在大而不强、质量不高、衔接不畅、对外通道不足、引领功能不够等突出问题。

### (一)对外通道总体能力不足

青岛与山东半岛城市群各市串联的交通线路不多,高速铁路占比不高,出省铁路的通达性不强,交通末梢特征未根本改变,一定程度上制约了龙头城市辐射功能的发挥。从省内看(图1),青岛外部通道主要集中在向西(胶济铁路、济青高铁)、向东北(蓝烟铁路、青荣城际铁路)、向西南(胶新铁路、青连铁路)3个方向上,与济南的通道运能趋于饱和,与东营、滨州、泰安、济宁、菏泽等城市缺乏直达铁路联系。从省际看,沿海高铁通道尚未真正形成,与周边城市群的衔接尚不完善,仍缺少与周边主要城市群快速直达的铁路联系通道,与长三角、中原等城市群铁路联系超过6小时,通向北京、天津的铁路需绕道济南,增加了通行距离,制约了通行效率。

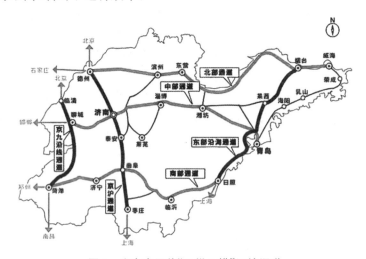

**图1 山东省目前"三纵三横"运输通道**

### (二)都市圈交通体系不完善

目前,青岛都市圈综合交通骨干网络框架初步形成,但交通方式较为单一,尤其是轨道交通网络尚不健全,部分通道通而不畅,运输能力紧张,交通基础设施支撑引领作用不强。城际铁路、市郊铁路发展较为滞后,都市圈内的其他中小城市缺乏与核心城市之间直达、便捷、快速的轨道运输通道,导致核心城市对其辐射、带动作用发挥不够。受条块分割影响,在交通规划建设、运营管理等方面协调难度较大。与上海、深圳、广州等南方发达城市相比,青岛公路网密度、高速公路网密度、铁路网密度、轨道交通网密度等质量指标还存在较大差距。

### （三）交通衔接联动效应不够

不同运输方式联动作用尚未发挥，主要交通枢纽之间、枢纽与各区（市）之间快速通道仍不健全，通行、转换效率较低，枢纽客货运集散交通与城市交通矛盾比较突出。一是从轨道交通看，青岛地铁建设正在起步，轨道交通骨干网络尚未形成，线网覆盖范围不广，连接平度、莱西等市域（郊）铁路建设比较滞后，不同层次的轨道交通系统尚未实现资源共享、全域覆盖和方便换乘。二是从空铁公对接看，城际高铁、城市轨道尚未引入机场设站，胶东机场尚未转场，高铁、机场枢纽之间尚未实现无缝连接，高铁、机场综合交通集疏运条件有待提升，枢纽周边高速、省道、市区快速路需要进一步完善。三是从公铁水联运看，铁路、高速公路进港"最后一公里"问题突出，董家口港区铁路直连运力尚不够，东西向疏港铁路、高速公路有待健全。四是从城市交通看，轨道交通与其他方式衔接不畅，跨区（市）旅客联程运输并未实现便捷顺畅，居民出行过度依赖机动车交通。过境交通和城市交通、客货交通混杂问题突出，进一步加剧了城市交通拥堵。

### （四）综合枢纽经济功能不强

目前，青岛立体交通枢纽发展态势正在显现，但航空、铁路、港口枢纽运输方式和功能仍然相对单一，综合枢纽设施体系建设仍有一定缺口，特别是大型综合枢纽规模明显不足，机场、火车站、港口、物流园区集疏运体系尚不完善，对周边区域的带动作用不强。各类枢纽主要承担交通功能，未能很好地转化为经济枢纽，未能有效发挥对城市经济社会发展的引领功能，枢纽产业、枢纽经济、门户经济、流动经济发展相对滞后。

## 三、青岛推进交通强市战略的对策建议

### （一）优化交通网络布局，增强交通设施对外辐射功能

#### 1. 加快完善青岛对外通道

改善出省铁路通达性，提升空间分布的广度和深度，实现更加均衡的网络通达度。依托区位、海港、空港和国家综合交通枢纽优势，结合国家空间战略布局，着力完善立足半岛、辐射沿黄、支撑东部、服务全国的综合运输通道，从国家区域发展战略空间布局的东部、中部、西部、东北4个方向，加强与长三角、京津冀、中原、太原、宁夏沿黄、兰西、天山

北坡、东北等八大经济圈(区、带)的联系,更好发挥青岛作为国家沿海重要中心城市的引领功能。

一是在东部方向,除新建青岛至上海铁路外,规划建设青岛西至莱芜高铁,衔接京沪高铁二线;二是中部方向,新增规划董家口至曲阜、兖州线路,衔接南北向京沪高铁、东西向新兖(新乡—兖州)铁路,规划董家口至河南濮阳高速公路,形成青岛联系鲁西南地区和中原城市群的新通道;三是西部方向,利用现有青岛—拉萨、兰新综合运输通道,拓展面向黄河流域、西北内陆的经济腹地,在黄河流域生态保护和高质量发展国家战略布局中发挥更大功能;四是东北方向,新增规划青岛至蓬莱高铁,远期衔接渤海湾跨海通道,打通青岛面向东北地区的战略通道。

2. 加快完善现代立体综合枢纽体系

以青岛站、青岛北站、青岛西站、红岛站、即墨北站、青岛港、前湾港、董家口港、胶东国际机场等九大枢纽为基础,建设多功能、放射状、一体联动、环胶州湾C字形布局的现代立体综合交通枢纽体系。发挥铁路、公路、航空、海港、城市轨道交通之间联动作用,健全各枢纽之间、枢纽与各区(市)之间便捷高效的快速通道设施,提高接续换乘、转换效率,提高枢纽客货集散运输便利性,促进交通枢纽与现代产业、城市空间布局、经济社会融合发展。

3. 健全公铁航水衔接互换的多式联运网络布局

增加连通国际国内的干线通道,扩大与东北亚、东南亚、中亚、欧洲等地区的互联互通,增强青岛作为国家综合交通枢纽的国际辐射功能。着力完善信息共享机制,促进各种运输方式联动协调、大中小运输企业紧密协作,建成网络联通内外、运转顺畅高效、标准衔接协同、支撑保障有力的现代化国际综合交通枢纽、多式联运现代国际物流中心和全球贸易节点城市,提升青岛国际影响力和竞争力,更好服务"一带一路"建设。

**(二)提升交通供给质量,健全海港空港综合服务功能**

1. 加快推进市域城乡交通高质量发展

规划建设青岛主城区至胶州、平度、莱西市域(郊)铁路,健全青岛主城区至各区(市)快速通道,打造青岛市域"半小时交通圈"。加快城市轨道交通建设并网运行。打通市区断头路实现微循环。加速"四好农村路"建设,发展农村物流,助力乡村振兴。大力发展智慧绿色低碳交通,持续完善城市现代综合运输体系、高效运输组织管理体系,促进城市公交优先发展。广泛应用新一代信息技术和新能源技术,推广货车编队行驶、客车自动驾驶、即时监控管理等智能化场景,提供更为舒适的出行体验,不断提高市民出行满意度。

### 2. 加快健全港口综合服务功能

完善港区集疏运体系,打通铁路、高速公路进港"最后一公里",全面提升港口高效集散能力,持续发力打造世界一流海洋强港。优化六大港区功能布局,配套完善相关货种物流园区、商贸园区,积极发展临港大产业、大物流,积极拓展金融、信息、文旅、综合服务等功能,促进港产城融合发展,建成现代化蓝色经济先行示范区。结合自贸区青岛片区建设,探索高水平贸易投资自由化、便利化政策,完善监管制度体系,逐步探索推进自由贸易港建设,打造北方对外开放新高地,发挥东北亚国际航运枢纽功能。

### 3. 加快健全机场综合服务功能

将胶东国际机场建成空地一体化现代综合枢纽,配套完善机场集疏运快速通道。规划建设航空综合保税区,建设国际化、高端化的临空经济先行区,促进空港、产业、城市一体化发展,打造通达全球的国际门户通道、东北亚合作交流中心和国际航空物流中心,成为胶东经济圈对外开放重要门户、带动区域经济发展的强大引擎。

## (三)推动都市圈交通一体发展,促进城际区域协同发展

### 1. 推进青岛都市圈交通一体化发展

促进青烟威潍日五市交通协同并进,加快五市城际轨道交通建设,优化高品质城际线路,打造都市圈城际核心区枢纽间"1小时交通圈",同步完善城市地铁、城际高铁、机场建设,提升胶东经济圈国际竞争力,为青岛建设现代化国际大都市、提升区域龙头地位和桥头堡作用提供有力支撑。

### 2. 探索区域交通协同发展模式

推动胶东五市交通功能整合,以青岛国际综合交通枢纽为中心,以烟台、潍坊国家综合交通枢纽为副中心,以威海、日照区域综合交通枢纽为重要支点,打造多层次、网络化、轴辐式国际化青岛都市圈综合交通枢纽体系,形成以青为轴、以烟威潍日为辐的区域交通协同发展模式,促进区域交通资源向集约化、协同化、差异化、规模化方向发展,增强整体服务黄河流域出海通道的功能作用。

### 3. 健全五市常态化沟通协调机制

建立胶东五市统筹交通一体化发展联席会议制度,促进交通规划"一张图"、开发建设"一盘棋"、管理服务"一张网",完善一体化综合运输通道、综合交通枢纽、集疏运网络和综合运输服务体系,提升五市交通共建共享、互联互通协作水平,推动区域交通治理体系和治理能力现代化。

### (四)大力发展枢纽经济,形成区域优化发展的增长极

1. 探索建设国家沿海枢纽经济中心和先行区

抓住上海合作组织地方经贸示范区、山东省自贸区青岛片区等国家重大战略下青岛城市枢纽地位重塑的机遇,打造青岛与国家沿海中心城市相符的枢纽经济中心,提升服务"一带一路"建设和辐射黄河流域的策应能力,更好发挥青岛在山东半岛城市群中的龙头作用。依托综合交通枢纽,完善现代综合运输体系和物流园区,以改善营商环境、吸引高端要素集聚为切入点,推动交通枢纽偏好型产业集聚,促进交通、产业和城市融合发展,建设国家沿海枢纽经济先行区。

2. 大力发展"临港经济""临空经济""高铁经济"

立足"三湾三城"空间布局,依托青岛港、前湾港、董家口港、青岛站、青岛北站、青岛西站、红岛站、即墨北站、胶东国际机场等综合交通枢纽,以综合枢纽为圆心,在 10 千米半径范围内,规划建设一批枢纽经济创新发展区,坚持创新引领,合理定位现代主打产业,优化生产、生活、生态功能布局,推动工商文旅体融合发展,形成现代产业体系的核心区。

3. 大力培育枢纽经济发展新动能

促进枢纽经济创新发展区与自贸区、保税区、综保区等贸易便利化平台形成协同效应,进一步增强枢纽的经济功能。大力发展信息枢纽经济、金融枢纽经济、现代服务枢纽经济,培育枢纽经济发展新动能,形成区域优化发展的增长极。积极构建全球城市网络重要支点,打造聚集全球人才、科技等高端要素集聚的创新高地,在全球产业链、价值链中增强控制力、影响力和话语权。

课题组组长∶孙彦明　山东科技大学
课题组成员∶吕文红　山东科技大学
　　　　　　管得永　山东科技大学
　　　　　　任传祥　山东科技大学

# 青岛发展人工智能产业的对策研究

## ——基于学深圳、赶深圳的对比分析视角

### 青岛滨海学院课题组

2020 年以来,国家对新基建政策支持力度不断加大,人工智能如何更好地赋能经济高质量发展,成为新的时代命题。我国人工智能产业发展迅速,目前,人工智能企业数量已达到 1000 多家,仅次于美国,位居世界第二。其中,在人脸识别、语音识别、安防监控、智能音箱、智能家居等人工智能应用领域处于世界前列。青岛是中国的新一线城市,其发展正处于新旧动能接续转换的关键时期,机遇和挑战并存。2020 年青岛市深入推进"高端制造业＋人工智能"攻势,大力培育人工智能产业,把青岛打造成人工智能产业高地,以其溢出带动效应增强其他产业的创新能力和发展活力,对实现青岛经济发展的质量变革、效率变革、动力变革,从而加快实现高质量发展,将青岛建设成为国际一流智慧型大都市具有重大意义。

## 一、青岛与深圳人工智能产业发展情况的对比分析

### (一)总体情况对比分析

深圳是我国人工智能的主要集聚地之一,处于人工智能产业发展的第一梯队,居全国第三位。目前,深圳涉及人工智能的企业为 636 家,近 70％的企业集中在应用层领域。深圳集聚了腾讯、华为等大型龙头企业,大疆、柔宇科技、碳云智能、优必选等诸多国际一流的"独角兽"型企业以及众多人工智能中小微企业,形成了"总部基地＋研发孵化＋高端制造"的"一轴两廊多节点"的人工智能产业空间格局。深圳在人工智能和机器人相关的智能智造、智能手机、智能无人机、服务机器人、智能识别软件等领域,形成了较为完备的科技产业链。AI＋5G应用已经在交通、医疗、安防、城市管理、电影院、酒店等领域取得了瞩

目的成绩,各种智慧安防、智慧医疗、智慧酒店和智慧交通等多类应用场景的拔地而起,给"深圳智造"增添了新引擎,有力促进万物互联和智慧城市的实现。

青岛人工智能产业起步相比深圳较晚,处于全国第二梯队,排名第17位(数据来源:亿欧智库 2018 年《中国人工智能产业发展城市排行榜》)。青岛现有涉及人工智能的企业近 100 家,同样主要集中在人工智能产业的应用层面布局,例如,在仓储运输领域的青岛港全自动码头;在城市管理领域的海信网络的智慧城市中心平台、警务大数据和公共安全实战平台、智能交通管控系统;在智能家居领域的海尔 U+人工智能智慧家庭解决方案,集 IOT 物联、OS、大数据、人工智能和云平台等技术于一体;在视觉检测领域的歌尔虚拟现实头显。此外,在人工智能教育课程、社会治安防控体系及智慧公安建设、"互联网+"政务服务等方面也取得良好成效。2020 年 1~6 月,坚持融合带动,落地科大讯飞、商汤等科创技术中心,加快建设华为(青岛)智谷、百度智创基地,首批发布 500 个工业赋能场景、100 个未来城市场景,建成 5G 基站突破1 万个。此外,海尔、海信、中车四方、歌尔等一批本土企业先行先试,走在行业前列。

### (二)人工智能产业发展要素对比分析

选取产业政策、产业基础、技术水平、人才储备、资金支持等 5 个指标作为影响人工智能产业发展的最主要因素,对青岛和深圳在 5 个方面的情况作简单梳理和对比分析。

#### 1. 在产业政策方面

2017 年,深圳政府发布《深圳科技创新"十三五"规划》,将包含人工智能在内的新一代信息技术、智能制造作为重点关注领域。2019年,深圳政府发布《深圳新一代人工智能发展行动计划(2019—2023年)》,在推进技术攻关、培育发展人工智能产业集群、深化实体经济融合发展、构建公共服务支撑平台等方面制定了详细的规划。深圳的人工智能产业政策比较完备,着力点贴近企业需求,能够给予企业多方面的支持,有力地营造了人工智能产业发展的良好环境。

与深圳相比,青岛崂山区在 2019 年 7 月印发了《崂山区人工智能产业发展行动计划(2019—2021 年)》,2019 年 8 月青岛公布了《"高端制造业+人工智能"攻势作战方案(2019—2022 年)》。2020 年 4 月 24日,出台《青岛市工业互联网三年攻坚实施方案(2020—2022 年)》《加快工业互联网高质量发展若干措施》等规划文件和扶持政策。为了将更多优质资源汇聚本地,青岛提出全面开放应用场景。截止到 2020 年10 月底,已发布 1000 个"工业赋能"场景和 100 个"未来城市"场景。

### 2. 在产业基础方面

深圳基于高新技术产业链及产业集群发展人工智能产业，产业基础夯实，实力雄厚。主导的高新技术产业为人工智能产业的发展提供了包括计算机视觉、智能语音技术、自然语言处理等在内的技术层支持，以及包括云计算服务、传感硬件、计算硬件等在内的基础层支持。另外，深圳金融、物流等产业发达，也为人工智能产业的发展提供了应用层的支持，使人工智能产业能更好地与优势产业结合并加速落地。

与深圳相比，青岛发展人工智能产业的产业基础差距并不算太大。青岛制造业基础较好，信息通信产业比较发达，具备加快发展人工智能产业的良好条件。青岛发起的"高端制造业＋人工智能"攻势，规划形成一批国内领先的标志性前沿技术成果和应用解决方案，将有力地推动人工智能产业发展。

### 3. 在技术水平方面

与青岛相比，深圳人工智能产业在技术落地、实现商业化方面具有先发优势。深圳新一代信息技术拥有完整的产业链，在大数据、云计算、互联网、物联网和半导体产业，特别是集成电路设计等领域具有较强的实力。深圳注重发挥龙头企业的带动及孵化作用，构建起以企业为主体的人工智能技术创新体系。其中，华为、腾讯占据全国人工智能产业领域百强企业排行榜的第一、二名，两家企业在人工智能领域的技术创新能力、成果数量和技术水平国内外领先。

近几年，青岛在人工智能产业的基础层、技术层、应用场景层三个方面也有长足进展，特别是在人工智能应用场景层面，初步形成了包括人工智能家居、人工智能医疗、人工智能金融、人工智能物流以及智能车联网在内的智慧城市系统。但人工智能产业的整体技术水平偏弱于深圳。

### 4. 在人才储备方面

深圳与青岛在人工智能产业发展的人才储备方面都不同程度地存在不足，深圳缺少人工智能产业领域的顶尖人才，青岛人才紧缺问题比深圳严重，相关领域人才普遍缺失。对此，深圳明确提出要聚集培育高端人才，打造人工智能人才高地。建立急需紧缺人才目录并动态更新，强化市场发现、市场认可、市场评价为基础的人才评价体系，构建人工智能人才评价机制，在关键核心技术领域靶向引进领军型人才团队。青岛也加大了人工智能领域人才培养和引进力度，但效果还不明显。

### 5. 在资本支持方面

深圳市政府为支持人工智能产业发展，构建起了较为完备的资金支持体系。深圳科技创新委员会向从事高新技术领域科技研发及产业化工作的企业提供无息贷款。深圳工业和信息化局向通过融资租赁方式购置先进适用设备实施技术改造的企业提供技术改造融资租赁补贴。此外，深圳工业和信息化局还向生命健康产业、机器人、可穿戴设备和智能设备产业等提供贷款贴息。青岛市发布的《"高端制造业＋人工智能"攻势作战方案（2019—2022年）》提出：一是大力发展产业基金。放大全球（青岛）创投风投大会效应，积极引进国内外产业基金，推动各类创投主体参与设立产业基金，投资新一代信息技术、生物医药、高端装备等产业领域；二是支持多层次资本市场建设。推动科技创新型企业在科创板上市融资，助力人工智能产业发展。

## 二、青岛发展人工智能产业与深圳存在的差距

通过对比分析可见，青岛发展人工智能产业与深圳存在着差距（表1）。

表1　青岛与深圳人工智能产业发展要素星级评定情况表

| 城市 | 产业政策 | 产业基础 | 技术水平 | 人才储备 | 资本支持 |
|---|---|---|---|---|---|
| 深圳 | ★★★★★ | ★★★★★ | ★★★★ | ★★★ | ★★★★ |
| 青岛 | ★★★★ | ★★★★ | ★★★ | ★★ | ★★ |

注：星级评定是以亿欧智库发布的《中国人工高智能产业发展城市排行榜》及科技部新一代人工智能发展研究中心发布的《中国新一代人工智能发展报告》为基础，结合实际调研情况，并征询专家意见，综合评价做出。五星为中国目前最高水准，对应着8～10分，四星为较高水准，对应着6～8分，三星为一般水准，对应着4～6分，两星为较低水准，对应着2～4分，一星为最低水准，对应着0～2分。

1. 政策环境尚未成熟

青岛缺少统筹全局的中长期人工智能产业发展规划，需要尽快完善相关的法律、法规、政策和制度体系，来为人工智能产业的发展保驾护航，尤其在资本和人才政策方面，需要更具体、更有针对性的政策支持。

2. 人工智能产业布局不均衡

青岛人工智能产业呈孤岛式发展，未体现出与前端大数据产业和后段智慧生活产业的紧密联系，现有产业基础对人工智能产业的支撑作用还没有发挥出来，特别是流程再造、数据分析以及市场反馈等方面缺乏深入研究与实践，导致传统企业很难将业务延伸到人工智能最前沿领域，需要引导和优化。

3. 缺少代表性企业和国内外领先技术

青岛虽有海尔、海信等企业在人工智能应用领域取得了一定的突

破,但真正的人工智能企业还没有成长起来,人工智能相关技术水平更是有待提高。

4. 人工智能领域专业人才非常缺乏

青岛本土化人才培养难以跟上人工智能产业发展的需求,而在人才引进方面与北京、上海、深圳等城市比处于竞争劣势,人才缺失成为制约青岛人工智能产业发展的一个短板。

5. 没有形成资金支持体系

人工智能企业,尤其是处在初创期的小微企业面临着融资困境,青岛尚无系统的资本支持体系来为人工智能产业发展提供稳定的保障。

# 三、青岛发展人工智能产业的对策建议——基于学深圳、赶深圳的视角

为了促进青岛人工智能产业的快速发展,建议向深圳学习,并以其为目标进行追赶和超越,建议成立隶属工业和信息化局的人工智能产业发展战略办公室,以促进新旧动能转换,大力发展新兴产业为目标,对青岛人工智能产业发展进行顶层设计,围绕以下几方面开展工作。

## (一)制定产业政策

对接国家和山东省人工智能产业发展战略,制定差别化的具有青岛特色的人工智能产业发展规划及实施细则。一是突出临海特色,在涉水智能领域,大力支持海上无人机、海下作业机器人、智能船舶海工装备制造等企业的发展,争取在涉水智能领域有所突破,抢占该领域的制高点;建设海洋大数据中心。利用人工智能设备对青岛、全国的临海海底进行探测,结合 AI 机器学习方法分析收集的大量图像和数据资料,应用于渔业规划、海产养殖、海洋资源开发和保护等领域。二是突出原有产业基础优势,在智能储运领域,围绕海信、青岛港和四方机车打造货运及客运智能交通储运系统和设备,提高交通运输效率;在智能家居领域,围绕海尔、海信等龙头企业探索构建以孵化平台为核心的创新创业生态圈,产学研融合孵化衍生人工智能中小微企业,建设智能家居全产业链体系,试点建设以智能家居为主的智能生态小区项目。着力用优惠政策吸引国内外人工智能领域的技术、人才、资金和装备等创新资源向青岛的人工智能产业流动和集聚。

## (二)实施制造业的逆向整合战略

在智能家居、智能储运及涉水智能等领域重点推动,充分整合和利用现有资源,以终端产品人工智能化,倒逼传统产业整个生产工艺、流

程、技术、设备的转型升级,在制造环节中实现人工智能应用场景优化和商业化布局,以"衣联网"等形式触发新兴产业和业态。大力扶持传统制造业人工智能的技改,加速技改补贴等相关政策的落实;加大应用场景的开放力度;充分依托人工智能产业共同体,强化产业链、技术链的平台效应。

### (三)设计技术路线图

确定青岛人工智能产业重点研发领域,实现产学研的交流互动,保证技术创新的产业化、商业化能力,除围绕"7+N"攻坚计划和任务开展人工智能领域的技术创新外,在人工智能技术前沿领域进行谋篇布局。一是深化前沿基础理论研究。围绕青岛已有技术基础和发展需求,在大数据+知识驱动认知技术、新一代机器学习、推理与决策、人机混合增强智能、自主智能等基础前沿方向重点突破,突出前瞻引领,强化理论储备,实现在人工智能优势领域的引领式发展。二是突破关键共性技术。重点发展跨模态与协同感知、自然语言理解、协同控制技术、人机物混合智能技术、智能芯片与智能硬件等关键共性技术,为加快青岛人工智能产业发展提供关键技术支撑。

### (四)实施人工智能产业发展的重大工程

一是实施人工智能产业集群培育工程。依托青岛现有产业园区,引进国内外人工智能知名企业和科研机构,加快公共服务平台建设,延伸智能家电、智能装备、智能运载工具、智能芯片、智能机器人、智能医疗和健康等产业链和创新链,打造多个特色人工智能产业集群和产业创新示范区。二是实施重大创新成果应用示范工程。以重点工程方式推动本地区人工智能重大成果的创新应用。近期重点推进智能家电、智能装备、智能车间、智能机器人、自动驾驶等重点产品在制造、健康、交通、安防等相关领域的示范应用。三是实施智能化基础设施建设工程。加快建设5G创新示范网络,整合全市数据平台和数据中心资源,推动基于5G的无人驾驶、远程医疗、智能感知物联网等前沿应用,尽早实现未来互联网、移动通信网的全面融合。

### (五)搭建国际化的人工智能人才交流平台

一是通过构建"海外人工智能博士工作站""海外人工智能科技孵化器"等方式,实现"全球孵化、青岛创造"的人才引育机制。二是开设人工智能专业及"人工智能+"的高校课程。鼓励企业和高校在人工智能领域的双向互动培养模式,着眼未来,培养本地人才。

### (六)帮扶人工智能企业解决融资难题

一是加快设立人工智能产业引导基金,扶持贷款难的人工智能中小企业。二是通过政府站台,推介企业,搭建人工智能"青岛展厅""国际客厅"。三是鼓励银行、信托、保险、证券等金融机构对人工智能企业开展个性化服务,推动科技金融创新,丰富人工智能领域的金融市场层次和金融服务体系,尽最大努力解决人工智能企业面临的融资难、融资贵、融资慢等问题。

### (七)优化人工智能产业空间布局

根据青岛各区(市)的战略定位和产业发展需要,布局人工智能核心产业和相关优势产业,打造产业集群。以人工智能头部企业为中心,依托中部高新区和东、西部大学城的知名高校、科研院所,强化产学研合作,打造人工智能特色创新核心区、先行示范区,建设智能家电、智能运载工具、智能交通、智能涉水机器人、智能装备制造、智能医疗与健康、智能芯片、智能终端等细分领域专业化孵化基地和众创空间。以青岛西海岸经济新区为核心,依托海尔、海信、澳柯玛等企业,使人工智能和高端制造深度融合,做大做强智能家电产业;以青岛高新区为重点,依托外引的腾讯、华为、百度、中兴等企业,加快腾讯双创小镇、华为智慧云小镇等重点项目建设,打造新一代信息技术产业高地,争取在集成电路人工智能领域取得更大的突破;以青岛蓝色硅谷核心区为基础,辐射即墨区、崂山区、市南区,整合山东大学(青岛校区)、中国海洋大学、青岛国际海洋传感器研究院、海洋地质研究所、中国科学院海洋研究所、青岛国家海洋科学研究中心等高校和研究机构的创新资源,培育青岛特色的涉水人工智能产业。

课题组组长:刘　苹　青岛滨海学院
课题组成员:谢海军　青岛滨海学院
　　　　　　梁　静　青岛滨海学院
　　　　　　乔世宝　青岛滨海学院
　　　　　　王甜甜　青岛滨海学院
　　　　　　张婷婷　青岛滨海学院
　　　　　　化　斌　青岛滨海学院
　　　　　　施　炎　辽宁大学
　　　　　　李　腾　辽宁大学

# 平安青岛建设背景下新时代家文化建设助力基层治理现代化的青岛实践研究

## ——以城阳区惜福镇街道构建"1＋10"的"惜福·家"品牌体系为例

### 中共青岛市委党校课题组

　　"修身齐家治国平天下"是中国传统文化的精髓。孟子曰:"天下之本在国,国之本在家,家之本在身。"家是国的基础,国是家的延伸,在中国传统文化的精神谱系中,国与家、社会与个人都是密不可分的。"小家"同"大国"同声相应,同气相求,同命相依,自觉融家庭情感与爱国情感为一体。习近平总书记早在2015年参加春节团拜会时就指出:"家庭是社会的基本细胞,是人生的第一所学校,不论时代发生多大变化,不论生活格局发生多大变化,我们都要重视家庭建设、注重家庭、注重家教、注重家风,发扬光大中华民族传统家庭美德。"习近平总书记的讲话为我们研究新时代的家文化、将家文化融入基层治理提供了理论依据。

　　2020年6月6日,平安青岛建设攻势指挥部发布《平安青岛建设攻势2020年作战方案》,方案中明确了作为六大战役之一的社会治理攻坚战的目标是全力打造符合发展规律、彰显时代特征、富有市域特色的青岛社会治理模式。青岛市城阳区惜福镇街道党工委从"社区"这一社会治理的最小单元和"家庭"这一社会最小细胞入手,积极探索社会治理新路径。"惜福·家"社区治理工作体系的基本结构是"1＋10"。"1"意指的是1个关键核心,即"当家人"队伍建设,着重强化以党建引领社会治理的基本原则;"10"意指的是10项重点工作,即"亮家底""理家财""议家事""拉家常""立家规""正家风""保家安""帮家人""美家园""合家欢",囊括经济、政治、文化、社会、生态五位一体基本内容,明确价值旨向和目标归宿。在社区治理工作中,当家人作为领路者,导航定标,掌舵方向,凝心聚力;当家人作为设计师,科学谋划,统筹布局,整体设计;当家人作为排头兵,走在前列,一往无前,勇于探索;当家人作为勤务员,心系群众,为民服务,甘于奉献。当家人的奋力前行必定带动 10 项重点工作的全面展开。在这 10 项工作中,内含着 1 个目标和 9 项举措的逻辑结构,其中,"合家欢"明确了价值旨向和目标归宿,"亮家底""理家财""议家事""拉家常""立家规""正家风""保家安""帮家人""美家园"则涵盖了社区经济、政治、文化、社会、生态建设五大方面的基本内容,也体现了产业兴旺、生态宜居、乡风文明、治理有效、生活富裕的乡村振兴战略总要求,为实现基层社区"柔性治理"作出了积极有益的探索。

# 一、以基层党组织建设为核心

党的基层组织是党全部工作和战斗力的基础,基层社会治理是社会治理工作的重心所在。无论是党的建设还是社会治理,基层工作都是重点、难点所在,所以,习近平总书记提出:"要把加强党的基层建设、巩固党的执政基础作为贯穿社会治理和基层建设的一条红线。"党的十九大对党章的修改,专门增加了"第三十四条":党支部是党的基础组织,担负直接教育党员、管理党员、监督党员和组织群众、宣传群众、凝聚群众、服务群众的职责。凸显出新时代基层党建引领社会治理创新的重要性。党的十九大报告提出,坚持和加强党的全面领导,打造共建共治共享的社会治理格局,这对"一核多元"的社会治理体系建构指明了方向。"一核"即"一个领导核心","多元"即"多元主体共治",既要发挥党委在社会治理中的引领作用,又要激发多元主体参与社会治理的活力。

习近平总书记强调:"基层是一切工作的落脚点,社会治理的重心必须落实到城乡、社区。"新时代基层社会治理需要进一步发挥党委总揽全局、协调各方的领导作用,继续推进基层党组织组织体系、制度体系和运行体系创新。惜福镇街道党工委以基层党组织建设为抓手,突出一个核心,将社区"当家人"队伍建设成为领导基层治理的坚强战斗堡垒。为政之要,重在用人;事业发展,关键在人。惜福镇街道在创建"阳光社区"、打造"惜福·家"品牌过程中,聚焦社区"当家人"队伍建设,以"四抓四促"夯实基层组织基础。一是抓换届,促优化。着眼配强社区"两委"成员队伍,精心部署,扎实推进,在全区率先高质量完成阳光换届,214 名新当选社区"两委"成员中没有出现一例"13 种不得"情形。在此基础上,积极推进城市基层党建,将 112 个基层党组织聚拢形成 24 个社区大党委,社区发展动力倍增。二是抓培训,促提升。着眼于提升社区书记、主任综合素质,先后组织开展社区新当选书记、主任培训班和书记、主任进军营等培训活动 4 次,有效提升了其政治素养和业务水平。三是抓担当,促作为。着眼于发挥社区"两委"成员作用,统一思想,狠抓落实,努力营造"比学赶帮超"氛围,组织社区先后打赢了安保维稳、护林防火、环境卫生综合整治、清河行动、拆违治乱、集市整治、重点路域整治七大攻坚战。四是抓监督,促规范。制定出台了《社区干部负面言行清单》和《社区干部管理规定》等文件,加大不合格党员处置力度,树立起社区"当家人"队伍"阳光"形象。通过"四抓四促",社区"两委"成员成为建设"阳光城阳"、创建"阳光社区"、打造"惜福·家"品牌的重要核心。

## 二、以家文化和地域认同为纽带

家庭作为仓廪衣食的处所、亲情血缘的纽带,是人类再生产自身及其文化的首要方式。而产生于家庭关系基础之上的伦理规范,更在数千年的历史中成为中国人齐家治国的"典范"。中国的"家文化"作为社会文化的一个极其重要的组成部分,是与"家"(包括家庭、家族)有关的物质文化和精神文化的总和。具体来讲,"家文化"是以"家"(包括家庭、家族)为核心,以家居、家业、家财、家庭典藏书籍物品等为物质基础,以血缘、亲情关系为基本人际关系纽带,以传承沿袭个人与家庭(家族)成员之间及个人与家庭(家族)之外人员之间多方约定形成的家法、家规、家训、家庭契约、习俗等为其伦理规范和行为准则,以养老抚幼、齐家兴国、和谐族邦等为人生要务和价值取向,以敬祖崇德、奉孝守礼、诚实守信、勤俭持家、律己助人等为基本精神,并将上述内容和精神泛化拓展到社会生活各个层面。

随着城镇化的快速推进和市场经济的深入发展,传统的乡村集体经济基础和固有的乡土社会结构发生极大变动,不同的价值观念、生活方式、社会思潮冲击着乡村原有的社会治理结构和伦理价值体系,从而使农村社区在很大程度上呈现出"四个转向"的趋势,即"集体主义的价值观"转向"个人主义的本位观","公序良俗的伦理观"转向"经济至上的功利观","勤劳致富的生存观"转向"效益第一的利益观","扎根农村的建设观"转向"进城生活的享受观"。面对"四个转向"的复杂情况,惜福镇街道党工委深入挖掘地域文化内涵,将"家文化"作为社区治理工作的切入点,构建以"1+10"为内涵特质的"惜福·家"社区治理体系,以"家"维系乡愁情感,以"家"强化集体意识,以"家"激发主人情怀,以"家"凝聚磅礴力量,以"家"增强责任担当,以"家"重燃建设热情,以期实现社区治理工作由能人治村向贤人治村的转变,由为民作主向由民作主的转变,由硬性管理向柔性治理的转变。

"亮家底",就是将社区事务和资财置于阳光下晾晒;"理家财",就是社区研究拓宽增收渠道,推动乡村产业振兴,让集体收入在阳光照耀下不断壮大；"拉家常"，就是干部深入田间地头，与群众拉呱沟通，传播党的思想，摸清社情民意，让群众感受阳光温暖；"议家事"，就是完善社区民主议事，社区"家务事"在阳光下让群众广泛参与讨论、决策；"立家规"，就是健全居规民约及社区各项管理制度，以阳光规矩立方圆；"正家风"，就是倡树家风典型，传递社会正能，树立阳光心态；"美家园"，就是加强环境整治，提升家园面貌，守护绿水青山，共建阳光家园；"保家安"，就是夯实基层综治基础，守护社区平安和谐，提升居民在阳光下的安全感；"帮家人"，就是加大扶危济困力度，让"阳光"温暖千家万户；"合家欢"，就是广泛开展文体活动，共享阳光生活，共生满城阳光……通过"惜福·家"品牌创建，阳光理念已深入人心，阳光举措已形成自觉，阳光生活实现共建共享，阳光洒遍了惜福大地，照亮了千家万户。王家村社区围绕"拉家常"，着力提高为民服务意识和水平，探索建立起"阳光连心桥"党建品牌，社区党支部带领居委会、居务监督委员会、团支部、妇代会、民兵连、一站式服务大厅等组织，对包括本社区居民和外来人口在内的6个居民小区建立起以党员为主体的小区主管、楼长、单元长竖向管理体系，从而形成以党支部为桥体，各组织、各层级为桥墩的"连心桥"，在社区"阳光"党务、居务、财务上情下传、下情上达方面，实现高效率、全覆盖的党群互联、民意直达、问题速决工作体制。社区为参与"阳光连心桥"的每一名党员都配发了《民情日记》，党支部书记带头记好《民情日记》，经常进行检查。党员是否真正定期走访了居民、居民有什么困难和诉求、社区是如何研究解决的，《民情日记》都记录得清清楚楚。院后社区围绕"保家安"，探索实行"新居民星级文明户"评选授牌，发挥了流动人口监督管理的示范引领作用。社区负责人通过深入居民走访调研，研究制定了《院后社区新居民管理办法》《新居民"星级文明户"创建实施意见》，对流动人口实行星级管理。凡是外来租房户，由社区评定小组根据其综合表现授予星级，门口悬挂"新居民星级文明户"牌子，并根据星级标准分级减免物业费、卫生费等，既引导流动人口增强了遵守国家法律法规和《居规民约》的自觉性与主动性，也便于居民加强监督，为其他社区加强流动人口管理提供了经验。青峰社区围绕"传家训""正家风"，发挥传统文化的示范引领作用，在青岛市率先建立起社区级新时代文明实践所，成为山东省首个家家挂国旗、户户立家训、人人传新风的社区，以家风带民风、正社风，形成党风正、政风清、家风好、民风淳的社区氛围，以前山穷水恶、贫穷落后的小山村，如今展现出活力宜居美丽乡村新风采，居民的幸福感和归属感显著提升。王家村社区建立起"阳光连心桥"工作模式，从党支部、居委会等6个组织到社区6个居民小区、楼座、单元，层层建立传达社区工作、汇集居民诉求、解决民生问题的"阳光连心桥"。社区开展了"亮家底、议家事、拉家常、建家园"活动。社区以"群众都知道为标准",通过"一听一看三公开"的方式"亮家底",将社区家底置于阳光下"晾晒",自觉接受群众监督,切实保障社区党员群众对集体资产的知情权和监督权;充分发挥社区"大党委"共建、共创、共享的区域化党建优势,组织社区居民、共建单位共同"议家事",探索出一套"融合共进、服务提升"的共议家事模式;将"拉家常"工作与帮扶困难群众、扫黑除恶专项斗争、社区精神文明建设紧密结合,有效强化党员干部执行力,增强党员干部为民服务水准,社区群众满意度显著提升。在后金社区,社区每年投资约140万元用于每季度为居民发米、面、油等生活用品,保障居民基本生活;在青峰社区,家家住"洋房",生活在景区,老人免费入住"老人房";在院后社区,星光闪闪、熠熠生辉,结合社区网格化管理,新居民"星级文明户"评选活动让"家"的关怀更入微,让生活在这里的外来居民更具荣誉归属感和城市奉献感。

## 三、以社区基础工作系统化为抓手

构建现代社会治理格局是国家治理体系和治理能力现代化的重要组成部分,是保证全体人民共享改革发展成果的基础保障。从政府单一的社会管理走向双向互动、多方参与的社会治理,是国家治理能力和治理体系现代化的必然要求,也是重视并加强社会建设的题中应有之意。共建共治共享理念充分体现了党对当代中国社会治理规律和社会建设规律的认识进一步深化。共建是基础,突出制度和体系建设在社会治理格局中的基础性和战略性地位,要求社会治理主体的多元化和多样化;共治是关键,要求树立大社会观、大治理观,将党纵览全局、协调各方的政治优势同政府的资源整合优势、企业的市场竞争优势、社会组织的群众动员优势有机结合起来,打造全民参与的开放式社会治理体系;共享是目标,按照人人参与、人人尽力、人人享有的要求,坚守底线、突出重点、完善制度、引导预期,注重机会公平,保障基本民生,实现全体人民共同迈入全面小康社会。

"1+10"的"惜福·家"品牌,将浓浓的家国情怀渗透其中,是对社区和居民所表现出来的深情大爱,是对社区富强、居民幸福所展现出来的理想追求。

"亮家底、议家事"。以王家村社区为代表陆续开展"亮家底、议家事、拉家常、建家园"活动。打造阳光社区,做到一切公开透明,大家事大家管,一切操作都在阳光下进行,把好事做好做实做细。帮家人、美家园,成立"阳光益家人"志愿服务队,以"立足街道、面向居民、见诸日常、细致入微"为宗旨,动员组织机关、社区、企业、学校等各界志愿者服务队伍，开展志愿服务活动，尤其是各社区纷纷成立"夕阳红"队伍，让老年人在共建共治共享"阳光家园"中发挥余热。以打造美丽乡村为契机，大力开展环境卫生整治、基础设施完善和"清河"行动，着力提升区域环境面貌，让居民"望得见青山、看得见绿水、记得住乡愁"。

"传家训、立家规"。以家为基点，以家训（立家规、重家教）为重要手段，由长辈和族长对子弟族众进行形成良好教养，注重修身处世，治家兴业的训示，形塑其行为举止、礼仪规范、道德境界，是形成良好家风的基本条件。以"惜福·家"品牌创建为引领，打造独具特色的"家训"文化，鼓励倡导社区居民传家训、立家规，传承发扬中华优秀传统文化，让崇德向善、勤俭持家、尊老爱幼、明事知理、诚实守信等优秀传统美德再放光芒。"发白眼花年岁高，儿孙子女是依靠；堂上父母多行孝，堂前儿孙受熏陶；爹娘喜好心记牢，天凉加衣常念叨；常打电话问声好，逢年过节往家跑……"朗朗上口的忠孝诚言传诵于整个青峰社区。家风相连成民风，民风相融汇国风，在这里，家家户户挂国旗，传家训、定家规，更是要求"共产党员户"全部亮明身份，以优良的党性和作风引领社区家国情怀。

"守家园、保家安"。召开安委会例会，部署年终岁末安全生产大检查工作，逐户走访宣传冬季取暖工作，向居民发放《阳光生活，冬季取暖安全第一》明白纸，全面开展风险分级管控和隐患排查治理"两个体系"建设工作，深入开展重大安全生产隐患排查整治督导工作，举办形式多样的安全生产宣传教育"七进"活动，每季度开展一次"安全月"活动，抓实抓牢安全生产工作；从街道到社区，层层梳理划分综治"网格"，配齐配强网格员，持续开展四类风险排查防范专项行动，全面加强出租屋管理，摸排建立流动人口档案，后金等社区实施了房屋出租"保证金"制度，各社区辅警、警车、警务室配备到位，全方位守护平安的"阳光家园"。

家文化是一个家庭和家族的生活样式，家风是家文化的集中体现。家是最小国，国是千万家，家国两相依。党的十九大开启了中国特色社会主义新时代，城阳区也迈入建设生态宜居、品质活力胶州湾北岸中心城区的新征程。在"惜福·家"品牌的凝聚下，惜福镇街道正以崭新的精神状态和奋斗姿态，引领承载居民美好生活向往的航船破浪前进——美丽惜福、幸福惜福，就是现在，更在远方。

**课题组组长：**敬志伟　中共青岛市委党校

**课题组成员：**孙　涛　中共青岛市委党校

　　　　　　　刘晋祎　中共青岛市委党校

# 青岛地铁站域公共空间一体化开发研究

## 山东科技大学课题组

城市公共空间规划建设直接反映着城市治理的现代化水平。2019年11月,习近平总书记在上海考察杨浦滨江公共空间建设时指出,无论是城市规划还是城市建设,无论是新城区建设还是老城区改造,都要合理安排生产、生活、生态空间,努力扩大公共空间,走内涵式、集约型、绿色化的高质量发展路子,创造宜业、宜居、宜乐、宜游的良好环境。青岛建设开放、现代、活力、时尚的国际大都市,应面向"十四五"及未来,以"万亿规模"的国际化城市发展意识引导城市发展、规划城市建设。

目前,城市轨道交通引导城市开发成为国际化城市发展趋势,其空间发展对自身及周边地区建设有着巨大影响。2020年,全国各大城市发布的重点项目中,轨道交通项目依然是基建项目的重要组成:北京发布的100个重大基础设施项目中包含28个轨道交通类项目,其中16条地铁线路同时在建;上海公布的57个城市基础设施项目中,有6个轨道交通项目;青岛发布的市级重点建设项目中地铁占据4项,包括地铁6号线一期、4号线、8号线、2号线西延(轮渡站—泰山路站)。地铁站域地下公共空间与商业、文化娱乐等功能的融合程度高,是位于城市地下可共享、可交际的公共活动基面,可有机组合并带动周边区域地下停车库及地下步行等交通空间、大型商业中心及地下商业街等商业空间、城市文化娱乐等公共空间的快速高效发展。下一步,青岛应进一步优化已建和在建的地铁站域公共空间,同城市地下公共空间及周边区域城市空间进行一体化开发,使充满开放、现代、活力、时尚与商业气息的轨道交通地下公共空间成为宣传青岛国际化城市的一张重要名片。

## 一、青岛地铁线网规划及建设概况

青岛轨道交通规划建设18条线,共838千米,包括9条总长达455千米的市域快线和9条总长达383千米的市区线。目前,国家已批复青岛市9条城市轨道交通线路,全长362.88千米(图1)。截止到2020年9月底,已开通运营4条地铁线路,运营里程176千米(表1),在全国40座已开通城市轨道交通运营城市中排名第11位。随着地铁

1号线全面贯通,青岛轨道交通在运营里程上将有更大突破。在新的轨道交通线网指导下,未来,青岛地下空间将通过轨道交通线路为发展轴线,串联、带动全市31处地下空间重点建设区域,形成"轨交串联、片网相融"的地下空间网络布局。

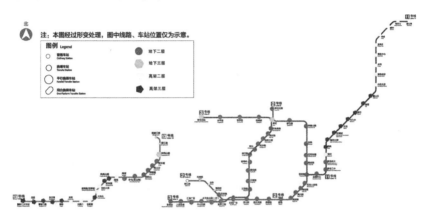

图1 青岛地铁运营车站开发情况统计

表1 2019年城市轨道交通运营里程TOP15

| 里程排名 | 城市 | 2019年GDP排名 | 2019年运营总里程(千米) | 2019年新增运营里程(千米) |
|---|---|---|---|---|
| 1 | 北京 | 2 | 766.7 | 62.5 |
| 2 | 上海 | 1 | 760.9 | 38.5 |
| 3 | 广州 | 4 | 493.3 | 37.1 |
| 4 | 成都 | 7 | 392.4 | 76.1 |
| 5 | 南京 | 11 | 377.6 | — |
| 6 | 武汉 | 8 | 335.8 | 34.3 |
| 7 | 重庆 | 5 | 328.4 | 14.9 |
| 8 | 深圳 | 3 | 304.4 | 18.5 |
| 9 | 天津 | 10 | 232.5 | 13.5 |
| 10 | 郑州 | 16 | 194.7 | 58.1 |
| 11 | 青岛 | 14 | 176.0 | 4.8 |
| 12 | 西安 | 24 | 168.8 | 35.4 |
| 13 | 苏州 | 6 | 165.9 | 45.2 |
| 14 | 大连 | 28 | 157.9 | — |
| 15 | 杭州 | 9 | 132.5 | 17.8 |

数据来源:中国城市轨道交通协会,统计截止到2019年12月31日(不包括有轨电车)

# 二、青岛地铁站域公共空间建设存在的主要问题

课题组重点以青岛中心城区运营的地下线里程较多的 2、3 号线为主,以 1、13 号线为辅进行了调研(表 2),主要存在以下问题。

表 2  青岛 2 号线、3 号线地铁站域公共空间调研统计表

| | 2 号线 | 3 号线 | 占比<br>(%) |
|---|---|---|---|
| 车站数量(座) | 18 | 22 | |
| 运营里程(千米) | 25.2 | 24.9 | |
| 具有良好内部交通组织 | 李村、五四广场、石老人浴场、海游路、麦岛、浮山所 | 青岛站、五四广场、双山、李村、青岛北站 | 23.7 |
| 具有规模商业设施 | 李村、浮山所、五四广场 | 青岛站、五四广场、李村、青岛北站 | 13.2 |
| 地下空间综合开发强度较高 | 李村、石老人浴场、燕儿岛路、浮山所、五四广场 | 青岛站、五四广场、双山、李村、青岛北站 | 21.0 |
| 车站内外空间联系(含地上) | 李村、石老人浴场、海安路、海川路、海游路、麦岛、高雄路、燕儿岛、浮山所、五四广场 | 青岛站、汇泉广场、中山公园、太平角公园、延安三路、五四广场、宁夏路、错埠岭、双山、地铁大厦、李村、青岛北站 | 52.6 |
| 公共空间耦合程度高 | 李村、五四广场 | 青岛站、五四广场、李村、青岛北站 | 10.5 |
| 地下空间公共设施 | 覆盖全线 | 覆盖全线 | 100 |
| 站域空间安全性、便捷性、舒适性评价 | 车站略 | 车站略 | 91.5 |

1. 功能耦合关系不明显,站域空间存在孤立开发现象

在青岛中心城区办公、商业商务以及生活密集的地铁站域范围内,交通、商业等功能性空间之间,站域地下空间与地面空间之间,存在较多相对独立的地下空间,缺乏必要的协调与联系,在空间的功能与布局耦合、系统整体性耦合等方面与国内外发达城市有较大差距。青岛地铁 2、3 号线已开通的 38 座车站(含换乘站 2 座)中"公共空间耦合程度高"车站占比仅为 10.5%,远低于上海、北京、深圳等城市平均 55.3%的水平,"地下空间综合开发强度较高"车站占比仅为 21%,这说明青岛地铁在未来建设中还需加强站域地下空间和周边城市空间的一体化规划与设计。

2. 站域地下空间功能单一化现象明显,缺乏较大规模的商业设施

在 2、3 号线的 38 座车站中,具有规模商业设施的车站占比仅为 13.2％。较大规模的地下商业设施开发存在很大不足,地下空间功能单一,融合程度不高,地铁经济的优势还远未展现出来,如 2 号线的东韩站、辽阳东路站、苗岭路站、麦岛站、高雄路站以及 3 号线的五四广场站、江西路站、敦化路站、李村站(换乘站)以及 13 号线积米崖站等。

3. 功能耦合规划缺失,整体公共空间缺乏协调

地铁站域地面空间与地下空间的发展以及站域周边地下空间的发展,缺乏协调统一的规划,整体呈现出非系统、非理想的状态。

以上问题以 13 号线积米崖站为例具体说明。该站设有 3 个出入口,与周边商业建筑等空间衔接不紧密,城市公共空间功能耦合关系较差。课题组建议地下空间综合开发利用(图 2),将昆仑山路与江山路之间、东西向滨海大道约 1100 米长的地下空间进行综合开发,将滨海大道地下空间与南北两侧的海上嘉年华、吾悦广场、永旺梦乐购商业、文化娱乐等大型项目均进行地下两层连通,形成功能耦合性良好的地下公共空间。宽度 70 米,地下三层,总建筑面积 146360 平方米,其中:地下商业街 70256 平方米,地下停车库 64388 平方米,地下铁路车站 5850 平方米,地下连接通道 5866 平方米。

积米崖站站域分析图

规划范围总平面图

地下一层平面　　　　　　　　　　地下二层平面

**图 2　积水崖站地下空间综合开发利用设计图**

# 三、国内外经验对青岛的启示

## （一）重点地段站域公共空间开发规模大

高密度的城市建设，使地下、地面、地上空间通过地下通道（地下街）、地下广场和地上空中走廊有机联系在一起，建立结构合理、层次齐全的地下公共空间系统，促进地下、地上一体化公共空间体系的形成，城市重点地段站域（通常指城市重要商业商务核心区、重要的地铁换乘枢纽站等）地下空间的开发都达到了相当大的规模，如南京新街口站域地下空间（60万平方米）、上海徐家汇站域地下空间（商业近30万平方米）、天津营口道站域地下空间（28万平方米）、武汉光谷中心城地下公共走廊（57万平方米）。（图3、4）

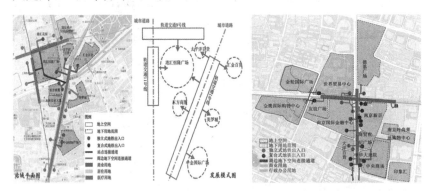

**图3　上海徐家汇站域与南京新街口站域公共空间平面分析**

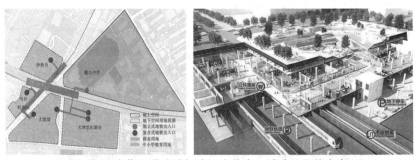

**图4　天津营口道站域与武汉光谷中心城地下公共走廊**

## （二）地铁车站站域内外部空间耦合作用较强

城市轨道交通借助于其优越的易达性，通过在站域空间设置商业、办公、停车、换乘、服务、休闲等多功能的空间，实现轨道交通长远、可持续的社会效益和经济效益（图5）。

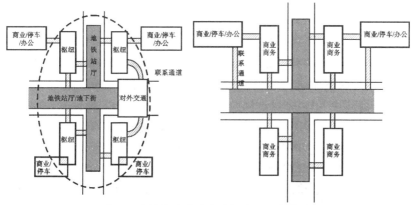

**图 5　地铁车站站域内外部空间耦合模式**

日本名古屋荣地区 OASIS21 综合体在满足客流基本需求的基础上，从节能、艺术、景观、交通、防灾等多方面出发，功能齐全，相互有机衔接。该地下综合体位于名古屋南北向的重要景观轴线上，集交通、购物、娱乐、休憩、集会、信息获取等于一体。综合体共分六层，地下三层是地铁名城线，地下二层是地铁东山线，地下一层是下沉式的银河广场，在城市的机能组合、空间的造型艺术、环境的协调和谐等方面都为其他城市提供了先进的建设经验(图 6)：地上地下同步立体开发，将文化、会展、商业娱乐、地上地下公交枢纽、公共步行通道等地下服务功能和各类空间有机地耦合在一起。

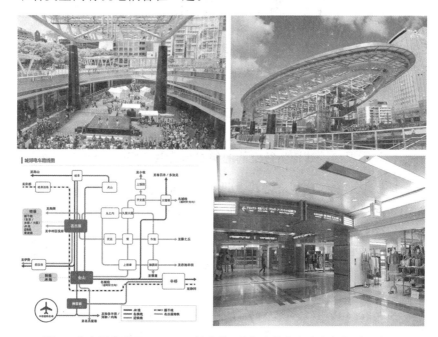

**图 6　名古屋荣地区 OASIS21 综合体：现代建筑光之宇宙船与地下商业**

## （三）商业项目丰富，凸显地铁经济发展要求

在地铁站域中开发商业空间，不仅为大量乘客提供方便舒适的购物、餐饮和休息服务，还通过商业设施的开发，增强城市固定资产投资的高效益回报，促进地铁商圈的形成，激发城市活力。地铁站域地下空间开发商业设施内容广泛，涉及日用百货、餐饮、服装、时尚馆和成熟品牌店，能够与地上商场和超市、地下商业街等紧密连通，地下空间商业以定位精准、主题鲜明、特点突出的主题商场为主。

以深圳为例，目前已开通运营的 8 条地铁线共串联 226 个商业项目（图 7），拥有商业项目最多的 3 号、4 号线（分别为 53 个、30 个车站，占比均为 73.3%），拥有商业项目最少的 11 号线（19 个车站，占比为33.3%）。据统计，深圳地铁 106 个拥有商业项目的车站中，95.28%的车站拥有 1~5 个商业项目，4.72%的车站拥有 5 个以上的商业项目。

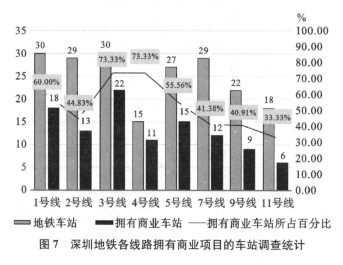

图 7　深圳地铁各线路拥有商业项目的车站调查统计

## （四）重视地铁站域步行空间的组织与公共空间的营建

地铁车站空间是城市公共空间的重要组成内容，作为重要的地下空间节点，发挥着人流集散的功能，满足交通性、整体性、艺术性、地域性设计等要求。公共空间设计艺术的表达主要体现在地面出入口空间、站厅空间等的视觉、形态、色彩、肌理等要素中，如台北捷运大安森林公园站和大阪梅田站域的城市综合体集群（图 8、9）。台北捷运大安森林公园站从地下空间到地面，采用视觉的聚焦处理，强化户外广场、地铁车站外露立面与公园景观之间的融合，塑造了良好的地下公共大厅、室外下沉广场、环形回廊、眺望台与公园景观的公共空间秩序；大阪梅田站域的城市综合体中有密集的地下步行系统，将六个站和三大百

货公司联系起来。

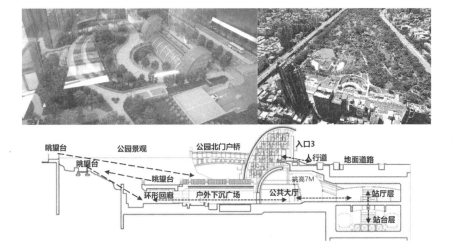

图8 台北大安森林公园站地上地下公共空间秩序分析

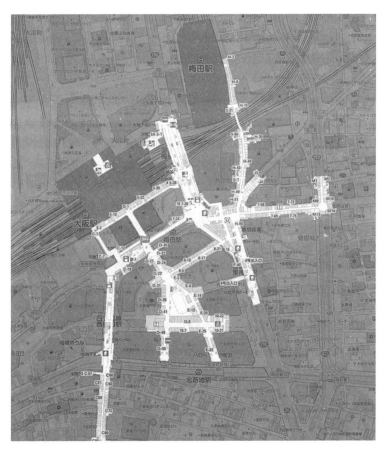

图9 大阪梅田站域地下步行系统联系着站域中的各个综合体与街区

# 四、促进青岛地铁站域公共空间一体化开发的对策与建议

重点整合地铁站域公共空间与城市空间的协调发展,强化商业空间、文化娱乐空间、步行空间等公共空间的内涵建设。

## (一)提高站域空间综合开发程度

结合青岛地铁车站建设的实际情况,重点综合开发位于商业发展中心和重要交通枢纽位置的地铁车站,如在建的青岛地铁 2 号线的台东站,其综合开发要结合周边交通、商业、住宅、广场绿地、停车等空间开发,高效利用地下公共空间。

## (二)健全地铁站域公共空间功能耦合引导机制

应根据国民经济社会发展与经济技术发展的远景规划,推进政策引导和理论推广。一是根据《青岛市地下空间总体规划》以及市内各区《地下空间开发利用规划》《重点片区地下空间控制性详细规划》等规划,确定青岛地铁站域地下空间发展的性质、规模和建设标准,安排青岛地铁站域范围内的地下公共空间详细规划和各类建设项目的总体布局。二是加强组织领导,针对重要地铁站域(如山东路中央商务区、香港路、南京路等)着眼于提高城市地铁站域地下空间的一体化研究,在规划管理、行政审批、地下空间管理等方面相互协作,简化行政审批程序,创造良好的建设条件。

## (三)完善地铁站域公共空间功能耦合规划

青岛市未来地铁站域地下空间功能耦合规划,应根据青岛市地下空间开发利用现状,达到表 3 所列主要目标。职能部门应在青岛市规划、设计、科研院所、高校等单位及时开展地铁站域地下公共空间功能耦合专项规划研究,多方征集方案,通过深入了解城市站域地下空间规划目标,调整城市地下空间规划体系,梳理城市站域地下空间规划的要点,达到"一线一特色、一站一品质"的总体目标。

表 3    青岛地铁站域地下空间功能耦合规划主要目标表

| 资源环境条件<br>相协调 | 因地制宜,地铁站域地下空间应与站域周边地下空间潜在资源相匹配协调,控制适当的资源开发利用率 |
| --- | --- |
| 经济社会发展<br>相适应 | 结合实际情况和制约经济社会发展的因素,制订整体协调平衡、局部重点突出的方案,考虑城市地铁站域地下空间开发利用与城市的经济社会发展相适应、相契合 |

（续表）

| 系统外部功能耦合 | 与外部系统相互耦合,使地铁站域地下空间与其所处的城市系统形成功能上的有机整体 |
|---|---|
| 系统内部功能耦合 | 达成系统内部的功能耦合,构建组织合理、功能协调的内部空间统一整体 |

### （四）增强地铁车站内外部商业空间的引导

青岛地铁商业空间的建设,应借鉴上海市"开发规范化、管理网络化、定位品牌化、经营连锁化"的设置原则,在商业空间和业态的选择上,注意把握站厅商业、站外商业和整层商业的协调开发。在品牌设计上,增加集食品、咨询、便利、文化于一体的综合服务商业设施,进一步与中高端市场接轨,引进具有青岛地域特色、消费者接受度高、耳熟能详的成熟品牌,打造百店模式,形成百花齐放、百家争鸣的业态和品牌格局。建议与国内较有影响力的地铁商业运营公司(如坤罡集团、太古集团等)进行合作,实现地铁商业投资、策划、招商、运营的全过程、全价值链运营模式。

### （五）注重地铁车站公共空间的营建

青岛地铁根据各条线路所经区域的特点,进行统筹规划设计,确定不同线路的整体艺术风格,突出青岛元素,采用艺术手法激活地铁车站的公共空间活力。地铁站厅空间建设应追求"四位一体"(即公共艺术、导向标识、装饰装修、商业广告)的设计目标,统筹地铁车站公共空间的装修设计、不断优化车站导向标识系统、提高公共空间艺术高度、合理开发站内商业空间等,打造整体性、艺术化更优越的地铁站厅空间。

**课题组组长**:赵景伟　山东科技大学
**课题组成员**:王　华　山东科技大学
　　　　　　　代　朋　山东科技大学
　　　　　　　秦　哲　山东科技大学
　　　　　　　周　同　山东科技大学
　　　　　　　李　惠　山东科技大学
　　　　　　　房　辉　山东科技大学
　　　　　　　任雪凤　山东科技大学
　　　　　　　邱莉媛　山东科技大学